신학적 인간학
L'uomo secondo il disegno di Dio
(Trattato di antropologia teologica)

Battista Mondin
L'uomo secondo il disegno di Dio
Original Copyright ⓒ 2011, Edizioni Studio Domenicano, via dell'Osservanza 72, 40136 Bologna, Italia, www.esd-domenicani.it

Translated by Youn Joohyun
Korean Translation Copyright ⓒ 2011 by Catholic Publishing House, Seoul, Korea
이 책의 한국어판 저작권은 (재)천주교서울대교구 가톨릭출판사에 있습니다.
저작권법에 의해 한국 내에서 보호를 받는 저작물이므로 무단 전재와 무단 복제를 금합니다.

신학적 인간학

2011년 4월 28일 교회 인가
2011년 7월 26일 초판 1쇄 펴냄
2019년 3월 18일 초판 2쇄 펴냄

지은이 · 바티스타 몬딘
옮긴이 · 윤주현
펴낸이 · 염수정
펴낸곳 · 가톨릭출판사
편집 겸 인쇄인 · 김대영
편집 · 이석규, 표지 및 내지 디자인 · 고연희

본사 · 서울특별시 중구 중림로 27
지사 · 경기도 고양시 일산동구 노첨길 65
등록 · 1958. 1. 16. 제2-314호
전화 · 1544-1886(대) / 02-6365-1888(물류지원국)
지로번호 · 3000997

ISBN 978-89-321-1239-8 94230
978-89-321-0622-9(세트)

값 33,000원

가톨릭출판사 인터넷쇼핑몰 www.catholicbook.kr
직영 매장: 명동대성당 (02)776-3601, (070)8865-1886/ FAX (02)776-3602
　　　　　가톨릭회관 (02)777-2521, (070)8810-1886/ FAX (02)6499-1906
　　　　　서초동성당 (02)313-1886/ FAX (02)585-5883
　　　　　서울성모병원 (02)534-1886/ FAX (02)392-9252
　　　　　절두산순교성지 (02)3141-1886/ FAX (02)335-0213
　　　　　부천성모병원 (032)343-1886
　　　　　미주지사 (323)734-3383/ FAX (323)734-3380
가톨릭의 모든 도서와 성물을 '가톨릭출판사 인터넷쇼핑몰'에서 만나 보실 수 있습니다.

성경 ⓒ 한국천주교중앙협의회
제2차 바티칸 공의회 문헌 ⓒ 한국천주교중앙협의회

이 도서의 국립중앙도서관 출판예정도서목록(CIP)은 서지정보유통지원시스템 홈페이지(http://seoji.nl.go.kr)와
국가자료공동목록시스템(http://www.nl.go.kr/kolisnet)에서 이용하실 수 있습니다.(CIP제어번호: CIP2011002930)

가톨릭문화총서 Catholic Culture Library 030   조직신학 6

신학적 인간학

L'uomo secondo il disegno di Dio
(Trattato di antropologia teologica)

바티스타 몬딘 지음 / 윤주현 옮김

가톨릭출판사

《가톨릭문화총서》

기획위원(가나다 순)

백운철 신부 · 원종철 신부 · 이동익 신부 · 이재룡 신부
장동하 신부 · 조규만 주교 · 최기섭 신부 · 홍성학 신부

편집위원

이재룡 · 원종철 · 장동하 · 홍성학 · 이석규

가톨릭문화총서는 이천 년의 가톨릭교회 역사와 이백여 년의 한국 가톨릭교회 역사의 풍부한 문화유산을 '문화' '토미즘' '교회문헌' '조직신학' '역사신학' '실천신학' '인간학' '동양사상'이라는 8개 분야에 걸쳐 오늘날 이 땅의 현대 문화 속에 되살리고 널리 보급하려는 가톨릭출판사의 기획물입니다.

차 례 contents

머리말 · 11
일러두기 · 18
전체 서문 · 19
  1. 정 의 · 19
  2. 목 적 · 20
  3. 근본 원리들 · 22
  4. 신학적 인간학의 출발점 · 27
  5. 신학적 인간학의 방법론 · 31
  6. 인문 과학들에 의지하는 신학적 차원 · 40
  7. 논술의 구분 · 42
  참고 문헌 · 44

제1부 신학적 인간학의 역사

서 언 · 47

제1장 성경의 인간학 · 49
  1. 구약 성경의 인간학 · 51
  2. 랍비 인간학 : 알렉산드리아의 필론 · 53
  3. 신약 성경의 인간학 : 사도 바오로 · 55

제2장 교부들의 인간학 · 61
  1. 리용의 이레네오 · 63
  2. 알렉산드리아의 클레멘스 · 66
  3. 히포의 아우구스티노 · 69

제3장 스콜라 시대의 인간학 · 75
1. 토마스 아퀴나스 · 76
2. 보나벤투라 · 86
3. 오캄의 굴리엘모 · 92

제4장 근대의 신학적 인간학 : 종교 개혁과 반종교 개혁 · 95
1. 마르틴 루터 · 96
2. 트렌토 공의회 · 105
3. 트렌토 공의회 이후의 발전 · 111
   3.1. 미셸 바이오 · 112
   3.2. 도움들에 대한 논쟁(은총 논쟁, de auxiliis) : 몰리나와 바녜즈 · 113
   3.3. 얀 센 · 116
4. 인간 중심적 전환 : 그리스도교 인간학의 세속화 · 118

제5장 20세기 신학적 인간학의 새로운 발전들 · 121
1. 폴 틸리히 · 126
2. 디트리히 본회퍼 · 131
3. 근본주의 신학자들 : 존 로빈슨과 하비 콕스 · 136
4. 위르겐 몰트만 · 142
5. 로마노 과르디니 · 148
6. 라인홀트 니이버 · 153
7. 피에르 테이야르 드 샤르댕 · 155
8. 칼 라너 · 158
9. 앙리 드 뤼박 · 163
10. 볼파르트 판넨베르그 · 166
11. 한스 우르스 폰 발타사르 · 177
12. 오토 헤르만 페쉬 · 184

결 론 · 189
참고 문헌 · 192

제2부 초본성적 인간학에 대한 체계적 고찰

서 언 · 195

제1장 인류를 위한 하느님의 원계획 · 199
1. 아담과 하와의 근원적 이콘성 · 201
2. 토마스 아퀴나스가 본 본원적 정의와 신적 이콘성 · 209
참고 문헌 · 215

제2장 하느님의 계획에 대한 거부 : 죄 · 217
1. 죄의 개념 · 218
   1.1. 성경의 가르침 · 218
   1.2. 교부의 가르침 : 성 아우구스티노 · 222
   1.3. 스콜라 신학의 가르침 : 성 토마스 아퀴나스 · 229
      1.3.1. 죄의 본성 · 229
      1.3.2. 죄의 원인 · 231
      1.3.3. 죄의 결과들 · 233
      1.3.4. 죄의 중함 · 235
   1.4. 현대의 가르침 : 키르케고르 · 236
   1.5. 죄의 개념에 대한 재정립 · 245
2. 원 죄 · 249
   2.1. 성 아우구스티노 · 250
   2.2. 성 토마스 아퀴나스 · 259
   2.3. 루 터 · 267
   2.4. 교회 교도권의 가르침 · 271
      2.4.1. 제2차 오랑쥐 공의회 · 272
      2.4.2. 트렌토 공의회 · 275
   2.5. 현대 신학 · 277
      2.5.1. 역사적 노선 · 279
      2.5.2. 실존적 노선 · 280
      2.5.3. 형이상학적 노선 · 281
      2.5.4. 진화론적 노선 · 282
      2.5.5. 사회적 노선 · 283

2.5.6. 인격적·진화론적 노선 · 283
2.5.7. 마지막으로 고려해야 할 사항들 · 285
참고 문헌 · 292

제3장 하느님의 새로운 계획 : 예정과 의화 · 295
1. 예정의 신비 · 297
    1.1. 예정 개념 · 298
    1.2. 성경의 가르침 · 299
    1.3. 성 아우구스티노 · 302
    1.4. 성 토마스 아퀴나스 · 308
    1.5. 루 터 · 315
    1.6. 트렌토 공의회 · 317
    1.7. 도움들에 대한 논쟁(은총 논쟁) · 319
    1.8. 칼 바르트 · 321
    1.9. 예정의 신비에 대한 삼중 강독 · 323
2. 의화의 신비 · 327
    2.1. 성 바오로 · 328
    2.2. 성 아우구스티노 · 333
    2.3. 성 토마스 아퀴나스 · 340
    2.4. 루 터 · 346
    2.5. 트렌토 공의회 · 348
    2.6. 현대 신학 · 353
    2.7. 마무리 소견 · 354
참고 문헌 · 359

제4장 하느님 계획의 구체화 : 은총 교리 · 361
1. 성경의 가르침 · 362
2. 성 아우구스티노 · 364
3. 성 토마스 아퀴나스 · 372
4. 트렌토 공의회 · 379
5. 현대 신학자들의 사상에서 본 은총 · 381
    5.1. 형이상학적 해석 · 383
    5.2. 역사적 해석 · 384

5.3. 실존적-초월적 해석 · 385
   5.4. 변증법적 해석 · 386
   6. 마지막으로 고려해야 할 사항들 · 388
   참고 문헌 · 396

제5장 하느님 계획의 구체화 : 대신덕들 · 399
   1. 일반적인 덕 개념 · 401
   2. 믿 음 · 404
      2.1. 믿음과 회개 – 믿음이 갖는 극적인 의미 · 406
      2.2. 믿음과 확실성 · 410
      2.3. 그리스도인적인 믿음과 익명의 믿음 · 417
   3. 희 망 · 422
      3.1. 희망의 정의 · 423
      3.2. 그리스도교적 희망의 고유함 · 425
   4. 사 랑 · 431
   5. 기 쁨 · 437
   결 론 · 445
   참고 문헌 · 447

제6장 그리스도인의 영적, 세속적 과제들 · 449
   1. 그리스도인의 영적 직무들 · 451
   2. 그리스도인의 문화적 책임 · 459
   3. 그리스도인의 정치적 책임 · 468
   4. 그리스도인의 환경에 대한 책임 · 473
   결 론 · 481
   참고 문헌 · 485

인명 색인 · 487
용어 색인 · 494
역자 후기 · 517

머리말

『신학적 인간학』(Roma, Paoline, 1977) - 이 책은 이탈리아보다는 외국에서 더 잘 알려지고 읽혀 왔다. 포르투갈 어 번역본은 5판까지 나온 상황이다 - 을 출판한 지 근 15년이 지난 후 새롭게 이 주제를 다루게 되었다. 무엇보다도 이 주제는 필자가 더욱 심도 있게 다룰 수 있는 철학 분야인 인간이란 주제와 가깝기에, 필자에게는 남달리 소중한 주제요 다른 어떤 신학 주제들보다도 더 마음이 가는 주제라고 감히 말하고 싶다.

하지만 이 책을 내면서 단순히 전에 출판했던 책을 다시 찍어내는 수준에 머물고 싶지는 않았다. 무엇보다도 다양한 신학적 가르침의 역사적인 원류(源流)라는 면에서나 본성(natura)과 초본성(超本性, supernatura)이라는 주제 그리고 문화적인 열쇠를 갖고 다시금 인간 실재를 읽어 내려간다는 의미에서 볼 때, 이 책은 새로운 개작(改作)이라고 말할 수 있다. 이러한 필자의 연구가 지향하는 바는 하느님께서 영원으로부터 인간을 위해 마련하신 그분의 놀라운 계획에 대한 깊이 있는 인식에 이르는 것이다.

인간 존재는 태어나는 순간에는 단순한 인간성을 지닌 첫 소묘에 불과하다. 그러나 그 밑그림은 다양한 정의와 실현을 향한 풍부한 가능성을 내포한다. 따라서 인간은 자체로 이미 하나의 '개방된 계획'으로서 앞으로 펼쳐질 삶의 역사를 통해 규정되고 실현되어 갈 존재다. 철학적 인간학은 순수 이성을 통해 감지되는 인간 계획에 대해 연구한다.

그러나 하느님께서 인간을 위해 마련하신 계획은 인간이 자신의 이성만으로 고안하고 실현할 수 있는 것과는 비교할 수도 없을 만큼 원대하고 놀랍기 그지없다. 성경은 하느님께서 인간을 위해 마련하신 계획과 이 계획을 실현하기 위해 주도권을 갖고 역사에 개입하시는 하느님에 대한 문서다. 인간을 위한 하느님의 계획은 인간으로 하여금 당신의 완전한 모상이 되게 하는 것이었다. 신학적 인간학은 인류를 향한 하느님의 계획을 연구하고 이 계획을 그분께서 어떻게 전개해 나가시는지를 다룬다. 그리고 이 계획이 예수 그리스도 안에서 어떻게 결정적이고도 충만하게 실현되는지를 연구한다.

그리스도인은 자신의 계획을 규정하고 실현함에 있어서 더는 인간 이성의 능력에 의지하지 않고 하느님의 선하심에 의지하는 존재다. 그리스도인은 하느님에게서 자신에 대한 계획을 선사받고, 동시에 이를 실현하는 데 필요한 능력도 선사받는다. 그러므로 그가 '그리스도인'이라고 불리는 것은 정확히 말해 모든 예정(豫定)된 이들의 신적 원형(原型, prototipo)이신 예수 그리스도를 자신의 모델로 받아들이기 때문이다. 그리스도인은 그리스도에게 속한 사람이다. 즉, 그리스도를 고백하고 그리스도 안에서 그리스도를 향해 그리스도를 살아가는 사람을 말한다. 그리스도인은 그리스도화한(cristificato), 즉 그리스도의 은총과 기준에 따라 새로 형성된 사람을 말한다. 따라서 그는 새로운 존재 구조와 밀도를 갖는다. 그것은 다름 아닌 그리스도의 존재론적 구조와 밀도다. 그리스도인은 그리스도에게서 단지 이름만을 취하지 않고 '초본성적인 존재됨'도 받는다. 그리스도는 능동인(causa efficiens), 즉 그리스도인이 지니는 초본성적 차원을 창조하시는 주체시다. 그분은 오랜 세기에 걸쳐 이성을 통해 고안된 인류에 대한 모든 소묘들을 완성으로 이끌어 주시는, 인류를 위한 바로 그 새로운 계획을 이끄시는 기수(旗手)시다. 이렇듯 그리스도는 인간 존재에게 능동인이실 뿐 아니라 나아가 모형인(causa exemplaris)이시고 목적인(causa finalis)이시다. 그분은 그리스도인에게 알파이자 오메가로서 그의 실존 전체를 처음부터 마지막까지 관통하는 핵(核)이시다. 그러므로 우리는 먼저 그리스도를 알고 받아들이지 않는다면 그리스도인에 대해 아무 것도 이해하지 못할 것이다. 오직 그리스도를 보고 그분의 제자가 된 사람만이 그리스도인이라고 말할 수 있다.

단순하게 본질적인 면에서 말하자면, 신학적 인간학을 한다는 것은 예수 그리스도께서 당신 안에 먼저 실현하시고, 나아가 당신의 구원 행위를 통해 아담과 하와의 모든 후손을 위해서도 실현 가능하게 하신 놀랍기 그지없는 하느님의 계획에 따라 인간을 체계적으로 심도 있게 연구하는 것을 의미한다.

신학적 인간학 또는 초본성 인간학(antropologia soprannaturale)은 과거의 은총론(De gratia)과 의화론(De justificatione)에 해당한다. 이 분야는 신학의 다른 모든 분야와 마찬가지로 오랜 세기를 거치면서 다양한 입장과 구조 그리고 해결점들을 갖게 되었다. 제2차 바티칸 공의회 이후 신학의 모든 분야가 새롭게 쇄신되는 과정에서 신학적 인간학 역시 새로 개작되어야 할 필요성을 절감했다. 이러한 쇄신은 어휘 사용에서 그리고 방법론적 측면과 내용에서 모두 심도 있게 이루어졌는데,

경우에 따라서는 본질적인 부분이 수정되기도 했다. 또한 어휘 사용에서 두드러진 현상 가운데 하나는 인문 과학, 정치, 문학적인 어휘를 사용하기 위해 형이상학적 용어가 유보됐다는 점이다. 방법론에서는 '아래로부터'의 방법론에 많은 공간이 할애됐다. 반면에 '위로부터'의 방법론은 축소되거나 아예 사라졌다. 내용적인 면에서는, 내용을 새로운 방식으로 표현하려 시도했을 뿐 아니라 나아가 다양한 방식으로 규정하고자 했다. 이는 인간과 관련된 모든 중요한 신비들, 즉 죄, 은총, 의화, 구원, 자유, 영원한 생명 등에 모두 해당됐다.

또한 본성적(naturalis) 차원과 초본성적(supernaturalis)인 차원에서 모두 인간 실재에 대한 새로운 이해에 접근하기 위해 다양한 해석의 열쇠들이 차용됐으며 다양한 전망 안에서 인간을 재해석하고자 하는 시도가 이루어졌다. 그러한 시도는 과학적, 진화론적, 역사적, 변증법적, 경제적, 실존적, 정치적, 형이상학적, 심리학적, 문화적인 면 등 다양한 분야에서 이루어졌다.

이 책은 인간 인격의 모든 근본적인 측면들을 동시에 고려하면서도 특별히 문화적인 차원을 중심으로 고찰하고자 한다. 왜냐하면 이 전망은 인간을 더욱 깊이 이해하게 해 주고 또한 더욱 총체적으로 인간에게 접근하도록 이끌어 주며 동시에 인간을 다른 존재들과 확연히 구분해 주는 차원이기 때문이다.

인간은 세상의 다른 존재들과 달리 문화적(文化的)인 존재다. 이는 인간이 자연에 의해 완전하게 미리 만들어진 제반 식물이나 동물과는 달리 자신의 지배자(dominus sui)임을 의미한다. 즉, 인간은 자신의 주인이며, 인간이 자기 존재의 정체성(正體性)을 실현하는 것은 인간의 주도적인 자유(libertas)에 맡겨져 있다. 문화와 자유는 인간에게 더욱 고유하고 근원적인 진술들이다. 그러나 문화는 개별 인간의 형성을 넘어서 한 사회와 민족을 조직화하고 구조화하며 구체화한다. 그러므로 문화는 사회에 꼴을 지워 주는 형상(形象)이자 사회와 국가 그리고 민족의 혼(魂)이라고 할 수 있다.

개인적, 사회적 차원에서 인간 실재에 접근할 때, 문화를 구원 사건과 더불어 직접 다루지 않을 수 없다. 왜냐하면 그것은 인간을 죄에서 해방하고 하느님의 계획에 따라 새롭게 형성하면서 개인적, 사회적, 정치적 존재로서의 모습을 포함한 인간의 모든 차원과 연관되기 때문이다.

본성적인 조건에서의 인간과 마찬가지로 그리스도인 역시 개인적인 차원을 넘어서 사회적인 차원을 동시에 지닌다. 그리스도인이 지니는 사회적 존재성(그리스도인의 사회적인 몸)은 교회, 하느님 백성, 그리스도의 몸 등으로 대변된다. 교회는 믿는 이들의 공동체로서 다른 인간적인 공동체와 비슷한 구조를 지닌다. 이처럼 교회 역시 다른 여러 공동체들처럼 제반 민족이나 사회와 마찬가지로 교회 자체가 지닌 고유한 문화에 의해 특징지어지고 고유한 모습을 갖게 된다. 이러한 문화는 한낱 인간이 고안한 문화가 아니며, 그 문화가 지닌 전반적인 근본 요소들 - 상징들, 전례들, 규범들, 가치들, 제도들 등 - 에 비춰 보건대 분명 하느님의 주도적 행위에 따른 결실이다. 교회의 영혼이라 할 수 있는 문화는 하느님의 선물이다.

필자는 졸저 *La Chiesa primizia del Regno*(『하느님 나라의 첫 열매인 교회』, Bologna, Dehoniane, 1989)에서 교회를 새롭게 해석하고 받아들이기 위한 비전을 제시한 바 있다. 그래서 필자는 그 책에서 문화적인 전망을 통해 새로운 교회론을 전개했다. 필자는 이 책에서도 가능한 대로 이와 유사한 고찰을 시도하고자 한다. 여기서 필자는 무엇보다도 문화적인 전망 가운데 그리스도적인 실재에 접근하면서 그리스도적인 실재가 무엇이며 누구인지 그리고 그가 수행해야 할 과제는 무엇인지를 논하고자 한다. 그리스도인은 이미 본질적으로 본성적인 면에서 문화적인 존재로서 은총에 의해 문화적으로 새롭게 태어난 존재라고 할 수 있다. 그는 하느님 백성의 문화라는 수준 높은 문화의 혜택을 받아 풍요로워지고 변화된 존재다. 이 문화는 언제나 인간의 충만한 실현을 지향한다. 이는 본성적인 차원에서 문화가 갖는 우선적인 과제가 아닐 수 없다. 그러나 그리스도교 문화는 인류를 향한 하느님의 무한한 사랑과 자비 안에 그리고 '인간-계획'을 궁극적으로 규정하고 이 계획을 최종적인 완성으로 이끌어 주는 그리스도의 구원 업적 안에 그 기원을 갖는다. 그러므로 공의회가 언급하는 것처럼, "사람이 되신 말씀의 신비 안에서만 참으로 인간의 신비가 밝혀진다."(사목 헌장 22)

이 책은 다음과 같이 두 부분으로 나뉜다. 제1부에서는 전체 서문을 통해 신학적 인간학의 본성, 과제, 방법론을 규정한 다음, 교부 시대부터 오늘에 이르기까지 이 분야에서 시도된 여러 가지 전망들에 대한 윤곽을 그려 나갈 것이다. 이어서 제2부에서는 '초본성 인간학'을 집중적으로 다룸으로써 하느님께서 인류를 위해 원하시고 마련하신 놀라운 계획에 대한 이해를 도모하고자 한다. 그래서 우리는 '하느님의 이콘'인 인간의 극적이면서도 매혹적인 역사를 네 단계, 즉 1) 창조 당시의 원계획 단계, 2) 원조(元祖)들의 죄로 인해 심하게 파괴되고 손상되는 단계, 3) 예수 그리스도의 업적을 통해 완전히 회복되는 단계, 4) 영원한 생명 안에서 최종적으로 실현되는 단계 등으로 나누어 살펴보게 될 것이다.

하느님께서 당신의 헤아릴 수 없이 큰 선하심과 더불어 인간을 위해 마련하시고 실현되기를 원하신 이 계획이 보여 주는 놀라운 파노라마 앞에서, 우리는 시편 저자와 함께 이렇게 외치지 않을 수 없다.

"주 저희의 주님 …… 인간이 무엇이기에 이토록 기억해 주십니까? 신들보다 조금만 못하게 만드시고 영광과 존귀의 관을 씌워 주셨습니다. 당신 손의 작품들을 다스리게 하시고 만물을 그의 발아래 두셨습니다. 저 모든 양 떼와 소 떼, 들짐승들하며 하늘의 새들과 바다의 물고기들, 물속 길을 다니는 것들입니다. 주 저희의 주님, 온 땅에 당신 이름, 이 얼마나 존엄하십니까!"(시편 8,2.5-10)

로마에서
1992년 3월 19일

일러두기

- 성경 인용 구절은 다음의 성경을 따른다.
『성경』, 한국천주교중앙협의회, 2005.
- 제2차 바티칸 공의회 문헌은 다음과 같이 약칭하여 표기한다.
「교회에 관한 교의 헌장」(*Lumen Gentium*) : 교회 헌장
「현대 세계의 교회에 관한 사목 헌장」(*Gaudium et Spes*) : 사목 헌장
- St. Thomas, *Summa Theologiae*[Ed. Léonine, t. 4-11, testo riproduto nell'edizione manuale della Biblioteca de Autores Cristianos (vol. 29, 41, 56, 77, 80, 81, 83, 87), Madrid, 1961-1965; trad. ital. a cura della Redazione delle ESD, *La Somma Teologica vol I-VI*, Ed. Studio Domenicano, Bologna 1996.]는 주로 『신학대전』으로, 간혹 각주에서는 S.Th.라는 약칭으로 표기한다. 이 작품의 한국어판은 정의채 신부의 번역본(바오로딸, 서울)을 따르되, 출판되지 않은 텍스트는 역자가 라틴어 텍스트로부터 직접 번역해서 실었다.

전체 서문

1. 정 의

신학적 인간학은 신학의 기초 분야 가운데 하나로서 신앙의 관점에서 인간을 바라보면서 인간의 신비를 조명하고 이를 더욱 분명하게 설명하려고 시도하는 분야라고 말할 수 있다. 신학적 인간학이 신학에서부터 출발하는 한, 그것은 본질적으로 철학적 인간학과는 확연히 구별된다. 사실, 철학적 인간학은 일반적인 차원에서, 즉 인간을 인간인 한에서 규명하는 것으로서 단지 이성적인 수단들 - 역사, 현상학, 그리고 인문 과학인 심리학, 사회학, 문화 인류학 등 - 만을 사용해서 이 작업을 해 나간다. 반면에 신학적 인간학은 인간을 그리스도인(christias)인 한에서 연구하는 것으로서 무엇보다도 신앙의 가르침 - 성경과 전승(傳承, traditio)의 내용 - 에 기초해서 이 작업을 수행한다. 철학적 인간학이 다루는 것은 인간 본성, 즉 본성적 조건 아래 있는 인간이다. 반면에 신학적 인간학이 다루는 것은 신적인 삶에 참여하는 인간으로서 초본성적인 조건 아래 있는 인간이다. 그러므로 신학적 인간학이 규명하고 심화하고자 하는 것은 그리스도인의 신비로서 단순히 본성적 차원의 인간인 한에서 인간의 신비만도 아니고, 그렇다고 하느님의 피조물인 한에서 인간의 신비만도 아니다.

    철학적 인간학은 이성적 존재인 한에서 인간의 자기 이해(自己 理解)를 드러낸다. 반면, 신학적 인간학은 믿는 존재로서 인간, 더 정확히 말하면 예수 그리스도를 통해 구원된 존재인 한에서 인간 자신의 자기 이해를 표현하고 주제화(主題化)한다. 이 자기 이해는 그리스도인이 십자가에 못 박혀 돌아가시고 부활하신 새로운 인간, 즉 그리스도의 빛 아래서 자신에 대해 갖는 이해를 의미한다. 신학적 인간학의 과제는 하느님께서 길이요 진리요 생명이신 예수 그리스도를 통해 우리에게 계시하신 진리를 우리 시대의 언사와 더불어 다시 표현하는 것이다. 이렇게 계시된 진리(眞理, Veritas)는 이중적이다. 즉, 우리가 우선은 죄인이며, 따라서 하느님의 엄한 심판을 받게 될 대상이고, 인간에게 가장 최악의 적인 죽음을 감수해야만 하는 주체라는 점이다. 그러나 동시에 우리는 구원된 존재이자 의화(義化)된 존재요, 치유(治癒)된 존재이자 은총(恩寵)을 가득히 입은 존재며, 하느님과 화해(和解)한 존재로서 신적인 삶에 참여하게 된 존재임을 계시 진리는 우리에게 보여 준다.

2. 목 적

    신학적 인간학의 목적은 지식, 현상학, 순수 이성의 빛이 아니라 신앙의 빛을 통해서 인간이 누구인지를 말하는 것이다. 즉, 장구한 역사의 흐름 속에서 하느님이 인류와 더불어 지속적으로 맺기를 원하신 계약을 통해 인간이 누구인가를 설명하는 것이다. 무엇보다도 신학적 인간학은 이성이나 인간의 자유나 문화의 힘을 통해서가 아니라 하느님의 뜻과 은총을 통해서 인간이 누구인지를 규명하고자 한다. 철학적 인간학이 문화나 역사를 통해 규정된 인간에 대한 계획을 연구한다면, 신학적 인간학은 하느님에 의해 준비되고 구원 역사(historia salvifica)를 통해서 실현된 인간에 대한 계획에 관해 논한다.

인간의 신비로부터 솟아나오는 수많은 물음들이 철학적 인간학에서는 해결하기 어려운 난제들로 다가온다. 어느 철학자도 '인간은 누구인가?', '인간의 기원은 무엇인가?', '인간의 본성은 무엇인가?', '도대체 어떤 계획이 인간이 지닌 가능성과 원의를 실현하기에 합당한가?', '인간의 최종 목적(ultimus finis)은 무엇인가?', '인간은 결국 죽음으로 끝날 것인가?' 아니면 '그는 죽음을 넘어서는 궁극적인 실재를 지향하는가?'라는 물음들에 대해 확실하게 대답할 수 없다. 이 모든 물음들에 대한 확실한 대답은 신학적 인간학 – 성경의 권위에 기초하는 – 을 통해서 주어진다. 철학적 인간학은 인간에게 어떠한 구원도 허용하지 않고 단지 실낱같은 희망의 불꽃만을 인정할 뿐이다. 이에 반해 신학적 인간학은 인간이 결코 모순되거나 불가능한 계획도 아니요, 그렇다고 사르트르(J. P. Sartre)가 언급하는 것처럼 전혀 소용없는 열정(passio), 즉 파괴와 소멸을 향해 바쳐진 존재도 아니라고 말한다. 신학적 인간학은 오히려 인간이 놀랍기 이를 데 없는 하느님의 계획 자체로서 무한하신 하느님의 자비에 힘입어 현세의 삶에서 자신의 모델인 그리스도를 따라 본질적인 윤곽을 이미 받았으며 천상에서 완전한 자기실현을 이루게 될 것이라는 비전을 제시한다.

그러나 신학적 인간학의 목적은 단지 하느님의 계획에 따른 인간이 누구인가를 분석하는 것만이 아니라 이 하느님의 계획을 실현하기 위한 수단들[성사(sacramentum), 덕, 은총 선물 등]도 제시하고자 한다. 신학적 인간학은 단지 하느님의 계획을 아는 것만이 아니라 이 계획의 실현에 도움이 될 수 있는 문화를 연구한다. 앞으로 고찰하겠지만, 이 문화는 다름 아닌 '하느님의 모상'(imago Dei)이라고 하는 하느님의 이콘에 대한 문화다.

3. 근본 원리들

신학이 통상 그러한 것처럼, 신학적 인간학 역시 인간을 연구하는 데에 두 가지 근본 원리를 활용한다. 두 가지 원리란 1) 건축적(architettonico) 원리와 2) 해석학적(解釋學的, ermeneutico) 원리를 말한다. 무엇보다도 계시의 신비는 건축적 원리로서 다른 신비들 이전에 미리 설정되며, 이를 바탕으로 다른 모든 구원 역사의 신비와 사건들이 배열된다. 반면, 해석학적 원리가 갖는 역할은 철학적인 전망을 의미하는 것으로서, 신학자는 이를 이용해서 계시된 진리를 이해하고 표현한다.

앞서 언급한 것처럼, 건축적 원리는 계시 진리에 관한 것이다. 이는 필수적인 요소로서, 만일 이 원칙마저 철학으로부터 추론된다면, 이 원리에 아무리 많은 성서적인 사실들이 합쳐진다 하더라도 그 모든 것은 결국 철학적인 비전에 불과할 뿐 진정한 의미의 신학이라고 말할 수 없다. 이에 대한 전형적인 예는 바로 헤겔(G. E. Hegel)이 우리에게 남겨 준 전망이다. 헤겔은 그리스도교의 모든 근본적 신비들을 자신의 스케마 안에 통합하였다. 하지만 그 신비들은 이미 신비적인 특징들을 상실할 수밖에 없었다. 왜냐하면 이 신비들은 단지 이성적인 기준들을 위해 사용될 뿐이기 때문이다.

   그러나 왜 하필이면 건설적인 원리에 대해 언급할 때 문제 되는 것이 특히 중요하고 자명한 진리가 되는 것일까? 성경 전체와 구원 역사의 전체 줄거리가 신앙을 지탱해 주고 아울러 이것이 신학의 대상을 구성하는 것은 아닌가? 물론 신학이 계시된 모든 진리, 성경 전체 그리고 구원 역사의 전 과정을 모두 포함하지만 이 모든 것을 한꺼번에 다 신학화(神學化)할 수 있는 것은 아니며, 한 번에 하나씩 성찰하는 가운데 이 작업을 이루어 나가게 된다. 더 나아가 신학은 정리된 체계적 연구를 추구하기 때문에 예측이 허용되지 않으며, 동시에 광범위한 초본성적 세계의 영역 전체에 접근할 수는 있지만 단지 이를 놀랍기 이를 데 없는 하나의 줄거리 안에 담아낼 수 있을 뿐이다. 이러한 이유로 해서 신학은 이를 이끌어 갈 실마리 또는 일종의 혜성과 같은 것을 찾는다. 하지만 이러한 단초는 오직 근본적인 계시 신비들 가운데 하나일 수밖에 없다. 제2차 바티칸 공의회 역시 핵심이 되는 진리와 이차적인 진리를 구분한다(일치 교령 11항 참조). 분명 모든 신학적 건축을 구성해 나가기 위한 바탕은 근본적이면서도 건설적인 진리, 예컨대 삼위일체(Trinitas), 강생(Incarnatio), 의화(justificatio), 은총과 같은 신비(mysterium) 위에 기초해야 한다. 이러한 사실은 무엇보다도 신학의 역사를 고찰하면서 신학자들이 오랜 역사 안에서 이러한 작업을 수행해 왔다는 사실을 살펴보는 것만으로도 재삼 확인할 수 있다. 오리게네스(Origenes)는 자유의 신비를, 아우구스티노(San Augustinus)는 죄와 은총의 신비를, 아타나시오(St. Athanasius)는 하느님의 모상의 신비를 자기 신학의 핵심 신비로 삼았다. 그런가 하면 안셀모(St. Anselmus)와 토마스 아퀴나스(St. Thomas Aquinas)는 강생의 신비를, 루터(M. Lutero)는 예정(praedestinatio)의 신비를, 그리고 현대 신학자들 가운데 쉐뉴(D. M. Chenu)는 강생의 신비를, 라너(K. Rahner)는 은총의 신비를, 바르트(K. Barth)는 선택의 신비를, 발타사르(Balthasar)는 영광의 신비를, 몰트만(J. Moltman)은 십자가와 부활의 신비를 각기 자신이 구축하고자 하는 신학의 핵심 신비로 삼았다.[1]

반면, 해석학적 원리는 철학으로부터 그리고 매우 한계 지워진 한에서 인문 과학들로부터 끄집어내야 한다. 왜냐하면 신학은 이성과 더불어 신앙을 명확히 제시하며 신앙에 대한 더 나은 이해에 이르고자 하기 때문이다. 그러나 이는 분명 우리가 이미 알고 있는 신비들에다 어떤 새로운 신비를 첨가함으로써 이루어지는 것이 아니다. 오히려 그것은 신앙의 신비들에 대한 일정한 이해에 도달한 이성의 빛을 통해서 신앙을 바라보고자 한다. 인간 이성은 세 가지 형태의 앎, 즉 일반적 앎, 과학적 앎, 철학적 앎에 대해 준비되어 있다. 이 가운데 신앙을 이해하는 데에 중요한 것은 첫 번째와 세 번째 앎이다. 모든 그리스도인은 체계적이지도 않고 그렇다고 심화되지도 않은 일반적인 앎을 통해서 고유한 신앙의 이해를 갖게 된다. 이러한 앎은 어떤 기교도 섞이지 않은 단순한 신학으로서 무엇보다도 건강한 상식을 지닌 사람의 것이자 자발적인 철학에 상응한다. 낙천적인 독일 신학자 프리스(H. Fries)

---

[1] "신학의 주된 과제는 이들 사이에 계시 진리들을 하나하나 정리하고 설명하는 것이다. …… 강생의 신비와 더불어 동정 성모의 신적 모성(神的 母性)의 신비를 설명한다. '육(肉)이 되신 말씀'의 계시와 더불어 '이는 내 몸이다'라는 신비에 대한 계시를 명료하게 해 준다. 이러한 신비들을 비교하는 가운데 일어나는 상호간의 설명은 놀랍기 그지없다. 수준 높은 신비들이 그 자체로 위에서부터 하위 신비들을 설명해 준다면, 이 하위 신비들은 가끔 놀랍게도 '우리를 위해서' 그리고 '아래로부터' 수준 높은 신비들이 내포하는 심오함을 계시하기도 한다. …… 강생은 성찬례를 명료하게 해 주며 성찬례는 강생을 충만하게 설명해 준다."(C. Journet, *Introduzione alla teologia*, Roma, Paoline, 1956, pp.64-65)

는 인간이 본성적으로 철학자인 것처럼 그리스도인은 본성적으로 신학자라고 말한다. 신앙을 이해하기 위한 노력과 믿기를 요구하는 것은 믿음적 지성으로서, 이는 인간의 문제이며 인간이 지닌 사고 능력과 이해 능력의 문제이기도 하다. 이처럼 믿음에 관한 노력이 신학인데, 이는 믿음과 병행해서 이루어지지 않으며, 믿음 자체의 행위를 실현하기 위해 요구되는 강렬한 방법으로서 단지 믿는다는 사실을 요구할 뿐 아니라 믿음 안에서 지성까지 요구한다. 이처럼 인간에게는 신학이 필요하다. 이는 믿음이 인간 전체를 포괄하는 것으로서 특히 인간의 전체 기능들, 필수적으로 인간의 영(靈)과 더불어 질문하고 사고하는 능력을 책임지기 때문이다.[2]

반면, 실재들에 대한 완벽하고 최종적인 설명을 획득하고자 하는 일상적이면서 동시에 심화된 앎, 즉 더욱 기술적이고도 합리적인 철학적 앎을 거슬러 올라가는 가운데, 우리는 엄밀히 말해 학문적인 수준에서 신학이라고 할 수 있는 신앙에 대한 더욱 깊은 이해에 도달하게 된다. 그러나 실재를 설명하는 데에 단 하나의 철학적 설명만 있는 것이 아니라 이에 접근하는 다양한 철학 체계들이 있는 만큼 – 철학사는 이에 대해 방대한 양을 제공한다 – 신학자는 그리스도교가 전하는 메시지를 해석하기 위해 단 하나의 틀이 아니라 수많은 해석학적 원리들을 가질 수 있다. 우리는 건축적 원리에 대해서도 이 점을 말할 수 있다. 구원 역사에는 핵심적이면서도 근본적인 신비들이 많이 있다. 그러므로 신학자는 여러 가지 건축적 원리들 가운데 원하는 것을 선택할 수 있는 가능성을 가진다. 이처럼 신학적 인간학은 신학 일반과 마찬

---

2. H. Fries, *La Chiesa, questioni attuali*, Roma, Città Nuova, 1970, p.168.

가지로 건축적 원리뿐 아니라 해석학적 원리를 활용하는 데에도 상당한 다양함을 가진다.

건축적 원리를 보면, 하느님께서 인간에게 베푸신 모든 구원 업적을 재구성하기 위해 기초를 세우는 데 근본적인 요소가 될 수 있는 우선적인 신비들이 많다. 예를 들어, 은총의 신비, 입양으로 하느님의 자녀가 되는 신비, 예정의 신비, 의화의 신비, 하느님의 모상의 신비, 그리스도와 한 몸이 되는 신비, 부활의 신비 등이 그러하다. 이는 해석학적 원리에도 마찬가지로 유효하다. 역사는 인간을 향한 하느님의 놀라운 계획을 표현해 왔으며, 여기에 빛을 비추기 위해 신학자들이 취할 수 있는 일련의 수많은 철학적 인간학을 보여 준다. 플라톤(Platone), 아리스토텔레스(Aristoteles), 플로티누스(Plotino), 데카르트(R. Descartes), 라이프니츠(Leibniz), 칸트(I. Kant), 키르케고르(S. Kierkegaard), 블롱델(M. Blondel), 베르그송(H. Bergson), 부버(M. Buber), 마르셀(G. Marcel), 하이데거(M. Heidegger)의 인간학 등이 그러하다.

곧 이어서 우리는 신학적 인간학의 역사를 따라가면서 어떻게 건축적 원리와 해석학적 원리의 다양성으로 인해 신학적 인간학의 다양성이 생겨나게 되었는지를 살펴보게 될 것이다. 신학자들은 인간에 대한 자신들의 신학적인 고찰에 이런 다양한 원리들을 사용한다.

필자는 이제부터 필자의 신학적 인간학을 구성하는 데에 무엇이 근본적인 원리들인가를 분명히 밝히고자 한다. 먼저, 필자는 건축적 원리로는 '하느님의 모상'이라는 신비를, 그리고 해석학적 원리로는 '문화적 존재로서 인간, 따라서 무한하게 개방된 계획으로서 인간 존재를 취하고자 한다. 사실, 이 둘은 서로 동일한 원리로서 하느님의 계획(하느님의 모상)이 인간에 대한 계획과 상반되지 않으며 오히려 이를 치유하고 풍요롭게 하며 완성시켜 주고 인간이 상상하고 바랄 수 있는 것 이상으로 잘 실현할 수 있음을 우리에게 보여 줄 것이다.

4. 신학적 인간학의 출발점

최근 수십 년 동안 제반 신학의 출발점은 무엇이고, 구체적으로 신학적 인간학의 출발점이 무엇인지에 대해 많은 논의가 있었다.3 많은 개신교 신학자들[슐라이어마허(F. D. Schleiermacher), 틸리히(P. Tillich), 브룬너(E. Brunner), 판넨베르그(W. Pannenberg), 로빈슨(J. A. T. Robinson), 콕스(H. Cox), 반 뷔렌(P. Van Buren) 등]과 최근의 몇몇 가톨릭 신학자들(정치 신학자들과 해방 신학자들)은 신학이 본질적으로 하느님의 말씀을 듣고 그 말씀에 순종하는 것(fides ex auditu)임을 망각한 채로 단지 인간이 갖는 기대, 열망, 희망, 성향, 필요성, 요청, 불안 등에 대한 해답으로서 인간에서 출발하는 자신들의 신학적 시스템을 연구했다.

우리는 다시 한 번 앞서 살펴본 건축적 원리 - 즉, 계시만이 신학의 유일한 바탕이요 첫째가는 원천이며 신학이 터를 잡아야 할 고유한 공간이기에 신학의 기원은 오직 계시에 있다는 점 - 에 주목하면서, 본성적인 조건 아래 있는 인간, 이성의 거울로만 비춰본 인간의 자기 이해를 신학적 인간학의 출발점으로 삼는 것을 배제한다. 탈중심적(脫中心的) 존재, 자기를 초월하는 존재, 무한에 대한 수용 능력(capax infiniti)

---

3. O. H. Pesch, *Liberi per grazia. Antropologia teologica*, Brescia, Queriniana, 1988, pp.25~34를 참조할 것. 그는 여기서, 특히 pp.15~22의 각주들을 통해서 광범위한 도서목록을 소개한다.

이 있는 존재, 이상향을 지향하는 존재, 말씀을 경청하는 존재, 하느님의 형상을 닮은(teomorfo) 존재라는 정의들에서 출발해서 도달할 수 있는 최대한의 영역은 단지 종교 철학이나 철학적 신학이지 교의 신학이나 신학적 인간학이 아니다. 신학적 인간학을 하려면 무엇보다도 하느님의 음성을 듣고 받아들이기 위해 인간 자신으로부터 그리고 인간이 자신에 대해 생각하고 말하는 모든 것으로부터 나와야 한다. 또한 인간을 구원하시는 분의 본질적인 타자성(他者性)과 구원(redemptio)이 지닌 절대적인 무상성(無償性, gratuitas)을 인정해야 한다. 죄인인 인간과 구원자이신 하느님 사이에는 결코 메울 수 없는 심연(深淵)이 가로놓여 있을 뿐 아니라 인간이 자신에 대해 갖는 계획과 인간을 향한 하느님의 계획 사이에도 헤아릴 수 없는 거리가 있다. 인간에게는 자신을 구원할 수 있는 어떠한 능력도 없을 뿐 아니라 자신으로부터 이 구원을 시작할 수 있는 어떠한 주도권도 없다. 신학적인 차원에서 본 인간은 고유한 자신의 힘을 갖고 있지 않다. 이 신학적인 차원은 다름 아닌 하느님의 계획으로서 하느님의 선하심에서 유래하는 계획이요 그분의 은총과 자비에 바탕을 둔 계획이지 인간의 지혜, 능력, 기술에서 유래하는 계획은 아니다.

 이러한 신학의 지성소 안으로 들어가기 위해서는 무엇보다도 믿음이 필요하다. 그런데 믿음은 자체로 회개를 요청한다. 즉, 자신을 부인하고 자신의 야망들을 거부하며 주도권의 질서를 뒤바꿔야 한다. 하느님께 자신의 주도권을 넘겨 드려야 하며 그분의 뜻과 결정과 계획에 순종해야 한다. 하느님을 향해 회개한 사람은 더는 이전의 그로 남아 있지 않다. 그는 자신을 향한 하느님의 인간 계획(progetto-uomo)에 따라 실현되어 가기 시작한다. 그런데 이러한 하느님의 계획은 거의 언제나 세속의 문화가 승인하고 부추기며 전파하고자 하는 인간 계획들과 상반된다. 회개한다는 것은 인간을 향한 하느님의 계획, 즉 인간적인 열망들을 없애지 않고 단지 그 의미와 중요성과 가치를 전혀 새로운 것으로 변화시켜 주는 그분의 계획을 받아들이는 것을 말한다. 이러한 변화는 성체를 축성하는 순간에 빵과 포도주에 일어나는 사건과 비견될 정도로 본질적인 변모(變貌, transformatio)다. 인간은 회개를 통해 새로운 피조물, 새로운 아담, 새로운 형상으로 변화된다. "여러분은 옛 인간을 그 행실과 함께 벗어 버리고, 새 인간을 입은 사람입니다. 새 인간은 자기를 창조하신 분의 모상에 따라 끊임없이 새로워지면서 참지식에 이르게 됩니다."(콜로 3,9-10)

한편, 신학은 새로운 인간의 모습을 소개하며, 이를 통해 새로운 인간학을 구체화한다. 이 인간학은 하느님에 의해 계획되었고 구원 역사 가운데 일어난 놀랍기 그지없는 사건들을 통해서 실제로 이루어졌다. 신학적 인간학은 하느님의 관점, 즉 인간을 향한 형언할 수 없는 그분의 사랑과 그분의 구원 의지 그리고 구원 역사의 관점에서 인간이 누구인지를 설명한다. 즉, 인간이 누구인지를 실제적이면서도 역사적으로 설명한다. 인간의 기원은 무엇이며 그의 운명은 무엇인지, 그리고 그가 겪게 되는 일련의 과정들은 어떤 것들이고 인간과 하느님, 세상, 이웃들 사이의 실제적인 관계는 무엇인지를 설명한다. 그럼으로써 인간을 향한 하느님의 인간 계획이 완전하고도 충만하게 실현될 수 있도록 그에 필요한 조건과 수단이 무엇인지를 제시한다.

앞서 우리가 고찰한 것들을 통해서 우리는 신학적 인간학의 출발점이 신학적임을 알 수 있다. 신학적 인간학의 내용과 원칙, 확실함, 진리들은 하느님의 말씀에서 유래한다. "신학 이외의 영역에서 언급하는 본성에 관한 진술들이 신학적인 논의 안에 취해지거나 통합되고 평가될 수도 있다. 그러나 그러한 진술들이 방법론적이고 대상적인 차원에서 결코 신학적 인간학의 출발점이 될 수는 없다. 그것은 단지 일종의 교육적인 전제 조건일 뿐이다."[4] "무엇보다도 신학적 인간학의 출발점은 신학적인 언사들로 구성되어야 한다. 왜냐하면 그 이외의 다른 출발점은 본질적으로 신학적 인간학을 다른 인간학에 의존하도록 만들 뿐이기 때문이다. 따라서 인간이 '본성적으로' 자신에 대해서 아는 것, 즉 역사적인 계시로부터 독립된 인간의 자기 이해는 이러한 역사적 계시와 더불어 이루어져야 한다. 만일 그렇지 못하다면 신학적 인간학은 무의미할 뿐이다."[5]

그렇다고 이것이 오늘날 몇몇 가톨릭 신학자들이 시도하는 것처럼 바르트적인 입장을 기대한다는 것을 뜻하지는 않는다.[6] 우리가 신앙과 하느님의 말씀 그리고 예수 그리스도께 대한 절대적인 우선성을 부여한다고 해서, 그것이 결코 이성과 철학을 배제하는 것은 아니다. 그것이 의미하는 바는 단지 분석의 출발점 – 건축적 원리 – 이 철학적이거나 이성적이 아니라 신학적이어야 한다는 것이다. 하지만 우리는 신학적인 논의를 진행해 나가는 데 있어서 철학의 목소리에 광범위한 공간을 할애할 것이다. 철학은 하느님의 말씀을 해석하는 데에서 고유한 위치를 차지한다. 사실, 앞서 언급한 것처럼 철학은 신학의 두 번째

---

4. *Op. cit.*, p.23.
5. K. Rahner, Anthropologie (theologische), in *Lexikon f. Theol. u. Kirche* I, c. 623.
   판넨베르그는 자신의 작품 *Antropologia in prospettiva teologica*(Queriniana, 1987)에서 생물학, 문화, 언어 등을 출발점으로 삼아 신학적인 작업이 아니라 단순한 철학적 작업을 시도하였다. 따라서 그가 얻은 것은 신학적 인간학의 결론이 아니라 종교적인 전망에서 바라본 인간학, 즉 종교 철학의 결론일 뿐이다.
6. 구체적으로 C. Molari, I. Mancini, G. Colzani가 그러하다.

근본 원리인 해석학적 원리를 구성한다.

신학적인 출발점에 관해 좀 더 살펴보면, 그리스도교적인 인간학을 전개하기 위한 우리의 출발점은 단순히 성서적이어야 하는 것이 아니라 무엇보다도 그리스도적이어야 한다. 따라서 우리의 출발점은 창조(creatio) - 단지 하느님의 원계획(原計劃, proto-designatio)만 있는 - 가 아니라 구원이다. 왜냐하면 최종적인 구원 사건들 - 그리스도의 죽음과 부활 사건 - 안에서만 비로소 인간을 향한 하느님의 결정적인 계획이 구현되기 때문이다. 주제의 전개를 내용적인 면에서 보면 창조와 하느님의 모상 개념에서부터 시작해야 하지만, 형식적인 관점에서 보면 인간에 대한 우리의 성찰은 은총과 구원으로 집중되어 드러날 것이 분명하다. 왜냐하면 은총과 구원은 신학적 인간학이 내포하는 그리스도적인 특성을 분명히 보여 주는 신비들이기 때문이다.[7]

5. 신학적 인간학의 방법론

신학적 인간학은 신학 - 철학이나 과학이 아닌 - 의 한 분야로 다뤄지므로 그 방법론 역시 신학의 방법론 선상에 놓여 있다. 그렇다면 신학의 방법론은 무엇인가? 이 점에 대해 제2차 바티칸 공의회 당시까지 최소한 가톨릭 신학자들 사이에 명백하게 받아들여진 것은 신학의 방법론이 구성적(構成的)이거나 분석적(分析的)이라는 점이다. 교회는 하느님의 말씀에 의해 계시된 진리에서 시작해서, 이를 교의적인

---

7. 필자는 신학적 인간학의 출발점은 은총과 의화 교리에 있다고 하는 페쉬의 주장(O. H. Pesch, *op. cit.*, p.32)에 동의한다.

가르침들과 함께 해독하였고, 이와 더불어 이 교의들을 심화하고 체계화하였다. 이렇게 해서 인간에 대한 그리스도교적인 가르침은 완벽하고 조직적인 모습을 갖추게 됐다.

그러나 공의회 이후에 신학의 쇄신을 위한 작업이 시작되었다. 이 과정에서 깨닫게 된 것은 이렇듯 단순 명백하고 직선적인 방법론으로는 더는 충분하지 못하다는 점이었다. 신학자들은 현상학, 해석학, 구조주의, 언어 분석학, 인식론, 인문 과학들의 도래와 더불어 방법론 분야에서 일어나기 시작한 변혁들을 더는 무시할 수 없었다. 이에 로너간(B. Lonergan), 판넨베르그, 라너, 메츠(J. B. Metz), 구티에레즈(Gutierrez), 보프(C. Boff) 그리고 그 외 여러 신학자들이 신학적인 방법론을 재구성하기 시작했으며, 무엇보다도 이를 학문적인 탐구의 특징을 이루는 엄격하고 질서 있는 요청들에 적용했다.

그러나 여기서 주목할 것은, 현대의 인식론자들 사이에서 아직까지 학문적인 방법론의 본질과 가치에 관한 동의가 이루어지지 않았다는 점이다. 쿤(Kuhn)이나 바이츠체커(Weizsaecker) 같은 이들은 심지어 참된 의미의 합리적인 방법론이 있는지조차 의심했으며, 칸트가 생각하는 것처럼 학문의 위대한 발견들은 합리적인 방법론이 잘 작용한 결과가 아니라 천재적인 정신들이 이룬 우연적인 직관의 결과라고 주장하기도 했다. 그 밖에 다른 사람들의 예를 들면, 포퍼(K. Popper) 같은 이는 학문적인 방법론이 귀납적인 과정과 연역적인 과정을 따르지 않고 오직 가설과 실험만을 따라간다고 주장하였다. 즉, 본질적으로 방법론 자체가 이미 문제가 된다는 것이다. 그러나 이러한 의견의 불일치가 구체적으로 신학자에게 영향을 끼쳐서는 안 되며, '신앙은 지성을 요청한다.'라는 명제가 가리키듯이, 신학자가 계시된 사실에 대한 더 나은 이성적 이해에 이르기 위해 자신의 고유한 방법론을 연구하는 데 방해가 돼서도 안 된다.

지난 20년간 신학계에서는 신학적 방법론이 '아래로부터의 접근'이어야 하는지 아니면 '위로부터의 접근'이어야 하는지에 대한 논쟁이 활발히 진행되었다. 즉, 신학을 현실의 역사적 경험과 신앙의 구체적인 체험에서부터 시작해야 하는지 아니면 그 반대로 하느님의 말씀, 전승, 교의적 가르침에서부터 시작해야 하는지가 문제의 쟁점이었다.[8] 그러나 만일 신학을 단지 신앙의 사회학이나 더 나쁘게는 종교적인 이상들에 관한 소중한 자서전쯤으로 축소하고 싶지 않다면, 신학의 출발점을 인간 존재의 밖에 그리고 인간의 체험과 열망의 밖에 두어야 한다. 즉, 신학의 출발점을 하느님의 말씀과 구원 역사의 사건들에 두어야 한다. 우리는 이미 이 점에 대해 언급한 바 있다.

그러므로 신학의 방법론은 본질적으로 '위로부터의 방법론' 또는 '교의적인 방법론'이다. 아래로부터의 방법론은 그리스도교 메시지의 내용에서 출발하지 않고, 반대로 인간 존재 자신에게 제기되는 일종의 물음에서 출발하거나 인간의 종교적, 교회적인 체험에서 출발한다. 반면에 교의적인 방법론은 "전승된 증언을 통해 우리에게 도달된 계시에서 출발한다."[9] 교의적인 방법론은 전승을 우리 시대의 인간 이해와 접목하는 가운데 바로 그 전승에 대해 성찰한다. 이는 다시 말해서 하느님께서 인류를 위해 준비하신 계획을 인간적인 계획과의 관계에서 성찰하는 것이라고 할 수 있다. 이에 대해 페쉬(O. H. Pesch)는 다음과

---

8. 다음 책들을 참조할 것. W. Pannenberg, *Epistemologia e teologia*, Brescia, Queriniana, 1975; G. Gutierrez, *Teologia della liberazione*, Brescia, Queriniana, 1971; C. Boff, *Teologia e pratica. Teologia do politico e suas mediações*, Vozes Petropolis, 1978.
9. O. H. Pesch, *op. cit.*, p.42.

같이 말한다. "신학적 인간학은 신앙의 증언과 우리의 사고방식을 서로 접목해야 할 과제를 안고 있다."[10]

그러나 이러한 정의는 아직 모호하며, 인간을 향한 하느님의 계획에 대해 완전하고도 질서 잡힌 이해를 하는 데 필수불가결한 일련의 작업들[11]을 위해서는 아직 적합하지 못하다. 교의적인 방법론은 동시에 해석학적인 작업들을 내포한다. 해석학적인 작업들은 다음과 같은 두 극, 즉 건축적인 원칙이라는 극(하느님, 하느님의 말씀, 하느님의 인간 계획, 전승)과 해석학적인 원칙이라는 극(인간, 인류를 향한 인간의 계획, 인간이 갖는 이상향, 인문 과학과 철학을 통해 이룩된 인간에 대한 다양한 진술들)을 중심으로 선회한다. 이제 이러한 방법론적인 전망을 도식화하면 우리는 다음과 같이 말할 수 있다. 즉, 신학의 방법론은 어떤 의미에서 하느님의 말씀에 대한 성서적인 해석학과 인간 현상에 대한 철학적인 해석학이라는 두 가지 해석학을 확고히 한다. 이 두 해석학은 두 가지 차원에서 서로 만난다. 사실, 성서적인 해석학에는 이미 암묵적으로 철학적인 해석이 내포되어 있는데, 이는 성경과 전승을 읽고 해석하는 사람이 언제나 일정한 철학이나 문화의 도움을 받아서 해석에 이용하기 때문이다. 그러나 이러한 철학적 해석은 교의적인 작업에서 분명한 특징을 갖게 된다. 왜냐하면 신학자는 그리스도교의 메시지를 분명히 이해할 수 있도록 하기 위해서 어떤 특정한 철학의 개

---

10. *Op. cit.*, p.34.
11. 로너간은 탐구, 해석, 역사, 변증법, 기초, 교의, 체계화, 통교 등 8가지 작업을 규정하였다(B. Lonergan, *Il metodo in teologia, cit.*, 147-152쪽 참조). 필자의 견해로는 근본적인 작업들을 경험, 해석, 현상, 철학적인 심화, 신학적인 분석과 체계화, 실천 등 6가지로 축소할 수 있다(B. Mondin, *Introduzione alla teologia*, Milano, Massimo, 1991, 2^{a}ed., pp.38-46 참조).

념적인 틀 - 예를 들면, 플라톤, 아리스토텔레스, 플로티누스, 데카르트, 라이프니츠, 칸트, 헤겔, 베르그송 등 - 을 명백하게 사용하기 때문이다.[12]

철학적 요소 : 신학은 하느님의 말씀에 대한 더욱 깊이 있고 섬세하며 구체적인 이해를 위해 인간적인 앎, 특히 하느님의 말씀에 가장 근접하는 철학적인 앎 - 대상과 언사에서 - 에 의지해야 한다. 철학은 신학에게 독보적인 도구이자 동맹적인 관계를 갖는 원리다. 근 1천 년여에 걸친 신학사(神學史)에서 신학은 언제나 하느님의 계획이 갖는 온갖 풍요로움을 꿰뚫어볼 수 있도록 도움을 주는 '동맹자'들을 찾았다. 그럼으로써 이 계획이 인간의 역사 가운데서 드러나고 우주의 장관(壯觀) 속에서 빛나게 하고자 했다. 이러한 동맹자들은 인간의 신비와 역사와 삶의 환경에 대해 알고자 하는 열망이 커지면서 일어나기 시작한 제반 인문 과학 분야에서 점점 드러나기 시작했다.[13] 하지만 신학에 가장 큰 도움을 줄 수 있는 학문, 즉 가장 중요한 동맹자는 언제나 철학이었다. 사실, 자연적인 진리 - 이 진리의 가장 근원적인 원천은 창조주 하느님이시다 - 즉, 계시자이신 하느님 안에 있는 신적인 진리의 발견은 철학으로 하여금 아주 적절하게 신앙의 시녀(ancilla fidei)가 되게 해 주었다. 그러나 사정이 그렇다고 해서 결코 철학의 품위가 떨어지거나 철학적 탐구 영역이 축소되지는 않았다. 오히려 이로 인해 인간의 이성으로는 전혀 상상하지 못했던 발전을 이루게 되었다.[14]

---

12. B. Mondin, op. cit., pp.39-40.
13. Giovanni Paolo II, Discorso alla Gregoriana del 17 dic. 1979.
14. Op. cit.

신학은 철학(그리고 다른 인문 과학들)을 향하지만, 이는 계시가 표현하지 않은 어떤 새로운 진리를 이끌어내기 위한 것이 아니라 – 물론 그럴 수도 있다. 하지만 이는 인간을 위한, 인간에 대한 하느님의 계획과 구원 역사에 비교하면 부차적인 진리일 수밖에 없다 – 단지 하느님의 말씀을 쉽게 통교할 수 있도록 철학의 도구들(개념적인 원리들)을 습득하기 위한 것이다. 신학자에게는 철학의 의미론보다는 – 물론 의미론이 기본 원리를 선택하는 데 결정적으로 중요하기는 하다 – 기본 원리가 관심의 대상이다.

철학이 신학을 위한 해석학적이고 기본 원리적인 도구로서 자신의 역할에 잘 부합하기 위해서는 계시 진리에 합당한 태도를 취해야 한다. 물론 많은 철학들이 이러한 수준을 만족시킬 수 있는 것은 아니다. 따라서 신학자는 철학을 취하면서 기만당하지 않기 위해 적절하지 않은 것들을 버릴 수 있어야 한다. 예를 들면, 경험주의, 과학주의, 이상주의, 물질주의, 실증주의, 구조주의, 신실증주의, 나약한 사상, 허무주의 등이 그것이다.[15]

---

[15] 과거의 위대한 신학자들은 모든 신학자들, 특히 오늘날의 신학자들에게 큰 귀감이 된다. 아우구스티노가 『삼위일체론』(De Trinitate), 『신국론』(De civitate Dei) 같은 불멸의 작품들을 쓴 시대에 로마 세계에는 회의론, 에피쿠로스주의(epicurocismus), 마니교, 신플라톤 철학 등이 유행하였다. 그는 앞의 세 철학을 강력하게 반대한 반면, 신플라톤 철학에서는 신학적인 성찰과 더불어 이 철학이 갖는 신학적 적합성을 발견했다. 그는 신플라톤 철학이 영성적이고 내면적이며 아주 강한 초월적 특징으로 점철되어 있다고 보았다. 나중에 토마스 아퀴나스가 그의 기념비적 작품인 『신학대전』(Summa theologiae)을 쓰던 무렵에는 당시로서는 새로운 철학인 아리스토텔레스의 철학이 라틴 세계로 유입됐다. 당시 아리스토텔레스 철학은 오류로 가득 차고 아주 의심스러운 철학으로 간주되었으며(특히 아베로에스가 작업한 주석들에서), 이로 인해 교회로부터 계속해서 단죄됐다. 그러나 토마스는 이 철학을 본질적으로 새로운 시각에서 고찰하면서 과감하게 이용했다. 그리하여 그리스도교의 영성적, 초월적 요소들에 더욱 부합하게 만들었다. 오늘날 우리 역

신학적 인간학을 하는 사람에게는 단순히 다양한 과학적 인간학이 아닌 철학적 인간학의 도움이 필요하다. 그러나 이 경우에도 신학자는 제반 철학을 대할 때 보여야 하는 신중함을 지녀야 한다. 사실 인간학들 가운데는 계시에 부적당한 인간학이 많이 있다. 하느님, 계시, 영(靈), 죄, 은총, 영원한 구원, 초본성적 삶과 같은 개념들을 거부하는 인간학적 전망들이 그러하다.

필자는 신학적 인간학을 전개할 때 인간을 문화적인 존재(다양한 계획에 민감한 존재)로, 개방된 계획으로, 절대적인 가치로 간주하는 철학적 인간학을 이용하고자 한다.16 이 인간학은 고전적인 사상에서 제시하는 전망뿐 아니라 현대 사상에서 드러나는 몇몇 직감으로부터도 영감을 받은 것으로서 개방된 계획으로서 인간에 대한 성찰을 제시한다. 이러한 전망과 더불어 제시되는 인간은 위로부터, 즉 하느님으로부터 선사받은 최상의 계획을 위해 준비된 존재로 드러난다.17

시 새로운 철학 사조들 가운데 어떤 것을 취해서 이러한 작업을 할 수 있다. 특히, 실존주의 철학, 인격주의 철학 같은 것은 형이상학적인 바탕을 보완한다는 조건 하에 신학에 접목될 수 있다.

16. 필자는 인간에 대한 이러한 개념에 대해 다음 작품들에서 더욱 자세히 다뤘다. *L'uomo Chi è?*, Milano, Massimo, 1989, 6ᵃed.; *Antropologia filosofica*, Roma, Urbaniana University Press, 1989, 2ᵃed.; *Il valore uomo*, Roma, Dino, 1989, 2ᵃed. 필자의 견해와 비슷한 전망으로서 다음 책을 참조하기 바란다. W. Pannenberg, *Antropologia in prospettiva teologica*, Brescia, Queriniana, 1987.

17. 판넨베르그가 올바로 관찰한 것처럼, 철학적인(그리고 인문 과학적인) 앎과 신학적인 앎은 서로 종합되는 두 가지 형태의 앎이 아니다. 신학은 인문 과학이나 철학적 인간학과 '연결되지' 않는다. "인간학을 비판적으로 수용해야 할 필요성은 다른 의미를 갖는다. 여기서 문제가 되는 것은 제반 인간학 분야에서 언급되는 인간 본성에 대한 현상들을 신학적으로 이용하는 것이다. 그러나 신학은 인간에 대한 이러한 세속적 진술들을 사실적 상태에 대한 임시적인 개념으로 받아들여서 신학적인 전망 안에서 심화한 후 - 이 작업은 매우 중요하다 - 다른 차원으로 제시한다."(W. Pannenberg, *op. cit.* p.21)

신학적 요소 : 엄밀한 의미에서 볼 때, 신학적 요소란 실재에 대한 합리적이고 철학적인 연구를 통해 개념적으로 더욱 완전한 근본 원리들을 이용하여 신앙에 대한 더욱 깊은 이해를 체계적으로 추구하는 것을 말한다. 바로 이 지점에서 신앙과 이성이 결합하게 된다. 신학자에게 고유한 일은 신앙이 자신의 틀에서 나와 하느님에 대한 앎과 하느님을 향해 질서 지워진 것들 - 신학적 인간학의 경우에는 하느님께서 인간을 위해 마련하신 계획 - 에 대한 깊은 인식에 이르기 위해 그리고 이러한 인식을 체계적으로 제시하기 위해 의도적으로 이성(ratio), 즉 '본성적 빛'(lumen naturale)을 향할 때 시작된다. 이 시점에서 신학자는 다음과 같은 두 가지 해석학적 과정을 따르게 된다. 하나는 상승적(上昇的)인 해석학적 과정이고, 다른 하나는 하강적(下降的)인 해석학적 과정이다. 상승적인 과정에서는 신앙에 대한 더 깊은 이해에 이르기 위해 이성의 모든 규범적인 수단을 이용하고 신앙을 표현하기 위해 인간 인식이 갖는 기본 원리를 이용한다. 반면, 하강적인 과정에서는 모든 인간적인 문화의 지평에 신앙으로부터 받은 빛을 투사함으로써 이를 준비시키고 강화하며 더욱 풍요롭게 하고 - 진리와 의미에 대해 - 이를 의미론적인 선상에서 더욱 강렬하게 만든다. "그러므로 성경들은 온 세상이 하느님을 알고 찬양하고 사랑할 수 있도록 준비시켜 준다."[18]

사목적 요소 : 제2차 비디간 공의회 이후의 신학에서는 무엇보다도 신학이 갖는 사목적, 실천적, 정치적, 사회적, 문화적 역할에 대한 강조가 두드러지기 시작했다. 물론 신학이 세상, 구체적으로는 신적인

---

18. S. Bonaventura, *In Hexaemeron* III, 12.

세상을 향한 관상(contemplatio)에서 한계를 두지 말아야 한다는 것은 당연한 일이다. 그러나 신학은 또한 인간 세상을 변화시키기 위해 적극적으로 임해야 한다. 더욱이 구원 역사는 인간과 문화와 사회를 깊이 변화시키는 커다란 변혁의 중심이 되어 왔다. 구원 역사는 파라오의 압제에서 히브리 사람들을 구원했으며, 로마 제국에서 부끄럽기 그지없는 노예 제도를 없애는 데 일조했다. 그리고 여성의 지위를 상승시키고 인간 인격이 지닌, 결코 침해되지 말아야 할 존엄성의 원칙을 소중히 여겼다.

그러므로 신학자는 자신이 몸담고 사는 시대와 환경이 지닌 사회적, 정치적, 문화적 상황과 정의, 기아, 억압, 오염 등의 문제로부터 야기되는 다양한 요청들에 대해 지속적인 관심을 기울여야 한다. 또한 신학자는 인류의 증진과 가난하고 억압받는 이들의 해방과 환경 보호 등을 위해 신학적인 성찰 작업을 해야 한다.

특별히 이러한 과제는 신학적 인간학에 속하는 것으로, 신학적 인간학은 인간을 위한 하느님의 계획을 따르는 가운데 이 계획에 수반되는 모든 윤리적, 사회적, 정치적, 문화적인 책임들을 강조해야 한다. 그러므로 신학적 인간학은 새로운 인간상 - 이 인간상은 의심할 바 없이 열광적이고 매혹적이다 - 을 위한 틀을 제공해야 할 뿐만 아니라 동시에 하느님의 계획이 구체화되는 것에 반하는 인간의 무지몽매한 저항을 고발할 수 있어야 한다. 그리고 하느님의 계획이 구체화되는 과정에서 그리스도인이 이행해야 할 책임과 허물들에 대해서도 결코 간과해서는 안 된다.

6. 인문 과학들에 의존하는 신학적 차원

　멈출 줄 모르고 끊임없이 이루어지는 과학의 진보에서 인문 과학들(심리학, 사회학, 민족학, 문화 인류학, 언어학 등)의 진보는 이제 정점에 도달했다. 이 학문들은 신화, 철학, 물리학, 천문학 그리고 다른 여러 가지 자연 과학들 이후에 - 1800년대 후반부터 - 발전한 것들이다. 사실 이러한 분야들의 태동은 쉽지 않았으며, 학문 세계에서 이러한 분야들을 인정하는 것은 아직도 논란이 되고 있다. 그것은 무엇보다도 경험 과학과 철학 사이에 위치하는 각각의 인문 과학 분야가 갖는 인식론적인 규약의 고유함 때문이다. 신학의 이러한 인문 과학들에 대한 수용은 아주 천천히 이루어졌는데, 몇몇 신학자들이 이를 남용하는 바람에 그 적용 과정에서 큰 어려움을 겪을 수밖에 없었다.

　분명한 것은 오늘날의 신학자들이 더는 교부들이나 스콜라 신학자들이 그랬던 것처럼 기본 원리나 수사학, 변증법, 의미론, 역사, 철학에만 의존해서 하느님의 말씀을 읽고 전하는 데 만족하지 못한다는 것이다. 신학자는 현대 세계가 제공하는 광범위한 지식 세계를 이용할 줄 알아야 한다. 특히 역사적, 정치적, 사회적, 문화적, 종교적인 실재를 더 잘 이해할 수 있도록 도와주는 제반 인문 과학들을 활용할 줄 알아야 한다. 이것들은 진정한 하느님 말씀의 수취자일 뿐 아니라, 나아가 이 하느님의 말씀을 담아내는 해석학적 지평이기도 하다. 하느님의 말씀은 바로 이 지평까지 내려와야 한다. 이렇듯 신학적 인간학은 인간적, 과학적, 철학적 인간학이 제시하는 결과들을 수용할 수 있고 또 수용해야 한다. 신학적 인간학은 최근의 연구 환경에서 전적으로 독자적인 지식만을 강요할 수 없으며, 더욱이 인식에 있어서 자신만의 특수한 원천을 내세울 수도 없다. 만일 필요하다면 신학적 인간학은 자신의 자매인 과학과 철학이 고유한 작업을 수행할 수 있도록 격려해야 한다. 왜냐하면 신학적 인간학이 이러한 작업을 할 수 없을 뿐더러, 비록 신학적 탐구와 인간적·과학적 차원에서의 탐구 간에 개별적인 일치를 제외하지 않는다 하더라도, 신학적인 분야만으로는 이러한 작업을 수행할 수 없기 때문이다.[19]

제반 인문 과학들 – 특히 광범위한 의미에서 보면, 철학도 인문 과학에 포함된다 – 은 집단으로 하나의 거대한 해석학적 도구를 형성한다. 신학자는 이와 더불어 성경의 메시지와 구원 역사(그리고 계시 일반과 전승)를 이해하고 새롭게 표현하는 작업을 수행해야 한다. 그리고 어떤 신비에 대한 해석을 시도하는가에 따라 자신이 이용해야 할 인문 과학의 종류를 다양화해야 한다. 예를 들어 자신이 다루고자 하는 신비가 교회에 관한 것이라면, 이 작업을 위해 더욱 중요한 도구는 문화 인류학과 사회학 그리고 사회·정치적 분석학, 해석학, 현상학 등이다. 만일 다뤄야 할 신비가 하느님과 삼위일체에 관한 것이라면, 이를 위한 기본적인 도구들은 현상학, 의미론, 심리학 그리고 형이상학이다. 이러한 인문 과학들은 역사학, 해석학(hermeneutica)과 더불어 그리스도의 신비를 연구하기 위한 기본적인 도구들이기도 하다. 계시의 신비를 이해하기 위해 필요한 인문 과학들은 역사학, 언어학, 의미 분석학, 심리학, 종교 철학, 해석학이다.

신학적 인간학의 경우, 인간 실재에 대한 더 깊은 이해를 위해 유용한 인문 과학은 생물학, 문화 인류학, 사회학, 언어학, 현상학, 정신

---

19. O. H. Pesch, *Liberi per grazia*, cit., pp.527-528.

분석학, 경험 심리학, 역사학, 해석학 등이다. 각각의 인문 과학은 인간 존재에 대한 나름의 근본적인 측면들을 밝히 보여 주고 동물에 비해서 인간이 갖는 진보적인 차원들을 드러내 준다.[20]

필자가 보기에 신학적 인간학에서 가장 유용한 분야는 문화 인류학으로, 특히 이 분야를 철학적인 기준들과 더불어 사용한다면 상당히 쓸모 있으리라고 생각한다. 왜냐하면 문화 인류학은 여러 인문 과학들 가운데 인간 실재 – 각 인격이 갖는 고유한 개별성과 그가 사회적인 관계 안에서 보여 주는 복합성의 차원에서 – 가 내포하는 고유함과 풍요로움을 가장 잘 보여 줄 수 있기 때문이다. 이러한 이유로 해서 필자는 하느님의 계획이라는 전망에 따라 인간의 신비를 읽어 나가는 과정에서 문화 인류학에 특별한 지위를 부여하고자 한다.

7. 논술의 구분

이 책은 다음과 같이 역사적인 전개와 이론적·체계적인(교의적인) 전개의 두 부분으로 나누어서 살펴볼 것이다. 먼저, 제1부에서는 교부들의 업적과 그 뒤를 이은 스콜라 신학자들 그리고 근대 신학자들과 현대 신학자들의 업적을 따라가면서 신학적 인간학이 어떻게 발전해 왔는지 광범위한 역사적 고찰을 시도할 것이다.

제2부에서는 – 구체적으로 교의적인 부분에서 – 구원 역사의 여

---

20. 판넨베르그는 그의 기념비적 작품 *Antropologia in prospettiva teologica*, Brescia, Queriniana, 1987에서 다양한 인문 과학들에 대한 접근을 시도한다. 그는 이 작품에서 특히 생물학, 문화 인류학, 심리학, 종교 사회학 그리고 역사학에 관심을 보인다.

러 단계와 더불어 구체화된 하느님의 계획, 즉 창조의 순간부터 이 창조가 새로운 인간이자 인류가 입게 될 새로운 모습의 전형이요 원형이신 예수 그리스도 안에서 최종적으로 완성되기까지 어떻게 현실화되어 가는지에 대해 연구하게 될 것이다. 또한 필자는 2부에서 강생하신 성자의 모습에 근거해서 하느님께서 계획하신 새로운 인간이 갖는 근본적인 측면들을 분석하는 가운데 교의적인 연구를 지속해 나갈 것이다. 즉, 이러한 전망에서 은총, 죄, 회개, 의화, 예정, 대신덕(對神德, virtutes theologiae), 은총 선물들, 카리스마 등에 대해 설명할 것이다. 그리고 제2부의 한 장(章)을 할애해서 사목적인 요소에 대해 다룰 것이다. 필자는 이 장에서 그리스도인의 삶이 갖는 구체적인 측면들, 특히 정치, 문화, 노동, 학교와 같은 다양한 영역에서 그리스도인이 수행해야 할 메시아적인 직무들에 대해 다룰 것이다. 사실, 그리스도인은 자신의 스승이자 원형이신 그리스도처럼 관상적일 뿐 아니라 활동적이기도 한 존재다. 그가 이 세상에서 그리고 이 땅 위에서 하느님 나라가 확장되도록 기여할수록, 그는 인류를 향한 하느님의 계획을 완성으로 이끌어 가게 되는 것이다.

참고 문헌

Y. Congar, *Situation et tâches prsentes de la théologie*, Parigi, Du Cerf, 1967.

M. Flick - Z. Alszeghy, *L'uomo nella teologia*, Modena, 1971.

P. Watté, "Antropologia teologica e amartologia", in AA. VV., *Bilancio della teologia del XX secolo*, vol. III, Roma, Città Nuova, 1972, pp.67-88.

J. Moltmann, *Uomo. L'antropologia cristiana tra i conflitti del presente*, Brescia, Queriniana, 1972.

W. Pannenberg, *Questioni fondamentali di teologia sistematica*, Brescia, Queriniana, 1975.

B. Lonergan, *Il metodo in teologia*, Brescia, Queriniana, 1975.

A. Rizzi, *La grazia come libertà. Per una attualizzazione del trattato di antropologia teologica*, Bologna, Dehoniane, 1975.

G. Gozzelino, *Vocazione e destino dell'uomo in Cristo. Saggio di antropologia fondamentale*, Torino, LDC, 1985.

W. Pannenberg, *Antropologia in prospettiva teologica*, Brescia, Queriniana, 1987.

O. H. Pesch, *Liberi per grazia*, Brescia, Queriniana, 1988.

G. Colzani, *Antropologia teologica. L'uomo paradosso e mistero*, Bologna, Dehoniane, 1988.

B. Mondin, *Introduzione alla teologia*, 2^aed., Milano, Massimo, 1991.

1

신학적 인간학의 역사

서 언

　신학적 인간학은 근본적으로 다음 두 가지 물음에 대해 응답하고자 한다. 즉, ㄱ) 도대체 구원받은 인간은 누구인가 - 다른 식으로 표현하자면, 하느님의 계획에 따라 만들어진 인간은 누구인가 - 하는 물음과 ㄴ) 구원 - 즉, 하느님의 계획 - 은 어떤 요소로 구성되는가 하는 물음[1]에 대해 응답하고자 한다. 두 번째 물음에 대한 대답은 첫 번째 물음에 대한 대답으로 조건 지워진다. 이처럼 하느님의 구원 계획을 둘러싸고 형성된 오랜 신학적 성찰의 역사에는 다양한 인간 개념을 바탕으로 구원 역사를 논하는 그만큼 다양한 신학적 인간학의 모델이 많이 존재한다.

　신학적 인간학의 역사는 하느님께서 인간을 위해 마련하신 놀랍고도 엄청난 구원 은총 계획의 역사가 아니라 - 이 역사는 이미 성경에서 이야기되었다 - 이 구원 역사가 믿는 이들의 자발적인 성찰을 통해서 개념화되어 가는 역사로, 이는 무엇보다도 먼저 성경에서 표현된 것

---

1. 이 부분은 신학적 인간학에서 다루지 않는다. 왜냐하면 이는 구원자이신 하느님, 더 구체적으로는 육화하신 하느님의 아들 예수 그리스도에 관한 신학적 연구를 다루는 논술이기 때문이다.

을 나중에 신학적으로 숙고하면서 이루어졌다. 사실, 믿는 이는 하느님의 계획과 그 역사적인 실현에 대해 당대에, 특히 당시의 문화 속에서 드러나는 상징적인 형태들 – 이 상징 형태들은 문화마다 시대마다 다양하게 드러난다 – 을 사용해서 표현하고자 한다. 따라서 신학적 인간학의 역사는 세기를 거치면서 연구된 하느님의 계획에 대한 개념화의 역사이기도 하다. 신학적 인간학의 역사를 묘사하는 것은 인간에 대한 하느님의 구원 역사를 어떤 적절한 개념, 좀 더 구체적으로 말하면 어떤 인간학적 모델을 사용해서 풀어내는지를 살펴보는 것이다. 신학자들은 이러한 모델들을 사용해서 구원의 신비를 표현하고자 했다. 다시 한 번 말해 두지만, 이 구원의 신비는 하느님에 의해서 인류를 위해 마련되고 여러 세기를 통해 현실화된 것으로서 은총과 자유 그리고 행복에 관한 놀랍기 그지없는 계획이다.

신학적 인간학의 역사에서 두드러진 순간들은 히브리 문화에서 시작한 서양 문화사의 중요한 계기들과 필연적으로 일치한다. 히브리 문화는 역사상 처음으로 인류를 향한 하느님의 계획인 구원 메시지, 즉 하느님의 말씀을 받아들여서 이를 표현한 문화였다. 서양 문화사는 다음과 같은 다섯 가지 중요한 시대, 즉 성경 시대, 교부 시대, 스콜라 시대, 근대, 현대로 구분할 수 있다. 필자는 이 다섯 시대를 하나씩 면밀히 검토해 가면서 특별히 신학적 인간학의 발전에 지대한 공헌을 한 여러 신학자들의 사상을 다룰 것이다.

1 | 성경의 인간학

성경은 신앙의 책이다. 거기에는 중요한 구원 사건들이 담겨 있다. 그리고 구원 진리(veritas salutaris; 성 보나벤투라), 즉 하느님 존재와 인간 존재에 관한 결정적인 진리들이 담겨 있다. 이 진리는 점진적으로 구원을 열어 보이고 이루어 가는 진리를 말한다. 이러한 진리에 힘입어서 하느님의 모습과 인간의 모습에 대한 이해는 계시와 구원 역사를 통해서 점점 더 풍요로워지고 분명해져 갔다. 하지만 성경은 절대로 어떤 완벽한 정의를 내리지 않는다. 또한 인간과 하느님에 대해 결코 정확하게 개념화해서 말하지도 않는다. 성경은 일종의 이야기다. 그러므로 성경은 체계적인 조직 신학이 아니라 일종의 이야기 신학(teologia narrativa)을 전개하는 셈이다. 하지만 성경의 이야기 속에 모든 것이 드러나 있지도 않다. 거기서는 당시 문화에 속했던 제반 요소들이 지배적인데, 특히 선택된 민족인 히브리 민족의 사고방식이 지배적으로 드러난다. 성경 주석학자들이나 철학자들은 이러한 부분들을 결코 이상화(理想化)하지 말아야 한다. 하느님께서 그들의 문화를 이용하신 것을 두고, 마치 그분이 그 문화를 다른 모든 문화의 척도나 모델로 여기셔서 일종의 이상적인 문화가 되기를 바라시며 특별히 축성하신 것인

양 착각하는 것이 올바른 사고가 될 수는 없다. 이는 하느님의 계획과는 전혀 관계없다. 구원에 관한 하느님의 계시는 단지 히브리 민족이라는 하나의 민족에만 국한된 것이 아니라 모든 인류를 향해 개방되어 있다. 히브리 민족은 단지 그들의 문화와 더불어 구원의 첫 번째 수취자였을 따름이며, 구원의 도구이자 성사적인 역할을 했을 뿐이다. 하느님은 이스라엘과 더불어 계약을 맺으시면서 일종의 문화적인 수단을 취하셨지만, 이스라엘은 당시 그들을 둘러싼 다른 여러 민족들, 예를 들면 아시리아, 바빌로니아, 이집트, 그리스, 로마 등과 비교해 볼 때 사실 문화적으로 별 볼일 없고 거칠기 짝이 없었다.

이처럼 신학자와 성경 주석학자는 언제나 '문화'와 '계시' 사이의 근본적인 구별을 염두에 두어야 한다. 따라서 신학적 인간학을 하는 사람은 성경 안에서 드러나는 인간의 모습을 통해 표현되는 계시 내용이 내포하는 문화적인 형태를 잘 알아야 한다. 성경 안에서 – 그리고 신학적인 성찰 가운데 – 드러나는 하느님의 계획에 따른 인간의 모습은 언제나 복합적인 형태를 띤다. 그것은 '역사적-문화적' 요인과 '역사적-구원적(또는 계시적)' 요인으로 구성되어 있다. 항구하고 보편적인 구원 진리는 역사적-문화적 요인이 아닌 역사적-구원적 요인에 따라 주어진다. 다시 말해, 그것은 인간의 문화적 법칙이 아닌 하느님 말씀의 의미를 통해서 주어진다.

성경의 인간학은 원칙적으로 다음과 같은 세 가지 단계, 즉 구약성경, 랍비, 신약 성경의 단계로 나뉠 수 있다. 필자는 이 세 부분을 다루면서 여러 가지 주제들을 종합하는 가운데 세 가지 형태의 인간 모습과 더불어 표현되는 특징적인 요소들을 규명하고자 한다.

1. 구약 성경의 인간학

그리스도께서 오시기 전까지 2천 년의 역사 동안 히브리 민족이 어떤 변화나 발전 없는 일정한 인간학적 개념을 유지하지는 않았다. 그럼에도 불구하고 그 이면에는 나름의 일정한 일관성이 있었는데, 그것은 성경의 마지막 편집이 얼마 되지 않는 기간에 - 대략 기원전 7세기에서 3세기 사이 - 이루어졌기 때문이다. 따라서 우리는 구원 역사를 표현하는 여러 가지 개념들 가운데서 드러나는 히브리 민족의 인간학적 개념에 대해 정당하게 말할 수 있다. 우리는 몇 가지 개념들에 주목하는 가운데 이러한 개념화 과정에서 구별되는 요소들을 서술할 수 있다.[2]

무엇보다도 이 개념들은 인간 존재를 구성하는 다양한 요소들을 간과하지 않으면서도 일련의 단일한 개념군(槪念群)을 형성한다. 여기에는 엄밀한 의미의 육체(몸, basar-히브리어, sarx-그리스어)와 영혼(nefes-히브리어, psyché-그리스어)에 대한 구별이 없다. 반면, 그리스 개념에는 엄밀한 구별이 있다. 육체와 영혼은 모두 총체적인 인간 실재를 함축한다. 이렇듯 육체는 더 넓은 의미를 취하면서 영혼과 마찬가지로 사고와 감정의 중심으로 표현된다(시편 16,19; 51,10; 잠언 16,24). 이러한 현상을 고려해 보건대, 이스라엘 사람들은 영혼과 육체를 서로 반대되는 실재로 보지 않았다. 그들의 사고방식에 따르면, 인간 전체는 영혼(생활한 존재)이자 육체(생활한 육체적 존재)였다. 따라서 이스라엘 사람들의 사고방식에는 육체와 영혼 사이의 단일성(單一性)에 대한 깊은 인식이

---

2. 다음 책들을 참조할 것. AA.VV., *L'antropologia biblica*, curatore G. Di Gennaro, Napoli, 1981; H. W. Wolff, *Antropologia dell'Antico Testamento*, Brescia, 1971; G. Montagnini, *Adamo dove sei? Linee di antropologia biblica*, Assisi, 1975; F. Raurelli, *Lineamenti di antropologia biblica*, Casale Monferrato, 1986.

자리 잡고 있었으며, 그들은 죽은 후의 인간에 대해 말할 때 불멸성(不滅性)이란 말을 사용하지 않고 '죽은 이들의 부활'이란 표현을 사용했다. 하지만 또 다른 세상에서의 구원에 대한 기다림이란 개념은 이스라엘 민족이 바빌론에서 유배 체험을 겪고 난 이후에야 갖게 된 것이다. 무엇보다도 "그들에게 주어진 하느님의 커다란 선물은 계약의 하느님께서 그들에게 주기로 하셨던 비옥한 땅에서 누리는 삶이었다. 이스라엘 사람들이 가졌던 주된 관심은 현세, 즉 하느님께서 창조하신 이 세상에서 평안하고 충만한 성공적 삶을 일구는 것이었다. 장수하는 것 그리고 성공적 삶은 하느님께서 그들에게 허락하실 수 있는 최고의 은총으로 간주되었다. 그리고 많은 후손이 주어지는 것도 하느님의 커다란 축복이었다. 사실, 부족(部族)이 지속되는 것, 가족(家族)이 지속되는 것은 그들에게 미래의 커다란 희망에서 중요한 가치를 가졌다. 그러나 그들이 품었던 미래에 대한 희망 역시 현세에 국한될 뿐이었다."[3]

히브리적 사고방식에 따르면, 인간에게는 살(caro)과 영혼(anima) 이외에 영(spiritus, ruah-히브리어, pneuma-그리스어)도 주어져 있다. 이 요소는 하느님께 의존하는 인간 전체를 지칭한다. 즉, 이 어휘에는 인간을 살아 움직이게 하는 생활한 능력이 하늘에서, 하느님에게서 온다는 확신이 배어 있다. 이렇듯 야훼는 각 사람들에게 생명의 숨을 불어넣어 주시는 하느님으로 드러난다. 그래서 하느님께서 인간이 죽을 때 숨을 거둬 가신다고 믿었다. 인간은 영에 힘입어 전적으로 하느님께 의존하는 존재로서, 오직 하느님과의 관계를 통해서만 진정한 자기 실존의 근거를 가질 수 있다.

---

3. O. Knoch, *Morte e vita secondo la Bibbia*, Roma, 1985, p.13.

더 나아가, 이스라엘 사람들은 개인적인 사고방식보다는 상당히 강한 집단의식을 갖고 있었다. 그래서 한 개인의 율법 위반은 율법을 위반한 당사자만이 아니라 전체 백성에게 해당하는 일이기도 했다. 그러므로 구원에 있어서도 한 개인의 구원보다는 백성 전체의 구원이 논의됐다. 구약 성경의 많은 구절들은 백성의 생존과 이 백성의 구성원으로서 개인의 생존에 대해 이야기한다(창세 12,1-3 참조). 개별 이스라엘 사람들이 살아가는 축복과 저주라는 공동 운명은 이러한 공동 소속에 근거한다. 계약 체계의 핵심을 구성하는 십계명은 이런 결속에 대한 종교적인 원칙이 규범화된 것이다. "주 너의 하느님인 나는 질투하는 하느님이다. 나를 미워하는 자들에게는 조상들의 죄악을 삼 대 사 대 자손들에게까지 갚는다. 그러나 나를 사랑하고 내 계명을 지키는 이들에게는 천대에 이르기까지 자애를 베푼다."(탈출 20,5-6; 신명 5,10 참조)

2. 랍비 인간학 : 알렉산드리아의 필론

디아스포라의 랍비 문학, 특히 이집트 알렉산드리아의 랍비 문학은 새로운 인간 개념의 길을 열어 주었다. 이 개념은 플라톤, 아리스토텔레스 그리고 제논(Zenone)의 그리스적 인간학의 전망 안에서 드러나는 여러 요소들과 언어적인 표현들이 혼합된 것이다. 이 새로운 인간 개념을 제시한 대표적인 인물은 알렉산드리아의 필론(Filone d'Alessandria)으로, 그의 사상은 교부 시대에 그리스도교 신학이 발전하는 데 지대한 영향을 미쳤다. 그는 성경의 가르침과 고전 그리스 철학[플라톤 철학(platonismus)과 스토아학파의 철학(stoicismus)]의 가르침을 조화롭게 잘 융합해서 그리스 철학의 관점에서 성경을 해석했다. 이 전망에서 드러나는 특징들을 살펴보면 다음과 같다.

1) 이는 하느님께서 직접 창조하신 비가시적이고 비물질적이며 영적인 이상적 인간 이론으로서, 이러한 인간 개념은 감각적인 인간 모델을 대체한다(*De opificio mundi*, c.46).

2) 육체가 로고스(Logos)와 여러 능력의 천신들(Potenze)에 의해 창조된 데 반해, 영혼은 하느님에 의해 직접 창조됐다.

3) 영혼-육체의 이원론 : "인간은 영혼과 육체로 이루어져 있다. …… 인간은 이 두 요소의 종합이다. 즉, 지상적인 물질과 신적인 영이 그것이다."(*De opificio mundi*, c.46)

4) 영혼은 불멸하는 실재다. 반면, 육체의 부활은 오직 선한 사람에게만 국한된 선물이다.

5) 신적 이콘성 : 인간은 육체적인 차원이 아닌 영적인 차원에서 '하느님의 모상'으로 창조되었다(*De opificio mundi*, c.23).

6) 인간적 자유 : "하느님은 인간을 독립적이고 자유로운 존재로 창조하셨다. 그것은 인간이 자신의 활동 능력들을 숙고해서 의지적으로 그 목적에 맞게 사용하면서 선과 악을 알아내어 그 가운데 악은 피하고 선을 받아들이도록 하기 위해서다."(*Quod Deus sit immutabilis*, n.49)

7) 구원은 하느님과의 지복 가득한 일치에 있다. 이는 하느님께서 육체적인 필요에서 그리고 육체의 사슬에서 자유로워질 줄 아는 예정자들에게 허락하신 선물이다. "육체가 우리에게 지우는 사슬과 육체적인 여러 필요들에서 풀려나면, 너 연약한 피조물이여, 너는 지복직관(visio beatifica)을 누리게 될 것이다!"(*Quis dives*, n.314)[4]

3. 신약 성경의 인간학 : 사도 바오로

성 바오로는 신학적 인간학의 아버지라고 분명하게 말할 수 있다. 사실상, 그의 인간학은 감춰진 신비(mysterium absconditum), 즉 인류를 향한 구원 계획 - 이 하느님의 구원 계획은 세기를 거치면서 실현되었고 '새 아담'인 예수 그리스도의 업적을 통해서 완성되었다 - 에 대한 구체적인 첫 번째 성찰이기 때문이다. 바오로가 '새 인간', '새 창조'의 신비에 대해 말하기 위해 사용한 개념은 구약 성경에서 사용된 여러 용어들처럼 매우 다양하다. 통상 이스라엘 사람들이 그러했듯이, 바오로 역시 인간에 대해 삼중(三重)의 개념을 갖고 있었다. 그에 따르면, 인간은 몸(soma, sarx)과 혼(psyché)과 영(pneuma, nous)으로 이루어져 있다. 이를 소개하는 대표적인 구절이 1테살 5,23이다.

몸(또는 육체)에 대해 살펴보면, "바오로가 사용하는 몸(sarx)이란 어휘는 본성적인 인간, 즉 육체적이고 가시적이고 연약하며 이 지상과 관련된 인간을 표현한다. …… 그러므로 몸은 지상 것들에 사로잡혀 있는 본성적인 경향에 의해 지배되는 인간을 말한다. 특히 이 개념은 바오로의 대표적인 대립 명제인 영혼(spiritus)과 육체(caro)에 사용되는 개념으로서, 여기서 바오로는 성령의 영향 아래 있는 인간과 지상적인 것들에 관심을 보이는 인간 주체를 서로 비교해서 언급한다. 몸은 하느님을 반대하는 인간, 하느님에게서 멀어지게 하는 모든 것에 사로잡힌 인간을 표현한다."[5]

---

4. 필론의 인간학에 대해 더욱 심도 있게 연구하려면 B. Mondin, *Filone e Clemente*, Roma, Urbaniana University Press, 1984, pp.89-116을 참조하기 바란다.
5. J. A. Fitzmyer, "Teologia paolina" in *Grande commentario biblico*, Brescia, Queriniana, 1973, 1892.

반면, 바오로는 혼이라는 말과 더불어 생명력을 가진 인간, 지식과 지성과 의지를 가진 인간을 표현하고자 했다. "이 용어가 단지 자아를 가리키는 것 외에 아무것도 아니라 할지라도(로마 2,9; 13,1) 여기에는 분명 의도된 생명, 의식적인 생명력이란 의미가 함축되어 있다. 그럼에도 불구하고 이 생명은 단순히 자연 본성적인 현세적 생명을 가리킨다. 통상 바오로는 혼을 경멸하는 듯한 의미로는 사용하지 않았다. 한편, 혼은 성령이 아니라 몸에 의해 지배되는 생명을 가리키기도 한다. 이러한 이유에서, 바오로는 하느님의 영(Spiritus)에게서 오는 것을 받아들이지 않는 현세적 인간(psychikos)에 대해 말한다(1코린 2,14)."[6]

끝으로 바오로는 영(pneuma)과 지성(nous)이라는 어휘를 통해서 – 그리고 마음(kardía)이라는 어휘와 함께 – 인간의 지적(知的)이고 의지적(意志的)인 차원, 특별히 하느님의 영을 수용하기에 적합한 인간의 측면에 대해 말한다. "바오로에게 지성은 인식과 판단을 할 수 있는 능력을 가진 주체로서 인간을 말할 때 사용된다. 이 어휘는 인간의 이해할 수 있는 능력, 계획하고 결정할 수 있는 지적인 능력을 지칭한다."[7] "이러한 인간의 모든 측면들은 그의 생명(zoè) 안에서 종합된다. 하느님의 선물로서 인간 행동의 주체인 이 생명은 구체적으로 실존하는 인간을 표현한다. 하지만 그리스도 이전의 인간 생명은 사실상 육에 의해 지배되는(로마 8,12) 생명이었다. 비록 인간이 자신의 삶을 의도적으로 계획할 수 있고 또 이해할 수 있는 능력을 지녔다 할지라도, 그리스도가 없는 인간은 자신에게 자기 존재의 근거로 주어진 목적에 도달할 능력이 없는 존재로 남을 수밖에 없다. 이러한 인간 상황에 대해 바오로는

---

6. *Op. cit.*
7. *Ibid.*

다음과 같이 말한다. '모든 사람이 죄를 지어 하느님의 영광을 잃었습니다.'(로마 3,23) 인간이 본래의 영광스러운 모습을 잃어버렸다 함은 그 이전에 이미 하느님께서 그들을 위해 마련하신 영광스러운 운명이 있었음을 의미한다(로마 8,12-23 참조)."[8]

'본성적'인 상태에 있는 인간은 모든 면에서 하느님에게서 멀리 떨어져 죄 중에 살고 있다. 그러나 새 인류의 조상인 새 아담 그리스도를 통해 구원된 인간은 자기 전 존재에 걸쳐서 근본적인 변화를 겪게 된다. "그리스도적인 화해는 하느님과 인간 사이의 새로운 일치를 이루어 낸다. 바오로는 이를 일컬어 '새 창조'라고 불렀다(갈라 6,15; 2코린 2,17). 왜냐하면 이 상태는 인간으로 하여금 세상에서 새로운 실존 방식으로, 즉 신자가 그리스도와 함께 긴밀한 관계를 맺으며 살아가도록 이끌어 주기 때문이다. 인간은 믿음과 세례를 통해 이 새로운 실존 방식에 참여하며, 이와 더불어 그리스도와 교회에 합체(合體)된다. 이러한 합체는 특별히 성체성사 안에서 완성된다."[9]

바오로의 인간학에는 인간 전 존재를 방향 지우며 하느님과의 관계를 결정하는 요소가 있는데, 그는 이를 영(靈, pneuma)이라고 불렀다. 영은 인간 인격의 핵심을 대표하는 어휘로, 인격의 가장 내밀한 부분에 있으며 초월적인 영역이다. 왜냐하면 양심 이면에 위치해 있기 때문이다. 영은 인간이 하느님과 관계를 맺는 데에 본질적인 실재로서 하느님의 영감(靈感)과 영향을 받아들이는 데 아주 민감하다. 영은 본질적으로 자유롭다. 그럼에도 불구하고 하느님과의 관계에서 일정한 자리를 점유하지 못할 것 같고 진정한 의무나 책임을 질 수 있는 능력도 없을

---

8. *Op. cit.*
9. *Ibid.*

것 같다. 하지만 바오로는 영 안에서 참된 책임 의식, 주도적인 자유 또는 자유 의지(ekousios)를 인정한다. 그가 말하는 자유는 단순히 선택할 수 있는 가능성이라든가 변덕스런 자유 의지를 말하는 것이 아니라 자기 결정성(自己 決定性, autodeterminatio), 특히 하느님의 의지에 부합하거나 거슬러서 인간이 내리게 되는 인격적 결단을 의미한다.

창조 당시의 첫 번째 인간은 자신들의 영과 더불어 하느님을 거슬러 배반했다. 그 이후로 인류 전체는 악마의 지배에 떨어졌고 율법의 멍에 아래 눌려 왔다. 바로 아담의 부정적인 결단으로 인해 이 세상에 죄가 들어왔으며 아담과 더불어 온 인류와 하느님의 관계 또한 단절되고 말았다. 바로 이러한 관계 단절에서 미움과 적대감 그리고 모든 사회적인 비참함들이 나오게 됐다(로마 5,12; 8,5-8).

바오로는 그리스도의 업적을 통해서 구원된 인간을 영이 해방된 존재로 소개하며, 이 영의 해방과 더불어 인간 전 존재(sarx와 psyché)가 죄의 결과에서부터 해방됨을 역설적으로 이야기한다. 그것은 마치 인간에게 새로운 자유를 선사하는 것과도 같다. 인간은 그리스도와 깊이 결합됨으로써 자신 안에 내재하는 죄를 이겨낼 힘을 받게 되며, 그 죄의 법칙은 자신의 힘으로 발전하지 못하고, 인간은 영의 법칙에 따라 자신을 실현할 수 있게 된다(로마 7,18). 이렇게 해방된 인간은 성령을 통해서 이기주의적인 경향으로부터 멀어지고 하느님의 뜻을 자기 행동의 규범으로 받아들이게 된다. 이는 단지 하느님에 대한 경외심 때문만이 아니라 하느님과의 새로운 관계를 자유롭게 받아들이기 위한 것이기 때문이기도 하다(로마 8,14-16).

영혼-육체적인 면 그리고 영적인 면을 모두 포함한 인간 전체는 세례를 통해서 구원에 참여하게 된다. 이 성사에 힘입어 인간 전 존재는 이제 죽음의 왕국에서 생명의 나라로 들어가게 된다. 이 생명은 현세에서 다함이 없고 영원한 생명으로 확장된다. 죄와 죽음의 세력의 노예였던 '옛 인간'은 세례를 통해서 그리스도와 함께 십자가에 못 박혀 죽었다. "우리가 그리스도와 함께 죽었으니 그분과 함께 살리라고 우리는 믿습니다."(로마 6,8) "누구든지 그리스도 안에 있으면 그는 새로운 피조물입니다. 옛것은 지나갔습니다. 보십시오, 새것이 되었습니다."(2코린 5,17) "하느님의 영은 세례와 더불어 우리 안에 주입되며 이 성령이 우리를 가득 채운다. 이 영은 하느님의 뜻에 따라 사는 삶으로 우리를 인도하면서 격려하고 하느님과 함께 영원한 생명을 누리는 삶에 대해 약속한다."[10]

바오로의 인간학에서 존재론적 측면이 전혀 고려되지 않은 것은 아니지만, 그의 인간학은 성격상 사실은 존재론적(存在論的)이라기보다는 다분히 실존적(實存的)이다. 바오로는 '새로운 피조물'(2코린 5,17)이라는 독특한 표현을 통해서 구원된 인간 상태를 잘 묘사한다. 그가 소개하는 것처럼, 구원은 인간 인격의 심층부에 영향을 끼치며 실존적인 삶의 방향을 완전히 뒤바꿔 놓는다. 그리고 더는 죄를 향해서 살지도 않고 또 열정들(passiones)로 인해 자기 존재를 분열시키지도 않는다. 이와 반대로 구원은 인간으로 하여금 은총을 향해 그리고 하느님과 이웃에 대한 사랑(agape)의 실천을 통해서 자기 존재를 확장시켜 주는 진정한 자유를 향해 나아가게 해 준다. "여러분은 자유롭게 되라고 부르심을 받았습니다. 다만 그 자유를 육을 위하는 구실로 삼지 마십시오. 오히려 사랑으로 서로 섬기십시오. 사실 모든 율법은 한 계명으로 요약

---

10. R. Shnackenburg, *Presente e futuro*, Torino, Borla, 1972, p.72.

됩니다. 곧 '네 이웃을 너 자신처럼 사랑하여라.' 하신 계명입니다. 그러나 여러분이 서로 물어뜯고 잡아먹고 한다면, 서로가 파멸할 터이니 조심하십시오. 내 말은 이렇습니다. 성령의 인도에 따라 살아가십시오."(갈라 5,13-16) 그리스도교적인 의미의 자유는 하느님의 정의(justitia)와 봉사를 향해 책임지는 자유다(로마 6,22). 실제로 하느님에 대한 사랑과 이웃을 향해 개방된 사랑은 한 사람을 이기주의 안에 갇힌 상태에서 해방할 뿐만 아니라 그로 하여금 다른 이의 짐을 기쁘게 지고 가게 한다. 한마디로 말해서 이러한 사랑은 그리스도께서 온 인류를 위해 당신 자신을 온전히 희생하신 것처럼(필리 2,5-11) 그렇게 이웃을 위해 자신을 내어 주도록 이끈다. 이렇게 인간은 사랑의 영 안에서 자유를 행사함으로써 성삼위 하느님과 얼굴을 대면해서 관상하게 될 천상 본향에서 다른 모든 하느님의 자녀들과 더불어 하나가 될 것이다. 그리고 그곳에서 한없는 기쁨에 가득 차 성삼위 하느님을 사랑하게 될 것이다.

바오로 사도에 의해 심화된 초본성 인간학은 존재론적인 측면보다는 실존적인 차원에서 다뤄졌다. 특히 그는 죄, 자유, 신앙, 정의, 사랑과 같은 개념을 통해서 이후 여러 교부들과 스콜라 신학자들 그리고 종교 개혁 시대의 여러 신학자들에 의해 발전하게 될 신학적 인간학에 결정적인 영향을 미쳤다.

2 | 교부들의 인간학

예수 그리스도에 의해 선포되고 실현된 구원 계획이 그 구원의 첫 번째 수혜자가 되었어야 할 아브라함과 이스라엘의 자손들에게는 받아들여지지 못했다(로마 9-11장). 결국 이 구원 계획은 이방인들에 의해 열렬히 받아들여졌다. 이렇게 그리스-로마 문화권 전역으로 그리스도교가 급속하게 전파된 것은 정말이지 기적과도 같았다. 2세기 말경에 호교론자들은 교회가 공번되다(catholica)고 말할 수 있었는데, 이는 교회 구성원이 모든 계층과 백성 그리고 온 세상의 모든 민족을 아울렀기 때문이다.

그리스도교가 당시 고대 세계에 전파되면서 필연적으로 수반된 현상 가운데 하나는 소위 그리스도교의 헬레니즘화라 일컫는 토착화(土着化, inculturatio) 현상이었다. 이는 다름 아닌 히브리적 문화의 틀에서 이해된 구원의 메시지를 그리스-로마적인 문화의 틀로 옮기는 것이었다. 이미 바오로 사도의 서간들과 요한 복음서를 살펴보면 전형적인 그리스 철학의 개념들 – 예를 들면, 말씀(logos), 지성, 형상(morphé), 본질(ousia) 같은 용어들이 그러하다 – 이 사용되었음을 알 수 있다. 고대 세계의 문화적인 틀들을 흡수한다는 것은 결국 구원 메시지를 표현하는 개념들을 확장하는 것을 의미한다. 2세기부터 설화적, 찬미가적 형태를 띠던 구원 역사에 대한 전승은 이때부터 본격적으로 신학적인 형태를 띠기 시작했다. 엄밀한 의미에서 신앙의 신비를 학문적으로 표현하기 위해서는 더욱 정확하고 엄선된 용어의 사용이 요구됐고, 전례와 교리 강습에서 요구되는 필요성을 충족시킬 수 있는 일반적인 어휘보다는 좀 더 전문적인 용어들이 요구되었다. 교부들은 - 그리고 그보다 더 후대의 스콜라 신학자들은 - 이러한 목적을 달성하기 위해 그리스 철학 - 무엇보다도 플라톤과 아리스토텔레스와 플로티누스, 더러는 제논의 철학 - 의 용어로 눈길을 돌렸다. 그들은 이 철학들에서 신학에 사용하게 될 중요한 어휘들을 발견했다. 본질, 주체(hypokeimenon), 인격(hypostasis), 성질(poiotes), 개별자(個別者, atomon), 고유성(idiomata), 실존(hyparxis), 본성(physis), 원인(aitia), 능력(dynamis), 행위(energheia), 형상, 질료(hyle), 분여(metexis), 관계(pros ti), 존재(einai), 존재(on) 등이 그것들이다.

예를 들어, 모든 그리스도교 신앙 가운데 가장 난해한 삼위일체 교리를 더욱 정확하고 심오하게 이해할 수 있는 틀을 제공하기 위해서, 교부들은 그리스 철학으로부터 본질, 인격, 관계라는 용어를 차용했다. 그래서 그들은 삼위(Trinitas)를 구성하는 세 구성원 사이의 깊은 일치를 '본질' 개념을 통해서, 세 구성원 사이에 서로 구별되는 측면들을 '인격' 개념을 통해서, 마지막으로 이 세 위격 사이에 존재하는 삼중적인 구분의 바탕을 '관계' 개념을 통해서 설명했다. 사실 성부(Pater), 성자(Filius), 성령(Spiritus Sanctus)은 실체(substantia) - 또한 본성(natura)이라고도 한다 - 면에서 볼 때 서로 구별되지 않는다. 오히려 이 세 위격은 관계 안에서 구별될 수 있다. 부성(父性)을 갖는 관계의 주체는 성부이며, 성부와의 관계에서 아들 됨을 지니는 위격은 성자다. 그리고 성령은 이 두 위격과의 관계에서 수동적인 출산 관계를 갖는다.

이렇게 교부 시대에 이루어진 구원 역사에 대한 헬레니즘적 토착화 과정은 신학적 인간학에서도 이루어졌다. 이 점은 그리스 교부, 라틴 교부 할 것 없이 당시의 모든 교부들에게서 드러나는 특징이다. 여기서는 그리스 교부들 가운데 이레네오(St. Ireneus)와 알렉산드리아의 클레멘스(Clemens Alessandrino), 그리고 대표적인 라틴 교부인 아우구스티노의 신학적 인간학에 국한해서 소개하고자 한다.

이들의 인간학 사상을 소개하기 전에 먼저 한 가지 전제하고 싶은 것은 신학적 인간학이 다음과 같은 두 가지 축과 더불어 형성된다는 점이다. 하나는 건축적 원칙이고, 다른 하나는 해석학적 원칙이다. 그런데 해석학적 원칙(철학적 인간학)을 취하는 것이 건축적 원칙과 상충되지는 않는다. 그러므로 각 개별 교부들의 신학적 인간학을 설명하면서 구원 역사의 신비 안에서 그들이 어떤 주제들(은총, 의화, 하느님의 이콘으로서 인간, 통교, 예정 등)을 관심 있게 다루었는지를 강조해서 집중적으로 소개하고자 한다. 동시에 이러한 주제들을 설명하기 위해 그들이 사용한 해석학적 도구(인간에 대한 개념)는 무엇인가에 대해서도 짚고 넘어갈 것이다.

1. 리용의 이레네오

이레네오(130~200년)는 그리스도교의 교의를 총체적으로 종합하는 큰 작업을 시도한 첫 번째 저술가였다. 그의 작품의 기저에 깔려 있는 역사적 요소들은 상당한 무게를 지닌 두 가지 문화적 사건의 영향을 받았다. 하나는 영지주의(gnosticismus)의 발생인데, 영지주의는 탄탄한 교의적 바탕을 갖추고 교육 수준이 높은 그리스도교 신자들 사이에 상당한 공감대를 형성하면서 퍼져 나간 첫 번째 이단이었다. 다른 하나는 이교도들 사이에 퍼지기 시작한 신플라톤 철학(neoplatonismus)인데, 이 철학은 그리스도교적인 전망과 매우 유사한 체계를 갖추고 호소력 있게 퍼져 나갔다.

사실 이레네오의 신학 작업은 일반적으로 신앙의 유산에 관한 것, 구체적으로는 구원 신비에 관한 성찰이었다. 그는 이를 통해 앞서 언급한 두 가지 문화적 상황에 대해 진지한 해답을 주고자 했다. 이는 이단에 대항하는 논쟁적 성격이 짙은 대답으로서 영지주의의 내용적인 측면이 갖는 오류들에 대한 비판이 주된 내용이었고, 다른 한편으로는 신플라톤 철학과의 대화를 시도했다. 이레네오는 구원 역사를 플라톤적인 시각의 틀에서 보는 가운데 두 전망 간에 상당 부분이 일치함을 보았다. 그에 따르면, 모든 구원 경륜은 - 창조의 첫째 날부터 그리스도의 재림에 이르기까지 - 유일하고 영원한 하느님 계획의 일부분이다. 그러므로 옛 계약과 새 계약은 모두 동일한 하느님의 계획에 속하며, 영지주의자들이 주장하는 것과는 달리 이 두 계약 사이에 어떤 단절이나 갈등 따위는 존재하지 않는다. 그리고 그들의 말하듯이 구원이 단지 소수의 영적인 앎을 가진 이들에게만 유보된 특별한 것도 아니다. 그것은 하느님께서 모든 인류에게 선시하기를 바라시는 보편적 선물이다. 하느님께서는 당신께서 마련하신 영원한 '구원 계획'이 실현되도록 마지막까지 섭리로써 이끄신다. 그리고 이러한 여정에서 하느님과 인간은 서로에게 자신을 드러낸다. 하느님은 인간을 제외한 채 당신의 영광만을 원치는 않으신다. 하느님은 오직 인간의 선과 구원을 원하실 뿐이다.
 지상 낙원에서 하느님과 인간의 첫 만남은 수포로 돌아갔다. 그래서 이 둘 사이의 대화가 얼마간 단절되었으나 그 기간은 길지 않았다. 홍수 이후에 하느님은 다시금 주도권을 갖고 인류를 구원하기를 원하셨으며, 이 구원은 두 단계를 통해 이루어졌다. 먼저, 하느님은 이스라엘과 더불어 특별한 계약(옛 계약)을 체결하셨다. 그 후, 하느님은 인류와 더불어 최종적인 계약을 체결하기 위해 당신 아드님을 이 세상에 보내셨다. 이어서 이러한 목적을 위해 하느님은 성령을 보내시어 교회를 세우셨다. 이 교회는 결코 다함이 없으며, 하느님과 인류의 계약도 그러할 것이다. "주님께서 이 세상에 오심으로써 모든 것을 받으셨듯이, 그렇게 교회는 율법에 의해 미리 선포된 새 계약을 역사의 마지막 순간까지 계속해서 지니고 갈 것이다."(*Adversus haereses* III, 18,7)
 이레네오는 역사상 처음으로 창세 1,26절에 나오는 두 가지 표현인 모상(imago)과 유사함(similitudo)을 구별하였다. 그는 모상을 통해 인간이 하느님과 더불어 가지는 자연 본성적인 유사함을 표현했다. 반면, 유사함은 성령의 활동을 통해 주어진 특별한 선물로서 인간이 하느님에 대해 갖는 초본성적인 유사함이라고 보았다. 여기서 본원적 정의(本源的 正義, justitia originalis)는 유사함에 속하는 것으로, 이레네오에 의하면 부가된 은총인데, 아담의 죄와 더불어 이를 잃어버리고 말았다. 반면, 모상은 그 죄에도 불구하고 결코 잃어버리지 않고 그대로 남아 있는 부분을 말한다. 이레네오는 인간이 창조된 순간부터 성령의 현존을 지녔지만 아직은 불충분한 상태라고 보았다. 따라서 인간은 그리스도 안에서 성령을 통해 충만하게 성장하도록 운명 지워졌다. 특별히 인간은 하느님의 두 손인 성자와 성령에 의해 창조되고 인도되어 영광스럽게 되신 그리스도의 영(靈)으로 충만한 이상적인 상태를 향해 방향 지워졌다. 이처럼 이레네오의 전망에서는 인간 역사에 대한 그리스도 중심적(cristocentricus) 해석 안에서 인간이 소개되는데 - 이는 이미 바오로 사도의 사상에서 드러난 전망이다 - 그는 여기서 하느님의 두 손에 의해 창조된 첫 아담을 비롯해서 그 후 죄를 지은 모든 이가 그리스도를 머리로 하여 하나가 되는 가운데 하느님을 닮아 가면서 손상된 모습을 회복하는 구원적인 전망을 전하였다.[11]

2. 알렉산드리아의 클레멘스

이레네오와 달리 알렉산드리아의 클레멘스(대략 150~212년) - 그리고 그 후 오리게네스와 아타나시오 - 는 영지주의에 직면해서 긍정적인 태도를 취할 수 있다는 것을 보여 주었다. 그것은 그리스도교 신앙을 위협하지 않으면서도 그리스도교적 영지라고 하는 새로운 영지(靈知, gnosi)를 형성하는 것이었다. 이와 더불어 그는 진정한 인간 지성과 철학의 내용을 회복하고자 했다. 클레멘스는 구원의 길을 마치 영지와 같은 것, 즉 일종의 특별한 형태의 앎으로 간주했다. 더욱이 당시 이교도 세계에서 철학이 구원적인 시각에서 논의됐다. 당시 철학의 관심은 인간이 어떻게 구원되는지 그리고 어떻게 진리에 대한 관상을 통해서 - 감각과 환상의 유혹이 있는 동굴에서 나와서 - 행복에 도달하는지에 관한 것이었다.

---

11. 다음 책들을 참조할 것. A. Orbe, *Antropologia de san Ireneo*, Madrid, 1969; A. Benoit, *Saint Irene*.

이에 클레멘스는 그리스도교를 '우리의 철학'이라고 불렀으며, 이 '우리의 철학'이야말로 우리를 유일하게 진리로 인도하고 구원할 참된 철학이라고 보았다. "그리스인들은 진리의 근본을 깨달았다고 믿는다. 하지만 실은 피상적인 것 이상을 넘어서지 못했다. 그들의 인식은 이 세상에만 머물러 있다."(Stromati VI, 7,55) 그러나 "영지는 과거와 현재 그리고 미래의 것들에 대한 이해와 앎으로서, 하느님의 아들에 의해 계시되고 시작된 확실한 앎이며 곧 지혜(sophia)다. 그런데 현자의 목적은 관상이다. 이것은 또한 철학자들의 목표이기도 하다. 그러나 그들은 결코 이 목표에 도달하지 못한다. 그들은 오직 계시된 진리 안에서 찾는 가운데 과거, 현재, 미래, 즉 전에 있었던 것, 지금 있는 것, 앞으로 있을 것에 대해 비로소 알 수 있다. 소수의 사람들에 의해 전해졌고 사도들에게 위임된 계시 진리가 바로 영지다. 앎과 지혜는 관상에 대한 확고하고도 영원한 습성(habitus)을 얻을 때까지 연습되어야 한다."(Stromati VI, 7,61)

클레멘스는 그리스도를 단지 구원자(redemptor)로 소개했을 뿐만 아니라 교육자(praeceptor)로도 소개했다. 그리스도는 우리에게 전혀 실수 없이 진리를 가르치시는 스승이신데, 이에 대해 클레멘스는 다음과 같이 말한다. "여기서 내가 말하는 진리는 예수께서 '나는 진리다.'라고 말씀하셨을 때의 그 진리를 말한다."(Stromati I, 5,32) 성부와 동일 본질(consubstantia)이신 말씀께서는 강생을 통해서 모든 사람들과 똑같은 본질을 취하셨다. 다시 말해, 성자께서는 썩어 없어지고 죽어 갈 인간 육체를 취하심으로써 온 인류와 더불어 실질적인 관계를 맺으셨다. 클레멘스는 인간을 로기코스(logikòs)로 보았는데, 이는 인간이 말씀에 참여하며 바로 이 말씀의 모상이기 때문이다. 이렇게 인간이 그리스도에 참여하는 것은 인간을 성자 안에서 성부 하느님의 아들이 되게 해 주는 성령의 선물을 통해서 구체화된다. 성령께서는 우리가 그리스도를 머리로 해서 그분과 하나가 되게 해 주신다.

클레멘스에 의하면, 모세의 율법과 그리스 철학은 그리스도 안에서 결정적인 완성에 이른다. 클레멘스는 이 둘을 복음과 비교할 때 복음을 준비하는 전 단계라고 간주했다. "유다인들에게 율법의 역할이 메시아의 오심을 준비하는 단계였던 것과 마찬가지로, 그리스인들에게 그리스도께서 오시기 전까지 철학의 역할도 그러했다."(*Stromati* VI, 17, 159; 참조 VI, 8,67) 이 두 가지 모두 다 사람들로 하여금 그리스도교 신앙을 받아들이도록 준비시키는 데에 필요했다. "하느님께서는 유다인들에게는 율법을, 이방인들에게는 철학을 주심으로써 그들이 그리스도의 오심을 믿지 않으려는 태도를 막아 주셨다. 그래서 믿음이 없는 이가 책임을 면할 수 있는 것은 결코 아니다. 왜냐하면 하느님은 구원의 완성을 향한 상이한 두 개의 과정을 통해서 유다인들뿐 아니라 그리스인들과 야만족들까지도 모두 신앙의 완성으로 이끄시기 때문이다."(*Stromati* VII, 2,10)

이렇게 클레멘스에 의해 시도된 철학과 더불어 이루어진 신학적 정당화 작업은 그리스 교부들과 라틴 교부들 사이에서 광범위한 반향을 얻었으며, 이는 고전 세계에서 사용된 주옥같은 개념들을 더욱 활용해서 그리스도교의 신비와 더불어 인간에 대한 신비를 심화해 나가는 데 중요한 역할을 했다.[12]

---

12. 이 주제에 관해서는 B. Mondin, *Filone e Clemente*, Roma, Urbaniana University Press, 1984를 참조하기 바란다.

3. 히포의 아우구스티노

클레멘스가 그의 시대 이후 그리스 교부들의 인간학 발전에 지대한 영향을 미친 신학적 인간학의 창시자라고 한다면, 아우구스티노(354~430년)는 교부 시대 이후 현대에 이르기까지 서양의 모든 철학적, 신학적 사상을 지배하게 되는 신학적 인간학의 창시자라고 할 수 있다.

아우구스티노의 철학을 뒷받침하는 전체적인 바탕은 플라톤 철학이다. 그 자신도 작품에서 자신이 플라톤 학파에 속한다고 반복해서 말했다. 이 사실은 주목할 만한 여러 변화들 - 영혼과 육신의 관계, 조명설, 의지적 요소의 중요성 등 - 이 있음에도 불구하고 그의 인간학을 언급하는 데 여전히 유효하다. 아우구스티노는 - 플라톤이 그러했던 것처럼 - 인간을 단지 영혼에 국한시키지 않았다. "인간은 영혼과 육체(corpus)로 이루어진 이성적 실체(理性的 實體)다."(De cura pro mort. gen. 3,5) "육체는 본성상 영(spiritus)과 다르다. 하지만 그것이 인간 본성에 속하지 않는 것은 아니다. 비록 영이 전혀 육체적인 것을 포함하지는 않지만, 인간은 영과 육체로 이루어졌기 때문이다."(De contin. 12,26) 그럼에도 불구하고 아우구스티노는 육체를 비하하고 경멸하던 플라톤의 태도를 여전히 육체에 대해 드러낸다. 그는 육체야말로 죽음을 포함한 모든 육체적인 비참함뿐 아니라 수많은 영적 비참함의 근원이라고 보았다. 따라서 아우구스티노에게 수덕(修德, ascetica)은 무엇보다도 육체의 함정들로부터 해방되는 것을 의미했다. "영혼이 전적으로 진리를 받아들이는 데 방해되지 않도록, 죽음이 육체로부터의 완전한 도피이자 해방인 한에서, 인간은 참된 진리에 도달하기 위해 죽음을 원한다."(De *quantitate animae* 33,76)

　의심할 바 없이 아우구스티노는 이원론(二元論, dualismus)에 입각한 인간학적 전망을 견지하였다. 그러나 이러한 이원론은 존재론적인 차원에서보다는 윤리적인 차원에서의 이원론을 말한다. 그가 말하는 인간을 둘로 가르는 선은 내적 인간과 외적 인간, 즉 영혼과 육체를 가르는 선이 아니라 내적 인간 자체를 가르는 선을 의미한다. 물론, 아우구스티노는 인간에게서 감성적인 부분과 지성적인 부분 그리고 영혼과 육체를 구분했다. 그러나 그가 의도한 것은 영적인 것과 물질적인 것을 가르고자 함이 아니라 영혼 자체를 분열시키는 요소를 말하고자 함이었다. 이러한 구별을 통해 인간의 영을 하위 이성(ratio inferior)과 상위 이성(ratio superior)으로, 자유 의지(liberum arbitrium)와 자유로, 그리고 갈망(cupiditas)과 사랑(caritas)으로 나눴다. 이와 같이 내적 인간을 구별하는 것은 외적으로 구별하는 것과는 비교할 수 없을 만큼 중요하다. 이제 이러한 내적 인간에 대한 구분으로부터 천상 도시와 지상 도시라는 두 도시가 유래한다. 인간 육체가 비록 흙으로 이루어졌지만, 그것은 결코 지상 도시에 묶여야 하는 실재가 아니다. 육체는 본질적으로 인간 존재에 속하는 것이기에 또한 인간의 영혼이 속하게 되는 바로 그 도시에도 속하게 된다. 그러므로 만일 영혼이 하느님의 도시에 완전히 귀속되는 은총을 갖게 된다면, 육체 또한 영혼과 더불어 그 특권을 누리게 될 것이다. 사실 진복자들은 부활한 육체와 함께 천상으로 들어간다.(*De Trin.* 13,9,12 참조)

　우리는 변화무쌍했던 아우구스티노의 영적 여정에서 인간학적으로 중요한 요소를 발견할 수 있다. 그리스도교로 회심한 몇 년 후, 그는 성경과 그리스도교 신앙에 대한 깊은 연구에 힘입어 지성적인 면에 초점을 둔 인간 이해에서 의지적인 요소를 강조하는 인간학적 전망으로 넘어가게 된다. 그가 보기에 인간에게 중요한 것은 이제 말씀, 이성, 지성(intellectus), 진리에 대한 관상이 아니라 의지(voluntas), 자유, 사랑(amor)이었다. 이러한 인간학적 전망의 변화는 인간 존재의 최종 목적에 대한 개념의 변화, 그 최종 목적에 이르기 위한 방법들의 변화, 그리고 구원의 개념과 구원자에 대한 이해의 변화를 초래했다. 그가 말하는 지복(至福, beatitudo) 또는 최고선(summum bonum)은 더는 진리에 대한 관상을 통해서가 사랑, 더 구체적으로는 카리타스(caritas)를 통해 실현되는 것이었다. 지복에 이르기 위한 길은 더는 철학에 대한 공부가 아니었다. 그것은 덕(德)을 실천하는 것이며, 무엇보다도 믿음과 희망과 사랑을 지니는 것이요 정성을 다해 성사 생활을 하는 것이었다.

구세주(redemptor)신 예수 그리스도는 더는 스승이나 교육자에만 국한되지 않고 중개자(mediator)시요 의사시며 인간을 회복시켜 주는 분이시고 겸손하신 하느님(Deus humilis)이시다. 그리스도는 헤아릴 수 없이 많은 질병에서 인류를 치유하기 위해 병든 인간 육체에 겸손하게 고개를 숙이시는 전문적이고 지혜로우며 배려 깊은 의사시다. 그분은 "모든 병을 치유하고 모든 썩은 종기를 없애 주는 약이시다. 그리고 모든 약함을 치유하고 모든 혹들을 제거하신다. 또한 인간에게 꼭 필요한 것을 보존하시고 잃어버린 것을 되찾아 주시며 망가진 것을 고쳐 주신다."(*De agone Christ.* 11,12) 그리스도는 하느님과 인간 사이의 유일한 중개자시다. 그분이야말로 유일한 구원의 길이시다. "유비적(類比的)으로 말하면, 이것이야 말로 곧은 길(via regia)이다. 왜냐하면 이 길은 이 지상에 세워져 흔들거리는 위험천만한 왕국으로 인도하는 길이 아니라 영원 속에서 언제까지나 이어질 왕국으로 인도하는 길이기 때문이다."(De civ. Dei X, 32) "이 길은 모든 인간을 정화하는 길이며 죽을 운명에 처한 인간의 모든 요소를 불멸케 해 주는 길이다.

사실, 최고 능력자시며 참으로 진실하신 구원자시요 정화자신 분께서는 영과 육의 정화를 위해 포르피리오(Porfirius)가 말하는 지성적 요소가 아니라 인성(人性, natura humana)을 취하셨다. 인류에게 이 길 외에 다른 길은 없다. 이러한 사실들을 미래처럼 기다리기 전이나 이 것들이 과거처럼 이미 드러난 후에도 여전히 이 길 밖에서는 그 누구도 자유로워지지 못했고 현재도 그러하며 앞으로도 그러할 것이다."(De civ. Dei X, 32)

이렇듯 지성적인 시각에서 의지적인 전망으로 전이되는 가운데, 아우구스티노의 전형적인 신학적 인간학을 구성하게 될 모든 면들이 새롭게 형성되었다. 구체적으로 보자면 다음과 같다.

- 모든 형태의 인간적 기여(공로)로부터 독립된 의화, 은총, 구원이 지닌 절대적인 무상성.
- 모든 인류에게 해당하는 원죄(peccatum originale)가 갖는 무거움.
- 현실적인 죄의 상황에 처한 인간의 윤리적인 무능. 따라서 이교인들이 행하는 덕들은 은폐된 악습(惡習)들일 뿐이다.
- 악으로 기우는 인간의 자유 의지 : 선을 행하는 자유는 오직 은총의 결실이다.
- 탐욕(concupiscentia)으로 변화되는 거부할 수 없는 갈망의 강한 힘. 이러한 탐욕은 교만(superbia)과 허영(avaritia) 안에서 자신을 표현한다.
- 인간이 본래 지닌 하느님의 모상의 타락과 그리스도의 업적을 통한 회복.

신학적 인간학의 모든 근본 주제들이 아우구스티노를 통해서 확실한 기초를 갖게 되었지만, 그것들이 모두 분명하고 일관된 모습으로 드러나지는 않았다. 아우구스티노는, 마니교(manichaeismus)를 거슬러서 쓴 작품을 보면 상당히 낙관주의적이고 인본주의적인 입장에서 해결책을 모색한 반면에 펠라지오주의(pelagianismus) 추종자들(이들은 신학적 인간학의 발전에 상당한 짐을 지워 주었다)을 거슬러서 쓴 작품들을 보면 본성적 인간에 대한 상당히 강한 비관론적 시각에서 해결책을 찾았다. 이 입장에 따르면, 인간은 완전히 은총을 상실한 존재로 부각되며, 죄와 악마의 유혹을 받고 갖가지 열정들을 느끼는 주체로 소개된다. 이로 인해 후대에 세미 펠라지오주의(semi-pelagianismus)와 루터의 추종자들은 아우구스티노의 권위에 호소하고자 했다. 그러나 그들은 아우구스티노의 작품들을 부분적으로 읽거나 편협한 시각에서만 접근하는 오류를 범하고 말았다.[13]

사실, 아우구스티노의 근본 입장은 밀레비 공의회(416년)와 카르타고 공의회(418년)에서 교회가 취한 입장을 통해 잘 드러났으며, 교황 조시모가 교서 *Tractoria*를 통하여 이 입장들을 다시 공인하였다. 교회는 이 공의회들을 통해서 펠라지오(Pelagius)가 인간은 죄를 피하고 구원적인 행위들을 이룰 수 있다고 강조하면서 주장한 범죄 불능성(犯罪不能性, impeccantia)에 대해 단죄했다. 그럼으로써 펠라지오가 주장한 은총 개념, 즉 우연히 범한 죄를 용서받기 위해 보조적으로 도와주는 교육적인 비추임이라고 본 은총 개념을 단죄했다. 이렇게 인간에 대한

---

13. 아우구스티노의 인간학적 사상에 대해서는 다음 책들을 참조하기 바란다. B. Mondin, *Il pensiero di sant'Agostino*, Roma, Città Nuova, 1988; E. Gilson, *Introduzione allo studio di sant'Agostino*, Casale Monferrato, Piemme, 1983; J. Chené, *La thologie de saint Augustin. Grace et predestination*, Lyon-Paris, 1962.

하느님의 절대적인 우위성과 모든 형태의 인간적 주도권에 선행하는 하느님의 주도권에 대한 확신이 형성되어 갔다. 하느님 - 겸손하신 하느님 - 은 단지 교육자나 내적 스승(magister interior)이실 뿐만 아니라 구세주시다. 그리고 하느님과의 완전한 통교를 지향하는 불멸의 삶은 은총과 사랑의 선물 위에 세워지는 것으로 드러난다.

3 | 스콜라 시대의 인간학

 스콜라 시대는 오랜 기간을 포함한다. 정확히 말하면 7세기에서 15세기까지인데, 다양한 신학 체계들과 사상가들이 이 시기에 분포한다. 이들에게서 공통적으로 볼 수 있는 요소는 신앙의 신비들에 접근하는 데는 이성적인 접근이 효과적이라는 확신이었다. 즉, 이들은 계시된 진리와 이성 작용 간의 깊은 조화를 실현할 수 있다고 믿었다. 본래 '스콜라스티쿠스'(scholasticus)는 "신앙 교리를 학문으로 체계화한 스승"을 의미했다.

 12세기까지 스콜라 신학자들은 아우구스티노 학파에 속했으며, 저마다 아우구스티노의 신학을 바탕으로 자신들의 철학과 신학을 발전시켰다. 라틴 문화 세계에 아리스토텔레스의 사상이 유입된 13세기부터 철학적, 신학적 문제 제기와 이에 대한 해결에 본질적인 변화가 이루어졌다. 이렇듯 아리스토텔레스와 만남으로써 새로운 그리스도교 철학, 새로운 신학 그리고 이에 따라 새로운 신학적 인간학이 형성되기에 이르렀다. 이 새로운 사상을 대변하는 가장 대표적인 인물로 우리는 토마스 아퀴나스를 들 수 있다.

1. 토마스 아퀴나스

토마스(1225~1274년)는 소위 중세 그리스도교 공화국 시대의 최절정기를 살았다. 이러한 정치적 공동체에 대해 이미 아우구스티노는 『신국론』에서 문화적인 하부 구조를 강조해서 설명한 바 있다. 이러한 정치·사회적 조직 요소는 진리, 법률, 가치 등에 깊은 영향을 미쳤으며, 13세기에는 매우 높은 수준에 이르렀다. 그리하여 건축, 조각, 그림, 문학, 시, 철학, 신학, 법률 등 제반 분야에서 불후의 작품들이 배출되는 원동력이 되었다. 철학과 신학 부문에서 특기할 것은, 아베로에스(Averroes)의 주해서가 라틴어로 번역되면서 아리스토텔레스의 사상이 재발견되고, 그럼으로써 중세의 사상적 발전에 커다란 전기가 마련되었다는 점이다. 하지만 처음부터 아리스토텔레스의 사상이 호의적으로 받아들여진 것은 아니다. 예를 들어, 파리에서는 아리스토텔레스의 사상에 대한 강의와 그의 작품을 읽는 것이 금지되기도 했다(1210년과 1227년의 교령을 통해서). 좀 더 후대에 이르러서야 토마스 아퀴나스가 스승인 알베르토 마뇨(St. Albertus Magnus)의 도움으로 그리스도교의 진리를 체계화하는 가운데 아리스토텔레스의 사상적 가치를 십분 드러낼 수 있었다. 무엇보다도 그는 형이상학과 인간학에 관한 수많은 근본적 질문들을 다루는 데에 플라톤이나 아우구스티노적인 전망 - 이는 당시 파리, 옥스퍼드, 파도바와 그 외의 여러 곳에서 유행하던 사상적 틀이었다 - 보다는 아리스토텔레스적인 전망 안에서 더욱 효과적인 해결점들을 찾을 수 있음을 보여 주었다. 그러나 최근의 역사 연구가 결정적으로 대변하듯이, 토마스는 아리스토텔레스의 작품들을 깊이 연구하여 잘 알았으면서도 단지 거기에만 머무르지 않고 그 사상을 바탕으로 그 이상의 비전을 제시했다. 다시 말해서 그는 형이상학, 신학, 인간학, 윤리학에서 다뤄지는 수많은 근본 주제들을 아리스토텔레스의 사상을 바탕으로 해서 더욱 새롭고 심오하게 전개해 나갔다. 토마스는 비록 아리스토텔레스의 많은 철학적 개념들과 원리들을 차용하기는 했지만, 이를 바탕으로 새로운 실재 개념으로서 매우 집약적인 존재 개념, 즉 모든 완전함 중에서 모든 것을 내포하는 최고의 완전함이라는 의미를 갖는 가장 완전한 것, 모든 행위들 가운데서 최고의 현실태, 모든 형태들 가운데서 최고의 형태를 제시하면서 더욱 새롭고 견고한 형이상학적 체계를 구축했다.[14]

이처럼 그는 새로운 형이상학 체계로 무장하고 이 세상에 내재하는 원리들로써 세계를 설명했다. 그리고 더는 아우구스티노가 제시한 역사적-구원적 전망만으로 그리스도교의 진리를 해석하지 않고, 계시된 진리가 내포하는 참되고 불변하는 의미에 대한 탐구를 추구하는 사색적 방법을 사용했다. 토마스는 신학의 여러 분야와 마찬가지로 신학적 인간학에서도 인간을 이해하는 새로운 해석학적 도구(철학)를 제시했는데, 이러한 그의 작업은 필연적으로 건축적 바탕(계시)에 관한 것이기도 했다. 토마스 아퀴나스의 철학적 인간학에서 중요한 주제들은 다음과 같다.

- 육체에 대한 긍정적인 개념과 더불어 이루어지는 영혼과 육체 사이의 본질적인 일치(플라톤과 아우구스티노의 이원론을 거슬러서).
- 영적 특징에 힘입은 영혼의 실체성(substantia) : 인간 존재의 행위는 고유하게 말하면 영혼의 행동으로서 영혼을 통해서 육체의 존재 행위(actus essendi)로 변화한다.
- 인간은 인격(persona)이다. 즉, 인간은 영혼의 유일하고 철회할 수 없

---

14. B. Mondin, *Il sistema filosofico di S.Tommaso*, Milano, Massimo, 1985를 참조하라.

는 존재 행위에 힘입어 영의 질서 안에서 하나의 실체라고 할 수 있다. 인간은 인격인 한에서 절대적이며 거룩하고 침범할 수 없는 품위를 갖는다. 또한 인격은 절대적인 가치를 갖는 실재로서 이미 자체로 하느님으로부터 사랑받았음을 드러낸다.
- 인간 영혼은 본질적으로 육체와 결합해 있으며, 그래서 여러 가지 격정과 충동들에 노출되어 있지만, 그럼에도 그것들을 통제할 수 있다.
- 영혼은 다양한 기관들을 통해 작용한다. 그 가운데 가장 중요한 능력은 지성과 의지다. 자유로운 행위에서는 이 두 능력이 서로 교차하면서 총체적인 하나의 작용을 이룬다. 자유로운 행위는 지성이나 의지 중 하나만의 배타적인 행위가 아니라 이 둘의 작용이다.
- 인간은 윤리적인 존재로서 자유롭게 행동하고 자기 행위의 동기를 주관하는 한에서 – 반면에 동물들은 본능적으로 행동한다 – 자기 행동에 대한 책임을 진다.
- 인간은 행복을 지향한다. 그리고 이 행복은 하느님 자체이신 최고선에 도달할 때 이루어진다. 이러한 최고의 행복은 인간이 자신의 능력들을 최고로 실현하는 가운데 드러난다. 즉, 지성이 하느님을 관상하고 의지가 사랑 안에서 하느님과 혼인적인 일치(unione sponsale)를 이루는 가운데 실현된다.

토마스는 거다란 구원 역사의 신비들을 이해하기 위해 『신학대전』에서 이러한 인간 존재의 기본 원리들을 적용한다. 구원 역사는 유구하고 복잡한 역사로, 여기에는 지상 천국에서의 인간의 본래 상태와 원죄 이후 하느님으로부터 멀어진 상태 그리고 그리스도의 구원 업적을 통해 하느님과 화해를 이룬 상태를 포함한다.

성경과 교부 신학 그리고 스콜라 신학(theologia scholastica)의 호위에 힘입어, 토마스는 지상 천국에 존재하던 첫 인류가 특별한 지혜와 함께 상당한 거룩함의 은총 지위를 누렸다고 보았다. 아담은 삶에 필요한 모든 것을 아는 은총을 지녔다. 이 앎은 단지 자연적인 방법을 통한 앎뿐 아니라 그것을 초월하는 앎, 특히 초본성적인 목적(finis supernaturalis)에 도달하기 위한 앎도 의미한다(신학대전 I, 94,3). 아담의 거룩함은 모든 덕 가운데 가장 뛰어난 상태에 있었다. "인간은 본래 무죄한 상태에 있었을 때 어떤 의미에서 모든 덕들을 소유하고 있었다. 앞서 살펴보았듯이, 인간이 누리던 본래 상태는 이성이 하느님께 온전히 귀속되고 그 외의 다른 하위 능력들은 이성에 귀속되는 것이었다. 그러므로 인간이 누리던 처음 상태(primi status)는 어떤 의미에서 인간이 모든 덕들을 소유하는 상태를 요청한다."(신학대전 I, 95,3)

더 나아가서, 토마스는 하느님께서 창조의 순간부터 첫 인류에게 허락하신 특권 가운데 초본성적 은총 선물에 대해 언급한다. "사실 육체가 영혼에게, 영혼의 하위 능력들이 이성에게 복종하는 것이 본성적인 것은 아니다. 왜냐하면, 만일 그렇지 않다면 이러한 상태는 인간이 죄를 지은 다음에도 여전히 그러해야 할 것이기 때문이다. 그러므로 처음의 그 복종하던 상태에 힘입어 이성은 하느님께 복종했지만, 이 상태는 본성적 질서에 따른 것이 아니라 은총을 통해서 하느님이 허락하신 초본성적인 선물의 결과다. 사실 원인보다 더 나은 결과가 나올 수는 없다."(신학대전 I, 95,1)

토마스에 의하면, 죄는 무질서로서 특히 최고선이신 하느님으로부터 멀어짐(즉, 죄는 고유하게 무질서한 행위라 부른다; 신학대전 I-II, 71,1)과 동시에 유동적인 선들을 향하는 것(즉, 유동적인 선을 향한 무질서한 방향 전환; 신학대전 I-II, 84,1)이다. 첫 인간인 아담은 죄를 지음으로써 전본성적(前本性的)인 선물들을 잃어버렸을 뿐만 아니라 그 인간 본성 자체가 온전한 본성 상태에서 타락한 본성 상태로 변질되었다. 그러므로 이 사건은 단지 탓이 있는 아담에게 상처를 주었을 뿐만 아니라 그를 타락한 본성 상태라는 다른 조건에 놓이게 했고 그 후손들에게는 형편없이 비참한 결과를 물려주었다. 그래서 후손들 또한 필연적으로 죄와 부패의 상태에 놓이게 됐다. 아담의 모든 후손들과 함께하는 원죄는 마치 새로운 습성처럼 그들을 선으로 이끄는 대신 악으로 이끈다. "원죄는 정확히 말하면 다음과 같다. 그것은 본래 인간을 구성하던 정의가 조화를 잃음으로써 유래하게 된 무질서한 경향이다."(신학대전 I-II, 82,1) 이렇게 토마스는 탐욕 안에 원죄가 있다고 본 아우구스티노적인 전통으로부터 멀어짐과 동시에 의지의 무질서함 안에서 원죄를 보았다. 이에 대해 토마스는 다음과 같이 구체적으로 설명한다. "인간이 누리던 본래의 정의로운 상태는 인간의 의지가 하느님께 순명하는 것이었다. 이 순명(順命, oboedientia)은 근본적으로 인간의 모든 다른 기능들이 목적을 향해 움직이게 하는 근원인 의지에 해당하는 것이다. 따라서 의지가 하느님에게서 멀어짐으로써(ex aversione a Deo) 영혼의 다른 모든 기관들에게 무질서를 초래하게 됐다. 그러므로 하느님을 향한 순명 상태를 보장하던 본래의 정의로운 상태를 상실하는 것이 원죄의 형식적인 요소라고 하겠다. 다른 한편, 그 외에 다른 모든 영혼의 기관들이 무질서하게 된 것은 원죄의 내용을 구성하는 요소다. 이 무질서는 무엇보다도 이 기관들이 무질서하게 찰나적인 선(善)들을 원하는 것을 말하며, 일반적으로 말해 이러한 무질서를 탐욕이라고 한다."(신학대전 I-II, 82,3) 원죄는 영원히 하느님을 멀리하게 되는, 즉 영속적인 죄의 상태를 의미한다. 아우구스티노는 펠라지오를 거슬러 오랫동안 논쟁하면서, 인간은 이러한 원죄 상태에 있고 윤리적으로 어떠한 선한 행동도 할 수 없으며 이교도들이 말하는 덕목들은 사실 위장된 악덕에 불과하다고 주장했다. 그와 달리 토마스는 원죄를 인간으로서는 어찌할 도리가 없는 죄의 상태로만 보지 않았다. 그에 따르면, 인간은 자기 이성을 통해서 진리를 알 수 있고(신학대전 I-II, 109,1) 의지와 더불어 어느 정도 선한 행위들을 할 수 있는 능력을 갖는다. "인간 본성이 죄로 인해서 어떤 자연적인 선이 완전히 박탈될 정도로 타락하지는 않았다. 인간은 타락한 본성을 갖고도 부분적으로 선한 행위를 할 수 있다. 예를 들면 집을 짓는다거나 포도나무를 심는다거나 그밖에 다른 일을 할 수 있다. 그러나 어떤 부족함도 없이 완전하게 선한 행위를 할 수는 없다. 예를 들어, 어떤 행위들을 할 수는 있지만, 만일 약의 도움으로 치료되지 않으면 정상적으로 건강한 사람처럼 움직일 수는 없는 노릇이다."(신학대전 I-II, 109,2)

죄에 대한 토마스의 가르침에서 두드러진 점은, 일부 학자들이 말하는 것처럼 그의 가르침의 논리적 바탕에는 어떤 운명론적인 비관론이나 물리적인 필연성 같은 색채가 전혀 없다는 것이다. 이와 반대로, 그의 가르침은 탁월한 인격주의(人格主義)의 개념과 더불어 형성되었다. 그가 말하는 죄 개념은 하느님과 인간 사이의 관계 단절을 의미한다. 즉, 서로 조화로운 관계, 사랑과 순명의 관계에서 적대적인 관계, 미움과 불순명(inoboedientia)이 지배하는 관계로 변함을 뜻한다. 죄란 우리 인생의 기준이시요 최종 목적이신 하느님으로부터 멀어지는 것을 말한다. 인간은 어느 순간 배타적으로 자기 힘만을 믿으려 하는 경향이 있으며 자신 안으로 들어가서 폐쇄되고자 한다. 이렇게 해서 인간은 죄의 노예가 된다. 즉, 스스로 자신의 주인 행세를 하려 들면서 결국 자신의 노예가 되는 것이다. 인간은 본성적으로 하느님을 향하게 되어 있고 그분에게서 부름 받은 존재다. 그래서 자신의 최종 목적인 하느님을 향해서 자신의 모든 에너지를 쏟아 부어야 하는데, 그 에너지가 하느님이 아니라 새로운 하느님이 되어 버린 자신에게로 선회해서 들어가 버린다. 이러한 상황에 빠진 인간은 더는 여기서 탈출할 수 없게 되고 만다. 이제 하느님에게서 멀어진 인간은 최종 목적을 향해서 행동하지 않으면 결코 선한 행위를 할 수 없고, 그러기에 하느님을 대신하는 것들 속에서 변화될 수밖에 없다. 정확히 말하면 바로 이것이 노예화의 기준이다. 하지만 하느님께 순종하지 않는 사람은 자신이 본래 상태에 있던 당시에 자발적으로 하느님께 순명하면서 신적인 질서에 순종하게 한 자기 능력의 힘들을 잃어버리고 만다. 이제 인간의 모든 능력은 이성의 능력으로부터 독립해서 각자 자신이 원하는 경향으로 뻗어 나간다(신학대전 I-II, 109,8). 모든 감각 기관들은 이성에 반역하게 되고, 이성이 엄청난 노력을 하는 경우에나 간신히 통제될 수 있는 정도가 되고 말았다. 이런 커다란 무질서는 죄로 인해 야기된 당연한 형벌이며, 경험적으로 보면 고통을 통해서 드러난다. 토마스는 죄로 인한 형벌을 다음과 같은 용어로 표현한다. "하느님은 인간을 자기 본성의 경향에 맡기셨다."(신학대전 I-II, 87,7) 이것이 바로 죄로 인해 야기된 심각한 결과이자 하느님께서 인간에게 부과하시는 형벌이다. 죄는 하느님께서 당신과 깊은 사랑의 친교 속에 살도록 부르시는 사랑과 은총을 인간이 거부하는 데 있다. 하느님은 인간의 이런 자유로운 결정을 존중하시고 받아들이신다. 그분은 인간의 자유 행사를 방해하지 않으시며 내버려 두신다. 홀로 남게 된 인간은 이제 점점 더 아래로 추락하고 만다.

죄가 인간 안에 일으킨 심각한 분열로 인해 인간은 자신의 힘으로는 다시 올바른 길로 되돌아올 수 없게 되었다. 그런데 하느님께서는 당신의 유일한 아들이신 성자 예수 그리스도를 보내 주심으로써 인간이 이런 상태에서 나와 충만한 자기실현에 이를 수 있고, 그렇게 하여 영원한 지복에 도달할 수 있도록 구원하셨다. 그리스도는 인간을 자신의 죄, 즉 하느님에게서 멀어진 상태에서 해방해 주신다. 그리고 하느님과 화해하게 해 주시고 그를 새로운 삶의 상황에 세워 주신다. 즉, 치유된 본성 상태(status naturae risanatae)에 그를 두신다. 이제 이 상황에서 죄로 인해 약해지고 손상되었으나 완전히 파괴되지는 않은, 인간에게 있는 하느님의 모상은 깨끗해지고 그 능력이 강화되어 두 번째 수준의 질서로 상승하게 된다. 그럼으로써 인간은 하느님을 실제로 알고 또 사랑할 수 있으며, 나아가 그분을 완전하게 알고 사랑할 수 있는 세 번째 수준으로 넘어간다. 토마스는 ─ 그리고 이미 아우구스티노가 언급한 바와 같이 ─ 그리스도를 통해서 이루어진 모상의 치유 결과를 성화 은총(聖化 恩寵, gratia santificans)이라는 가르침을 통해서 표현한다.

성서적인 표현에 따르면 은총이란 새 법(lex nova)으로 정의된다. "새 율법은 우선 그리스도를 전해 주는 성령의 은총 자체를 말한다." (신학대전 I-II, 106,1) 그러나 그 후 토마스는 철학적 심화를 통해서 아리스토텔레스의 어휘들을 재조명하는 가운데 은총을 일종의 형상(forma) 또는 성질(qualitas)로 규정한다. 따라서 은총은 우리 밖에 머무르시면서 단순히 우리가 선하게 행동하도록 이끄시는 하느님의 자극이라기보다는 하느님께서 우리를 변화시키시면서 우리 존재 안에 넣어 주시는 그 무엇이다. 토마스는 이에 대한 설명을 본성적 질서 안에서 일어나는 일들에 대한 분석을 통해 시도한다. "하느님은 단지 피조물들이 본성적인 행동을 할 수 있도록 준비시켜 주실 뿐 아니라 이러한 행동을 하게 하는 원리인 기관들(facultates)을 선물로 주신다. 그럼으로써 인간 스스로 그러한 행동을 할 수 있게 해 주신다. 이렇게 해서 지혜서의 말씀대로 '모든 것을 기꺼이 할 수 있도록' 하느님에 의해 자극된 움직임들은 피조물에게 자연스러운 본성이 되고, 피조물은 그러한 행동을 하기 쉽게 된다. 이러한 이유로 하느님은 초본성적인 선을 행할 수 있도록 초본성적인 형상들이나 성질을 인간 안에 부어 주신다. 하느님은 이를 통해서 인간이 즐거이 그리고 언제나 준비된 상태에서 영원한 선(bonum aeternum)들에 이를 수 있도록 움직이신다."(신학대전 I-II, 110,2) 은총은 일종의 습성이나 기관이 아니라 인간 영혼의 본질 안으로 직접 들어간다. 그럼으로써 영혼이 신적인 본성에 참여하게 해 준다. "은총은 모든 덕에 앞선다. 그러기 위해서 은총은 영혼의 제반 능력들에 선행해서 영혼의 중심에 위치해야 한다. 즉, 은총은 영혼의 본질 안에 거주해야 한다. 인간은 지성을 통해서 신덕(信德)과 함께 하느님에 대한 인식에 참여하고, 의지를 통해서 애덕(愛德)과 함께 하느님의 사랑에 참여한다. 이처럼 인간 영혼의 본성은 일종의 유사함을 통해서 새로운 피조물이 되고, 그럼으로써 신적인 본성에 참여하게 된다."(신학대전 I-II, 110,4)

  토마스는 초본성적인 차원을 설명하는 데에 본성적인 차원의 모델이 필요했고, 그래서 모든 근본적인 노선들을 다시 취했다. 그는 인간이 본성적인 차원에서 본질적인 형태(영혼)와 각 기관들(지성과 의지)을 갖고 있음을 잘 알았다. 그는 이를 바탕으로 해서 유비적으로 초본성적 차원을 설명했다. 즉, 인간 영혼에게는 그 형태뿐 아니라 본성을 고양(高揚)시키는 은총과 본성적인 덕들을 인도하는 초본성적인 덕(virtus supernaturalis)이 필요하다고 그는 말한다. 이 초본성적 덕들(믿음, 희망, 사랑)은 영혼의 각 기관들이 신적인 본성에 참여할 수 있도록 변모시키고 고양한다. 이로써 영혼은 은총을 통해 신적 본성에 참여하게 된다. 이렇게 해서 하느님에게서 멀어진 상태인 죄는 근본적으로 사라지고, 비록 최종적이지는 않지만 하느님을 향한 회심(conversio ad Deum)은 인간 존재를 깊숙이 꿰뚫는 자세가 된다. 토마스에 의하면, 신적인 생명에 참여하는 것은 단순한 비유가 아니라 하나의 놀라운 실제 사건이다. 인간은 믿음과 희망과 사랑을 통해 하느님을 직접 – 얼굴을 마주하듯이 – 뵙는 것이 아니라 거울에 비추어 보듯이 뵙지만, 그럼에도 불구하고 그리스도를 통해 새롭게 태어나고 새로운 법을 고백하는 이는 하느님께서 당신 자신을 소유하시고 사랑하시듯이 그분을 알고 소유하며 사랑한다(신학대전 I-II, 110,3). 여기서 우리는 은총에 대한 토마스 아퀴나스의 가르침을 정리하면서 앞서 죄에 대한 가르침 가운데 이미 살펴본 것을 다시금 언급해야 한다. 이미 누군가가 비난한 바 있듯이, 우리는 단지 물리적·표면적 도식에 따라 은총의 신비를 이해하려는 시도를 멀리해야 한다. 토마스는 이를 멀리했으며 무엇보다도 인격적인 차원에서 죄의 의미를 파헤쳤다. 은총 역시 실제적이고 매우 심오하게 인간 존재 전체를 관통하며, 나아가 인간의 행위가 철저하게 변화되도록 그 존재에 영향을 준다고 그는 보았다. 인간은 하느님을 향한 회심과 신적인 생명을 통해 새롭게 태어남으로써 하느님과 대화하게 되고 그분께 순명하며 그분을 사랑하고 그분을 향한 자녀다운 효성을 갖게 된다. 이제 하느님과의 새로운 관계는 또한 이웃과의 새로운 관계를 요청한다. 그 관계 또한 신뢰와 결속, 사랑과 대화의 관계로 변화된다. 하느님에 대한 사랑과 이웃에 대한 사랑은 그리스도께서 인류에게 선사하신 새로운 법의 구체적인 표현이다. 사랑의 순환은 다음과 같이 이루어진다. 하느님은 인간이 그 자신이 되도록 그를 새로운 삶에서 태어나게 하시고, 이렇게 하느님으로부터 출발한 사랑은 인간을 통해서 다시 하느님께로 되돌아온다. 인간은 신적인 생명에 참여함으로써 하느님께서 당신 자신을 사랑하신 것처럼 하느님을 사랑하게 된다.

2. 보나벤투라

바뇨레지오의 보나벤투라(San Bonaventura, 1217~1274년)는 토마스 아퀴나스가 아리스토텔레스적인 관점에서 작업한 신학적 인간학의 전망(본성과 초본성)에 매우 반대되는 시각을 가졌다. 보나벤투라는 토마스 아퀴나스의 사상적 전망에서 논의되던 근본 주제들, 예컨대 본질적 형태의 단일성, 의지에 대한 지성의 우위, 추상화에 대한 가르침 등을 모두 거부했다. 그는 토마스와 브라반테의 시지에리(Sigieri di Brabante)의 사상의 틀인 아리스토텔레스의 철학에 우연한 기회에 개입하면서 전통적인 신학 노선을 대변하는 플라톤화된 아우구스티노주의를 대립시키고, 아리스토텔레스의 모든 논리학과 형이상학적 범주가 결국에는 외형적인 것에 불과하다고 지적했다.

보나벤투라는 아우구스티노와 니사의 그레고리오(Gregorius Nyssa), 그리고 아오스타의 안셀모가 걸어 온 신학적 전통의 발자취 위에서 인간을 '하느님의 모상'으로 소개하면서 자신의 인간학을 전개해 나갔다. 그는 이러한 인간 개념을 성서적, 철학적 근거들을 들어 설명했다 (II Sent. 16,1,1; 17,1,1 참조). 그렇다면 좀 더 정확히 말해 인간의 어떤 부분이 하느님을 닮았다는 것일까? 보나벤투라는 인간이 하느님을 닮앉다는 것을 여러 측면에서 말할 수 있다고 상기시킨다. 먼저, 그는 인간이 하느님과 더불어 갖는 유사함은 본성의 공유(共有)에 기초한다고 보았다(예컨대, 삼위일체의 세 위격 간에 갖는 본성의 공유). 그리고 보편적 본성에 참여하는 데 유사함의 근본이 있다고 보기도 했다(예컨대, 인간과 말은 동물인 한에서 같은 본성이다). 또한 그는 관계들이 서로 조응하는 것에 바탕을 둔 비례적 유사함에 대해서도 지적했다(예컨대, 마부와 뱃사람의 경우에 한 사람은 말을 몰고 다른 한 사람은 배를 운전한다). 그리고 그는 원인과 결과 사이의 유사함에 대해서도 언급했으며(예컨대, 아버지와 아들), 순서에도 유사함이 있다고 보았다(예컨대, 모델과 그의 복사본). 보나벤투라는 이런 일련의 하느님과 유사함의 가능성들에 대해 소개한 다음, 첫 번째와 두 번째 유사함은 하느님과 인간 사이에 존재할 수 없다고 결론지었다. 왜냐하면 인간은 결코 하느님과 동일한 본질을 지닐 수 없기 때문이다. 그래서 나머지 세 가지 유형의 유사함, 즉, 비례(比例), 인과(因果), 모형(模型)의 유사함에 대해 논했다.

인간은 흔적(vestigium)이라는 말로 표현할 수 있는 유사함을 다른 모든 피조물과 더불어 가지며, 이 유사함은 '원인-결과'의 형태로 구성된 불확정적인 비슷함이다. 그러나 인간 존재의 내적 구조를 살펴보면 삼위일체의 내적 구조와 유사하며, 그러기에 인간 존재의 구조는 삼위일체를 드러내는 명백한 유사함(expressa similitudo)이라고 말할 수 있다. "모든 피조물은 일종의 관계성을 자신 안에 지니며, 이를 통해서 어떤 식으로든 모든 피조물의 원인이신 하느님을 지향한다. 이 관계는 바로 결과가 원인에 대해 갖는 관계다. 이렇게 피조물들이 하느님에 대해 갖는 관계는 창조 작용인이 그 결과들에 대해서 갖는 관계와 완전히 같지는 않지만 유사하다고 할 수 있다. 그러나 이성적인 피조물이 단지 이러한 이유 때문에 하느님을 닮은 것이 아니라 더 근본적으로 그가 가지는 내적 기관들(intrinsecarum potentiarum)의 근원, 그리고 그들 사이의 구별과 질서를 통해서 그러하다. 이들 사이의 구별과 질서에서 우리는 삼위일체의 세 위격이 갖는 관계의 유사함을 볼 수 있다. 이미 아우구스티노가 제시한 바와 같이, 우리는 바로 이러한 인간의 내적 구조를 통해서 인간을 하느님의 모상(imaginem Dei)이라고 말할 수 있다."(*II Sent.* d.16, a.1, q.1) "인간은 앎이라는 고차적인 행위를 통해서 하느님을 드러낸다. 사실, 인간은 존재 자체로 그리고 그가 살아 있다는 사실 자체로 하느님을 드러낼 뿐만 아니라 그가 지적(知的)이라는 사실에서도 하느님을 드러낸다. 나아가 그는 기억과 지성 그리고 의지를 통해서 삼위일체의 세 위격 사이에 존재하는 질서와 구분을 드러낸다."(*Ibid.*)

그러나 보나벤투라는 하느님의 모상이 인간 존재의 내적 구조에서 나오는 자동적인 결과는 아니라고 지적한다. 물론 그러한 존재 구조가 하느님의 모상에 능력을 부여하기는 하지만, 그것만으로 하느님과 닮았다고 하기에는 뭔가 부족하다. 아우구스티노와 마찬가지로 보나벤투라 역시 지적하는 것은, 하느님의 모상이 현실화되기 위해서는 인간 자신이 하느님과 닮았다는 의식을 가져야 한다는 것이다. 그리고 인간이 그 품위에 합당하게 행동할 때, 다시 말해서 온 존재가 하느님에 대한 사랑을 지향할 때 비로소 하느님의 모상이 구현된다고 그는 보았다. "반면에 하급 피조물들을 보면, 이들은 하느님의 모상이 현존하는 존재가 아니라 단지 그 흔적인 한에서 하느님을 닮았을 뿐이다. 그러므로 영혼의 능력들이 하위의 사물들을 대상으로 하는 한, 그 능력들에는 명백한 유사함이 부족하므로 모상의 근거가 되지 않는다."(*I*

Sent. d.3, pars.2, a.1, q.2) 그러므로 참되고 고유한 의미의 하느님의 모상은 자신이 신적 존재에 참여하고 있음을 자각하는 존재 안에서만 드러난다(*II Sent.* d.16, a.1, q.1 참조).

보나벤투라는 계시된 사실을 넘어서서 이성적인 시각에 입각해서 하느님의 모상의 기원과 본성과 확장에 대해 논했으며, 무엇보다도 구원 역사를 뒤따르면서 이를 설명했다. 왜냐하면 구원 역사는 본질적으로 하느님의 모상의 창조와 타락과 회복의 역사이기 때문이다. 그는 하느님의 모상이 첫 사람인 아담과 하와의 교만으로 인해 타락했다고 보았다. 반면에 하느님의 모상의 회복은 물론 삼위일체의 세 위격 모두가 하신 일이지만, 무엇보다도 두 번째 위격 - 하느님과 같은 본성과 본체를 지니신 참된 하느님의 모상 - 께서 나자렛 예수 안에 강생하심으로써 이루어졌다. 이처럼 그리스도는 모든 사람이 자신 안에서 하느님의 모상을 충만하게 실현하기 위해 닮아야 할 모범이자 모델이요 원형이시다(*I Sent.* d.31, pars.2, a.1).

인간은 하느님의 이콘인 한에서 모든 피조물계에서 유일무이한 품위를 갖는다. 보나벤투라는 종종 인간 인격이 갖는 이러한 품위에 대해 언급하면서, 그 품격의 핵심에는 인간 인격이 모든 피조물계에서 차지하는 중심 역할이 있다고 지적한다. 다시 말해, 인간은 피조물계에서 중심적인 위치를 구체화한다. 인간이 창조되기 이전의 세상에는 사실상 아무런 의미도 존재하지 않았다. 세상은 그저 한량없는 하늘을 정처 없이 떠돌았고 봄이 되면 꽃이 피었지만, 피조물 위엔 어느새 무덤만이 드리울 뿐이었다. 하느님을 찬미하거나 부르는 어떤 목소리도 없었고, 하느님께서 만드신 작품들을 사랑의 눈길로 품을 수 있는 아무런 눈망울도 없었다. 바로 그 세계에 인간이 존재하게 되었다. 그리고 그와 더불어 생각도 존재하기 시작했다. 이제 이 세상은 의미를 갖기 시작했고 목소리를 내게 되었다. 하위 피조물들은 이렇게 질서를 잡았고 인간에게 봉사하기 위해 인간을 중심으로 질서 지워졌다. 이제 제반 피조물들은 인간을 통해서 창조의 최종 목적인 하느님을 향하게 되었다. 인간은 그 자신 안에 우주를 품은 존재다. 인간은 우주를 인식하고 이를 자신 안에서 재창조할 수 있는 한에서 놀라운 방법으로 우주를 품는다. "이성적인 피조물은 어떤 의미에서 지성을 통해서 모든 것이라고 말할 수 있다. 그리고 모든 것은 이 지성을 통해서 각인되고 기록된다. 여기서 마치 전우주가 어떤 감각적인 질(質)을 통해서 하느님을 드러내듯이 이성적인 피조물 역시 유비적으로 어떤 영적인 질을 통해서 하느님을 드러낸다. 반면, 그 이외의 다른 모든 비이성적 피조물들은 단지 부분적으로만 하느님을 드러낼 뿐이다. 오직 인간만이 총체적으로 하느님을 드러낸다."(*II Sent.* d.16, a.1, q.2) 하느님의 모상으로 창조된 인간은 이제 모든 것을 할 수 있다. 그러나 무엇보다도 이러한 우주적 차원의 중개에서 모든 피조물의 목소리를 대변하는 일이야말로 인간에게 특징적인 것이다. 인간은 모든 피조물 안에서 표현되지 못한 사고의 편린들을 모으는 존재다. 인간이야말로 창조를 완성하는 존재다(*II Sent.* d.16, a.1, q.1 참조). 보나벤투라는 단지 인간에 대한 일반적인 개념(인간학)에서 아우구스티노와 비슷할 뿐만 아니라 인식에 대한 가르침(인식론)에서도 비슷하다. 비록 그가 능동 지성과 수동 지성 개념을 포함한 아리스토텔레스의 심리학적 개념들을 다소 차용하기는 했지만, 그는 무엇보다도 아우구스티노의 조명설로써 영원한 진리에 대한 인식을 설명하면서 공개적으로 그의 노선을 뒤따랐다. 인식론에 관한 한, 적어도 그가 제시한 주제들은 아우구스티노의 가르침 그대로다. 그것은 다름 아니라 인식에서 첫 번째 원칙들, 인식에서 틀릴 수 없는 확실함, 명증성, 객관성, 보편성, 절대 가치 그리고 틀릴 수 있고 변화 가능하며 역사적, 문화적 조건에 대해 주관적인 인간 지성만으로는 얻을 수 없는 모든 고유한 것들이다. 올바른 인식을 위해서는 인간 지성에 위로부터의 빛, 하느님의 빛의 개입이 필요하다. 보나벤투라는 나중에 이 빛을 우리 안에 거하시는 하느님 말씀의 빛, 예수 그리스도의 빛이라고 말했다.

보나벤투라는 비록 지성과 지혜를 아주 귀하게 여겼지만, 아우구스티노의 가르침과 성 프란치스코(St. Francesco)의 영감에 따라 의지와 사랑에 절대적인 우위를 뒀다. 이러한 이유로 그에게서 신학은 사색적이라기보다는 상당히 실천적인 색채를 띤다. 그것은 인간이 하느님과의 신비적인 합일에 이름으로써 행복하게 되는 것을 말한다(I Sent. proem. q.3 참조). 인간은 하느님과의 신비적인 합일이라는 영적인 완성의 최종적인 도착점을 향해서 다음과 같은 세 가지 길, 즉 정화의 길(via purgativa), 조명의 길(via illuminativa), 일치의 길(via unitiva)을 걷는다. 각각의 세 길은 모두 하나의 목적을 지향하며 근본 실천 요소들, 즉 기도와 묵상과 관상의 과정을 거치지만, 각기 고유한 자신의 특별한 영적 수단들을 갖는다. 먼저, 정화의 길은 죄로부터의 도피, 덕의 실천, 그리스도의 수난을 자주 기억하는 것을 그 특징으로 한다. 조명의 길은 기도와 하느님께서 주신 은총과 능력들의 선용, 그리스도를 본받음 그리고 성모님께 대한 신심을 특징으로 한다. 끝으로, 일치의 길은 성체성사의 삶, 관상, 탈혼 등을 들 수 있는데, 탈혼이 심해지면 그 절정에 이르러 신비적인 죽음에 도달한다. 여기에는 빛나는 어두움과 탈혼도 포함된다. 신비의 정점은 피조물들을 넘어선다. 그러나 마치 성 프란치스코의 태양의 찬가에서 피조물들의 조화가 영성생활의 차원에서 새롭게 표현되는 것처럼, 여기에 도달한 사람은 모든 생명과 더불어 살아간다. 이것은 흡사 인간 정신의 힘겨운 견습을 시작하는 것과 같다. 이렇게 해서 인간 정신은 한발 한발 점진적으로 인식의 이해 지평을 넓혀 간다. 단순한 이성적 앎에서 신학으로, 신비적인 조명으로, 끝내는 지극히 복된 합일로 넓혀 간다(*De donis*, coll. IV, n.12).

3. 오캄의 굴리엘모

토마스 아퀴나스 이후 신학적 인간학의 발전에 중요한 획을 그은 사람 가운데 하나가 바로 오캄의 굴리엘모(1280~1349년)다. 토마스가 스콜라 신학의 정점을 대변하고 이성적 탐구와 계시 사실 사이의 깊은 조화를 이루는 실재에 대한 이해의 틀을 우리에게 전해 주었다면, 오캄의 굴리엘모는 자신의 사상을 통해서 스콜라 시대의 위기를 보여 주고 이성적 요소와 신앙의 신비 사이의 조화 불가능성을 전해 주었다. 그는 스콜라 시대에 자명한 것으로 받아들여지던 전제들을 의문에 부치면서 결정적인 전환을 이루었다. 즉, 신앙과 이성의 조화 그리고 형이상학과 인간학의 커다란 문제들을 해결하는 데 있어서 이성의 능력에 대한 신뢰 – 그 능력이 신적인 조명에 의해 보장되든지 아니면 능동 지성에 의해서 그러하든지 – 가 그것이다. 그는 스콜라 시대의 거장들(알베르토 마뇨, 토마스 아퀴나스, 보나벤투라)을 거슬러서 인간 인식의 객관적이고 보편적인 가치, 그리고 신앙과 이성 사이의 조화를 거부했다. 무엇보다도 그는 "존재자들이 필요 없이 많아져서는 안 된다."라는 유명한 정식 – 이 정식은 '오캄의 면도날'이라는 이름 아래 세워진 원칙이다 – 에 따라 경험적 검증 원리의 필요성을 역설했다. 그에 따르면 인간 이성의 고유한 대상은 개별자들이다. 그는 보편적 개념이란 실은 인간 정신 안에만 존재할 뿐이라고 보았다. 그는 인간에게 더욱 완전한 기관은 토마스가 가르치는 지성이 아니라 의지인데, 이 의지는 무한한 자유를 가진다고 말한다.

오캄의 굴리엘모는 신학에서 하느님의 초월성과 자유를 강조했다. 그에 따르면, 하느님은 모든 결정에서 절대적인 심판관이시다. 피조물과 은총 질서 가운데 그 어느 것도 하느님의 의지와 결합할 수 없다. 따라서 하느님은 현존하는 이 세상과는 전혀 다른 세상, 그리고 현존하는 구원 질서 말고 전혀 다른 구원 질서를 원하실 수도 있다. 하느님은 또한 현실적으로 실행되는 법칙과 원리와는 전혀 다른, 아니 오히려 그것과는 정반대되는 법칙과 원리로 모든 것을 이루실 수도 있다. 또한 하느님은 죄를 심판하신다. 그분의 의지는 윤리의 절대적 기준이다.

오캄의 굴리엘모는 하느님이 절대적 능력(potentia absoluta)을 갖고 하실 수 있는 것과 질서 지워진 능력(potentia ordinata)을 구별하면서 하느님은 당신이 원하시는 모든 것을 하실 수 있는 분이시라고 가르친다. 예를 들어, 하느님은 죄인들을 천국으로 보내실 수도, 반대로 의인들을 지옥으로 보내실 수도 있다. 또한 그는 은총이란 토마스 아퀴나스가 가르치듯이 습성에 있지 않고 단순히 하느님의 결정(decretum divinum)에 있다고 보았다. 이처럼 그는 하느님이 은총의 질, 즉 사랑의 습성(habitus caritatis)을 지니지 않은 사람을 마음대로 구원하실 수 있는 자유를 지니신 분이라고 말한다.

토마스 아퀴나스에게서는 본성 개념과 초본성 개념이 실천적 차원보다는 신학을 전개하는 방법론적 차원에서 구별되었는데, 오캄의 굴리엘모에게서는 단지 외적으로 대조될 뿐인 이 두 실재 사이에 깊은 단절이 이루어졌다. 굴리엘모는 은총이 인간 영혼의 내적 조건들을 변경시킬 수 없으며, 인간의 행동들 역시 자신의 구원에 실제로는 어떤 큰 영향도 미칠 수도 없다고 보았다. 그는 이러한 전망을 펼치면서 방임주의나 자유주의 사상으로 기울기보다는 펠라지오주의 쪽으로 기울었다. 사실 그는 하느님의 계명들을 준수하고 구원을 위해 하느님께서 요구하시는 것들을 인간이 행할 수 있다고 하면서 인간의 본성적 능력들을 신뢰하였다.

오캄의 굴리엘모의 모든 철학적, 신학적, 인간학적 논의의 한가운데에는 유명론적인 영감이 지배적이었다. 그것은 모든 가치를 부정하고 모든 객관적 개념과 원칙들이 내포하는 의미를 거부하는 것으로서, 그는 이를 통해서 하느님을 이해하는 데에는 주의주의(主意主義, voluntarismus)를, 인간에 대해서는 신앙주의(信仰主意)의 형태를 태동시키면서 비이성주의(非理性主義)의 문을 활짝 열어 놓았다.

스콜라 시대 전성기부터 시작된 조화로운 체계를 갖춘 신학의 모습은 이제 오캄의 굴리엘모와 더불어 흔들리게 되었으며, 곧 이어 여러 조각들로 부서져 나가기 시작했다. 철학과 신학은 오캄의 굴리엘모와 더불어 분쇄되기 시작했을 뿐만 아니라 신앙과 이성의 조화 그리고 본성과 은총의 조화를 통해 태동됐던 모든 문화적 요소들도 붕괴되기 시작했다. 이처럼 오캄의 굴리엘모의 신학을 통해서 예견된 모든 사회적, 문화적 해체는 종교 개혁을 통해 이루어지게 될 커다란 신학적 전복(顚覆)과 맞물려 이루어졌다.

4 | 근대의 신학적 인간학 : 종교 개혁과 반종교 개혁

　근대로 들어서면서 다음의 세 가지 큰 사건과 더불어 신학적 인간학에 획을 긋는 새롭고도 중요한 발전이 일어났다. 하나는 프로테스탄트 종교 개혁이고, 다른 하나는 트렌토 공의회이며, 그리고 마지막으로 근대 문화에서의 인간학적 전환이 그것이다. 무엇보다도 종교 개혁은 의화와 구원에 대한 새로운 이해를 이끌었다. 종교 개혁론자에 따르면, 의화와 구원이란 절대적으로 하느님께서 주도권을 지니신 것으로, 신뢰하는 믿음(fides fiducialis) 이외에 그 어떠한 인간적인 공로도 이에 영향을 미칠 수 없다. 반면에 트렌토 공의회는 의화와 구원에 대한 전통적 개념의 유효성에 주목했다. 이러한 개념은 교회의 중개와 더불어 인간의 협력을 상정한다. 다른 한편으로, 근대 문화에서의 인간학적 전환은 현실적인 이 세상에서 일어나는 모든 것에 대한 하느님의 가정(假定)을 배격하면서 점진적으로 인간 행동의 세속화(saecularizatio)를 부추겼다. 그리하여 인간은 점점 더 자기 자신의 구원을 이룰 수 있는 유일한 창조자로 변해 갔다. 이제 이러한 전망에서 신학적 인간학의 발전에 큰 영향을 미친 이 세 가지 사건들이 갖는 무게에 대해 간단히 살펴보기로 하자.

1. 마르틴 루터

　근대는 정치, 종교, 사회, 문화 전반에 커다란 반향을 일으킨 하나의 사건과 더불어 시작되었다. 그것은 다름 아닌 프로테스탄트 종교 개혁이다. 루터(1483~1456년)에 의해 시작되고 강력하게 추진된 종교 개혁은 새로운 구원 이론을 주장했는데, 단지 이전의 여러 신학자들의 이론뿐 아니라 교회 자체의 구조에 대한 근본적인 변화까지도 말했다.

　무엇보다도 루터에게 결정적인 영향을 미친 사건은 지적, 영적인 깊은 회심인데, 1513년의 '탑 체험'이 그것이다. 당시 그는 비텐베르그 대학의 성서학 교수로 활동 중이었다. 그리고 그는 연구하기 위해 습관적으로 성의 탑 안에 칩거하곤 했다. 그해 어느 날, 그는 바로 그 탑에서 "복음 안에서 하느님의 의로움이 믿음에서 믿음으로 계시됩니다. 이는 성경에 '의로운 이는 믿음으로 살 것이다.'라고 기록된 그대로입니다."라는 바오로 사도의 로마 1,17을 읽고서 홀연히 의화의 본질에 대한 깨달음을 얻게 되었다. 루터는 이 구절을 새롭고 특별하게 해석하면서 의화는 인간의 어떠한 행업으로 이루어지는 것이 아니라 온전히 하느님의 업적이라고 생각하게 되었다. 그에 따르면, 오직 하느님만이 성자의 십자가상 희생을 통해 죄인을 의롭게 하실 수 있으며 기도, 단식, 참회, 성사 그리고 대사(大赦) 같은 것은 전혀 소용이 없다. 왜냐하면 구원은 오직 하느님의 자비를 통해서만 이루어지기 때문이다.

　루터는 구원에 대한 이러한 해석이야말로 모든 것을 분명하게 밝혀 주는 하느님의 빛이라고 생각했다(그리고 그는 평생에 걸쳐 이 말을 했다). 그는 수도생활을 하면서 이전에는 세심증으로 매우 고심했는데 이제는 모든 것이 쉬워졌고 단순해졌으며 가벼워졌다. 그전까지 그의 양심은 몹시 강박 관념에 사로잡혀 있었다. 왜냐하면 그가 하느님과 평화로운 관계를 유지하기 위해 반복해서 실천하던 모든 선행, 고행, 단식, 기도가 그에게 전혀 만족을 주지 못했기 때문이다. 그런 그의 양심에 이제 고요가 깃들었다. 결국 그는 모든 세심증으로부터 자유로워졌다. 루터에게 이러한 내적 평화는 의화 구절에 대한 자신의 해석이 유효하다는 결정적 증거가 되었다.

키르케고르가 자신의 『일기』[15]에서 언급했듯이, 루터가 소개한 새로운 복음은 세심증에 시달리던 한 영혼의 양심에 갑자기 들이닥친 사건으로서, 과거 가톨릭교회의 어느 역사학자가 주장한 것처럼 걱정에 휘말린 한 영혼의 교묘한 발명이 아니었다.

루터가 의화에 대한 자신의 새로운 교의를 제시한 첫 작품은 『로마서 주해서』(1515~1516년)와 『갈라티아서 주해서』(1517년)였다. 바오로 사도의 로마서는 루터에게 가장 중요한 텍스트로서 모든 성경을 이해하고 해석할 수 있는 열쇠로 간주됐다. 루터 자신도 『로마서 주해서』 서언에서 이렇게 말했다. "우리는 이 서간에서 신약 성경의 핵심적 사상을 찾아볼 수 있다. 즉, 복음의 정수가 무엇인지를 보게 된다. 나는 신자들이 이 서간을 단지 기억하고 구절구절의 뜻을 이해할 뿐만 아니라 매일 먹어야 할 영혼의 양식으로 끊임없이 묵상하기를 바란다. 이 서간은 결코 충분히 읽고 묵상했다고 말할 수 없을 만큼 심오한 내용을 담고 있다. 그러기에 이 서간을 읽을수록 더욱 더 그 진가를 깨닫게 되고 더욱 깊은 맛을 알게 된다. 그러므로 하느님께서 허락하시는 한 나는 이를 위해 봉사하고 싶으며 이 서언을 통해 어떻게 이 서간을 읽

---

15. S. Kierkegaard, *Diario*, Brescia, 1951, III, pp.369-371.

어야 할지를 소개하고자 한다. 그럼으로써 모든 신자들이 각자 이 서간을 잘 이해하기를 바라마지 않는다. 지금껏 이 서간은 잘 해설되지 않아 그 내용이 어둠에 가려져 있었는데, 이 서간은 자체로 이미 모든 성경을 밝히 비출 수 있는 빛이라고 나는 생각한다."16

탑에서의 경이로운 체험 이후, 바오로 사도의 서간을 올바로 이해하지 못하게 하던 어두움과 장애들이 루터에게서 사라지기 시작했다. 그럼으로써 마침내 이 서간의 텍스트는 루터에게 활짝 문을 열고 다음과 같은 형태로 위로 가득한 메시지를 전하기 시작했다. "이제 '의로운 이는 믿음으로 살 것이다.'라는 말씀처럼 하느님의 정의가 복음 안에서 계시되었다." 루터는 "하느님의 정의를 그분께서 친히 주시는 정의로 알아들어야 한다. 즉, 이 정의로써 의인은 믿음을 산다. 따라서 이 구절의 의미는 다음과 같다. 복음을 통해 계시되는 정의는 수동적 정의(justitia passiva)로서, 하느님은 이 정의와 더불어 당신의 자비로 믿음을 통해서 우리를 의롭게 해 주신다. 여기서 나는 홀연히 새로운 생명으로 태어나게 됐음을 깊이 느꼈다. 그것은 내 앞에 천국의 문이 활짝 열린 것 같은 깊은 인상이었다."17라고 말했다.

루터가 로마서에서 발견한 중요한 진리는 다음의 세 가지로 압축되며, 그는 이를 자신의 신학적 인간학의 중심축으로 삼았다. ㄱ) 죄의 노예가 된 인간 존재의 완전히 왜곡된 모습. 이는 아담의 불순명 이후 모든 사람이 처하게 된 상황이다. ㄴ) 이러한 인간의 죄를 용서하며 의인이라고 법정적 선언(justitia forensis)을 하는 절대적인 의화 은총. ㄷ) 의화의 도래를 상징하는 믿음의 절대적 중요성.

---

16. M. Lutero, *Scritti religiosi*, a cura di V. Vinay, Torino, 1967, p.515.
17. ID., *Prefazione alle Opere Latine* (1545).

가톨릭교회는 첫 인간이 지은 원죄로 인간 본성이 완전히 타락하지는 않았으며 다만 선을 행하는 데 아주 나약해지고 악에 쉽게 무너지게 되었다고 본 반면, 루터는 이러한 가톨릭교회의 전통적 가르침을 멀리하기 시작했다. 그에 따르면, 인간 본성은 원죄 이후 완전히 타락해서 이제는 선행을 하는 데 절대적으로 무력하다. 그는 죄를 탐욕과 동일시했다. 이러한 전망에서 이제 그에게 '의인은 믿음으로 산다'라는 명제가 새로운 구원의 틀을 규정하는 중요한 논리적 근거가 되었다. 즉, 구원은 하느님과 인간 사이의 어떤 경쟁에서 기인하지 않고 완전히 수직적으로 하느님에게서 유래하며, 어떤 변화도 없이 언제나 필연적으로 탐욕에 의해 뒤틀리고 죄에 물든 인간 본성 안에서 시작된다고 그는 보았다. 이러한 루터의 근본적인 교의는 『로마서 주해서』에서 이미 분명한 진술로 드러났다. 그러나 그는 선한 행위들에 대해 심하게 공격하지는 않았다. 오히려 이 선한 행위들을 의화의 결실이자 외적인 표현으로 간주하면서 중요하게 강조했다. 그럼에도 의화에 관한 한 선한 행위들이 결정적인 영향을 미치지 못하며, 인간에게 의화는 완전히 수동적이라는 점을 분명하게 언급했다. 그는 이 점에 대해 다음과 같이 기술했다. "우리는 흔히 율법으로 하는 행위와 율법을 완성한다는 사실이 서로 다르다는 데 익숙하다. 율법의 행위는 인간이 행하고 또 실제로 행할 수 있는 모든 것을 자신의 자유로운 의지와 힘을 갖고서 율법에 의해 행한다는 말이다. 그러나 이러한 행위가 마음에 불쾌감을 남기고 나아가 율법을 향한 강제성을 띤다면, 그것은 이미 무용지물이 될 수밖에 없다. 바오로 사도가 로마 3,20에서 '어떠한 인간도 율법에 따른 행위로 하느님 앞에서 의롭게 되지 못합니다.'라고 말한 것은 바로 이 점을 염두에 둔 것이다. 그런데 우리는 은총을 받기 위해 행위와 함께 준비해야 한다고 가르치는 스콜라 신학의 논쟁자들이 있음을 잘 안다. 그러나 마음속에 어떤 불쾌감이나 악의 없이는 아무런 행위도 할 수 없는 사람이 어떻게 선을 받기 위한 준비를 자신의 행위와 더불어 할 수 있단 말인가? 어떻게 게으르고 유감만 가득한 마음에서 하느님께 의합하는 행위가 나올 수 있단 말인가?"[18]

『로마서 주해서』에 언급된 그의 견해는 그 후 이어지는 『갈라티아서 주해서』에서 다시 드러났다. 그는 1장에서 "그리스도 안에서 믿음의 길을 통해 의인이 되지 않고 다른 길을 주장하는 사람은 이미 그 자체로 그리스도를 거부하는 것이며 그분의 수난과 부활을 무용지물로 만드는 것이다."라고 반복해서 강조하면서 행업(行業)을 통한 구원에 신뢰를 두고자 하는 사람들, 즉 스스로 의롭다고 하는 이들을 거슬러서 강하게 말했다. "우리는 바오로 사도와 함께 다음과 같이 말할 수 있다. '하늘이나 땅 또는 다른 어디서든 그리스도의 공로가 아니라 행위만을 신뢰하게 하는 가르침은 모두 저주받을지어다. 이 말은 결코 바오로 사도와 그의 후계자들을 모욕하려는 것이 아니다. 오히려 나는 그리스도 앞에서 경건하며 진실하고 싶다. 우리는 행업만을 신뢰하는 사람들에게 그리스도를 말해야 한다. 만일 이 점에 동의하지 않는다면 그들을 단죄될 이들로 여기며 피해야 한다."[19]

루터는 『갈라티아서 주해서』 2장에서 정의를 다음과 같은 두 가지 개념으로 구분했다. 하나는 그리스도교적 정의 개념에 반대되는 아리스토텔레스적 정의 개념이고, 다른 하나는 율법에 따른 정의 개념과 믿음에 따른 정의 개념의 구분이다. 루터에 따르면, 각자에게 자신의

---

18. *Op. cit.*, p.517.
19. M. Lutero, *Commentarium in Galatas*, Ed. Weimar II, p.462.

것을 준다고 하는 아리스토텔레스적인 정의 개념은 "예수 그리스도께 대한 믿음 또는 예수 그리스도를 믿는 덕"[20]이라는 그리스도교적 의미의 정의와는 전혀 공통점이 없다. 물론 그리스도의 정의(justitia Christi)는 아리스토텔레스적인 정의 개념처럼 인간이 윤리적으로 완전해지는 데 한계를 두지 않으며, 오히려 그 이상이기도 하다. 그리스도의 정의는 인간을 자기 죄에서 해방한다. "그리스도를 믿는 이는 그분과 더불어 하나가 된다. 그는 믿음의 영으로 인해 자신의 모든 빚으로부터 만족을 얻게 되며, 그럼으로써 모든 것이 당연하게 여겨진다. 왜냐하면 그는 모든 면에서 그리스도와 통교하기 때문이다. 이제 그의 죄들은 단지 그만의 것이 아니라 바로 그리스도의 것이 된다. 이 죄들은 더는 그리스도 안에서 정의에 맞서 승리할 수 없으며 결국 패배하게 된다. 모든 죄들은 그분 안에서 다 사라져 버린다. 그러므로 그리스도의 정의는 단지 그리스도 그분만의 것이 아니라 바로 그분을 믿는 모든 신자들의 것이기도 하다."[21]

다음으로 그는 율법에 의한 정의와 믿음에 의한 정의의 구별 – 루터에게는 이 구별이 더 중요하다 – 을 다음과 같은 형태로 제시했다. "첫 번째 정의는 자신의 힘으로 실행한 행동에 의존하며 …… 이 정의는 주고받는 식의 정의요 굴종적이고 위선적이며 그럴 듯하면서도 실속이 없고 표면적이며 임시적일 뿐이다. 그리고 세속적이고 아주 인간적이며 미래의 영광을 위해 전혀 소용없고 이미 이 세상에서 받을 상을 다 받는 정의다. 즉, 영광, 부, 명예, 능력, 우정, 건강 등을 이미 받는다. 반면에 두 번째 정의는 믿음과 은총에 따른 것으로서, 첫 번째 정의에

---

20. *Op. cit.*, p.503.
21. *Ibid.*, pp.489ss.

실망한 사람이 하느님 앞에 엎드려 탄식한 세리처럼 '주님, 죄인인 저에게 자비를 베푸소서.' 하며 자신이 죄인임을 겸손하게 고백하는 가운데 이루어진다. 세리는 그 자리에서 의로워져서 집으로 돌아갔다. 이처럼 하느님의 이름으로 모든 신자의 모든 죄가 용서되고 주님 이름 덕분에 …… 그들에게 진정한 정의가 입혀지게 된다. 바로 이 순간에 모든 율법과 율법을 통해 이루어지는 모든 행위가 멈춘다. 이제 모든 것이 해방되고 정당화되며 율법은 믿음과 사랑의 행업을 통해 완성된다."[22]

루터는 오직 믿음만으로(ex sola fide) 정의가 이루어진다는 개념이 당시 오캄의 노선을 따르면서 인간이 죄의 상태에 있더라도 하느님에 대한 사랑의 행위를 완벽하게 해낼 수 있다고 믿던 신학자들에게는 호의적으로 받아들여지지 않는다는 점을 염두에 두었다. 그래서 루터는 이렇게 썼다. "그리스도교 저자들 가운데 아우구스티노를 제외하고 이 점에 대해 만족할 만한 대답을 제시한 사람은 없다. 그리고 아우구스티노도 모든 작품에서 그런 것이 아니라 하느님 은총의 적대자인 펠라지오와 그 추종자들을 거슬러서 논쟁할 때만 그랬다." 그러나 루터는 바오로와 아우구스티노의 가르침에서 오직 믿음에 의한 정의(justitia ex sola fide)가 충실히 드러난다는 점에 대해서는 의심하지 않았다. 그는 바오로를 재해석하면서 다음과 같이 설명했다. 즉, 율법을 준수하는 것만으로는 절대로 구원에 이를 수 없고, 이는 영혼에게 좌절을 불러일으킬 뿐이다. 따라서 구원은 이러한 상태에 빠진 영혼이 하느님께 달려들고 그분만을 신뢰하며 그분의 자비를 구하는 가운데 시작된다. 루터는 바로 여기서 율법에 의한 정의에서 믿음에 의한 정의로 넘어가는 과정을 설명했다. "그러므로 죄인이

---

22. *Op. cit.*

기 때문에 양심이 자꾸 보채는데도 만일 의인이 되고자 한다면 당신은 무엇을 하겠는가? 무엇을 해야 할지 또 어디로 가야 할지, 그저 당신의 주위만을 둘러보겠는가? 그렇게 해서는 안 된다. 주님의 이름을 들으려고, 그 이름을 떠올리려고 노력해야 한다. 다시 말해, 하느님은 의로우시고 선하시며 거룩하시다는 것을 기억해야 한다. 그리고 주님은 실제로 그러하시다는 것을 확실히 믿고 마음 깊이 받아들여야 한다. 그러면 당신도 그분처럼 변화할 것이다. …… 이것이야말로 자유로우면서도 확고한, 그리고 무상으로 주어지는 영원하고도 천상적이며 신적인 정의로, 그 누구도 이 현세의 삶에서 이것을 찾을 수도 받을 수도 없다."[23]

그의 초기 작품들과 이후 이어진 여러 작품들에서 더욱 두드러지게 나타난 것처럼, 루터의 모든 관심은 사랑과 은총(gratia) – 이 둘은 스콜라 신학자들의 신학적 인간학에서 건축적 원리에 해당한다 – 에서 믿음(fides)과 정의로 넘어갔다. 그러므로 스콜라적 전망은 구원이 은총 속에 있고 그것이 초본성적 사랑으로 인한 결실을 통해 실현된다고 본 반면, 루터의 전망은 구원의 뿌리가 의화되는 – 죄인이 의인으로 선포되는 – 가운데 그리고 믿음 속에서 이루어지는 결실 가운데 있는 것으로 보았다.[24] 그러나 루터의 신학적 인간학에는 단지 건축적 원리와 관련된 다양한 설명만 있는 것이 아니라 해석학적 원리의 차원에서 유사한 변화도 있다. 이러한 변화는 모든 형태의 스콜라 신학 – 유명론(唯名論, nominalismus)

---

23. *Op. cit.*
24. "로마서에서 자극을 받은 루터는 오랜 논의 끝에 구원 교리의 바탕이 더는 은총이 아니라 죄인의 의화에 있다고 결론을 내린다. 이미 첫 번째 글에서부터 그는 전형적인 법정 형식을 따라 사고하는 가운데 …… 『갈라티아서 소(小) 주해서』(1519년)를 보면, 이 과정은 율법과 복음이라는 서로 구별되는 두 형태 안에서 극치를 이룬다. 이는 사법적 종류의 소송 과정에서 한 번 더 은총을 통해 절대적으로 선포된 선언으로서 의화 개념을 재확인한다."(O. H. Pesch, *op. cit.*, p.257)

이건 실재론적 형이상학이건 – 을 넘어서 아우구스티노에게로 거슬러 올라가는 가운데("나는 아우구스티노를 그저 읽은 것이 아니라 열렬히 탐독했다.") 이루어졌다. 그는 더욱 실존적 색채가 드러나는 성서적인 도식으로 되돌아가기 위해 모든 철학적 인간학(형상과 질료, 본질과 우연, 영혼과 육체 등)의 도식을 제거하고자 했다. 루터가 제시한 인간학은 더는 고전 형이상학(플라톤, 아리스토텔레스)의 전망이 아니라 오직 하느님-인간 사이의 관계에 중점을 둔 인격적 전망이었다. 이 관계의 한편에는 교만하고 탐욕스러우며 비참하고 절망스러운 죄인인 인간이 있고, 다른 한편에는 비록 인간이 죄인으로 머물지라도 그를 의로운 이로 여기시고 의화하시는 가운데 연민과 자비를 드러내시는 하느님이 계시다. 인간은 죄인이면서 동시에 의인이다.

모든 인간적 기여가 평가 절하된 루터의 신학적 인간학에서는 인간 본성과 그 본성의 구조적인 요소, 기관, 능력, 습관에 관한 모든 형태의 철학적, 학문적 설명과 '인간의 근본 원리'에 관한 모든 상대적 논의가 사소한 것이 되고 말았다. 사실, 어느 누가 죄인이라고 한다면, 그 상황이 영혼에서 유래했는지 아니면 육체에서 유래했는지, 이성에서인지 아니면 의지에서인지를 규정하는 것은 그리 중요하지 않다.[25] 분명한 것은 구원과 의화의 영역에서 인간이 할 수 있는 것은 아무 것도 없다는 점이다. 여기서 인간의 본성과 이성 그리고 자유 의지는 무능력하다(노예인 자유 의지, servum arbitrium). 따라서 인간의 본성, 이성, 자유 의지가 이미 그 자체로 부패했다는 것을 더는 주장할 필요가 없다. 루터는 자신이 제시한 신학적 주제에 대한 일종의 체험적인 확증을 이끌어 내기 위해

---

25. O. H. Pesch, *op. cit.*, p.171을 참조하라.

그런 논증을 시도했다. 그러나 이러한 전망에서는 더 이상 한 발자국도 나갈 수 없다. 왜냐하면 비록 의화된 사람과 의화되지 않은 사람 간의 구별을 인정해야 한다손 치더라도, 어떤 의미에서 의화된 사람은 선행을 하면서 하느님과 화해하는 데 필요한 고유 조건에 대해 입증해야 하기 때문이다. 하지만 이 점에 대해 루터는 그것이 다만 앞으로 받게 될 의화의 징표일 뿐 의화를 야기하는 원인은 아니라고 주장한다. 그에 따르면, 의화의 유일한 원인은 하느님의 자비와 예수 그리스도의 십자가다. 그래서 그는 이렇게 말한다. "선행들에 대한 신뢰를 멀리하고 오직 그리스도께로 돌아서는 사람일수록 더욱 선한 그리스도인이 된다. 그리고 그는 그러한 신뢰와 더불어 일생을 통해 선행들을 실천해야 한다."[26]

2. 트렌토 공의회

가톨릭교회는 루터와 그의 추종자들이 옹호하는 명제들에 대응해서 트렌토 공의회(1545~1563년)를 통해 응답했다. 공의회는 루터의 주장을 끊임없이 논박했다. 공의회 교부들은 이 주제에 관해 오랜 세기에 걸쳐 축적되어 온 신학적 숙고들을 모두 모아서 근 20년 동안 집중적인 연구와 토론으로 평가했다. 그들은 이 작업을 통해 가톨릭교회의 신앙을 떠받치는 근본들, 특히 종교 개혁가들에 의해 논란이 된 부분들을 정확하면서도 확고하게 설명했다.

공의회는 루터의 신학적 인간학이 제시하는 세 가지 근본 논제,

---

26. M. Lutero, *Comm. ad Galatas,* cit., p.562.

즉 '원죄로 인한 인간 본성의 완전한 타락', '순전히 수동적이고 표면적인 의화', '오직 믿음만으로'(sola fides)를 이단으로 단죄한다. 물론 원죄로 인해 중대한 결과가 초래된 것은 사실이지만, 그렇다고 인간 본성이 썩은 것은 아니라고 공의회는 지적했다. 공의회는 인간 본성이 본질적으로는 그대로 남아 있으며, 비록 인간의 탐욕이 세례를 받은 후에도 지속되지만 그렇다고 이것이 죄는 아니라고 본 것이다. 그래서 공의회는 다음과 같이 공표했다.

> "누군가가 만일 세례를 통해 우리 주 예수 그리스도의 은총과 더불어 원죄의 결과가 사라지지 않았다거나 참되고 고유한 죄의 이유가 모두 제거되지 않았다고 말하면서, 그것이 단지 조금만 제거됐을 뿐이라거나 그분은 결코 죄를 뒤집어쓰지 않으셨다고 말하면 교회의 통교에서 제외될 것이다. …… 공의회는 세례 받은 이들 안에 탐욕과 원인이 남아 있다고 생각하며 이를 확고히 한다. 인간은 비록 탐욕과 싸워야 하지만, 예수 그리스도의 은총을 통해서 겸손하게 투쟁하는 가운데 그 탐욕에 넘어가지 않는 사람에게는 탐욕이 결코 어떠한 해악도 끼치지 못한다. 오히려 운동선수는 규칙에 따라 경기하지 않으면 월계관을 얻을 수 없다.(2티모 2,5) 그러므로 교회는 바오로 사도가 가끔 '죄'(로마 6,16 이하)라고 일컬은 이 탐욕을 결코 세례 받은 이들 안에 있는 죄로 이해하지 않으며, 그것은 다만 죄에 의한 것이고 이로 인해 인간에게는 죄로 향하는 경향이 생긴다고 거룩한 공의회는 선언한다. 만일 누군가가 이와 다르게 생각한다면, 그는 교회의 통교로부터 제외될 것이다."(D 792)

공의회는 우리의 어떠한 공로가 아니라 오직 하느님만이 예수 그리스도의 행위와 더불어 의화의 능동인이 된다고 선언했다(공의회는 이 점에 대해 루터의 견해에 동의했다). 오직 그분만이 우리의 죄를 씻어 주시고 성화해 주신다(D 799). 하지만 이것이 순전히 법정과 관련된 의화를 말하고자 한 것은 아니다. 하느님께서는 우리를 의화하시면서 내적인 영 안에서 새로워지는 은총을 선물로 주셨으며, 그러므로 우리는 그저 의인으로 간주되는 것이 아니라 실제로 의인이라는 것이다. "의화는 단순히 죄에 대한 용서만이 아니라 내적인 인간이 은총과 은총의 선물들을 자유롭게 받아들이는 가운데 성화되고 쇄신되는 것을 의미한다. 바로 이 때문에 불의한 사람이 의인으로 변화되고 하느님을 반대하는 적에서 그분의 친구로 변화되는 것이다. 그럼으로써 그는 희망 안에서 영원한 생명을 상속받게 된다."(D 799) "예수 그리스도를 통해 죄를 용서받고 의롭게 된 인간은 믿음, 희망, 사랑이라는 주입덕(注入德, virtus infusa)들을 동시에 받게 된다."(D 800)

공의회는 또한 구원 질서에서 믿음의 중요성을 재확인했다. 믿음은 구원을 위해 필요 불가결하다. 구원이 선한 행위나 율법으로부터 야기되지는 않는다. 그것은 믿음의 선물을 통해 성령으로부터 유래한다. 따라서 믿음은 구원의 시작이다. 그러나 공의회는 의화가 단지 믿음에만 국한되지 않고 선한 행위들을 통해 드러나고 완성된다고 분명히 말했다. "사실 희망과 사랑 없이 믿음만으로는 그리스도와 완전히 일치할 수 없으며 인간을 그리스도의 몸의 생활한 지체라고 말할 수도 없다. 바로 이 때문에 행업이 없는 믿음은 죽은 믿음(야고 2,17)이다."(D 800) "또한 그 누구도, 비록 의화된 자일지라도, 계명의 준수로부터 자유로운 가운데 믿어서는 안 된다 …… 그러므로 그 누구도 예수 그리스도와 함께 영광스럽게 되기 위해서는 그분과 함께 고통을 받지 않은 채 '오직 믿음만으로'라는 말에 현혹되어서는 안 된다."(D 804)

이어서 공의회는 매우 주관적이고 개인주의적인 루터의 개념과 같은 믿음이 내포하는 위험을 거슬러서 경고했다. 그 믿음은 오직 의화된 사람과 예정된 사람에게 필요한 고유 조건에 관련된 환상적인 확실함만을 일으켜 줄 뿐이라는 것이다. "사실 어떤 경건한 사람도 하느님의 자비와 그리스도의 공로, 덕들과 성사적인 효과에 대해 전혀 의심하지 말아야 한다. 우리 각자는 자신을 보고 자신의 나약함과 부조화를 볼 때 두려워할 수 있으며 자신의 은총 지위에 대해서도 불안해 할 수 있다. 그 누구도 믿음의 확실함만으로는 자신이 하느님의 은총 안에 있는지 아닌지를 알 수 없다."(D 802) "죽을 수밖에 없는 현세의 삶을 사는 한, 그 누구도 확실하게 자신이 구원으로 예정된 숫자 안에 들어 있다고 장담할 만큼 예정의 신비에 대해 주장할 수 없다. 그것은 마치 의화된 이가 더는 죄를 짓지 않는다거나 또는 만일 죄를 범했다면 자신에게 확실한 회심을 약속해야 한다는 것과 다를 바 없다. 사실 어떤 특별한 계시가 아니고서는 하느님께서 누구를 선택하셨는지를 우리는 알 수 없다."(D 805)

이 텍스트에서 알 수 있듯이, 공의회는 순전히 인간에게만 죄의 탓을 돌리는 부정적 시각에 입각한 정의를 거부했다. 또한 인간을 마치 로봇처럼 취급하면서 은총이 인간 안에서 순전히 기계적으로만 작용한다는 전망도 받아들이지 않았다. 공의회는, 그리스도의 정의는 내재적 정의(justitia inhaerens)인데, 우리는 이 정의를 통해 실제로 의인이 된다(우리를 의인으로 만든다)고 말했다. 공의회는 마니교적 인격 개념을 거부하면서, 믿음으로 사는 사람은 의인이 되기 위해 하느님의 정의에 아주 깊이 관통될 정도로 참여하는 사람이라고 말했다.

또한 공의회는 우리 밖에서의 정의(justitia extra nos)라는 루터의 전망을 거슬러서 그리스도의 정의와 내재적 정의 사이의 일치를 언급했다. 즉, 공의회는 후자를 전자에 통합하면서 동시에 첫 번째 정의야말로 초본성 인간학의 바탕이 되는 주춧돌이라고 소개했다. "의화에 대한 가톨릭교회의 전망에서 결정적인 것은 이를 창조 개념과 구원 개념 사이의 일치로까지 끌어올린다는 점이다. 이런 배경을 전제로 할 때, 단순히 하느님의 은총을 죄스러운 인간 본성에서 분리하면서 – 마니교의 위험과 함께 – 하느님의 우위성에 대해 말할 수는 없다. 이와 반대로, 우리는 하느님과의 통교를 위해 창조되고 실제로 이 통교를 향해 인도되는 인간의 실제 역사 안에서 하느님의 우위성을 말할 수 있다. …… 이제 이러한 전망에서 우리는 죄와 은총 사이의 분명한 긴장 관계를 단순히 관련 없는 정의(justitia aliena)라고 치부해서는 안 된다. 왜냐하면 하느님의 사랑으로 구원된 인간은 바로 그 사랑과 더불어 그분에 의해 원해졌고 창조되었기 때문이다. 이러한 의미에서 트렌토 공의회는 프로테스탄트의 입장을 그리스도교 전통과는 다른 것으로 간주했다. 그리스도교 전통은 하느님의 은총 선물은 하느님과 우리 사이의 연대감이라는 배경에서 이해되며, 이러한 은총 선물은 인간이 죄를 짓더라도 전혀 감소되지 않는다고 가르친다. 공의회는 이렇듯 단단한 기초 위에서 프로테스탄트 사상을 이해하고 응답했다."[27]

최근 수십 년간 의화에 대한 루터의 주장과 트렌토 공의회의 정의가 어떤 의미를 내포하는지에 대한 많은 연구들이 진행되었다.[28] 이러한

---

27. G. Colzani, *Antropologia teologica*, Bologna, 1988, p.188.
28. 다음 책들을 참조할 것. R. Stauner, *Le catholicisme la decouverte de Luther*, Neuchatel, 1966; E. Iserloch, "Lutero nella visione cattolica ieri e oggi", in H. Jedin (cur.), *Storia della Chiesa* VI, Milano, 1975, 155-176; B. Boyer, *Luther: sa doctrine*, Roma, 1970; W. V. Loewenich, *Theologia crucis. Visione teologica di Lutero in una prospettiva ecumenica*, Bologna, 1975; A. Marranzini, *Dibattito Lutero Seripando su "Giustizia e libertà del cristiano"*, Brescia, 1981; B.

연구는 우리에게 다음과 같은 점을 보여 준다. 즉, 의화에 관한 루터의 입장과 트렌토 공의회의 입장에는 과거에 생각한 것처럼 그렇게 큰 차이가 보이지 않는데, 사실 실재보다는 표면적으로 드러나는 것에 초점을 맞춘 채 자신의 입장만을 고수했다 – 왜냐하면 양측이 서로 다른 어휘와 전망으로 의화를 논했기 때문이다. 공의회 교부들은 철학적, 형이상학적 개념을 사용한 데 반해, 루터는 성서적이고 인격적인 개념을 사용했다 – 는 것이다. 그럼에도 불구하고 이러한 인식이 라틴 교회 안에 내려오는 두 가지 고백 사이의 분열 – 이 고통스럽고 중대한 분열로 인해 많은 잘못된 결과들이 생겨났다 – 이 단지 이를 잘못 이해한 몇몇 신학자들로 인해 빚어진 것이라는 결론을 내리고 이를 역사적으로 정당화하는 근거가 되지는 못한다. 이러한 입장 차이는 사실 사용하는 용어의 차이에서 기인한 것이지, 복음을 이해하는 방식이 다르거나 이로 인해 하느님, 예수 그리스도, 인간, 교회, 은총, 성사 등 한마디로 구원을 이해하는 방식 자체 – 초본성적 중개들을 통한 구원인지 아닌지 – 가 다른 데서 기인한 것이 아니다. 그래서 이 두 노선 사이에는 의심할 바 없이 처음부터 서로 간에 몰이해와 오해가 있었다. 특히 격정적이고 충동적인 성격의 아우구스티노회 수사 루터와 꼼꼼하고 완고한 성격의 도미니코회 수사 가예타노 추기경(당시 교황의 대리자였음) 사이에 그러했다. 이 둘 사이의 격렬한 논쟁은 서로 간의 거리를 더 벌려 놓았으며, 이로 인해 루터의 주장에 대한 트렌토 공의회의 몰이해가 더욱 깊어졌다. 루터는 '우리 밖에 있는 낯선 정의(justitia aliena extra nos habitans)라는 정의 개념을 제시했는데, 이는 하느님의 행위와 교회적-성사적 조직 사이의

Gherardini, *Theologia crucis. L'eredità di Lutero nell'evoluzione teologica della Riforma*, Roma, 1978.

관계에서 이해되는 가톨릭의 전통적인 정의 개념과는 전혀 달랐다.

곧 이어 살펴보겠지만, 신학적 인간학의 발전이 루터의 가르침으로부터 긍정적인 영향을 받은 것은 사실이지만, 그것은 당대가 아닌 후대의 일이다. 이는 무엇보다도 구원 교의에 관해 루터가 '왜곡한 것들'을 공의회가 교정하는 가운데 드러난다.[29]

3. 트렌토 공의회 이후의 발전

트렌토 공의회는 가톨릭 전통에 관한 세 가지 근본 진리를 더욱 확고히 했다. ㄱ) 구원 업적에서 하느님의 행위가 갖는 절대적인 우위성인데, 이로 인해 우리는 예정을 말할 수 있다. ㄴ) 인간의 인격을 깊이 변화시키는 의화의 본질적 효과인데, 이로 인해 우리는 성화하는 내재적 은총(gratia inhaerens)에 대해 말할 수 있다. ㄷ) 인간의 자유, 선행, 공로가 갖는 중요성 보존인데, 이로 인해 우리는 구원을 위한 인간의 협력(cooperatio)에 대해 말할 수 있다. 그러나 예정과 협력, 은총과 자유, 공로와 영원한 구원 사이에는 과연 어떤 관계가 존재할까? 트렌토 공의회는 이처럼 혼란스러운 문제들에 대해서는 언급하지 않았다. 그러나 그것들은 곧 이어 필연적으로 공론화됐다. 처음에는 바이오(M. Baio)

---

29. 이러한 이유에서 오토 페쉬의 제안은 상당한 논란의 소지가 있다. 그는 가톨릭적 전통의 공통 운하에 종교 개혁의 신학적 교의를 삽입하고자 했다. "현대 가톨릭 신학자에게는 개혁된 전통 역시 진리의 일부다."(O. H. Pesch, *Liberi per grazia*, cit., pp.36-37) 이단자들 - 교회에게 루터 역시 그랬다 - 이 전통의 발전에 기여하곤 했지만, 그들의 학설보다는 지향으로 인해 그러했다. 그들의 학설은 단지 그것이 내포하는 오류들 속에 포함되어 있는 진리의 측면으로 해서 그렇게 기여했을 뿐이다.

를 통해 그리고 그 뒤를 이어 몰리나(L. Molina)와 바녜즈(D. Bañez), 끝으로 얀센(C. Jansen)을 통해 이 문제들이 논쟁의 초점이 되었다. 여기서 제시되는 여러 가지 해결점들은 서로 상반된 입장에 서기도 했고, 어떤 경우에는 가톨릭 전통과 명백히 양립할 수 없는 것도 있었다.

3.1. 미셸 바이오

바이오는 주요 신학자로서 – 그는 루뱅 대학의 성서학 교수였다 – 트렌토 공의회의 참석했다. 당시 그는 원죄 이후 자유 의지의 부패에 관한 루터의 주장에 대해 이미 상당히 호의적인 입장을 표명한 터였다. 얼마 후 그는 『인간의 첫 번째 정의와 불경건한 이들의 덕에 대해서』라는 작품에서 원죄 이전의 아담은 손상되지 않은 통합된 본성을 지녔는데, 이 본성에 성령께서 구성적(構成的)으로 현존하셨으며, 따라서 인간은 본성적으로 이미 하느님의 법을 알고 그 법에 자발적으로 순명하였다고 주장했다. 바이오는 이 완전한 본성에 타락한 본성을 대치시키면서 인간은 원죄와 더불어 선을 행할 수 있는 모든 능력을 상실했고, 그 결과 더는 자신의 자유 의지로는 윤리적으로 선한 어떠한 행위도 원할 수 없게 되었다고 말했다. 그러나 이러한 그의 주장은 비오 5세 교황에 의해 단죄되었고(1567년), 그레고리오 13세 교황을 통해 다시금 단죄되기에 이르렀다(1579년). 바이오는 처음에는 자신의 사상을 정당화하면서 방어했으나, 후에는 자기 주장이 내포한 오류를 인정하고 이를 철회했다. 그러나 이제 곧 보게 되겠지만, 그가 주장한 몇 가지 명제들은 후에 얀센을 통해서 다시 채택되면서 발전을 거듭하게 된다.

3.2. 도움들에 대한 논쟁(은총 논쟁, de auxiliis) : 몰리나와 바녜즈

1582년 스페인의 발라돌리드에서 그리스도의 자유(libertas Christi)에 관한 공개 토론이 있었다. 이는 곧바로 은총과 자유의 관계를 이해하는 서로 다른 방식 간의 충돌로 급속히 번져 나갔다. 서로 다른 두 입장의 간격은 여러 가지 역사적 사건들을 통해 더욱 벌어져 갔다. 그 과정은 다음과 같다. 1582년 발라돌리드의 예수회원들(몬테마요르의 프루덴치오와 여러 회원들)이 토마스 아퀴나스가 말한 물리적 선정(物理的 先定, praedeterminatio physica)은 인간의 자유와 양립될 수 없다면서 이의를 제기했다. 이에 스페인 종교 재판소가 이 논쟁에서 지적된 16개 명제를 금지시켰다. 그러자 그 대응으로 1587년 루뱅 대학이 수아레스의 제자인 레오나르도 레씨오(L. Lessio, 1623년 사망)의 은총과 자유에 관한 명제 31개를 단죄했다. 이 명제들은 본질적으로 몰리나의 이론과 일치했으며, 이로 인해 몰리나의 이론(『토마스 아퀴나스의 신학대전 1부 주해』, 『은총 선물들, 신적 예지, 섭리, 예정, 영벌과 자유 의지 간의 조화』)도 조사를 받게 되었다. 이에 몰리나는 살라망카 대학 교수들[바이오와 쑤멜(Zumel)]의 반대를 두려워한 나머지 선수를 쳐서 스페인 최고 종교 재판소에 그들이 루터주의(Luteranismus) 추종자로 의심된다고 고발하였다. 이 논쟁이 점차 공개되자, 1594년 로마 교황청에서 몇몇 주교들을 통해 이 문제를 직접 다루기 시작했다. 교황청은 이 논쟁과 관련된 사람들을 모두 로마 종교 재판소 법정으로 불러들였다. 이어서 추기경들로 구성된 여러 위원회가 10년(1597~1607년) 가까이 이 문제를 심도 있게 조사했다. 이 과정에서 여러 차례 몰리나의 명제들을 단죄하려는 움직임이 있었다. 그러나 1607년 클레멘스 8세 교황은 최종 결정을 내리면서 양측에게 서로 고소를 철회하도록 명했다. 교황은 바녜즈(와 도미니코 회원들)의 입장이 칼뱅(Calvin)의 이론과 같지 않으며, 몰리나(와 예수회원들)의 입장이 펠라지오주의와는 분명히 다르다는 것을 알았다. 교황은 이 결정과 더불어 양측이 서로 비난하는 것을 금지시켰다(D 1090). 그렇다면 이 두 가지 신학 체계는 본질적으로 무엇을 말하는가?

바네즈-토마스의 체계는 무엇보다도 하느님의 절대적인 주도권을 견지하며 인간이 구원되도록 하느님께 선택되는 것, 인간이 구원을 향해 나아가는 것, 이 과정에서 인간이 갖게 되는 인내 등은 모두 예측되는 공로들에 앞서 하느님의 예정을 통해서 정해진다고 말한다. 바네즈에 따르면, 인간이 선을 행하는 것은 그 행함 이전에 먼저 그를 자유롭게 해 주시는 하느님의 은총을 통해 예견된다. 현상적으로 보면 인간은 자신의 자유로 선행을 하지만, 초본성적 질서에서 보면 인간이 그렇게 하도록 하느님께서 미리 준비시키신다. 즉, 하느님께서 인간이 선행을 할 수 있도록 준비시키시고 원인이 되신다. 그러므로 구원을 향한 선정(praedeterminatio)은 인간의 공로와는 전혀 관계없이 하느님께서 하신 것이다. 이처럼 하느님의 효능 은총(gratia efficax)은 자체로 원인이 되어 인간의 자유로운 결정을 내적으로 준비시킨다. 그런데 이 효능 은총의 근간은 영원불변하시는 하느님의 의지의 결정으로, 은총의 효력이 갖는 무오류성(無誤謬性)은 바로 이를 통해서 보장된다.

반면, 몰리니즘(molinismus)은 인간의 자유를 강조하며 인간의 공로 이후의 하느님의 예정에 대해 말한다. 하느님은 인간의 공로에 따라 당신께 긍정적으로 응답할 수 있는 사람들 - 하느님은 당신의 중간지(中間知, scientia media)를 통해서 이들을 미리 아신다 - 에게 효능 은총과 항구함을 선물로 주신다. 이러한 신학적 전망의 핵심은 중간지 개념이다. 몰리나는 하느님의 지식을 세 가지로 구분한다. 하나는 직관지(直觀

知, scientia visionis)로, 하느님은 이를 통해 모든 실재를 아신다. 다른 하나는 순수 지성의 지식(scientia purae intelligentiae)으로, 하느님은 이를 통해 가능한 모든 것에 대해 아신다. 끝으로 하느님은 중간지 – 이것의 대상인 미래의 실재들은 직관(visio)과 순수 지성(intelligentia pura)의 중간에 위치한다 – 를 통해서 인간이 자신의 참된 자유로써 수행하게 될 미래의 일들(futuribilia)을 아시고 그에 상응하는 충족 은총(gratia sufficiens)을 선물로 주신다. 역사적으로 규정된 인간은 이 은총과 더불어 하느님께 협력하게 된다. 즉, 하느님은 중간지를 통해서 인간의 자유 의지가 역사적인 실제 태도에서 어떻게 드러나며 하느님의 은총에 상응하는 예측 불허의 자유 의지의 응답이 어떠할지를 아주 잘 이해하신다. 인간을 향한 하느님의 예정은 이러한 전망에 놓여 있고, 무엇보다도 공로들에 대한 예견에 종속되어 있다(예측되는 공로들 이후).

이처럼 바녜즈의 이론 지지자들과 몰리나의 이론 지지자들 사이에서 오랜 동안 이어진 치열한 논쟁의 종결은 다음과 같은 두 가지 긍정적인 결과를 낳았다. ㄱ) 먼저, 신학적 다양성에 대한 교회의 공식 인정이 그것이다. 즉, 교회는 바녜시아니즘(bañesianismus)과 몰리니즘을 모두 암묵적으로 승인했다. 은총과 자유 사이의 관계에 대한 논쟁은 신앙의 신비들에 대한 인간 이해가 언제나 불완전할 수밖에 없다는 점을 드러냈다. "가끔 상반되기도 하는 두 가지 신학 체계는 모두 유효할 수 있다. 왜냐하면 그 둘 중 어느 것도 자체만으로는 의심의 여지가 없이 명백한 이단이 아니기 때문이다. 은총과 자유 의지 사이의 논쟁 같은 심도 깊고 유명한 토론에 대한 숙고와 신학적 해결의 모습은 그 밖의 다른 모든 신학적 논의를 위해서도 유효하며 시금석이 된다. 또한 이는 우리 시대를 위해서도 마찬가지다."[30] ㄴ) 또한 이 논쟁을 통해 볼 수 있는 것은 교회가 초본성적 질서 속에서도 여전히 인간 인격이 갖는 존엄성을 존중하고 보존한다는 점이다. 본성적 세계와 초본성적 세계에서 일어나는 모든 것의 근본 원인이신 하느님은 언제나 피조물의 능력들을 존중하면서 활동하신다는 것, 따라서 하느님은 필연적으로 움직이는 피조물에게는 필연적인 질서를 따라 활동하시고 자유롭게 움직이는 피조물에게는 자유로운 질서를 따라 활동하신다는 점을 알게 됐다. 더 나아가, 인간의 자유 - 유한하며 실패할 수도 있는 자유 - 에 대한 신중한 성찰을 통해 그것이 결코 무한하고 완전한 하느님의 자유를 거슬러서 충돌하지 않는다는 점도 분명히 알게 됐다. 오히려 하느님의 자유는 인간의 자유가 있기 위한 전제 조건이자 그것을 지지하는 바탕이다.[31] 교회 교도권은 몰리니즘을 단죄하지 않는 가운데 인간의 자유에 대한 언급이 자체만으로는 결코 자동으로 펠라지오주의가 되지 않는다는 것을 분명히 하고자 했다.

3.3. 얀 센

코르넬리오 얀센은 그의 주요 작품인 『아우구스티노』에서 아우구스티노와 바이오의 작품들에 나오는 몇몇 본문들을 다시 취했다. 그러나 그는 이 본문들을 루터주의와 칼뱅주의(Calvinismus)의 색채가 짙은 시각으로 바라보면서 비관주의적인 전망에서 해설하였다. 그는 아우구스티노가 말한 두 가지 사랑 - 하느님에 대한 사랑(amor Dei)과 자신에 대한 사랑(amor sui) - 에 관한 가르침을 새로운 틀에 담아 표현하면서 승리하는 두 가지 사랑에 대해 언급한다. 그 하나는 인간을 죄로 이

---

30. J. Auer - J. Ratzinger, *Il vangelo della grazia*, Assisi, 1988, p.350.
31. B. Mondin, *L'uomo libero*, Roma, 1989를 참조하라.

끄는 현세적 사랑(amor temporalis)이고, 다른 하나는 인간을 선과 영원한 생명으로 인도하는 천상적 사랑(amor caelestis) — 효능 은총에 의해 야기된 — 이다. 그에 의하면, 인간은 이 두 가지 사랑 중 하나의 노예다. 오직 아담만이 죄를 짓기 전에 진실로 자유로운 존재였기에 죄를 지을 수 있었다. 그러나 죄를 지은 이후 인간은 자유를 잃었으며, 이로 인해 선한 행위를 할 때마다 매번 효능 은총이 필요해졌다는 것이다. 이처럼 얀센은 거의 칼뱅의 가르침에 가까운 이론을 전개하면서, 하느님께서는 인간의 모든 가치 있는 공로를 고려하기 전에 이미 인간을 천국이나 지옥으로 예정하셨다고 주장했다. 이어서 그는 그리스도는 오직 천국으로 예정된 이들을 위해서만 돌아가셨으며, 그러기에 오직 그들에게만 효능 은총이 주어진다고 말했다. 결국 그의 이론은 1653년 인노첸시오 10세 교황에 의해 단죄되었다. 단죄된 그의 명제들 중 몇 가지를 들어 보자. ㄱ) 의로운 이들이 자신의 현행적인(본성적인) 능력에 따라 하느님의 계명들을 실천하기를 원하고 또 아무리 그렇게 하려고 하더라도 이는 사실상 불가능하다. 그들에게는 이를 실천하게 하는 은총이 부족하다. ㄴ) 타락한 본성 상태에서 결코 내적 은총에 저항하지 말아야 한다. ㄷ) 타락한 상태에서 공로를 쌓거나 잃는 데는 반드시 인간에게 자유가 요구되지 않는다. 단지 강압에 의한 자유만으로도 충분하다. ㄹ) 그리스도가 절대적으로 모든 사람을 위해 당신의 피를 흘리고 돌아가셨다고 말하는 것은 세미 펠라지오주의다.

교회는 앞서 언급한 얀센의 명제들을 단죄하는 가운데, 죄를 지은 후에도 인간은 여전히 실제로 자유로운 존재로 남으며, 은총의 협력 없이도 윤리적으로 선한 행위들을 할 수 있고, 그리스도야말로 모든 사람들을 위해 돌아가셨다는 사실을 천명했다.

4. 인간 중심적 전환 : 그리스도교 인간학의 세속화

가톨릭 신학이 이처럼 예민하고 까다로우며 해결하기 어려운 문제들에 빠져 힘을 소모하는 동안, 교회를 에워싸고 있던 거대한 문화 세계(정치, 문학, 철학, 과학 등)는 신학, 교회, 그리스도교로부터 점점 더 멀어져 갔다. 르네상스와 더불어 신학과 철학을 하는 방법뿐만 아니라 문화를 형성해 가는 기존의 패러다임이 종결됐다. 그것은 중세의 신 중심적 문화에서 현대의 인간 중심적 문화로의 전이를 의미했다. 이러한 패러다임의 변화 – 인간을 모든 사색과 실천의 중심에 두는 전망 – 와 더불어 이제 세속화[32]가 시작되었다. 인간은 모든 활동 영역에서 자신의 완전한 자율성(autonomia)을 주장했다. 인간은 자신의 모든 결정과 활동에서 하느님, 신적 계시, 교회의 가르침 그리고 그리스도교의 전통을 배제하려 들었다.

여기서 인간 중심주의(anthropocentrismus)와 세속화가 철학적 인간학에 미친 영향들을 간략히 살펴보기로 하겠다. 필자는 이에 대해 단지 몇 가지 사안에 국한해서 지적하고자 한다. 왜냐하면 당시에는 그러한 영향들이 제반 신학 분야에서 직접적인 반향을 일으키지 못했기 때문이다(더욱이 가톨릭 신학에는 영향을 미치지 못했다). 사실, 20세기에 이르기까지 가톨릭 신학은 철학 분야에서 일어나는 사안들에 대해 실제로 무지했고, 오히려 시종일관 논쟁과 거부의 태도로 그에 대응했다.

---

32 다음 책들을 참조할 것. A. Del Noce, *L'epoca della secolarizzazione*, Bologna 1970; F. Gogarten, *Destino e speranza dell'epoca moderna. La secolarizzazione come problema teologico*, Brescia, 1972; H. Luebbe, *La secolarizzazione. Storia e analisi del concetto*, Bologna, 1970; P. Miccoli, *La secolarizzazione della teodicea*, Vicenza, 1986.

그러나 새로운 전망에 따르면, 인간은 모든 분야의 출발점으로서, 모든 철학적 탐구가 인간으로부터 시작해서 이루어졌고 인간을 중심으로 모든 것이 분화되어 갔다. 더욱이 데카르트의 비판적인 연구와 더불어 인간은 이제 올바로 철학을 하기 위한 필수적인 출발점으로 자리매김하게 됐다. 스피노자(B. Spinoza)는 그의 작품 『윤리학』에서 과학적, 기하학적으로 설정해야 할 목적에 대해 언급하면서, 과연 인간 삶의 목적은 무엇이며 이 목적에 도달하기 위한 수단들은 무엇인지에 대해 말했다. 반면, 흄(D. Hume)은 그의 작품 『인간 본성에 대한 연구』에서 개별적 존재요 사회적 존재로서 인간 이해에 대한 결정적인 틀을 제공하고자 했다. 루소(J. J. Rousseau)는 『에밀』에서 인간이 어떻게 자신을 이해하고 어떻게 본성 상태에서 성장하는지에 대해 묘사했다.

근대의 철학자들은 오직 이성만을 사용해서 플라톤이나 아리스토텔레스, 제논, 플로티누스가 제시한 고전적인 모델의 뒤를 이어 인간의 모습을 그려냈다. 데카르트, 말브랑슈(N. Malebranche), 파스칼(B. Pascal), 라이프니츠 같은 이들은 인간의 영적 차원(사고, 이성, 영혼 등)을 강조한 반면, 스피노자, 홉스(T. Hobbes), 흄, 루소 등은 인간의 물질적 차원(육체, 격정들, 본능)을 강조해서 보여 주었다. 그러나 어떤 경우에도 죄, 은총, 구원에 대해서는 전혀 언급하지 않았다. 간혹 이런 주제들이 부인된 것은 아니지만 - 스피노자, 홉스, 흄, 루소가 그랬듯이 - 어쨌든 그것은 신학이 다뤄야 할 주제로 위임되었다.

철학함에 있어서 일어난 인간학적 전환은 칸트에 와서야 비로소 종지부를 찍게 되었다. 『순수 이성 비판』의 저자인 칸트에게 인간은 단지 철학적 성찰의 출발점일 뿐 아니라 종착점이기도 했다. 모든 철학적 성찰은 그 시작부터 끝에 이르는 모든 단계에서 인간을 중심으로 구성된다. 칸트는 그의 작품 『논리학』에서 철학의 여러 분야 가운데 인간학이 차지해야 할 정당한 자리에 대해 언급하면서 네 가지 근본적인 질문을 던졌다(24A). "철학의 영역은 다음 질문들에 포함된다. ㄱ) 우리는 무엇을 알 수 있는가? ㄴ) 우리는 무엇을 해야 하는가? ㄷ) 우리는 무엇을 희망할 수 있는가? ㄹ) 인간은 무엇인가?" 그는 첫째는 형이상학적 질문이요, 둘째는 윤리적 질문이며, 셋째는 종교적 질문이고, 넷째는 인간학적 질문이라고 말했다. 그러나 앞의 세 가지 질문들은 마지막 질문에 다 포함될 수 있다고 지적했다. "결국 이 모든 것은 인간학으로 귀결될 수 있다. 왜냐하면 앞의 세 가지 질문들은 마지막 질문에 귀속되기 때문이다."

칸트를 통해 인정된 인간학이 철학에서 차지하는 중심적이고 총체적 위치는 최근 두 세기 동안의 철학적 사색이 보여 준 특징적 모습이 되었다. 19세기에 들어서 포이어바흐, 콩트(A. Comte), 마르크스(K. Marx), 엥겔스(F. Engels), 니체(F. Nietzsche) 등이 그러했으며, 1900년대에는 프로이드(S. Freud), 하이데거, 러셀(B. Russel), 사르트르, 메를로-퐁티(M. Merleau-Ponty), 레비 슈트라우스(C. Lévi Strauss), 블로흐(E. Bloch) 등이 철학을 아예 인간학 안에 용해시켜 버렸다. 이러한 인간학적 전환은 그 이상으로 진행되었다. 신학적 인간학의 근본 진리들(죄, 은총, 자유, 구원, 하느님 나라, 영원한 생명 등)은 이미 칸트로부터 시작해서 포이어바흐, 마르크스, 니체 등을 통해 철학적 인간학에 흡수되기에 이르렀다. 결국, 오랫동안 지속된 신학적 인간학의 세속화는 이렇게 막을 내리고 말았다.

5 | 20세기 신학적 인간학의 새로운 발전들

20세기에 들어서서 신학적 인간학은 신학의 모든 분야와 마찬가지로 다음의 세 가지 중요한 사건들을 계기로 근본적인 변화를 맞이하게 되었다. ㄱ) 이론적인 면(마르크스주의, 실증주의, 신(新)실증주의, 프로이드의 심리학, 역사주의, 허무주의 등)과 실천적인 면에서 널리 퍼지기 시작한 무신론(atheismus), ㄴ) 인문 과학(심리학, 정신분석학, 사회학, 민족학, 문화 인류학 등)의 발전, ㄷ) 새로운 철학적 방법론의 발전, 특히 현상학, 언어 분석학, 해석학의 등장이 그것이다. 사실 현상학과 해석학 그리고 무신론이 지배하는 문화적 상황으로 특징지어지는 현대 인문 과학과 철학들은 죄, 은총, 구원의 주체로서 인간에 대해 다시 성찰하도록 이끌어 주었으며 죄, 은총, 의화, 구원 같은 신학적 인간학의 근본 개념들을 그 밑바닥에서부터 다시 짜도록 자극했다.

20세기 들어 - 특히 1940년대 이후 - 가톨릭 신학은 소위 '새로운 신학 운동'(Nouvelle thologie)과 더불어 지난 4세기 동안 자신을 둘러싼 세계에서 일어난 제반 사건들에 대해 무관심으로 일관하던 태도를 일신하고 깊은 잠에서 깨어나기 시작했다. 교회는 자신이 세상과 통교할 수 없는 상황에 처해 있다는 사실을 깨달았다. 이에 교회는 세상과 대화하기로 결정하고 무엇보다도 당면한 종교적 위기인 무신론과 인문 과학의 발전 그리고 새로운 철학적 방법론들을 고려하기 시작했다. 이렇듯 교회가 현대 인간과의 대화를 모색하기 위해 신학을 쇄신하기로 결단하면서 보여 준 주목할 만한 행보가 다름 아닌 '인간학적 전환'이다.[33] 이미 앞서 살펴보았듯이, 모든 문화의 중심에 인간을 자리매김하는 것은 근대의 중요한 특징이다. 따라서 데카르트를 기점으로 시작된 근대 철학은 모두 인간 중심의 철학이었다. 이러한 맥락에서 20세기의 신학은 인간 중심적 전망 안에서 - 먼저 개신교 신학자들 사이에서, 그 다음에 가톨릭 신학자들 사이에서 - 발전했다. 이러한 행보는 신학이 현대 문화와 더불어 대화하고자 하는 시도였는데, 그렇게 한 것은 인간 중심적 전망이야말로 신학을 하는 데에 올바른 토대이기 때문이었다. 이는 여러 가지 측면에서 그러하다.

신학적인 면에서 볼 때 인간 중심적 전망은 정당하다. 왜냐하면 계시 자체가 이미 인간 중심적인 성격을 띠기 때문이다. 신학의 인간 중심주의에 깊은 확신을 가진 여러 옹호자들 가운데 한 사람이자 가톨릭 신학자들 중에서는 처음으로 이 작업을 구체화한 테이야르 드 샤르댕(P. Teilhard de Chardin)의 열렬한 옹호자이기도 했던 프랑스의 저명한 예수회 회원 앙리 드 뤼박(Henry de Lubac) 추기경은 로마에서 필자와 스스럼없는 대화를 나누는 가운데 인간에 대한 어떠한 언급도 없는 구원 역사의 신비는 있을 수 없다고 말한 바 있다. 창조에서부터 이스라엘 민족의 선택에 이르기까지, 강생에서 부활에 이르기까지, 그리

---

33. 앞으로 다루게 되겠지만, 이 인간학적 전환이 이론적으로 절정기를 맞은 것은 라너(K. Rahner)를 통해서였다. 반면, 그의 이러한 인간학적 전환에 비판적이던 가장 큰 반대자는 코르넬리오 파브로(C. Fabro)였다(C. Fabro, *La svolta antropologica di Karl Rahner*, Milano, Rusconi, 1974 참조).

고 성체의 신비에서 재림에 이르기까지, 인간은 끊임없이 하느님의 사랑 가득한 행동들을 받아 안도록 초대받은 수취자라는 것이다. 더 나아가 뤼박은 이러한 인간 중심주의가 계시의 '역사적' 구성 요소 안에서 고갈되지 않았을 뿐 아니라 케리그마(kerygma) 속에 현존한다는 점을 필자에게 환기시켜 주었다. 뿐만 아니라 하느님께서 당신의 제스처들을 해석하도록 허락하시는 메시지들은 바로 인간을 향하고 있다는 점을 강조했다.

인간 중심적 전망이 합당하다고 할 수 있는 두 번째 이유는 인간에 관한 계시에 있다. 인간은 단지 계시의 수취자일 뿐 아니라 더 나아가 계시의 주제(主題)이기도 하다. 다시 말해서, 계시는 하느님의 자기현시(自己 顯示, automanifestatio)일 뿐 아니라 – 물론 하느님은 자신에 대해 말씀하시며 당신이 누구신지를 드러내신다 – 인간 실재에 대한 현시이기도 하다. 하느님은 우리 자신을 우리에게 드러내 보이시며 우리가 실제로 누구인지를 알게 해 주신다. 이러한 우리 자신에 대한 인식 – 죄인이면서 동시에 구원받은 존재로서 우리 자신에 대한 앎 – 은 그 어떤 철학도 우리에게 전해 줄 수 없는 소중한 선물이다.

인간학적 전환이 합당한 세 번째 이유는, 신학이 역사하시는 하느님의 말씀에 대한 성찰이기는 하지만, 그것이 실제로 사람들에게 이해 가능한 것이 되기 위해서는 적어도 구조적인 면에서라도 현대의 사고방식에 상응하는 철학을 이용할 줄 알아야 하기 때문이다. 그런데 우리가 앞서 살펴본 바와 같이, 현대의 사고방식은 전형적인 인간 중심의 사고방식으로, 근대와 현대의 모든 철학이 철저히 이 전망 가운데 놓여 있다. 라너에 의하면, 그리스도교의 케리그마에 큰 충격으로 다가온, 현대인들이 가지는 케리그마에 대한 이해 가능성의 위기를 극복하기 위해서는 무엇보다도 인간 중심의 틀에서 이를 새롭게 재해석해야 한다. "이러한 작업은 우리 시대에 필요불가결하다. 무엇보다도 현대인들은 신화(神化, deificatio), 자녀됨(filiatio), 하느님의 내주(inhabitatio Dei) 등의 개념에 대해 말하는 것이 관념적인 시구(詩句)나 드러내 보일 수 없는 어떤 신화(神話)에 대해 말하는 것과 다를 바 없지 않느냐고 묻는다. ……그러므로 인간 중심적이면서 동시에 초월적인 접근 방식은 신학의 모든 분야에서 필수적이라 하겠다."[34] 라너는 그리스도교의 메시지를 인간 중심적인 언어로 재해석할 수 있는 가능성을 여러 차례 보여 주었다. 그는 Lexikon für Theologie und Kirche에 기고한 '인간 중심적'(Anthropozentrik)이란 논문에서 신학의 어떠한 영역도 인간학에서 제외될 수 없으며, 나아가 모든 교의 신학적 명제는 신학적 인간학의 명제로 재해석해서 표현될 수 있다고 말한다. 따라서 신학과 인간학은 서로 반대되는 두 실재로 간주되지 말아야 한다는 것이다. "반(反)인간 중심적 도약과 더불어 자신을 뛰어넘고자 하는 시도는 이러한 도약이 지향하는 방향과는 별개로 비인간적일 수 있다. 따라서 그것은 또한 하느님을 거스르는 것일 수도 있다. 인간은 결코 자신을 아주 작게 만들면서 하느님께 다가갈 수 없다. 하느님께서 모든 것이 존재하도록 창조하셨다는 사실에 대해 솔직히 깨닫고 인정할 때, 그는 비로소 하느님께 나아갈 수 있다(지혜 1,14). 이는 또한 그리스도교의 구원 경륜에서도 유효하다. 왜냐하면 말씀의 강생과 더불어 인간 중심주의와 신 중심주의 사이의 대립은 인간 실존 – 여기에서 우리가 해방되었다 – 에 대한 해석에서 고유한 것이기 때문이다. 그러므로 인간학이 아닌

---

34. K. Rahner, "Théologie et anthropologie", in AA.VV., *Théologie d'aujourd'hui et de demain*, Paris, 1967, p.110.

사색 신학 또는 실천 신학(theologia practica)은 있을 수 없다."³⁵

　마지막으로, 신학을 함에 있어서 인간 중심적인 설정은 신학이 낯설기 그지없는 대화이며 인간을 소외시킨 채 초월적인 타자(他者, Alius)에게로 도피하는 듯한 학문이라는 인상을 종식시키는 데에 좋은 기회가 아닐 수 없다. 이러한 이유들로 해서 대부분의 현대 신학자들은 인간학적 전환을 이론적으로 발전시키는 데서 그치지 않고 구체적으로 실천했다. 개신교 신학자들 가운데 특히 틸리히에서 고가르텐, 니이버에서 본회퍼(D. Bonhoeffer), 콕스에서 로빈슨, 몰트만에서 판넨베르그에 이르는 많은 이들이 이를 시도했으며, 가톨릭 신학자들 가운데는 쉐뉘에서 라너, 과르디니(R. Guardini)에서 스킬레벡스(E. Schillebeeckx), 테이야르 드 샤르댕에서 메츠 그리고 구티에레즈에서 보프가 그러했다.

　인간학적인 전환을 이루기 위해서 필요한 것은 무엇보다도 교부들과 스콜라 신학자들이 활용하던 철학적 도구들을 포기하는 일이었다. 즉, 플라톤 철학과 아리스토텔레스 철학 – 이 둘은 아주 강한 우주 중심적 철학이다 – 을 포기하고 현대 철학자들에 의해 새롭게 제시된 철학적 모델들을 취하는 것, 더 구체적으로는 인문 과학과 그 밖의 모든 학문을 통해 개척된 새로운 학문적 방법론들과 과학적 성과들을 활용하는 것이었다. 사실 이러한 작업은 복잡하고 어려우며 위험을 감수해야 하는 일이었다. 하지만, 수세기 동안 고인 웅덩이에 머물며 표류하던 신학에 활기를 불어넣고 이를 오늘날의 문화적 맥락에 새로 접목하기 위해서는 그러한 작업이 필요했고, 이를 수행하기 위한 용기 또한 필요했다.

---

35. ID., "Anthropozentrik", in *Lexikon für Theologie und Kirche*, I, col. 633.

근대 및 현대 철학 가운데 인간 중심적인 틀을 갖고 새롭게 신학적 인간학을 구축해 나간 사조들은 칸트 철학(초월적 철학), 진화론(생의 철학), 실존주의 철학(existentialismus), 신(新)마르크스 철학(희망의 철학), 인격주의 철학, 상징주의 철학(문화, 언어 철학) 등이다. 20세기의 신학자들은 그리스도교의 메시지를 오늘날의 문화적 맥락에 맞춰 재해석하고 새롭게 표현하기 위해 이러한 철학들을 향했다.

여기서는 최근까지 신학적 인간학이 어떻게 발전을 거듭해 왔는지에 대해 상세히 논하고자 하지 않는다. 단지 20세기 개신교 신학의 인간학적 전환을 이룩한 선구자인 틸리히와 본회퍼를 시작으로 새로운 신학적 인간학의 주요 모델들에 대한 상징적인 예로서 중요하고 대표적인 몇몇 학자들의 사상을 간략히 제시하고자 한다.

1. 폴 틸리히

개신교 신학은 이미 헤겔과 슐라이어마허 시대부터 현대 철학의 발전에 상당히 민감한 태도를 견지해 왔다. 이 두 사람은 자유주의적 개신교 사상(protestantesimo liberale)에 생기를 불어넣은 인물인데, 이 사조는 신학을 순수 사변적인 철학 안에 용해시켰다. 1920년대 즈음해서 길 바르트(1886~1968년)는 자유주의적 개신교 신학자들로 인해 초래된 신앙의 신비들의 세속화를 거슬러서 강하게 움직이기 시작했다. 무엇보다도 그는 신학이 본연의 자세로 되돌아가 겸손하게 하느님의 말씀을 경청해야 한다고 준엄하게 부르짖었다. 그 결과 인간의 주도권 아래 있는 모든 것 – 종교, 철학, 문화 등 – 을 완전히 거부하는 신학적인 경향이 생겨나기 시작했다. 가능한 한 본성과의 접점을 최소한으로 유지해야 한다는 브룬너의 주장에 바르트는 단호하게 '아니오'라고 대응했다("브룬너 그건 아니오!"). 이처럼 칸트의 철학과 관념론을 바탕으로 한 신학적 이성주의에 대항해서 바르트는 루터적인 신앙주의와 성경 중심주의로 회귀하고자 했다. 이러한 이유로 그의 신학 운동에는 신정통주의(Neoortodossia)라는 이름이 붙었다. 사실 바르트는 20세기에 인간 중심의 노선에 대한 확신을 갖고 강하게 그리고 끊임없이 이의를 제기하던 신학자들 가운데 한 사람이다. 그의 신학 체계 – 그의 전망은 하느님의 절대적인 초월성과 인간의 전적인 무능함 그리고 구원을 향한 선택의 전적인 무상성에 바탕을 둔다 – 에서 하느님 중심주의(Deocentrismus)는 아주 분명하면서도 근본적인 표현에 도달한다.[36]

한편, 폴 틸리히(1886~1965년)는 자유주의적 개신교 사상이 갖는 낙천적이고 펠라지오주의적인 입장을 비판하고 거부하면서 처음에는 바르트의 견해를 따랐다. 그러나 그 후 차츰 신정통주의로부터 멀어지기 시작했다. 그것은 무엇보다도 신학 연구에서 철학과 아주 긴밀한 대화를 유지하면서 신학 체계를 발전시켜 나가기 위해서였다. 틸리히에 따르면, 신학은 철학을 통해 제기된 여러 가지 물음들에 대한 해답을 준다.

틸리히는 자신의 모든 신학을 철학과의 긴밀한 관계 안에서 구축하고 발전시켰는데, 그 철학은 다름 아닌 인간학적 요소들이 섬세히

---

36. 칼 바르트에 관한 가장 좋은 연구서는 의심할 나위 없이 발타사르가 쓴 작품이다 (H. U. v. Balthasar, *La teologia di K. Barth*, Milano, Jaca Book, 1985). 바르트에 관해 처음으로 접근을 시도한 작품으로는 B. Mondin, *I grandi teologi del secolo XX*, II., *I teologi protestanti e ortodossi*, Torino, Borla, 1972, 2a ed.를 참조하기 바란다.

배어 있는 철학이었다. 그는 자신의 철학과 신학적 성찰의 첫 번째 요소로서 '존재' 개념을 들었다. 토마스 아퀴나스처럼 틸리히에게 존재란 고유하면서도 유일한 하느님의 이름이었다. 그러나 틸리히에 따르면, 존재로 들어가기 위해서는 무엇보다도 먼저 인간을 거쳐야 한다. "인간이야말로 존재론으로 들어가기 위한 중앙 입구다."[37]

그는 인간에 대한 탐구를 통해서 존재에 관한 근본 개념들을 찾아냈다. 이 개념들은 다음과 같은 네 가지 수준에서, 즉 ㄱ) 존재의 바탕이 되는 근본 구조, ㄴ) 존재 구조를 구성하는 요소들, ㄷ) 존재의 특징들과 실존의 조건들, ㄹ) 존재와 인식의 범주들에서 구체화된다.[38]

먼저, 존재의 바탕이 되는 근본 구조는 다름 아닌 나-세계 사이의 상호 관계다. 틸리히에 따르면, 인간은 자신에 대해 세상을 소유하는 자로 체험하게 된다. 그러므로 세상 역시 나와의 관계 안에서 이해된다고 할 수 있다. 사실, 나와 세상은 상호 관계적이다. 전체에 대한 이해 없이는 나에 대한 인식이 존재하지 않을 뿐 아니라, 역으로 나에 대한 언급 없이는 전체에 대한 인식 또한 있을 수 없다. 이처럼 세계는 인간으로 하여금 자신을 만나게 해 준다. 인간 중심적 존재론이 재발견한 근본 토대는 단순한 사실이 아니라 서로 상관관계에 있는 두 실재인 '나와 세계'로 형성된 구조다. 이미 철학의 역사가 광범위하게 증명하듯이, 타자에 대한 용어를 계층화하려는 그 밖의 다른 모든 시도는 실패할 수밖에 없다.

두 번째로, 존재 구조를 이루는 근본 요소들은 다음의 세 가지 대극성(對極性), 즉 개별화-참여, 역동성-형태, 자유-운명으로 나뉜다. 첫

---

37. P. Tillich, *Systematic Theology* I, Chicago, 1951, p.167.
38. *Ibid.*, pp.163-210.

째 대극성(개별화-참여)은 모든 존재자들, 특히 인간이 구체적이고 유일하게 규정된 개별자이면서 동시에 직·간접적으로 그리고 그가 의식하든 의식하지 못하든 간에 존재 전체에 참여한다는 사실에서 유래한다. 둘째 대극성(역동성-형태)은 모든 존재자가 이미 확실히 규정된 한계들을 지니지만, 그럼에도 불구하고 어떤 고정된 또는 정적(靜的)인 상황 안에 폐쇄된 것은 아니라는 사실에서 기인한다. 존재가 갖는 한계들은 그 형태로부터 유래하는 반면에 운동은 존재가 갖는 역동성에서 유래한다. 이러한 대극성은 인간에게 마치 생명력과 지향성(指向性)으로, 그리고 생의 가능성이자 의미심장한 관계들을 맺을 수 있는 능력으로 드러난다. 인간에게 가장 전형적이기도 한 셋째 대극성(자유-운명)은, 비록 인간이 심사숙고, 결정, 책임을 향유하는 존재이기는 하지만, 동시에 수많은 조건들에 종속되어 있다는 사실을 통해 드러난다.

인간 존재가 갖는 특징들은 '유한함', 즉 비존재(非存在)의 지배에 대한 예속을 그 고유한 표징으로 갖는다. 틸리히는 인간 존재를 특징짓는 네 가지의 근본적인 양태(시간, 공간, 인과율, 본질)에 대한 세밀한 분석을 통해 이를 증명한다. 이 네 가지 모두에서 볼 수 있듯이, 인간의 유한함, 즉 인간을 깊이 관통하는 불안인 이 처참하기 그지없는 조건은 어디서든 드러난다.

틸리히는 이 불안(不安, angor)을 다음과 같이 정의한다. "그것은 한 존재자가 존재하지 않을 수 있는 가능성에 대해 의식하는 상태를 의미한다. 이러한 정의는 다음과 같은 간단한 형태로 바꿔서, '불안은 비존재에 대한 실존적인 의식'이라고 말할 수 있다. 그런데 이 표현에서 드러나는 '실존적'이란 말은 불안을 야기하는 것이 비존재에 대한 추상적 인식에서 오지 않으며 비존재가 다름 아닌 자기 존재의 일부라는 인식에서 유래한다는 것을 지적한다. …… 그러므로 불안은 자신의 유한함으로 체험된 유한함을 의미한다."[39]

그러면 인간은 어떻게 불안이라는 이 비참한 굴레로부터 탈출할 수 있을까? 틸리히는 존재가 갖는 최종적인 근거에 대한 탐구를 통해 이 헛된 질문에 대답하고자 했다. 그러나 그는 여기에 이르는 어떠한 유효한 길도 찾아내지 못했다. 틸리히에 따르면, 전통적인 방법 가운데 그 어느 것도 하느님의 존재를 증명하는 데는 유효하지 못하다. 그러므로 그는 존재 개념 자체뿐 아니라 이를 추론하는 방법 역시 하느님에 대한 관념에는 적합하지 못하다고 보았다. '하느님의 존재'가 어떤 식으로 규정되든, 그것은 본질이나 존재의 창조적인 기저(基底) 개념과 상반될 뿐이다. 존재의 기저, 즉 하느님은 존재자들의 총합 안에서 재발견될 수 없을 뿐더러 본질과 존재의 기저가 죄로 인해 야기된 긴장과 분열 – 이는 본질에서 존재로의 전이가 갖는 특징이다 – 에 참여할 수도 없다.

틸리히에 따르면, 이것이야말로 인간이 처한 상황에 대해 철학이 해 줄 수 있는 마지막 말이다. 그러나 그것이 인간에게 전해진 마지막 말은 아니라고 그는 덧붙였다. 이런 절망스러운 상황은 오히려 인간으로 하여금 절대적 타자(Totus Alius)가 하는 말을 경청하도록 미리 준비하게 해 준다. 이 말은 인간의 절망을 존재할 수 있는 용기로 변화시켜 주며, 나아가 "자신에 대한 수용 불가능성에도 불구하고 자신이 이미 받아들여졌다는 것으로 인해 또한 자신을 받아들일 수 있는 용기"[40]를 인간에게 전해 준다. "우리가 하느님에 의해 받아들여지고 용서받고

---

39. P. Tillich, *The Courage to Be*, New Haven, Yale University Press, 1952, p.65.
40. *Ibid.*, p.164.

의화되었다는 사실은 우리 또한 우리의 허물과 영벌에 대한 불안을 받아들일 수 있는 용기를 갖게 해 주는 유일한 원천이다."[41]

2. 디트리히 본회퍼

지금까지 우리는 신학자들 가운데서 주로 '오직 은총만으로'(sola gratia)라는 교의에 부합하는 인간학을 심층적으로 연구한 노선을 살펴보았다. 이러한 인간학적 전망에서 인간은 자신을 초월할 수 있는 모든 능력, 즉 이성을 통해 하느님께 이를 수 있는 능력이 부족한 존재로 드러난다. 이러한 자연 신학에 대한 부정은 바르트, 브룬너, 불트만(R. Bultmann) 그리고 틸리히의 인간학적 체계의 주된 모티브가 되었다. 이와 마찬가지로 동일한 모티브가 디트리히 본회퍼의 인간학적 사상 가운데서도 드러난다. 곧 살펴보게 되겠지만, 그는 무엇보다도 '본성' 개념을 되살리려는 시도를 했으며, 다른 개신교 신학자들을 통해 인정된 상위의 존재론적 견고함(consistenza) – 그러나 이 견고함은 그들에게 실제적이기보다는 피상적이고 효과적이기보다는 단지 형식적인 견고함이었다 – 을 인간에게 적용하려 했다.

본회퍼의 인간학은 무엇보다도 '최종적인 것'(ultimus)과 '마지막에서 두 번째 것'(penultimus)이라는 두 개념으로 이루어졌다. 그는 이 두 개념을 통해서 '본성-초본성', '거룩함-세속'이라는 범주들을 표현하고자 했다.

---

41. *Op. cit.*, p.166.

그에게 마지막에서 두 번째 것은 "최종적인 것에 선행하는 모든 것, 오직 은총을 통해서만 이루어지는 의화에 선행하는 모든 것, 최종적인 실재가 발견된 이후에 이 실재로 이끌어 주는 인도자로 간주돼야 하는 모든 것"[42]을 의미한다. 그렇다면 최종적인 것과 마지막에서 두 번째 것 사이에는 어떤 관계가 있을까? 본회퍼에 따르면, 이 물음은 여러 가지 방법으로 해결할 수 있지만, 그 가운데 두 가지 방법만큼은 확실히 그릇된 것이다. 그는 이 두 가지 해결책을 근본주의적(radicale) 해결 방법과 타협적(di compromesso) 해결 방법이라고 불렀으며, 이를 상대적으로 루터적인 해결 방법(첫 번째) 및 가톨릭적인 해결 방법(두 번째)과 동일시했다.

근본주의적 해결 방법에서는 "오직 최종적인 것만이 고려될 뿐이고, 마지막에서 두 번째 것은 고려 대상에서 완전히 제외된다. 그러므로 이러한 전망에서 최종적인 것과 마지막에서 두 번째 것은 서로 제외하는 상반된 실재로 드러날 수밖에 없다. 여기서 그리스도는 모든 마지막에서 두 번째 것의 적이자 이를 억압하는 주체로 드러나게 된다. 그렇다면 모든 마지막에서 두 번째 것 역시 그리스도의 적이 될 수밖에 없다."[43]

반면, 타협적인 해결 방법에서는 마지막에서 두 번째 것에 견고함을 부여함으로써 "최종적인 것에 의해 위협을 받거나 위험에 빠질 수 있는 상황에서 독립되어 마지막에서 두 번째 것 스스로 자율성을 갖게 한다. 세상은 계속해서 존재하지만 아직 그 종말은 도래하지 않았다.

---

42. D. Bonhoeffer, *Ethik*, Monaco, Kaiser Verlag, 1966, p.142(tr. It.: *Etica*, Milano, Bompiani, 1969).
43. *Ibid.*, p.135.

그러므로 이 전망에 따르면, 세상에는 아직도 이루어야 할 마지막에서 두 번째 것들이 많으며, 우리는 하느님께서 창조하신 이 세상에서 책임을 완수해야 한다. 우리는 존재하는 모습 그대로의 사람들을 염두에 둬야 한다."[44]

본회퍼는 두 해결 방법 모두 수용될 수 없다고 일갈한다. "어떤 경우에는 마지막에서 두 번째 것이 최종적인 것으로 인해 파괴되었다. 그러나 또 다른 경우에는 마지막에서 두 번째 것이 득세하면서 최종적인 것이 제외됨을 보게 된다. 첫째 경우에는 최종적인 것이 마지막에서 두 번째 것을 허용하지 않으며, 둘째 경우에는 마지막에서 두 번째 것이 최종적인 것을 허용하지 않는다."[45]

그러나 제3의 해결방법이 있다. 이는 본질적으로 바르트가 제시한 신앙의 유비(analogia fidei)와 일치하는데, 본회퍼가 이를 자신의 것으로 만들었다. 그것은 마지막에서 두 번째 것(인간, 세상, 본성적 질서)이 최종적인 것 안에 자기 존재의 견고함과 토대와 정당성을 갖고 있음을 인정하는 것이다. 그래서 본회퍼는 이러한 전망에서 다음과 같이 말했다. 하나의 실재는 그것이 자신의 유효성을 상실하는 순간에 최종적인 것을 통해서 마지막에서 두 번째 것으로 변화된다. 그러므로 마지막에서 두 번째 것이 최종적인 것을 규정하지 않고 최종적인 것이 마지막에서 두 번째 것을 규정한다.[46] 사실, "두 가지의 실재가 아니라 오직 하나의 실재만이 있는데, 이는 다름 아닌 하느님의 실재로서 그리스도 안에서 이 세상의 실재에 자신을 드러낸다. 그리스도의 실재는 이 세상

---

44. *Op. cit.*, p.136.
45. *Ibid.*
46. *Ibid.*, p.142.

의 실재를 포함한다. 만일 이 세상이 그리스도 안에서 드러난 하느님의 계시와는 독립적으로 유리되어 있다면, 그것은 이미 그 어떤 실재도 될 수 없다."47 이러한 전망 아래에서, 본회퍼는 인간을 은총을 통해 이루어지는 의화의 선행조건으로 간주하는 것은 잘못이라고 말했다. "반대로, 우리는 오직 최종적인 것에 근거해서만 인간 존재가 누구인지를 규명할 수 있으며, 의화를 통해서만 인류를 규정하고 새롭게 건설할 수 있다."48 이에 덧붙여서 본회퍼는, 그렇지만 인류는 의화에 선행하는데, 이는 그것이 최종적인 것에 앞서 먼저 와야 하기 때문이라고 말했다. 그러므로 최종적인 것은 그의 자유로부터 마지막에서 두 번째 것을 박탈하지 않는다. 오히려 최종적인 것의 자유가 언제나 마지막에서 두 번째 것의 자유를 유효하게 해 준다. 이처럼 필수적으로 유보된 것들과 더불어, 우리는 인류를 예컨대 믿음을 통한 의화의 마지막에서 두 번째 것으로서 언급할 수 있다.49

바로 여기서 본회퍼는 '본성적'이라는 개념 – 그는 이 개념의 상실이 개신교 신학에 대한 상당한 편견의 원인이 되었다고 언급했다 – 을 회복할 수 있는 방법을 찾아냈다. 그는 '본성적'이란 개념은 결코 인간이 죄를 지은 이후 빠지게 되는 부패의 왕국도 아니요, 가톨릭 신학이 말하듯이 인간 본성의 본질을 구성하는 부패하지 않는 실재의 핵심도 아니라고 말했다. 첫 번째 개념은 본성적 질서와 초본성적 질서 사이의 관계들에 대한 '근본주의적' 개념과 연관되어 있다. 반면에 두 번째 개념은 '타협적' 개념과 연관을 갖는다. 본회퍼에 따르면, 본성적 것

---

47. *Op. cit.*, p.210.
48. *Ibid.*, p.142.
49. *Ibid.*

은 "타락 이후 그리스도의 도래를 지향하게 된 반면에 비본성적인 것은 타락 이후 그리스도의 도래를 향한 문을 닫아 버렸다." 이러한 개념은 필수적이다. "왜냐하면, 만일 타락한 피조물에 대해 상대적인 구분을 할 수 없다면, 모든 종류의 임의적인 것과 무질서한 것을 향해 문이 활짝 열리게 될 것이고 본성적인 삶은 그것이 지닌 자체 질서들과 구체적인 결정들과 더불어 더는 하느님의 책임에 속하지 않을 것이기 때문이다."[50]

우리가 살펴본 바와 같이, 본회퍼는 본성 개념을 회복하기 위한 시도에서 브룬너가 '하느님의 모상' 개념을 통해 이루어 놓은 선을 넘지 않았다. 사실, 브룬너의 경우에도 모든 것이 은총의 지배 아래 놓여 있을 뿐 인간에게는 실제적인 존재론적 견고함을 인정할 만한 어떤 가능성도 없었다.

본회퍼는 『윤리학』을 집필하던 시기에 그 유명한 『감옥에서의 편지들』도 썼다.[51] 그는 여기서 세속화된 그리스도교에 대해 흥미진진한 논술을 펼쳐 나갔다. 그의 견해에 따르면, 현대를 살아가는 그리스도인에게 우선적인 과제는 하느님을 흠숭하는 것이 아니라 이웃을 사랑하고 인류의 번영을 위해 기여하며 문명의 진보를 위해 능동적으로 참여하는 것이다. "우리가 하느님과 갖는 관계는 아주 높고 전능하며 선한 존재와 더불어 갖는 종교적인 관계가 아니다. 그것은 진정한 의미의 초월이 아니다. 우리가 하느님과 더불어 갖는 관계는 타인을 위해서 존재하는 가운데(esistere-per-gli-altri) 그리고 그리스도의 존재에 참여하

---

50. *Op. cit.*, pp.152-153.
51. 『감옥에서의 편지들』은 *Widerstand und Ergebung*(tr. it. *Resistenza e resa*, Bompiani, Milano 1969) 안에 수집되어 있다.

는 가운데 이룩되는 새로운 삶이다. 초월은 무한하고 이룰 수 없는 의무들을 통해 드러나지 않는다. 무엇보다도 그것은 매번 가까이 다가갈 수 있는 이웃을 통해서 드러난다."[52] 그리스도인이 된다는 것은 단순히 일정한 틀 안에 머무는 종교적인 존재가 되는 것이 아니다. 또한 어떤 종교적인 실천에 근거해서 자신을 그 무엇(죄인, 회개자, 성인 등)으로 만드는 것도 아니다. 그것은 다름 아닌 '인간이 되는 것'을 의미한다. 그리스도(타인을 위한 인간)는 우리 안에 어떤 인간 유형을 만드신 것이 아니라 바로 인간을 만드셨다. 종교적인 행위가 그리스도인을 만들지는 않는다. 세상의 삶 속에서 하느님의 고통에 동참할 때 그리스도인이 된다.[53]

본회퍼는 세속화된 그리스도교의 가르침이 내포하는 인간학적인 면을 명확히 규명하지 않았다. 하지만 이러한 그의 가르침이 우리에게는 한층 더 인간의 존재론적인 견고함을 축소하는 것처럼 보인다. 이로 인해 인간은 세속화된 그리스도교 안에서 완전히 수직적인 차원을 상실하고 만다.

3. 근본주의 신학자들 : 존 로빈슨과 하비 콕스

'근본주의 신학자'라 불리는 몇몇 영국계 아메리카 신학자들이 있는데, 이들은 바르트, 불트만, 틸리히, 본회퍼의 신학에서 영감을 받고 이를 발전시키는 가운데 더욱 극단적인 노선으로 몰아갔다. 그 결과

---

52. D. Bonhoeffer, *Resistenza e resa*, cit., p.278.
53. *Ibid.*, p.266.

이들은 그리스도가 세상으로부터 이해되고 그리스도교 또한 관심의 대상이 되기 위해서는 오늘날 무엇보다도 하느님, 초본성, 종교에 관한 모든 것을 포기해야 하며, 너불어 그리스도의 메시지에서 유래하는 윤리적, 사회적, 정치적인 책임들만을 강조해야 한다고 주장했다.

이 노선의 지지자들 가운데 대표적인 사람은 존 로빈슨과 하비 콕스 그리고 폴 반 뷔렌과 윌리엄 해밀턴(W. Hamilton)과 토마스 알타이저(T. Altizer) 등이다.[54]

우리는 여기서 이들을 잠시 살펴볼 필요가 있다. 왜냐하면 그들의 이론이 갖는 강한 휴머니즘적 특징은 필연적으로 특수한 인간학적 전망을 내포하기 때문이다. 그러나 이러한 인간학적 전망은 앞서 언급한 신학자들 중 그 누구에게서도 아직까지 체계적인 표현으로 드러나지 않았다. 반면에 그들의 저작에서는 이러한 특징을 엿볼 수 있는 징후들이 충분히 표현되었다. 이를 좀 더 구체적으로 설명하기 위해서 우리는 로빈슨과 콕스의 작품을 고찰할 것이다. 이들은 의심할 바 없이 근본주의 신학을 대표하는 두드러진 인물들이다.

로빈슨과 콕스와 그 밖의 근본주의 신학자들에 따르면, 근대의 인간은 외견상 서로 다른 모습을 갖게 하는 심각한 변화들을 겪었으며, 더욱이 이 변화들 가운데는 그 이전 시대의 인간이 지녔던 모습들과 비교해서 상반되는 것도 있다. 이전의 인간은 형이상학적인 확실함과 절대적인 윤리 원칙, 영원한 가치들과 밀접히 연관된 종교적 존재였다. 종교적 인간은 이러한 진리들을 취하는 가운데 육체와 관련된 선들보다는 영혼에 관련된 선들에 더 큰 비중을 두면서 이 세상이 아닌 저

---

54. 이 저자들에 관해서는 졸저 *Teologi della morte di Dio*, Torino, Borla, 1970, 2ª ed.를 참조하라.

세상을 향해 온전히 자신의 방향을 정했다. 그러나 최근 3세기 동안에 일어난 과학-기술의 혁명 이후, 현대를 살아가는 인간에게 깊이 각인된 특징은 세속화, 실용성, 불안정성, 익명성 같은 것들이다.

인간은 세속화에 힘입어 사고와 언어 면에서 종교적이고 형이상학적인 통제로부터 자유로워졌다. "교회적인 노력이나 그 외의 어떠한 노력도 이 세속화를 되돌릴 수는 없다. 형이상학의 상징이라 할 수 있는 신들과 그들의 창백한 자녀들은 점점 사라져 간다. 이제 세상은 점점 더 세속적으로만 변해 간다. 세상이 지닌 거룩하고 종교적인 특징은 사라져 가는 형국이다. 인간은 더욱 더 '인간'으로 변해 가며, 역사의 '종교적' 시기 – 이제 이 시기는 그 끝을 향해 가는 듯하다 – 동안 인간을 특징지어 주던 문화적인 영향들과 더불어 신화적인 의미들이 상실되어 간다. 어느덧 인간이 세상을 향해 책임을 져야만 하는 상황이다. 더는 그 책임을 몇몇 종교 세력에 맡겨둘 수 없게 됐다."55 현대의 인간은 과학과 기술의 진보에 힘입어 "자신을 초월하도록 독촉되며, 나아가 다른 세상에 다다르고, 물을 대서 사막을 정원으로 변모시키며, 안팎으로 에워싼 모든 장애물을 부수도록 독촉된다. 여기에는 오랫동안 자물쇠로 잠긴 채 사용되지 못했던 인간 본성에 내재된 능력에 대한 폭발적인 자각이 있다. 바로 이러한 인식이 20세기의 기술적 인간에 대한 새로운 자각으로 이끌어 주었다."56 인간은 자기 능력에 대해 자각하기 시작했으며, 과거에 하느님께 해결해 주십사고 청하던 문제들을 직접 대면해서 풀어나가기 시작했다. "현대의 인간은 하느님의 실

---

55. H. Cox, *The Secular City*, Londra, SCM Press, 1966, p.217(tr. it: *La città secolare*, Firenze, Vallecchi, 1968).
56. J. A. T. Robinson, *In the End, God*, Londra, Collins Books, 1968, p.12.

재가 마치 과거에 전혀 일어나지 않은 것처럼 사라져 가는 것을 보게 됐다."57 이렇듯 인간은 종교의 신비들에 대한 관심을 거둬 버렸다. 이 신비들은 인간에게 더는 아무런 관계도 없고 신빙성도 없는 실재로 다가오고 말았다. 이제 하느님은 현대를 살아가는 인간에게 지적으로는 불필요한 존재가 되어 버렸다. "우리 가운데 대부분은 실제로 무신론자들이다. 하느님이라는 가정(假定) 역시 경제를 이끌어 가거나 '라플라스(Laplace)의 정리'로 인해 생긴 폭발 문제를 감당하기에는 쓸모없는 것이 되어 버렸다. 하느님은 실제적인 인간 삶에서 고려해야 할 요소로부터 제외되었고, 그 어떤 종교적인 조작도 이러한 하느님의 위치를 다시 회복시키기에는 역부족이 되고 말았다. 이것이 작금의 현주소다. …… 더는 인간 세상에서, 심지어는 그 변두리에서조차 하느님의 자리를 찾아볼 수 없게 되었다. 이전에는 하느님을 향해 열려 있던 영역이 닫힌 것이다. 이제 이러한 세상에서 세속화는 흔쾌히 받아들여져야 했고 초월적인 세계를 향해 막힌 울타리에 돌파구를 뚫는 시도는 더 이상 허용되지 않았다."58

더욱이 현대인은 종교와 형이상학에 대해 아예 관심을 잃어버린 상황이다. 이전에는 형이상학적 세계라는 어두컴컴한 길에서 피신처를 찾던 미해결의 문제들이 과학의 도움으로 설명되고 해결될 수 있게 되었다. 이렇게 해서 인간은 형이상학을 모든 학문의 근본으로 바라보던 시선을 거두고 과학과 기술의 손에 전적으로 자신을 맡기며 이를 섬기기 시작했다. 실용주의적이고 기능주의적인 시대를 살아가는 오늘날의 인간은 다음과 같은 말을 자신의 좌우명으로 삼기에 이르렀다. "나에게

---

57. ID., *Explorations into God*, Londra, SCM Press, 1967, pp.51-52.
58. ID., *The New Reformation*, Londra, SCM Press, 1965, pp.109, 118.

말로 하지 말고 보여 주시오."[59]

　로빈슨과 콕스가 강조한 현대인의 또 다른 특징은 변화하기 쉬운 커다란 불안정이다. 지난 마지막 세기 동안 과학과 기술은 정신을 차릴 수 없을 정도로 빠른 속도로 세상의 모습을 바꿔놓았다. 이런 변화의 소용돌이는 인간으로 하여금 이전과는 전혀 다르게 바라보고 행동하도록 만들었다. 실제로 이러한 변화는 무수히 많고 심각한 것으로서, 우리 시대를 살아가는 사람은 "과거에 20세대에서 30세대는 거쳐야 경험할 정도의 양을 한꺼번에 경험한다."[60] 이러한 현상은 인간으로 하여금 과거에는 아주 안정되고 확실했던 영역, 예를 들면 신앙, 윤리, 예배, 교회 규율 같은 것에 대해 커다란 의구심과 불확실함을 품게 했다. "만일 주위에서 불어오는 바람들로부터 해방되지 않았다면 오늘을 살아가는 그리스도인은 정체성의 위기로 인해 고통을 당할 것이다. 그는 누구인가? 도대체 어디에 있는가? 그는 무엇을 보여 주는가? …… 그는 모든 버팀목과 기준점을 잃어버린 듯한 느낌을 받았다. 또한 유일한 확실함의 영역으로 남아 있기를 바라던 존재의 영역마저 변화무쌍한 바다로 변해 있음을 깨달았다."[61]

　마지막으로, 오늘을 살아가는 인간의 모습을 대변하는 또 다른 특징으로 우리는 익명성(匿名性)을 들 수 있다. 오늘날 각 개별 인간은 국가와 사회 앞에서 더는 하나의 인격체로 간주되지 못하고 단지 하나의 숫자로 전락하고 말았다. 아울러 인간은 사고와 행동 방식에서 더는 자신에게 주어진 기질에 따르지 못하고 오로지 국가와 사회가 요구하

---

59. ID., *The Difference in being a Christian Today*, Londra, Collins Books, 1972, p.24.
60. *Ibid.*, p.16.
61. *Ibid.*, pp.11-12.

는 이익, 관습, 규정에 따라야 하게 되었다. 그러나 하비 콕스의 견해에 따르면, 이러한 익명적 상황이 반드시 인간 존재의 실추를 의미하지는 않는다. "시민적인 삶이 갖는 익명적인 모습은 그 자체가 갖는 결함에도 불구하고 인간으로 하여금 법으로부터 해방될 수 있도록 도와준다. 많은 사람들에게 그동안 자신이 귀속됐던 전통으로부터 해방되고 시민적인 삶으로 인해 부과된 과중한 기대들로부터 해방되는 것은 영광스러운 해방으로 간주된다. 익명성은 인간으로 하여금 세상의 중심으로 파고드는 새로운 선택의 가능성으로 가게 하는 관문이다."[62]

로빈슨과 콕스 그리고 그 외의 여러 근본주의 신학자들은 자기들이 묘사하고자 하는 현대인을 그려내기 위해 복음서의 전망과 어떻게 일치시키려고 했는지, 그리고 그들이 연구한 복음을 축소해서 해석하려는 것이 무엇인지를 우리는 잘 안다. 이러한 복음 해석은 그들의 인간학적 축소주의 앞에서 유보하게 만드는 근본 동기를 구성했다. 여기서 우리는 근본주의 신학자들이 주장한 바와 같이 과연 인간의 내적 구조가 모든 초본성적인 면들에 대해 완전히 둔할 정도로 무기력해졌는지에 대해 의심할 필요가 있다.

이들의 인간학적 축소주의를 거슬러서, 우리는 다음과 같은 두 가지 합당한 비판을 제시할 수 있다.

ㄱ) 현상학적인 관점에서 보면, 로빈슨과 콕스와 동료 신학자들이 제시한 인간의 능력에 대한 설명은 극단적으로 축소되어 드러난다. 오늘을 살아가는 현대인은 세속화, 구체성, 불안정성, 익명성 이상으로 여러 가지 다른 측면들을 지니고 있다. 근본주의 신학자들이

---

62. H. Cox, *The Secular City*, cit., p.49.

간과한 인간의 특징들 가운데는 인간의 역사성, 소외, 억압받는 모습, 착취당하는 모습, 타락, 절망 등이 있다. 이러한 여러 가지 면모들은 현대인의 모습에 깊이 각인되어 있다. 하지만 근본주의 신학자들이 제시한 인간학적 전망에서는 이러한 특징들이 전혀 고려되지 않았다. 왜냐하면 현대인에 대한 그들의 현상학적 전망에는 무엇보다도 인종주의적, 실용주의적 편견이 상당히 자리 잡고 있기 때문이다.

ㄴ) 또한 현대인에게서 모든 형이상학적 개방성을 배제하려는 근본주의 신학자들의 시도는 다분히 논의되어야 한다. 사실, 이러한 초월적 개방성(超越的 開放性, transzendental Offenheit)은 현대인이 인간인 이상 바로 그 자신에게 속하는 고유한 것이다. 인간에게 지적인 앎이 주어지는 한에서 이 개방성은 그에게 본질적인 것이다. 이는 시간과 공간의 한계로부터 인간을 자유롭게 해 주며, 나아가 인간으로 하여금 자기 존재와 제반 사물 그리고 존재에 대한 궁극적인 의미에 대해 질문을 던질 수 있게 해 준다.

4. 위르겐 몰트만

개신교의 원리들에서 영감을 받은 인간 개념들 가운데 근본주의 신학이 제시하는 인간 이성의 가능성이 최소화되어 드러나는 점을 거슬러서, 인간 이성의 역할에 대한 대변자 구실을 한 사람은 누구보다도 '희망의 신학'(Theologie von der Hoffnung)의 창시자인 위르겐 몰트만(Jürgen Moltmann)이다. 그는 인간 이성이 인간을 형이상학적, 종교적 영역으로 인도하는 관문이 완전히 닫혀 있다고 여긴 근본주의 신학자들의 견해에 동의하지 않았다. 그래서 그는 그들이 제시한 현대인의 성숙함, 전적인 자율성, 이론적이고 실천적인 세속화 개념을 거부했다. 그는 오늘을 살아가는 인간이 그 어느 때보다도 미래를 향한 긴장을 강하게 느낀다고 진단하면서, 이러한 긴장은 인간으로 하여금 현재 실현된 모든 것과 과거에 성취된 모든 것을 초월하게 하며, 나아가 또 다른 세상, 영적인 세상을 향해 개방하게 한다고 지적한다.[63]

이렇듯 인간을 과거와 이미 획득한 것으로부터 분리시키는 미래를 향한 긴장은 인간을 더욱 본래적인 인간의 모습으로서 여타의 다른 생물들과 근본적으로 구별하는 특징이다. 따라서 우리는 인간에 대한 참된 미래의 의미를 발견할 때 '인간은 무엇인가?'라는 물음에 대해 비로소 결정적인 대답을 할 수 있다. 몰트만에 따르면, 그 어떤 인문 과학(사회학, 심리학, 정신 분석학 등)도 이 문제에 대해 만족할 만한 해답을 줄 수 없다. 왜냐하면 이러한 분야들은 인간적인 현상에 대해 매우 지엽적이고 피상적인 부분에만 머물기 때문이다. 나아가 문화 인류학 역시 이에 대해 적절한 해답을 줄 수 없다. 오히려 문화 인류학은 우리에게 모든 문화가 부분적인 조각들일 뿐이며 "아직 미래의 품 안에 숨어 있는 인간적인 인류를 향한 길이라는 점을 보여 준다. 인간은 각 개별 문화권 안에서 하나의 형태와 더불어 일정한 모습을 갖고 자신을 드러낸다. 그러나 인간이 역사를 통해 보여 준 모든 형태와 모습들은 한결같이 유동적이었고 역사의 뒤안길로 사라져 갔다. …… 인간은 끊임없이 자신의 완성을 지향하며, 끊임없이 자기 존재 안에 열려 있는 공백

---

63. J. Moltmann, *Uomo*, Brescia, Queriniana, 1972, pp.79, 98-99.

을 메우려 한다. 만일 우리가 인간을 자극하는 공허와 불안이 도대체 무엇인지 묻는다면, 다시 말해 그러한 공허가 생물학적인 미완성이나 인간 존재를 내적·외적으로 위협하는 허무에서 기인하는지 아니면 인간으로 하여금 그러한 공허를 느끼게 하는 어떤 신적인 요소가 인간 안에 내재하는지 묻는다면, 우리는 문화 인류학의 경계에 도달한 것이다."[64]

절대자를 찾는 인간적인 추구의 표현이라 할 종교적인 체험 역시 인간의 신비를 열어젖힐 수는 없다. "종교적인 체험은 절대적인 인간의 모습을 제공하지 못한다. 우리는 다만 이 체험을 통해 인간이 갖는 근본적인 문제에 대한 더욱 명확한 의식을 갖게 될 뿐이다. 그러므로 종교가 인간의 신비를 파헤칠 수 있을 것이라고 주장해서는 안 된다. 오히려 종교는 인간이 표현하는 신비를 더욱 확고히 하고 심화할 뿐이다. 문화를 통해서 자신을 인식하고 다른 이에게 자신을 인식시킬 수 있었던 인간은 자신을 넘어서서 다가오는 이 체험과 더불어 자신에게도 낯선 존재가 된다. 평화로운 본성적 상태에서 자신의 삶을 영위하던 인간은 이제 이러한 체험과 더불어 자신에게 문제가 된다."[65]

종교가 그러한데 하물며 철학이 이러한 인간 문제에 적절한 해답을 줄 수 있을까. 이 점을 입증하는 것은 그리 어렵지 않다. 몰트만은 우리 시대에 이미 잘 알려진 철학적 인간학들 – 마르크스의 인간학, 자유주의 인간학, 인격주의적(대화적) 인간학 – 을 열거하면서 이 점을 입증했다. 그는 이러한 인간학들이 인간을 결정적으로 하나의 모습으로만 축소시킨다고 지적했다. 그는 이러한 분야들이 인간을 단지 경제적

---

64. *Op. cit.*, pp.29-30.
65. *Ibid.*, pp.33-34.

인간(homo oeconomicus), 도구적 인간(homo faber), 사회적 인간(homo sociologicus), 대화적 인간(homo dialogicus), 욕구하는 인간(homo volens)과 동일시한다는 것을 보여 주었다. 그는 이 모든 인간학적 전망들과 더불어 더욱 심각한 모순을 지적했다. 예를 들어 마르크스의 인간학은 한편으로는 하느님을 배척하면서도 다른 한편으로는 인간에게 신적인 속성을 부가하는 모순된 모습을 보인다는 것이다. "그럼으로써 인간은 스스로 최고의 존재가 되고자 한다. 이제 인류는 인간에게 신이 되고 말았다."66 자유주의에 근거한 본성적 인간학 역시 모순을 내포한다. 이 인간학은 개별 사람들과 사회를 위해 보편적인 법들을 설정하고자 하면서 늘 그 자체로 동일한 인간 본성에 바탕을 둔 인간학을 전개하려 한다. 하지만 "관념적이면서도 이상적인 본질에 바탕을 둔 구체적인 인간의 실현이나 이를 위한 사회적 실천에 적절한 프로그램을 논한다는 것은 분명 불가능하다. 진정한 인간의 본질을 안다고 하거나 절대적인 윤리 규범을 안다고 하는 언명 뒤에는 언제나 역사적으로 커다란 지배의 논리가 있다. 그러므로 인간에게 합당한 품위 있는 삶에 대한 공개적인 합의 없이 법적 질서를 논한다는 것은 사실상 불가능하다."67 대화적 인간학 역시 이러한 모순을 피할 수는 없다. 이 인간학은 인간적인 관계들에서 그것(id)으로 대변되는 모든 것, 즉 노동 세계, 통신 세계, 소비 세계를 배제하려 든다. 사실 "개인적인 만남이 하나의 공동체로 변모하기 위해서는 제반 사정들과 설정된 제도들에 대한 공통 중개가 필요하다. 그렇다고 그것이 인간은 사물화(事物化)되는 가운데 쇠퇴한다는 것을 의미하지는 않는다. 무엇보다도 실제적인 삶 안에서 올바르

---

66. *Op. cit.*, p.100.
67. *Ibid.*, p.126.

고 필수적인 구체화가 관건이다. 물론, 사람들은 그들 사이의 직접적인 관계를 체험할 수 있다. 그러나 그것을 공고히 할 수는 없다."68

한편, 현대의 모든 휴머니즘을 오염시키는 공통된 악습이 있다. 그것은 다름 아닌 인간신화주의(人間神化主義, antropoteismus)라는 악습으로서, 마치 인간을 하느님이라 여길 정도로 절대화하는 것을 말한다. 신학은 오늘날 유행하는 제반 인간학들에서 이러한 악습을 퇴치하기 위해 뿌리가 되는 이 커다란 악습의 본 모습을 벗겨 냄과 동시에 이에 맞서 싸워야 한다. "구원을 절대화하고 전체화하고 정당화하려는 경향을 인간학에서 제거하는 것은 신학이 수행해야 할 중요한 과제다. …… 인간학이 비판적인 신학을 수용하고 절대적 타자 - 그 앞에서 인간의 모든 자아 인식은 한계 지워진 편린들로 변화된다 - 를 존중할 때, 그것은 비로소 실재 세계에 자리 잡을 수 있다. 만일 이 절대적 타자가 없다면 인간은 자신이 가지는 문제성의 품위를 상실하고 말 것이다. 하느님에 대한 신뢰가 없다면 불의를 향한 항거와 정의를 위한 투쟁은 점점 줄어들 수밖에 없다."69

인간의 모든 규범적 차원들은 도대체 인간이란 무엇인가 하는 물음에 만족할 만한 대답을 제시하지 못한다. 몰트만은 이에 대한 적절한 답을 얻으려면 하느님의 말씀과 구원 역사로 눈길을 돌려야 한다고 말했다. 그것은 무엇보다도 예수 그리스도의 모습과 더불어 우리에게 주어진다. 그분은 사람의 아들(Filius Hominis)이시며 여타 모든 인간의 원형이시다. "인간은 예수 그리스도 안에서 자신의 인간성을 찾는다. 이는 그가 자신의 비인간성에도 불구하고 이미 하느님으로부터 사랑받

---

68. *Op. cit.*, pp.141-143.
69. *Ibid.*, pp.178-179.

앉으며, 자신의 잘못에도 불구하고 이미 하느님을 닮은 존재로 부름 받았고, 이 세상의 모든 나라들에도 불구하고 이미 사람의 아들의 공동체에 받아들여진 존재임을 자각하게 되기 때문이다."[70] "하느님께서 예수의 삶을 통해서 우리의 운명과 죄를 당신의 것으로 취하셨음을 아는 것과 인간의 미래는 이미 이 사람의 아들의 십자가 죽음에서 시작되었음을 아는 것은 언제나 우상의 근원을 이루는 교만과 두려움으로부터 인간을 화해시키고 해방해 준다. 우리는 이러한 자유를 신앙이라고 부른다. 믿는 이는 …… 불확실함들 가운데서도 확실함을 발견하며 비인간적인 비정체성(非正體性)의 중심에서 인간으로서 자기 정체성을 발견한다. 그러므로 그는 단죄된 이 세상에서 자신을 상실하리라는 두려움이나 반대로 자신을 실현해야 한다는 강박관념 없이 사랑과 인내를 갖고 기꺼이 자신을 포기할 수 있다. 하느님의 승인과 사랑을 얻을 필요도 없다. 왜냐하면 그는 이미 하느님에게서 인정받고 사랑받는 존재로 행동할 수 있게 되었기 때문이다."[71]

　　이러한 몰트만의 인간학적 전망이 갖는 근본 노선에서 우리는 다음과 같은 긍정적, 부정적 요소를 구분할 수 있다. 그는 자신의 작품 『인간』의 거의 대부분에서 부정적인 요소에 주목한다. 그는 부정적인 요소를 고찰하는 가운데 인간의 신비를 밝히기 위해 인간 이성을 통해 이루어진 몇 가지 중요한 시도들을 깊이 있고 분명하게 보여 주고자 했다. 그러나 이러한 그의 고찰은 반(反)형이상학적 편견으로 인해 만족할 만한 성과를 거두지 못하고 말았다. 그는 이러한 시도를 통해 인간의 신비 앞에서 인간의 이성이 드러내는 절대적인 무능력을 확인하

---

70. *Op. cit.*, p.188.
71. *Ibid.*, p.189.

며, 이러한 무능력은 우리로 하여금 하느님께서 예수 그리스도 안에서 제시하신 인간상(人間像)을 깊은 신뢰와 함께 받아들이도록 촉구한다고 말한다.

긍정적인 요소에 관해 살펴보자면, 필자는 "그리스도교 인간학은 십자가에 못 박히신 분의 인간학"[72]이라는 그의 언명이 논의의 대상이 된다고 생각한다. 이러한 주장은 그의 생애 후기에 매우 값진 것으로, 그는 이 주제를 구체적으로 『십자가에 못 박히신 하느님』[73]이라는 작품에서 발전시켰다. 필자의 견해로는, 몰트만이 『희망의 신학』에서 시사하는 바와 같이,[74] 그리스도교 인간학은 십자가에 못 박히신 분의 인간학이라기보다는 부활하신 분의 인간학이다. 사실, 예수의 부활에서 모든 인간 존재가 실현할 최종 목적이 계시된다. 좀 더 정확히 말하자면, 그리스도교 인간학은 그리스도의 모든 것, 즉 강생, 죽음, 부활을 반영하는 인간학이라고 하겠다.

5. 로마노 과르디니

로마노 과르디니의 모든 작품은 다음의 두 가지 염려를 그 특징으로 한다. 하나는 그리스도적 실존의 현상을 이해하는 것이고, 다른 하나는 현대 문화가 결정적으로 파괴해 버린 심오한 단일함을 이러한 실존에게 회복시켜 주는 것이다.

---

72. *Op. cit.*, p.43, Cfr. pp.80, 186-187, 92.
73. Brescia, Queriniana, 1973.
74. Brescia, Queriniana, 1973.

그리스도인을 포함한 모든 현대인은 온갖 단절과 갈등으로 가득 찬 세상에서 살고 있다. 신앙과 이성 간의 갈등, 철학과 신학 간의 갈등, 문화와 종교 간의 갈등, 과학과 철학 간의 갈등, 학문과 정치 간의 갈등 그리고 교육과 예술 간의 갈등이 그것이다. 수도자들과 평신도들 가운데 많은 사상가들에 따르면, 이러한 갈등들은 피할 수 없다. 이성, 철학, 과학, 예술, 정치 등은 신앙, 신학, 종교 등과 반목한다.

하지만 과르디니에게는 그렇지 않았다. 그는 믿음의 차원과 이성의 차원이 서로 모순되지 않고 오히려 일치해 있음을 깊이 확신했다. 양자 사이의 이러한 일치를 증명하고 지속적으로 해석하는 것이 다름 아닌 과르디니가 자신의 작품을 통해 추구한 주된 목적이었다. 그는 자신의 작품 『자유, 은총, 운명』의 서문에서 다음과 같은 기대를 표현했다. "결국 나의 모든 작품들은 그리스도적 실존의 모습을 총체적으로 끌어안으려는 총체적인 시각에 이르기 위한 것이다. 초기 그리스도교 사상가들은 이러한 시각을 견지하였다. 아우구스티노는 방법론적인 면에서 철학과 신학을 결코 구분하지 않았으며, 나아가 형이상학과 심리학 그리고 교의 신학과 실천적인 가르침을 구별하지 않았다. 그는 종합적인 관점을 갖고 그리스도인 실존에서부터 출발해서 이러한 총체적인 실존의 모습과 복합성에 대한 성찰로 나아갔다. 이러한 시각은 중세 절정기까지 본질적으로 다를 바 없이 그대로 유지됐다. …… 그 후 이들 사이에 분열이 시작됐다. 철학이 신학으로부터 분리되기 시작했고, 경험 과학이 철학으로부터 분리되었으며, 존재에 대한 인식으로부터 실천적인 규범이 분리되었다. 이러한 분리에는 이유가 있었으며, 바로 여기서부터 수많은 값진 결과들이 나오게 되었다. 그러나 이러한 분리는 동시에 위험도 수반했다. 왜냐하면 현대인이 갖는 영적인 단절을 심화하고 굳어지게 만들었기 때문이다. …… 그리스도교 신자들에게 의식과 삶 사이의 일치는 광범위한 영역에서 사라져 버렸다. 신자는 더 이상 자신의 믿음과 더불어 세상과 일치할 수 없게 되었으며, 믿음 안에서 세상의 실재들을 찾아볼 수도 없게 되었다. …… 그러므로 이제 새롭게 '모든 것이 다 여러분의 것입니다. 그리고 여러분은 그리스도의 것입니다.'(1코린 3,23)라는 말씀처럼 그리스도적 실존이 갖는 총체성에 대해 숙고하며 이를 사는 가운데 새롭게 자리매김해야 할 때다. 무엇보다도 모든 구분에는 단지 방법론적인 측면에서 고려된 가치가 있을 뿐이라는 점을 유념해야 한다. 따라서 실제로 존재하는 것은 세상이고, 인간은 바로 이 세상 안에 존재하면서 동시에 하느님으로부터 부름 받았고 심판받았으며 구원됐음을 알아야 한다. 지금은 모든 것에서부터 출발해서 모든 것을 총체적으로 사고해야 할 때다. …… 우리는 단지 개별적인 측면에서 현상들을 관찰할 것이 아니라 이 현상들을 더욱 깊고 넓고 높은 전망에서 그리스도교적인 시각으로 바라보고 이해해야 한다. 그러므로 우리는 각 분야가 지닌 고유한 영역의 선을 넘지 않고 또 혼동하지 않으면서도 동시에 심리학과 철학 그리고 신학과 더불어 제반 현상들을 해석해야 한다."[75]

과르디니에 따르면, 그리스도적인 존재의 단일함을 재구성하는 것은 난해한 일도 그렇다고 교만한 작업도 아니다. 왜냐하면 현대 사상 조류들과 갈등을 빚어온 엉성석인 가지들(철학, 예술, 과학, 정치 등)은 그리스도교에 전혀 낯설지 않고 오히려 그 안에 뿌리를 내리는 것들이기 때문이다. 오히려 그 가치들은 그리스도교의 열매들인데, 현대 세계

---

75. R. Guardini, *Libertà, grazia, destino*, Brescia, Morcelliana, 1957, pp.7-9.

가 이를 부당하게 자신의 것으로 취하려 든다.

그러나 과연 어떤 방법으로 그리스도적 실존의 단일성을 회복할 수 있으며 인간이 갖는 모든 영적인 차원도 회복할 수 있을까? 그리스도교를 변호하면서 가능할까? 아니면 철학이나 심리학 또는 사회학과 더불어 이를 회복할 수 있을까?

로마노 과르디니에 의하면, 인간에 대한 규범들 가운데 그 무엇도 독자적으로 그리스도적 존재의 단일성을 회복시킬 수는 없다. 왜냐하면 그리스도적 존재됨은 순수 인간적인 가능성들을 뛰어넘기 때문이다. 그렇다고 호교론적(護敎論的)인 접근만으로는 그러한 작업을 수행할 수 없다. 왜냐하면 현대인의 영성적인 가치들을 향한 호교론적인 태도가 너무도 부정적이기 때문이다. 오직 교의적(敎義的) 가르침만이 이러한 영성적 가치들을 이해할 수 있고, 이러한 가치들이 그리스도적 존재됨에 실제로 속한다는 것을 보여 줄 수 있다. 그러므로 이 작업은 본질적으로 신학적인 영역에 속한다. 그러나 이 작업은 결코 다른 분야를 전적으로 배제한 채 이루어지지는 않는다. 이 작업이 실현되기 위해서는 무엇보다도 철학의 기여가 필수적이다. 과르디니는 우선적으로 인간적인 가치들과 전적으로 신적인 가치들 간의 관계 그리고 그리스도적 존재됨을 구성하는 본성적 실재와 초본성적 실재 간의 관계를 해석하는 열쇠로서 철학을 이용했다.

과르디니는 현대 사상의 요구에 부합하는 인간학적 입장에서 쓴 『대립』(*Der Gegensatz*)[76]이라는 작품에서 이러한 해석학적 도구를 매우 비중 있게 다루었다. 여기서 그는 광범위하게 제시된 인간적 현상,

---

76. Magonza, Grünewald Vergal, 1955; tr. it.: *L'opposizione polare* in R. Guardini, *Scritti filosofici*, Milano, Fabbri, 1964, vol. I.

즉 인간 체험에 더욱 광범위하게 드러나는 활기찬 인간적 실재에 근거해서 실재를 구성하는 궁극적 요소에 대한 윤곽을 그려 냈다. 그에 따르면, 이 요소들은 여덟 개의 양극(兩極)을 형성한다. 이러한 일련의 양극들은 단지 전 우주의 구조와 틀을 제시할 뿐 아니라, 나아가 인간이 초월을 향해 나아갈 수 있도록 지탱해 주는 요소이기도 하다. 과르디니에 따르면, 인간이 초월에 이르는 것은 그가 단 한 번 움직이는 것만으로도 가능하지만, 사실 그것이 가능한지는 의심해 볼 만하다. 그래서 실제로는 계시를 통해 드러나는 하느님의 모습이 필요하지 않느냐고 그는 말한다. 인간이 자신의 한계를 깨닫기 위해서는 하느님 친히 인간에게 이러한 한계를 가르쳐 주셔야 하며, 무엇보다도 자신의 한계에 대한 인간의 무지와 이를 받아들이지 못하는 인간의 태도가 뿌리내리고 있는 악한 근원을 비난해야 한다.

원칙적인 면에서 보면, 인간은 이 세상과 일정한 거리를 유지할 수 있는 능력을 갖고 있으며 세상보다 우위를 점하고 있다. 그럼으로써 인간은 이 세상에서 하느님을 향한 여정을 스스로 걸을 수 있는 능력을 갖고 있다. 그렇지만 사실상 인간은 언제나 세상에 대한 부분적이고 일방적인 전망만을 견지한다. 그러기에 인간에게는 참됨을 향해, 초월을 향해, 하느님을 향해 도약할 수 있는 능력이 없다. 철학 역시 인간으로 하여금 이러한 초월적 상태에 이르게 할 수는 없다. 왜냐하면 인간의 모든 철학은 언제나 다양하고 또 모순되기 때문이다. 바로 여기에 진리에 대한 객관적인 기준, 절대적으로 참되고 영원한 요청(要請, Istanza)으로 늘 현재하는 기준으로서 계시에 대한 요청이 드러난다. 이 세상에 지속적으로 오는 모든 인간은 이 절대적 기준을 신뢰할 수 있으며, 궁극적으로는 자신을 넘어서 참됨으로 나아갈 수 있도록 이 기준을 받아들일 수 있다. 그런데 과르디니의 견해에 따르면, 이 세상에 바로 이러한 요청이 있는데 그것이 다름 아닌 가톨릭교회다.[77]

6. 라인홀트 니이버

20세기의 대대수 개신교 신학자들의 사상을 통해서 우리는 그들 가운데 인간학적 요소를 최소화하고자 하는 종교 개혁자들의 입장에서 멀어지려는 경향과 이와는 반대로 온건한 가톨릭 신학의 입장에 가까워지려는 경향도 만날 수 있었다. 후자 그룹에 속한 신학자들은 인간 본성 안에 존재하는 일종의 존재론적인 일관성을 보았다. 그러나 필자가 보기에는 그들이 아직 이러한 인간 본성에 대해 충분히 인식하지는 못한 듯싶다. 왜냐하면 그들은 인간이 지닌 실제적인 자기 초월 능력을 아직 깨닫지 못했기 때문이다.

그러나 그러한 개신교 신학자들 가운데 상당히 중요한 인물이 있다. 그는 다름 아닌 라인홀트 니이버(Reinhold Niebuhr)로, 20세기의 아메리카 출신 신학자들 가운데 가장 비범한 인물이다. 다른 개신교 신학자들과 달리, 니이버는 인간 본성이 - 그는 인간 본성을 하느님의 본성적 모상(imago naturalis Dei)과 동일시한다 - 죄로 인해 파괴되지 않았다고, 브루너가 말한 바와 같이 단지 형식적인 차원에서만이 아니라 실제적인 차원에서도 파괴되지 않았다고 보았다. 그러나 브루너는

---

77. 참조: *Religion und Offenbarung*, Würzburg, Werkbund Verlag, 1958; tr. it.: *Fenomenologia e teologia della religione*, in R. Guardini, *Scritti filosofici*, cit., II vol, pp.193-329.

모상과 유사함 사이에 아무런 관계가 없다고 본 반면에, 니이버는 이 둘 사이의 관계를 필수적인 것으로 보았다.

니이버는 이 문제에 관한 심도 있는 역사적 연구를 통해 성경과 교부들 그리고 스콜라 신학자들과 종교 개혁자들의 '하느님의 모상' 개념을 분석한 후, 역사적으로 볼 때 인간이 죄를 지은 이후 하느님의 모상이 전적으로 부인된 첫 번째 경우가 루터였다고 지적했다. 그는 이어서 그런데 루터가 이마저도 상당히 불합리한 방법으로 정당화하였다고 말했다. "사실, 루터는 죄로 인해 손상되고 어두워진 하느님의 모상이 이제는 그 개념조차 상상할 수 없을 정도로 추악하게 더러워졌다고 주장했지만, 그럼에도 불구하고 실제적인 죄의 상황과는 상당히 대조되는 용어 안에서 하느님의 모상에 대한 이해와 정의를 찾고자 했다."[78] 이처럼 니이버는 역사적인 고찰에서 이론적인 영역으로 나아가는 가운데 모상과 유사함 사이의 구별은 "그것이 고유한 의미에서 제한되고 보호되는 한에서 상당히 유용하며 필수적"[79]이라고 주장했다.

그는 이러한 분석을 근거로 결코 건드려질 수 없는 본성적인 하느님의 모상이 있으며, 이것이 인간에게 본질적인 본성을 구성한다고 결론지었다. "이 본질적인 본성은 두 가지 요소로 구성된다. …… 한편으로 인간 본성에는 그가 지닌 모든 능력과 규정된 본성들 – 모든 육체적 사회적인 자극들, 성적인 차이와 인종적인 차이들 – 이 속한다. 한마디로, 인간이 본성적 질서에 속한 피조물로서 갖는 특징이 여기에 속한다. 다른 한편으로 인간의 본질적인 본성은 영(靈)의 자유를 내포

---

78. R. Niebuhr, *The nature and destiny of Man*, New York, Scribner, 1955, vol. I, p.160.
79. *Ibid.*, I. p.270.

하고, 나아가 본성적인 과정들에 비해 초월성을 가지며, 궁극적으로는 자기 초월성(自己 超越性, autotranscendencia)을 포괄한다.[80]

니이버는 하느님의 모상의 본질을 자기 초월성에 두었다. 그리고 이 자기 초월성의 최종적인 근거가 자유에 있다고 보았다. 그는 인간에게 주어진 자유에 대해 다음과 같이 말했다. "이 자유는 근본적인 것으로, 인간은 이와 더불어 다양한 것들 가운데 무엇인가를 선택할 능력을 가지며 무엇보다도 자기 자신을 선택할 능력을 가진다."[81]

7. 피에르 테이야르 드 샤르댕

피에르 테이야르 드 샤르댕이 그의 모든 작품을 통해서 추구한 것은 과학의 세계와 신앙의 세계를 동시에 모두 아우르는 거시적인 우주적 비전을 제시하는 일이었다.[82] 그는 이러한 비전의 종합을 이루기 위해 진화론을 이용했다. 『인간적 현상』(Le phénomène humain)의 저자인 샤르댕에 따르면, 진화론은 단순한 가정이 아니라 아주 확실한 진리로서

---

80. *Op. cit.*
81. "Intellectual autobiography", in *Reinhold Niebuhr, his religious, social and politichal thought*, a cura di C. W. Kegley e R. W. Bretall, New York, Macmillan, 1956, pp.100-101.
82. "나는 영적인 환경을 가르는 심연(深淵)에 대해 묵상하고 있었다. 나는 그 심연 속에 있었으며 그에 대한 언어를 알게 되었다. 그것은 신학적인 세계에 대해 내가 알고 있던 것과 동일한 언어였다. 나는 이러한 신학적 언어가 다른 언어와 마찬가지로 실제적일 수 있고 또 그래야 한다는 생각에 몹시 흥분해서 이렇게 중얼거렸다. 즉, 나는 첫 번째 언어를 구사하면서 실제로 다른 세계가 보존하지만 대다수의 사람들에게는 이해되지 않던 말들을 통해 반복되어 오던 것을 비로소 합당하게 표현할 수 있게 되었다고 말이다."(P. Teilhard De Chardin, *Lettere di viaggio*, Milano, Feltrinelli, 1962, p.68)

"고개 숙여 받아들여야 하는 총체적인 조건이다. 이는 모든 이론들, 모든 가정(假定)들, 모든 체계들을 구축하는 데에 필수적으로 고려해야 하는 진리다. 이 진화론은 모든 사실들을 비추는 빛이며 모든 노선들이 뒤따라가야 하는 굽잇길이다. 이것이 바로 진화론이다."[83]

샤르댕은 진화라는 기준을 통해 우주가 어떻게 유래했는지, 즉 어떻게 해서 우주가 아래에서 위로 그리고 그 기원에서부터 오늘까지 이어오며 장차 어떻게 형성되어 갈 것인지에 대해 고찰했다. 이처럼 모든 것을 포괄하는 그의 전망에는 우주 안에서 일어나는 모든 사건들이 포함되어 있다. 즉, 자연적 사건들과 인간적 사건들, 물리적 사건들과 영적 사건들이 모두 내포되어 있다.

그런데 샤르댕에 의하면 실재는 다음과 같이 드러난다. 구분 없이 혼재되어 있는 원초적인 질료 덩어리로부터 원자들이 생성되며 이 원자로부터 분자들이 생성되고 점점 더 복잡해져 간다. 이에 따라 수많은 분자로 구성된 물질이 생성되고 여기서부터 예상하지 못했던 몇 가지 특징들이 나타나게 된다. 그 후 이것은 생명의 특징을 띠게 된다. 이제 생명의 문턱을 넘어서면서 이 물질은 새로운 국면으로 접어든다. 그것은 생물권 안으로 진입하게 되며, 점점 더 다양해지고 헤아릴 수 없이 많은 방향으로 확장되어 간다. 이러한 과정을 통해 더욱 복잡한 생명체들이 생겨나게 되고, 결국 생명체들 가운데 최고의 생명체가 출현하게 된다. 이 시점에서 진화는 그 이전에 걷던 구조적인 면에서의 복잡성 단계와는 전혀 다른 새로운 길을 걷는다. 두개골이 점점 커지면서 신경계를 관장하는 뇌가 형성되기 시작했다. 이러한 변화는 새로

---

83. *Le phénomène humain*, Parigi, Du Seuil, 1955, p.242.

운 형태의 실재, 영적 존재인 인간의 출현을 준비했다. 영이 세상에 오게 되는 것은 바로 이 인간 존재를 통해서다.

인간의 의식과 성찰 그리고 영은 오늘날까지 이룩되어 온 진화가 도달한 가장 완벽한 단계다. 그러나 이 모든 것은 아직 이 단계가 최고의 단계는 아니라는 점을 우리에게 시사한다. 진화의 전체적인 운동을 해석해 보면 우리는 다음과 같이 예고할 수 있다. 즉, 인류는 그리스도를 통해서 이미 씨앗처럼 뿌려진 신비체(神祕體, corpus mysticum)가 완전히 실현될 때 비로소 통일된 구조를 갖게 될 것이다. 궁극적으로 그리스도는 모든 영들을 하나로 통일할 수 있는 오메가 포인트다. "우주적인 생기의 시작은 그리스도다. 왜냐하면 그분은 사람들 가운데 한 사람으로 태어나셨으며 당신이 개입해 들어가신 의식들이 정화되는 가운데 총체적으로 상승될 수 있도록 인도하고 북돋아 주시기 때문이다. 그분은 지속적인 통교와 승화 행위를 통해 지상의 모든 영을 통합하셨다. 그러므로 모든 것이 하나로 모여서 변화될 때 그리스도는 마지막 행위와 더불어 하느님의 가족을 모으면서 모든 것을 당신 안에 품게 되실 것이다. 이 점에 대해 사도 바오로는 '이제 모든 것 안에 오직 하느님만이 계시다.'라고 말한다. 이는 유해한 혼합이나 파멸의 흔적 없이 일어나는 최고의 범신론이다. 완전한 통합의 단계에 이르면 모든 요소들은 우주와 함께 있게 될 것이고, 그것이 우리 안에 이르게 될 때 모든 것은 끝날 것이다. 온 우주는 통합의 법칙에 전적으로 부합하는 가운데 하나의 정점 안에서 종합될 것이다. 여기서 하느님은 모든 중심 가운데 가장 핵심이 되신다. 이러한 비전의 종국에는 그리스도적 가르침이 정점을 이룬다."[84]

8. 칼 라너

칼 라너는 신학을 인간학적으로 정립한 권위 있는 옹호자들 가운데 대표적인 신학자로서, 신학이 견고한 철학적 바탕 위에 설 수 있도록 보장돼야 한다고 역설했다. 더욱이 그는 토마스 철학이 계시의 해석에 가장 적절한 철학이라고 확신했다. 그러나 이는 스콜라 시대의 텍스트들 속에 고정된 형태로 남아 있는 토마스 철학이 아니라 현대의 철학 사상에 내포된 요청에 따라, 그리고 오늘의 인간이 자기 자신에 대해 갖고 있는 자기 이해 – 우주 중심적이 아닌 인간 중심적인 자기 이해 – 에 상응해서 이 철학을 발전시킬 줄 아는 이에게 소개되는 한에서 토마스 철학을 의미한다.

구체적으로 말해서 토마스 철학은 단지 과거의 전통적인 것을 발굴하는 데 그치지 않고, 현대 철학을 깊이 이해하면서 토마스 아퀴나스에게서 드러나는 몇 가지 요청들을 현대 철학과 비교해서 의식적으로 발전시키는 철학을 말한다. 라너는 이러한 작업을 자신의 두 작품『세계 안의 정신』(*Geist in Welt*)과『말씀의 청취자』(*Hörer des Wortes*)에서 매우 비중 있게 다루었다. 여기서 다룬 문제는 하나다. 곧, 신학에 합리적인 기초를 놓는 일이다.

신학의 기초를 놓는 문제가 선대 신학자들에게는 그리 낯선 것이 아니었다. 하지만 이 문제가 비판석인 방법으로 이루어지지는 못했다. 그런데 흄과 칸트 같은 철학자들에 의해 현대 철학이 형이상학적 인식에 대한 인간의 이성 능력에 의문을 제기하면서 신학의 기초에 대한

---

84. *Op. cit.*, pp.327-328.

문제는 더는 피할 수 없는 것이 되었다. 이제 맹목적인 신앙의 공허함 속에 신학을 건설하지 않기 위해, 신학자는 다른 모든 것에 앞서 다음과 같은 물음을 던져야 한다. 인간 이성은 하느님을 인식하기 위해 어떤 식으로 형성되어야 하는가? 다시 말해 왜 인간은 원칙적인 선에서 하느님을 들을 수 있는가, 하느님의 말씀에 대한 수용은 어떻게 이루어지는가 하고 물어야 한다.

앞서 언급한 것과 같이, 이러한 물음들은 라너가 『세계 안의 정신』과 『말씀의 청취자』에서 다룬 것들이다. 그는 여기서 무엇보다도 인식론적인 문제들을 다뤘으며, 그 다음으로 형이상학적인 문제들을 다뤘다.

라너의 신학의 전체적인 전망에서 인간학적 교의는 다음의 몇 가지 요소로 정리될 수 있다. 즉, 인간이 존재에 대해 질문할 수 있다는 사실로부터 인간은 존재 일반에 대한 앎을 이미 가지며, 인식의 근원적인 단일함 안에서 존재는 인간에게 본질적으로 인식될 수 있는 무엇으로 드러난다고 말할 수 있다. "모든 존재자는 참되다." 다시 말해, 존재자가 자신에 대한 앎과 더불어 갖는 관계는 존재자의 존재 본성에서 본질적이다.[85] 나아가 존재 일반에 대해 질문하는 것은 인간에게 존재 일반을 향한 일종의 초월성, 즉 모든 가능한 실재 지평으로서 존재에 대한 개방성을 계시한다. 이러한 존재의 선취(Vorgriff des Seins)는 인간 존재를 구성하는 근본으로서 인간이 영적 존재라는 사실을 반증한다.

라너는 철학적인 분석을 통해서 인간 존재의 영적인 면을 드러낸다. 이러한 전망에서 그는 하느님을 절대적인 존재로 상정한다. 무엇보

---

85. K. Rahner, *Uditori della Parola*, Torino, Borla, 1967, p.68.

다도 하느님은 존재의 선취가 갖는 내용이다. 그러나 그 선취는 하느님을 직접 대변하는 것이 아니라 이 선취가 존재의 가능성을 위한 조건으로 유보한다는 의미에서 그러하다. "자신이 갖는 실제적인 유한함에 대한 긍정은 절대적 존재(esse absolutum)가 있다는 것을 긍정하기 위한 조건이다. 이러한 사실은 이미 존재 일반을 사전에 지각하는 가운데 암묵적으로 드러나며, 이러한 지각을 통해 유한한 존재자의 한계가 제일 먼저 알려진다."[86] 그러므로 인간은 하느님 앞에 있는 존재지만, 하느님은 불변하는 관념적 존재가 아니라 자유로운 능력을 지니신 분이자 한 인격체로 존재하시는 분이다. 왜냐하면 유한자(有限者)에게 요청되는 것은 절대적 존재를 통해서 존재하기 때문이다. 유한자가 존재하는 것은 하느님의 자유로운 창조 행위의 결과다. 그러므로 하느님은 창조를 통해서 인간에게 첫 번째 자기 계시(自己 啓示, autorevelatio)를 실현하신다. 그러나 이것이 하느님의 총체적인 자기 계시는 아니다. 그러므로 이러한 총체적 자기 계시가 이루어지기 전까지 인간은 아직 당신 자신을 계시하실 수 있는 하느님 앞에 존재한다. 인간은 본질적으로 가능한 하느님의 계시를 경청하는 영(靈)이다. 이러한 경청이 실현되는 것은 그가 사랑 안에서 취하는 자유로운 태도에 달려 있다. 왜냐하면 사랑은 다름 아니라 사랑하는 개별적인 여러 대상들 가운데 더 많이 사랑하는 하나의 대상을 구체적으로 선택하는 자유이기 때문이다. 그러므로 인간이 하느님에 대해 갖는 앎은 본질적으로 자신의 사랑이 질서 지어졌는지 아니면 그렇지 않은지에 달려 있으며, 그 사랑의 질서가 신적인 질서에 부합할 때 하느님에 대한 올바른 앎에 이르게 된다.[87]

---

86. *Op. cit.*, p.145.
87. *Op. cit.*, p.95.

이러한 고찰을 통해 우리는 인간이 은총을 향한 존재론적 사전 경향성(存在論的 事前 傾向性, praedispositio ontologica)을 갖고 있음을 알 수 있다. 라너는 이 점과 더불어 보편적인 구원의 가능성 - 그의 판단에 의하면, 이 가능성은 소용없는 채로 남아 있지 않다 - 에 대해 단언한다. 이 위대한 독일 가톨릭 신학자에 따르면, 하느님의 은총 - 하느님의 자기 통교(autocomunicatio) - 은 모든 이에게 주어진다. 그는 이것이 하느님의 보편적인 구원 의지를 잘 드러내 주는 중요한 가르침이라고 보았다.

그러나 은총의 보편성에 대한 언급이 인간 편에서 이러한 하느님의 자기 통교에 대해 의식하지 못하는 체험과 서로 충돌하지는 않는다. 더욱이 이러한 언명은 비그리스도인들이 하느님의 자기 통교 밖에 있다는 것과도 충돌하지 않는다.

첫 번째 어려움에 대해 라너는 명료한 의식과 암묵적 의식을 구별하면서 대답했다. 물론 명료한 의식이 부족하긴 하다. "그러나 그렇다고 해서 인간이 인식과 사랑을 통해서 삼위일체 하느님에 대한 현실적인 이해를 갖는 것과는 별개로 창조되지 않은 은총(gratia increata)이 이미 주어졌다는 것을 의미하지는 않는다."[88] 다만 암묵적인 의식만으로도 충분하다. 그리고 이것은 그 누구에게도 부족하지 않다. 왜냐하면 모든 사람은 존재를 알고 있으며, 이 존재를 통해서 무한히 높은 곳을 향해 개방되어 있기 때문이다. 바로 이러한 인간의 형이상학적 구조는 인간으로 하여금 하느님의 자기 통교를 받아들이고 경험할 수 있게 해 준다. 왜냐하면 인간의 영은 무한을 향해 개방되어 있기 때문이다.[89]

---

88. "Possibilità di una concezione scolastica della grazia increata", in *Saggi di antropologia soprannaturale*, Roma, Edizioni Paoline, 1965, p.150.

두 번째 어려움에 대해 라너는 그리스도적 구원 경륜 - 더 정확히 말하자면 가시적인 교회의 구원 경륜 - 은 하느님의 자기 통교가 구현되는 유일한 통로가 아니라고 대답하면서 풀어냈다. 각 개별 인간이 자신을 훨씬 넘어서는 헤아릴 수 없는 신비의 심연에 잠길 줄 알 때, 하느님의 자기 통교는 이러한 구원 경륜 밖에서도 실현된다. 이러한 체험이 구체적으로 드러나는 경우는 다음과 같다. 즉, 개별 인간이 각자 자신 안에서 느끼는 무한을 향한 열망, 근본적인 낙관주의, 잠재울 수 없는 불안, 감지할 수 있는 것들의 불충분함, 죽음을 거스르는 억제할 수 없는 저항, 억압된 죄의 의미 또는 아직까지 살아 있는 희망의 의미 등이다. 이러한 체험은 인간으로 하여금 그 자신이 이미 하느님을 향해 방향 지워져 있음을 깨닫게 해 준다. 이 체험은 인간의 모든 인식과 사랑의 행위 그리고 모든 윤리적인 구속력에 있어서 유일한 원인이다.[90] 그러므로 이러한 신비를 향해 있는 자신의 본성적인 초월성을 자유롭게 받아들이고 더불어 자신을 이 신비에 허락할 때, 비록 그가 하느님을 객관적으로 알지 못하는 사람이거나 심지어 무신론자라 할지라도, 그는 분명 하느님을 받아들이는 것이라고 라너는 결론을 내렸다. 사실 그는, 비록 의식하지는 못하지만, 분명 익명의 유신론자다. 그러므로 인간이 지니는 본성적인 초월성의 체험에는 암묵적으로 은총 체험도 내포되어 있다. 왜냐하면 인간은 유일한 초본성적 목적을 향해 방향 지워져 있기 때문이나. 결론석으로 말해, 은종은 명시적인 그리스도인에게만 유보되지 않고 수많은 익명의 그리스도인들을 향해서도 확장된다.

---

89. "Rapporto tra natura e grazia", *op. cit.*, p.66ss.
90. "Natura e grazia", *ibid.*, p.114.

9. 앙리 드 뤼박

앙리 드 뤼박의 관심에는 언제나 인간학적인 문제가 그 중심축으로 자리 잡고 있었다. 그러나 그는 이러한 문제를 해결하는 데에 형이상학적인 고찰이 아니라 역사적인 분석방법을 선택했다. 우선 그는 면밀하게 신학적 인간학의 역사를 연구하면서 다음과 같은 사실을 발견했다. 즉, 인간에 대한 그리스도교적 개념은 트렌토 공의회 이후 심한 왜곡의 길을 걸었다. 그 이후 인간 개념에 소위 '두 가지 층(層)' 이론이 도입되었다.

바이오는 아우구스티노의 몇 가지 텍스트들을 잘못 해석하면서 초본성적인 완성을 향한 본성의 실제적 경향성 안에서 당연히 필연적인 목적성을 보고자 했다. 트렌토 공의회 이후의 신학은 이런 바이오의 견해를 거슬러 초본성이 갖는 무상적(無償的) 특징을 보호하기 위해 두 가지 층 이론을 발전시켰다. 이 이론에 의하면, 은총(초본성)은 마치 비본질적인 무엇으로서 본성을 성화하기 위해 외부에서 첨가된 것으로 이해됐다. 반면, 본성은 자신의 고유한 영역 안에서 자족(自足)하는 가운데 자체의 고유한 목적과 더불어 움직이는 무엇으로 이해됐다. 그리고 본성이나 본성이 지향하는 목적은 체험이나 철학적인 고찰을 통해 알 수 있다고 여겼다. 순종 능력(順從 能力, potentia oboedientialis), 즉 본성이 초본성을 받아들일 수 있는 능력은 단지 부정적인 의미에서 초본성 상태를 향한 상승에 반대하지 않는 관계성으로만 이해됐다.

드 뤼박은 이러한 두 가지 층 이론을 거슬러서 인간의 목적은 하나라는 이론을 주장했다. 따라서 인간 본성은 이 하나의 목적을 지향하는 한에서 하느님을 지복직관하는 원의를 갖고 있다고 보았다.

그러면 이 주장을 뒷받침하는 여러 가지 이유들을 살펴보기로 하자. 드 뤼박은 다음과 같은 몇 가지 요소들을 강조했다. 무엇보다도 그는 역사적인 이유를 들었다. 반종교 개혁 시대에 이르기까지 전체 가톨릭 전통은 인간의 최종 목적에 대해 단일한 개념을 갖고 있었다. 즉, "모든 교부들과 스콜라 신학자들은 초본성을 향한 일종의 긍정적 개방성, 즉 단순히 거부하지 않는 것과는 다른 개방성에 대해 언급해 왔다. …… 그들은 모두 토마스 아퀴나스와 더불어 매우 아우구스티노적인 표현을 사용하면서 이렇게 부르짖었다. '그 어떤 유한한 것도 지성의 바람을 잠재울 수 없다.'"[91]

한편, 신학적인 차원에 속하는 몇 가지 이유들도 있다. 첫째, 인간의 목적이 하나라는 이론은 초본성을 향한 호소와 이에 대해 일련의 시간의 흐름 속에서 은총이 제공된다는 식의 사고방식을 피하게 해 준다. 그럼으로써 은총의 제공이 마치 초본성에 의해 명령을 받은 것 같다는 이미지를 피할 수 있게 해 준다. 그것은 마치 은총의 호소에 매이신 하느님이 그로 인해 은총의 제공을 거부하실 수 없는 것과도 같다. 은총의 제공은 초본성을 향한 호소가 존재론적인 영역에서 드러내는 신적인 기원의 행위 자체를 윤리적인 자유의 영역에서 표현한다. 이 존재가 은총의 무상성을 미리 무효화하지는 못한다. 따라서 본성과 초본성 사이에는 외재성(外在性)이나 양자 가운데 어느 편이 먼저 선행한다는 식의 관계가 있을 수 없다. 어느 쪽을 보든 양자는 언제나 동일하며 최고의 주도권을 갖는 단일 실재로서 단지 우리와의 관계 안에서 다르게 다가올 뿐이다. 왜냐하면 우리는 동시에 본성이자 자유이고 존재론

---

91. H. De Lubac, *Il mistero del soprannaturale*, Bologna, Il Mulino, 1967, p.251.

적인 경향이자 영적인 의지이기 때문이다.92

둘째 이유는 단일한 목적 개념을 견지하는 것이 폐쇄적이고 경직된 본성적 지복(beatitudo naturalis)이라는 개념을 거부하면서 이원론이라고 할 수 있는 모든 것에 대해 문을 닫아 버리기 때문이다. 하느님을 직접 대면해서 뵙는 것은 창조된 모든 영적 존재들에게 참으로 유일한 최종 목적이다. 이 유일한 목적만이 인간의 열망을 잠재울 수 있다.93

그럼에도 불구하고 드 뤼박은 유일한 최종 목적 이론이 커다란 어려움에 봉착한다는 점을 잘 알았다. 최종 목적이 유일하다는 것을 받아들이는 것은 인간이 영(靈)이 갖는 개방성에 힘입어 이미 본성적으로 이 최종 목적을 향하고 있음을 의미하는데, 이 전망에서 과연 지복직관을 아직도 선물이라고 말할 수 있는가 아니면 인간의 권리라고 하겠는가?

드 뤼박은 이러한 어려움에 대해 다음과 같이 설명한다. 즉, 인간은 자신의 이성만으로 영이 갖는 개방성의 의미를 설명할 수 없으며 지복직관에 대한 열망도 알 수 없다는 것이다. "반면, 이러한 요청에 대해 계시된 앎이야말로 우리가 이 목적에 이를 수 있도록 보장해 주고, 이 열망이 우리 안에 있다는 것과 또 그 본성이 무엇인지를 깨닫게 해 준다. 흔히 모든 신비가 마치 하느님 편에만 있고 그 무엇도 공통 체험 또는 자연 이성에 의해 이해될 수 없는 듯이 보이곤 한다. 우리의 본성 전체는 정당하게 투명한 것 같고, 우리는 이 본성이 우리에게 보여 주는 모든 것에 대한 열쇠를 취한다. 그러나 잘 숙고하면 사실 아무도 그러한 윤곽을 그려낼 수는 없다. '인간 자체는 매우 심오하다.'"94

---

92. *Op. cit.*, p.241.
93. *Ibid.*, p.261.

"영적 존재의 본성은 그렇게 존재하는 한에서 자신 안에 폐쇄되도록 불린 질서가 아니라 궁극적으로는 필연적인 초본성적 목적을 향해 개방된 질서로 이해된다. 그러나 그러한 사실만으로 본성이 자신 안에 – 자신의 기저에서부터 – 얼마간의 초본성적 요소를 이미 긍정적으로 내포하고 있음을 뜻하지는 않는다. 그것은 또한 이 본성이 '본성으로서 그리고 본성에 힘입어' 고양되는 것을 의미하지도 않는다. …… 따라서 그러한 사실만으로 하느님이 얼마간 연결되어 있다는 것을 의미하지는 않는다."[95] 인간은 오직 계시를 통해서만 이 지복직관에 대한 원의를 의식할 수 있고 신적 은총에 합당한 회개를 통해서만 이 원의를 따를 수 있다.

10. 볼파르트 판넨베르그

테이야르 드 샤르댕과 라너의 인간학은 단지 가톨릭 세계만이 아니라 개신교 세계에도 큰 반향을 일으켰다. 우리는 그 가운데 이러한 전망을 상당히 지지한 젊은 신학자 볼파르트 판넨베르그를 만날 수 있다.

테이야르 드 샤르댕이나 라너와 마찬가지로 판넨베르그에게도 인간의 근본적인 특징은 다름 아닌 자기 초월성으로서, 그는 이를 세상을 향한 무한적 개방성(Weltoffenheit)으로 여겼다. 인간은 자신의 행동과 체험에서 그 어떤 한정된 환경에 제약되지 않는다. "인간은 환경에 매이지 않으며 오히려 세상을 향해 열려 있다. 다시 말해, 인간은 언제

---

94. *Op. cit.*, p.273.
95. *Ibid.*, pp.52-53.

나 새로운 체험을 할 수 있으며 *그가 감지한 실재에 대응할 수 있는 가능성들은 거의 무한에 가깝다.*"96

그러면 이 자기 초월성이란 무엇을 의미하는가? 구체적으로 인간은 무엇을 향해 개방되어 있는가? 판넨베르그에 의하면, 이 자기 초월성의 도착점은 이 세상에도, 그렇다고 인간이 고안해 낸 문화적 생산물들 가운데에도 있지 않다. 자기 초월성의 운동은 우주 중심적인 의미나 인간 중심적인 의미를 갖지 않는다. "또한 인간은 이 세상 너머를 향해 개방되어 있다. 즉, 인간은 이 세상에 대해 갖고 있는 찰나적인 상(象)들을 넘어서 개방되어 있다는 말이다. 이러한 추구처럼, 인간은 또한 수많은 문제들 앞에서 심지어는 이 세상의 갖가지 상들에 대한 추구 – 그것이 본질적인 것이라 할지라도 – 를 넘어서 언제나 열린 존재로 남아 있다. 이 세상을 넘어서는 피안(彼岸)을 향한 이러한 개방성은 세상에 대한 경험의 조건이기도 하다. 만일 그러한 운명이 이 세상 너머를 향해 밀어붙이지 않는다면, 지속적으로 우리의 추구를, 특히 구체적인 동기들이 없는 상황에서는 더는 이러한 추구를 이어갈 수 없을 것이다."97 "또한 인간은 자신이 만든 것들 안에서 지속적인 만족감을 찾을 수 없다. 인간은 자연을 문화로 변화시키면서 끊임없이 이 문화를 새로운 형태로 변모시킨다. 그러므로 인간은 자신이 창조한 것들 안에서 궁극적인 만족감을 발견할 수 없다. 오히려 인간은 자신이 창조한 것들을 자신의 끊임없는 탐구의 한 기점으로 여기면서 어느새 이를 뒤로 제쳐 두고 만다. 이는 인간의 운명이 문화를 넘어선 것임을 전제한다. 즉, 인간의 운명은 이미 *그가 도달한 문화와 그가 도달할 수*

---

96. W. Pannenberg, *Che cosa é l'uomo?*, Brescia, Morcelliana, 1974, p.11.
97. *Ibid.*, p.15.

있는 모든 문화를 넘어선다."[98]

그런데 자신을 초월하는 인간의 움직임은 그 밖의 다른 모든 운동과 마찬가지로 도착점을 전제하며, 이는 우주 중심적이지도 또는 인간 중심적이지도 않다. 인간의 자기 초월성에 궁극적인 의미를 부여하는 이 도착점은 하느님 중심적이다. 인간으로 하여금 이성적 사고를 통해 품게 된 모든 것, 의지를 통해 원하는 모든 것, 환상을 통해 갖게 된 모든 상상 그리고 행동을 통해 실현한 모든 것을 넘어서게 해 주는 무한한 역동적 긴장감은 이 모든 것이 "오직 하느님을 향한 추구 안에서 수용될 때 이해될 수 있다."[99] "무엇인가가 지속적으로 필요한 상태, 무엇인가에 늘 의존해야만 하는 인간 조건은 인간이 이 세상의 모든 체험을 넘어서 언제나 그 무엇 앞에 서 있는 존재자, 즉 '대면자'(對面者, Gegenüber)임을 전제한다. …… 인간은 이처럼 그 무엇을 대면하는 존재로, 이러한 그 무엇의 존재성이 인간을 끊임없는 긴장 속에 제약한다. 언어는 인간이 대면하는 그 무엇을 하느님이라고 표현한다. '하느님'이라는 언사는 오직 인간에게만 있는 '확고한 상태를 향한 무한한 요청' 앞에 있는 그 무엇을 지칭할 때 사려 깊게 사용될 수 있는 말이다. 그렇지 않으면 이 표현은 공허한 말에 지나지 않을 것이다."[100]

그러므로 인간의 자기 초월성 현상에 대한 연구는 인간이 지닌 신학적 차원을 드러낸다. 하느님과의 관계는 인간 본성의 본질적인 구성 요소다. 이러한 인간 존재의 신학적 차원은 인간이 지닌 다른 여러 가지 측면들에 대한 연구를 통해서도 찾아볼 수 있다. 판넨베르그는 구

---

98. *Op. cit.*, p.16.
99. *Ibid.*, p.20.
100. *Ibid.*, pp.18-19.

체적으로 미래에 대한 신뢰, 상상의 유희, 자기중심적인 움직임과 자기 초월성 간의 갈등, 개인과 사회 간의 갈등, 그리고 전통과 개혁 간의 갈등을 통해서 이러한 신학적 차원을 입증해 낸다.

판넨베르그는 테이야르 드 샤르댕의 견해에 공감하면서, 인간이 미래에 대해 갖는 신뢰(fiducia)는 인간으로 하여금 하느님의 실재에 대한 인식을 갖게 해 준다고 보았다. 사실, 신뢰를 간직한 사람은 이 신뢰를 저버리는 미래를 기대하지 않는다. 오히려 신뢰에 상응한 응답을 받게 되기를 기대한다. 그는 악이 아니라 선을 기대한다. 그러나 이는 오직 미래가 하느님의 손 안에 있을 때에만 가능한 일이다. "이처럼 일반적인 신뢰뿐 아니라 궁극적이고 절대적인 신뢰에 대한 회피 불가성(回避 不可性)은 모든 인간이 자신의 삶에서 그 자신의 하느님 - 그가 그 존재를 하느님이라는 명칭으로 부르든 말든 - 을 갖고 있다는 점을 우리로 하여금 분명히 보게 해 준다."[101]

한편, 판넨베르그는 상상 행위에 대한 연구를 통해 다음과 같은 결론을 내렸다. 즉, 실재를 이해함에 있어서 상상은 그 자체만으로는 생산되지 않으며 오히려 그 누군가에게서 받은 직감에 의해 인도된다고 그는 보았다. 결론적으로, 만일 하느님 친히 이러한 직감을 주지 않으신다면, 그 누가 이를 인간에게 허락할 수 있겠는가?[102]

자아와 세상 간의 갈등, 그리고 자기중심주의와 자기 초월성 간의 갈등은 인간 자신의 힘으로는 해결되지 않는다. "인간 삶의 통합을 보장하기 위해 실재의 통일을 인식하고 여기에 일종의 형식을 부여하기 위한 모든 시도들은 다음과 같은 것이 전제될 때에만 가능하다. 즉, 실

---

101. *Op. cit.*, p.40.
102. *Ibid.*, pp.33-34.

재 자체가 이러한 노력들과 만나는 것이 전제되고 이와 통합될 수 있는 방법으로 기초 지워져야 한다. 인간이 이러한 긴장 안에서 하느님을 향해 나아가야 한다는 것은 본질적으로 그가 추구하는 실재의 통일과 자기 존재의 통일을 보장해 줄 수 있는 그 누군가를 찾아야 하는 필요성에서 유래한다. 인간은 자신 안에서 자기 존재의 근거를 찾을 수 없다. 인간은 이를 오직 하느님 안에서만 찾을 수 있고, 실재 전체는 이러한 전망 안에서 총체적인 의미로 통일될 수 있는 방향을 향해 점진적으로 나아갈 수 있다. 이와 동시에 인간은 세상에 대한 영성적, 기술적인 지배를 행사하는 가운데 나아간다. 유일한 하느님은 창조주로서 세상의 단일함, 이 세상 안에서의 인간의 구원과 통합, 그리고 자신에 대한 애착과 세상을 향한 개방 간의 갈등을 극복하도록 보장해 준다."[103]

개인과 사회 간의 갈등은 우리로 하여금 하느님의 현존을 인식하게 해 주는 또 다른 요인이다. 사실 이러한 갈등은 오직 사랑을 통해서만 극복될 수 있으며, 이 사랑은 "사람들이 하느님의 현존 안에 있을 때에"[104] 비로소 생겨난다.

또한 오늘날 첨예하게 드러나는 전통과 개혁 간의 갈등을 치유하기 위해서는 이를 하느님께 호소해야 한다. 사실 "전통과 개혁 사이의 갈등은 오로지 미래를 향해 무제한으로 개방된 전통을 통해서만 개선될 수 있다. 이는 무엇보다도 약속에 대해 말하는 성서적인 전통에서 나타난다."[105] 이러한 성서적 전통은 하느님이 당신께서 하신 약속에

---

103. *Op. cit.*, p.66.
104. *Ibid.*, p.108.
105. *Ibid.*, p.134.

대해 매우 충실하실 뿐 아니라 하느님께서 이러한 약속을 실현하실 때는 우리의 모든 원의와 생각을 훨씬 넘어서 이루어 주신다는 것을 잘 보여 준다. 그러므로 미래는 이러한 양상과 더불어 늘 열려 있으며, 이는 약속들과 더불어 미래가 예시되어 있을 때도 역시 그러하다.

결론적으로 말해, 인간 행동에 관한 몇 가지 중요한 측면들에 대한 분석은 인간이 본질적으로 신학적인 존재임을 드러낸다. 즉, 인간 안에 있는 모든 것은 하느님을 향한다. 이는 판넨베르그가 영적으로 메마르고 세속화된 현시대에서 요청하고 또 회복하고자 한 진리다. 그러나 이 진리는 새로운 것이 아니라 적어도 그리스도교의 역사만큼이나 이미 오래된 것이다. 이 진리는 시대마다 그리스도교 철학자들을 통해 늘 강조되어 왔다. 몇몇 저자들 – 예를 들면, 아우구스티노, 블롱델, 그리고 토마스 아퀴나스는 자연적 바람(desiderium naturale)이라는 주제를 발전시키면서 이 진리를 다루었다 – 이 이미 판넨베르그가 다룬 주제들을 가지고 작업한 바 있다. 그러나 판넨베르그는 하느님과 인간 사이의 관계 문제를 다루면서 적잖이 우리를 당혹스럽게 하는 또 다른 명제를 제시했다. 판넨베르그의 견해에 의하면 – 그는 이 점에 대해 라너의 사상에 근접해서 그의 뒤를 밟았다 – 인간의 자기 초월성은 하느님의 자녀가 되는 것을 그 본성적인 목적으로 갖는다. 바로 예수가 하느님의 자녀라는 정체성 안에서 인간의 운명이 실현되며, 이러한 전망 안에서 인간의 미래가 영원으로부터 약속된다. 사실상 하느님을 향한 개방성은 인간에게 고유한 것으로서 인간을 여타의 동물들과 구별되게 해 주는, 세상을 향한 개방성이라는 특성을 지닌 인간의 근본적인 의미가 아닐 수 없다.[106]

이러한 초월적 인간학의 전망에서 성자의 강생은 단순히 인간을 죄의 상태에서 구원하고 동시에 인간이 잃어버린 하느님의 자녀 되는 은총을 회복시켜 주기 위해 하느님 편에서 결행하신 역사적 결단의 결과가 아니다. 그것은 무엇보다도 인간 존재가 고유하게 지니고 있는 초월적 개방성이 자연스럽게 발전된 결과다. 그래서 판넨베르그는 이러한 전망과 더불어 구원 역사를 인간의 초월적 개방성의 역사로 해석한다. 인간이 자신의 힘으로는 하느님께 자신을 열지 못하는 것이 죄를 구성한다. 반면, 구원은 인간이 하느님의 은총과 더불어 그분을 향해 자신을 개방하면서 그분과 일치하는 것을 의미한다. 그러나 이러한 전망과 더불어 계시가 내포하는 실제적인 역사적 특징은 헤겔적인 변증법의 틀 안에서 냉혹하게 희생되며, 이와 더불어 역사적인 사실들은 영지주의적 사색 안에서 조직적으로 변용되어 버렸다.

이러한 주제는 이미 판넨베르그의 작품 『인간은 무엇인가』와 『그리스도론』을 통해 분명하게 구체화되었고, 그 후 최종적으로 『신학적 전망에서 본 인간학』[107]에서 명확하게 드러났다. 이 마지막 작품은 인간이 갖는 종교적 차원을 집중적으로 다루었는데, 그 내용이 매우 풍요로우면서도 자극적이다. 이 책의 스케마는 세 부분으로 구성되어 있다. 그는 제1부에서 자연 안에서의 인간의 위치에 대한 분석을 시도했다. 그는 이 분석을 통해 셸러(M. Scheler), 겔렌(A. Gehlen), 플레스너(H. Plessner)와 비교하면서 비판적 입장에서 분명하게 그들과 구분되는 인간의 본성을 추출해 낸다. 무엇보다도 그는 인간의 탈중심성(脫中心性, Exzentrizität)과 세상을 향한 개방성 그리고 초월성을 강조했는데, 탈중심성과 개방성은 인간으로 하여금 결정적으로 자연과 동물

---

106. W. Pannenberg, *Cristologia*, Brescia, Morcelliana, 1964, p.480.
107. Brescia, Queriniana, 1987.

세계에 대해 거리를 두게 한다. 반면, 제2부에서는 사회적 존재로서 인간에 대한 분석을 시도했는데, 그는 이를 위해 개인적인 정체성의 역동적 구성(構成)에 관한 복잡한 문제의 설명을 시도하는 동시에 이를 다양한 형태의 소외(疏外)를 이해하고 극복하려는 노력을 정당화하는 일련의 애정적 메커니즘을 촉진하는 비정체성(非正體性)과 비교했다. 마지막으로 그는 제3부에서 모든 사람에게 공통적인 세계에 대해서 논했다. 무엇보다도 그가 말한 세계는 구체적으로 문화적인 세계이자 세속적인 제도들의 세계이고 동시에 역사의 세계다. 역사에 대해 완벽하고 진보적이며 변증법적인 척도를 주장하는 세속적 철학들과는 달리, 판넨베르그는 예언적이며 종말론적인 징표 아래서 역사에 대한 그리스도교적 해석을 소개했다. 성서적인 계시를 통해 비추임을 받은 그리스도인은 믿음과 비판적인 분별력을 갖고 계시를 수용하며 책임 의식과 더불어 스스로 역사에 대한 과제를 받아들인다. 그는 결코 이 과제를 회피하지 않고 오히려 자신의 개인적인 삶에서 분명히 수행해 나가며 자신을 역사적인 숙명이나 실현 불가능한 유토피아로부터 구제하는 가운데 과거와 미래 사이의 끊임없는 긴장 관계 속에서 이를 구현하고자 한다.

지금껏 제시한 간단한 고찰에서 추론할 수 있듯이, 이는 신학적 인간학에 관한 논의가 아니다. 즉, 신앙으로부터 출발해서 인간의 신비에 대해 고찰하는 것이 아니다. 오히려 이성적 인간학이라고 해야 할 것이다. 그럼에도 불구하고 이러한 판넨베르그의 비전은 신앙의 방향 안에서 움직인다. "여기서 문제가 되는 것은 여러 가지 인간학의 분야들을 통해 묘사된 인간의 본성에 대한 여러 현상들을 신학적으로 활용하는 것이다. 인간에 대한 세속적인 묘사를 그가 지닌 또 다른 차원을 드러낼 수 있는 임시적인 개념으로 고려해야 하는데, 이 새로운 차원은 신학적인 전망에서 매우 두드러진다."[108] 따라서 판넨베르그가 구체적으로 지적하는 바와 같이, 기초 신학의 업적의 바탕을 이루는 것은 신앙이 아니라 이성적인 추구다. 기초 신학은 하느님과 그분의 말씀에서 출발하지 않고, 그 반대로 하느님과 구원 역사를 향해 움직인다. "즉, 기초 신학은 교의적인 사실과 전제에서 시작해서 추론하지 않고, 인간적 생물학, 심리학, 문화 인류학, 사회적 인간학 등을 통해 분석된 인간 현상들을 바탕으로 이러한 여러 분야들이 갖는 내용에 대한 종교적인 함의(含意)를 특히 신학적인 차원에서 묻고자 한다."[109]

판넨베르그는 이 방법론의 정당성을 – 이는 가톨릭 신학의 전통적인 방법론으로, 가톨릭 신학은 기초 신학적인 논의를 통해서 교의적인 영역으로 이끌어 가며 여기서 신앙에 관한 서론들을 설명한다 – 바르트를 거슬러서 정당하게 그리고 강력하게 주장했다. 우리가 아는 바와 같이, 바르트는 철학적이고 합리적인 논의가 신학적인 차원에서 중요하다는 점을 부인했다. "바르트는 자신의 신학에서 출발점을 오직 하느님에게서만 취했다. 그럼으로써 자신의 의도와는 달리 극단적인 신학적 주관주의로 치달았다. 이렇게 극단으로 치닫던 바르트 신학의 결말은 우리에게 신학 일반을 다루는 데에 – 전형적인 현대 상황에서 – 무엇보다도 합리적인 정당함과 신학적 주제에 관한 인간학적인 정당함이 필요하다는 것을 잘 보여 주었다. 바르트의 선낭에서는 하느님의 주권에 대한 신학적 언급이 단순히 경건한 양심이나 한 신학자 개인의 자의적인 입장을 훨씬 넘어선다는 점을 잘 보여 준다."[110]

---

108. W. Pannenberg, *Antropologia in prospettiva teologica*, cit., p.21.
109. *Ibid.*, p.23.

판넨베르그의 『신학적 전망에서 본 인간학』은 의심할 바 없이 매우 심오하고 풍요로운 작품으로서 다음과 같이 이해되어야 한다. 즉, 그의 인간학은 기초 신학이지 교의직인 형태를 다룬 인간학이 아니라는 점이다. 이는 그의 인간학이 그리스도교적인 철학이지 – 비록 이 표현이 저자의 마음에는 들지 않는다 할지라도 – 그리스도교적인 신학은 아님을 의미한다. 우리는 이 두 영역 간의 근본적인 차이를 염두에 두고서 그리스도교적인 철학으로서 그의 인간학에 접근해야 한다. 그런 점에서 판넨베르그는 이러한 명확한 구분 없이 19세기 자유주의적 개신교 사상의 특징이 되었던 신학적인 이성주의의 아류로 끝나고 말았다.

이 작품에서는 이전의 작품에서처럼 그의 사상에 각인된 헤겔의 관념적인 토대가 강조되었다. 이 점은 특히 인간학과 역사 사이의 관계에 대한 논의에서 잘 드러난다. 아우구스티노와 토마스의 전망에서는 인간학이 역사에 선행한다. 반면, 헤겔의 전망에서는 역사가 인간학에 선행한다. 즉, 미리 설정된 보편적 인간 본성이란 존재하지 않는다. 인간 실재는 오랜 세기를 통해 발전하면서 충만한 실현을 갈구한다. 그러나 이는 오직 하느님의 은총을 통해서만 도달할 수 있다. 우리는 이 점을 『신학적 전망에서 본 인간학』에서 찾아볼 수 있다. "우리의 탈중심적(eccentrico) 운동은 완전한 실현을 지향한다. 반면, 역사의 대답은 – 적어도 우리가 사는 이 시점까지의 역사는 – 단지 역사 이론의 대상일 수밖에 없다. 그것은 가치 양립적인 채로 남으며 성공, 실패, 상승, 혼동, 확고함, 단죄 등으로 특징지어진다. 인간이 자신의 고유한 역

---

110. *Ibid.*, p.17.

사를 살아가면서 추구하는 충만한 실현은 모든 현재적인 역사의 한계들을 초월하며 거부한다. …… 만일 인류의 역사가 완전한 인류를 향한 인간 형성의 과정이라면, 이는 오직 하느님의 섭리를 통한 확실한 인도 아래에서만 가능한 일이다. 그러나 하느님의 섭리가 마치 이전 사건들이 역사 안에서 효과적으로 구현되도록 미리 질서를 지운 그 무엇처럼 이해되어서는 안 된다. 만일 이 섭리가 올바로 이해된다면, 분명 역사의 형성 과정에서 인간의 참여(participatio)와 활동은 배제되지 않을 것이다."[111]

그러나 우리가 바라보는 관점에 따르면, 인간학과 역사 사이에는 어떠한 이율배반도 존재하지 않는다. 왜냐하면 인간은 본질적으로 역사적 존재이기 때문이다. 인간은 역사 속에서 자신이 되어 가는 존재다. 이 점은 철학적 인간학이 획득한 가장 확실하고도 중요한 사실 가운데 하나다. 물론 인간이 단순히 역사적인 실재만은 아니다. 인간의 존재 전체가 역사에 의해 각인되는 것만은 아니다. 인간에게는 그 자신의 본성의 기초가 되는 부분이 있다. 그것은 본성적으로 인간에게 전해지는 헤아릴 수 없이 많은 정보를 가진 유전자를 말한다. 그러나 이 본성적인 능력들을 계발하고 어떤 특정한 인간적 계획에 따라 이를 실현하는 것은 개인의 주도권에 속하는 일이다. 이 작업은 문화 영역에 속하며 무엇보다도 역사 안에서 실현된다.

신학적 인간학은 이러한 진리를 확증한다. 그러나 동시에 이를 계시의 틀 안에서 취하는 가운데 변화・발전시키기도 한다. 계시는 우리로 하여금 이러한 인간-계획을 이성만으로는 단지 희미하게만 엿볼 수

---

111. *Op. cit.*, pp.559, 591.

있을 뿐이며 인간의 자유는 이를 실현할 수 있는 능력이 없다는 점을 보게 해 준다. 반면, 이러한 인간-계획은 역사(그리고 인간학)의 중심이자 완성인 그리스도의 업적에 힘입어 기쁨으로 가득하면서도 우리에게 위안을 주는 실재로 변화되었다.

11. 한스 우르스 폰 발타사르

한스 우르스 폰 발타사르(Hans Urs von Balthasar)의 신학적 인간학의 특징은 그가 구원 역사를 이해하는 데에 이용한 해석학적 도구들에 의해 분명히 규정되어 있다. 그가 이용한 해석학적 도구는 다음의 두 가지, 즉 유비 원리(類比 原理)와 아름다움(pulchritudo)이 갖는 초월성이다. 첫 번째 도구는 논리적인 특징이 지배적이고, 두 번째 도구는 존재론적인 특징을 띤다.

발타사르는 다분히 사색적인 작품 『칼 바르트 : 그의 신학에 대한 서술과 해석』에서 칼 바르트가 제기한 강한 공격들로부터 자신의 유비 원리를 방어했다. 피조물이 지닌 견고함을 제거하는 바르트적인 변증법에 대해 발타사르는 존재의 유비(analogia entis) 원리를 대비시키면서, 만일 역사 안에서 실현된 하느님의 행위와 그분의 말씀 그리고 그분의 구원적인 행위에 의미를 부여하고자 한다면, 이 원리는 절대로 포기될 수 없는 필수적인 것이라고 주장했다. 발타사르는 존재의 유비와 신앙의 유비를 서로 분리하거나 대립시키지 않았다. 필자가 보기에 그는 본성과 초본성 질서 사이에 엄격한 분리를 제시하는 전통적인 두 개의 층 이론 – 본성과 초본성 – 에 대해 반대 입장을 취했다. 그의 견해에 따르면, 신학에서 본성 질서를 마치 초본성 질서로부터 분리된 무엇으로 제시해서는 안 되며, 반대로 본성 질서가 본질적으로는 초본성 질서에 귀속되는 것으로 보아야 한다. 그러므로 신앙의 유비는 존재의 유비에 대해 절대적인 우위를 점한다. 이러한 측면은 피조물이 하느님과의 구성적인 관계에서 나름의 고유한 견고함과 상대적인 자율성을 누리고 있음을 말할 수 있게 해 주는 바탕이다. 반면, 신앙의 유비는 피조물이 내포하는 본성적 견고함이 사실상 강생의 질서를 통해 하느님으로부터 주어진 것임을 드러낸다. 피조물은 자신의 모든 것을 그분에게 의존할 정도로 철저히 그 기원을 하느님 안에 둘 뿐 아니라 하느님께 드리는 응답조차도 그러하다. 좀 더 적절한 표현을 빌리자면, 인간은 응답하는 능력조차도 하느님에게서 받은 존재다. 그래서 이러한 인간의 자주적인 응답은 이미 자체로 하느님에게서 받은 최상의 선물이다. 그래서 우리는 이를 신학적 유비(analogia theologiae)로 분류한다.[112]

발타사르에 따르면, 본성과 초본성, 본성과 은총, 이성과 신앙 사이에 존재하는 이러한 관계 개념은 교부들과 중세 신학자들의 사상에 그 뿌리를 둔다. 이들은 "실제로 유일한 초본성적 질서, 즉 신앙의 유비 자체가 존재의 유비를 품는다."[113]고 여겼다. 이처럼 발타사르는 가톨리시즘을 특징짓는 것은 존재의 유비가 아니라 – 바르트가 프르치바라(E. Przywara)에 맞선 논쟁에서 단정한 것처럼 – 단순한 신학적 유비라고 결론지었다.[114] 이는 철학적 원리나 자연 신학의 잔재가 아니라 하느님의 절대적인 자유 앞에서 그리고 피조물이 창조주를 향해 목적 지

---

112. H. U. v. Balthasar, Karl Barth: *Darstellung und Deutung seiner Theologie*, Einsiedeln, Johannes Verlag, 1976, p.123.
113. *Ibid*., p.273.
114. *Ibid*., 참조: pp.267-269.

워져 있다는 사실 앞에서 상대적이지만 그러나 동시에 실제적인 피조물의 자율성을 보존하기 위한 수단이다. 다시 말해, 신학적 유비는 구체적이고도 실존적인 전망 안에서 초본성 개념과 더불어 본성 개념을 재생하는 가운데 창조와 계약, 하느님의 행위와 인간의 응답, 은총과 죄 사이를 규정하는 관계들을 더욱 정확히 이해하게 해 준다.

이처럼 발타사르는 본성 질서와 초본성 질서 – 본성 질서가 초본성 질서에 귀속된다 – 를 깊이 일치시키는 가운데 초본성이 본성에 연결되어 있는 요소들을 규명할 수 있다고 보았다. 그는 이 요소들을 무한에 대한 수용성(capacitas infiniti), 순종 능력, 사랑과 자유의 역동성, 하느님을 향한 인간의 무한한 개방성 안에서 발견했다. 그는 이러한 방법을 통해 옛 인간과 상반되는 존재가 아니라 유비적인 관계 안의 새로운 인간, 치유되고 구원된 인간, 해방된 인간, 그리스도를 통해 하느님과 화해한 인간, 하느님 자녀의 품위로 고양된 인간을 소개했다. 발타사르는 자신의 신학적 인간학에 아주 강한 그리스도 중심적 전망을 부여했다. 그에 따르면, 하느님은 영원으로부터 우리를 성자의 모상대로 만드셨다. "성부께서는 영원으로부터(ab aeterno) 그리스도 안에서 우리를 바라보신다. 우리는 우리 안에서 그분이 우리를 받아들이셨음을 찾아볼 수 있다. 즉, 성부는 그분 안에서 우리를 당신의 독생 성자와 더불어 당신의 자녀로 예정하시고 선택하셨다. 성자께서는 세상 시작부터 하느님을 멀리하는 피조물들을 위한 보증이 되셨다. 성부께서는 성자를 통해서 우리를 의화하시는데, 이는 우리가 채울 수 없는 정의를 충족시켜 주시고 우리를 위해 속죄 제물이 되어 주신 성자 안에서 우리를 바라보시고 존중하시기 때문이다. 결국 성부께서는 그리스도를 통해 우리를 고귀한 품위를 가진 존재로 들어 올리신다. 우리가 성자의 부활에 참여할 수 있고, 궁극적으로는 은총을 통해서 본래는 독생성자께만 유보되어 있는 성부의 오른편에 앉을 수도 있게 해 주시기 때문이다. 그러므로 천상은 성자와 더불어 이 세상을 향해 열렸다. 그분을 통해, 특히 그분의 강생을 통해(요한 1,51) 천상을 향한 길이 열렸으며 이제 하늘과 땅 사이의 교류가 가능해졌다."[115]

이처럼 발타사르는 자신의 독창적인 표현을 통해서 다음과 같이 언급했다. 육화하신 말씀이신 그리스도는 "구체화된 존재의 유비시다. 그분은 철회될 수 없는 유일한 사건으로서 세상에 속한 모든 것들을 위한 규범이시다. 그분은 참으로 이 땅에 내려오셨으며 존재하는 인류의 인간적인 본성을 취하셨다. 그러나 그렇게 강생하신 이후 오직 그분을 통해서만 인간이 하느님 앞에서 부름 받을 만한 가치가 있다는 것을 우리는 추측할 수 있다. 하느님은 바로 그분을 통해서 모든 다른 사람들을 헤아리고 고려하신다. 그분은 머리이시고, 교회와 세상은 그분의 정배다. 이처럼 본성은 하느님의 은신처이자 그분의 표현이 되는 가운데 완전해진다. 인간은 그렇게 되고자 전력을 다한다. 하느님께는 맞지 않던 본질이 이제 그분에 의해 취해지고 그분께 아주 낯설던 것 또한 그분의 고유한 것으로 변화되면서, 하느님은 그 본성을 받아들이신다. 이제 논리가 없는 곳에 로고스가 존재하고, 변화하는 곳에 존재가 생성되며, 죽음 가운데 생명이 넘쳐 난다. 성자는 하느님이시지만, 겸손하신 분은 그 무엇도 바라지 않으신다. 왜냐하면 그분은 성부의 말씀과 모상이 되는 것 외에 아무 것도 원하지 않으시기 때문이다. 이러한 전망에서 본성은 자신을 이해함에 있어 자신의 '존재-임'(essere)과

---

115. H. U. v. Balthasar, *La mediazione*, Alba, Paoline, 1958, p.46.

'되어야 하는 존재'(dover essere), 보편성(普遍性)과 개체성(個體性) 사이에 일어나는 제반 문제들에 근거하지 않고 반대로 신적인 삶에 근거하며 그 기반 위에서 자신을 표현하고 이러한 신직 삶을 자신의 중심 터전으로 삼고자 한다. 자신이 물려받은 유산이나 획득한 능력이 아니라 근본적으로 본성 안에 주어진 것과 더불어 자신을 이해하는 이가 참으로 겸손한 사람이다. 그가 바로 하느님 앞에 선 인간이다. 그는 그리스도의 업적을 통해 구원되며 그분에 대한 사랑 때문에 그분의 형제들을 사랑한다. 이러한 정의 이상으로 인간이 될 수 있는 여타의 모든 것은 바로 이러한 정의에 귀속되어 있다."[116]

이제 존재의 유비를 통해 해석된 "유한에 대한 총체적인 문제들은 풍요로워진다. 존재와 비존재에 대한 유한한 역동성은 끊임없이 얽혀 들어갔고 전혀 해결의 기미가 보이지 않았다. 그러나 이제 전혀 다른 출발점, 전혀 다른 전제, 신적인 삶이라는 사실로부터 시작해서 이러한 문제들을 초월하는 실재를 위해 봉사할 준비를 하게 된다."[117]

계시가 갖는 수많은 신비들 - 인간학적 신비까지 포함해서 - 을 읽어 나가는 데에 발타사르가 이용한 두 번째 해석학적 원리는 아름다움이 갖는 초월성이다. 올바른 신학을 전개하는 데에 형이상학이 갖는 유효성과 필요성을 확신한 발타사르는[118] 진리, 일성(一性), 선(善), 거룩함, 미(美), 가치 등 다양한 관점에서 실재(방대한 존재 세계)에 접근할

---

116. ID., *Verbum caro. Saggi teologici* I, Brescia, Morcelliana, 1970, pp.196-197.
117. *Ibid.*, p.197.
118. "무엇보다도 신학자는 먼저 철학자이면서 동시에 창조된 존재자의 신비로운 구조들 안에 - 정확히 말하면 계시의 빛과 더불어서 - 잠길 줄 알아야 한다. 그럴 때 그는 진정한 신학자가 될 수 있다."(U. v. Balthasar, *Teologica* I: *Verità del mondo*, Milano, Jaca Book, 1989, p.14)

수 있다는 것을 잘 알았다. 몇몇 신학자들, 예를 들면 아우구스티노나 토마스 아퀴나스가 진리의 관점에 입각해서 실재 – 나아가 계시까지도 포함해서 – 를 바라보았다면, 위(僞)디오니시오(Pseudo Dionysius)나 둔스 스코투스(D. Scotus)는 선에 입각해서 실재에 접근했다. 반면, 발타사르는 아름다움에 깊이 매료됐다. 그는 이 아름다움을 계시를 읽어내는 해석학적 도구로 삼았다. 이렇듯 그는 신학을 무엇보다도 신학적 미학(estetica teologica) – 비록 전적으로 그런 것은 아니지만 – 으로 규정하였다.

아름다움이 가지는 초월성을 통해서 바라본 계시는 이제 영광(Herrlichkeit)으로 드러나게 된다. 이 영광은 하느님의 자기 비허적 사랑(kenotische Liebe)에서 최고의 표현으로 드러난다. "이처럼 계시되는 하느님의 사랑은 타자성(他者性)의 간격을 보장해 줄 뿐 아니라 이 하느님의 사랑과 그 밖에 자신을 절대시하려는 여타 모든 사랑 – 개인적인 사랑마저도 – 간의 어떠한 교환 가능성도 절대로 배제한다. 이러한 신적 사랑의 그럴듯함은 인간이 언제나 사랑으로 알아 온 것에 대한 그 어떤 상대적인 축소에 의해서도 생겨나지 않는다. 그것은 무엇보다도 자체로는 분명히 사랑을 요청하지 않으면서도 이 사랑이 감지되는 곳 너머를 아주 장엄하게 규정하는, 즉 사랑을 계시하고 분명히 드러내는 형상에 의해 생겨난다. …… 이렇듯 계시 안에서 인간을 만나는 절대적인 사랑의 장엄함, 인간을 받아들이고 초대하며 형언할 수 없는 친밀감 속으로 고양해 주는 이 사랑 앞에서, 유한한 영(靈)인 인간은 비로소 하느님이 절대적 타자라는 사실이 실제로는 무엇을 의미하는지를 처음으로 예감하게 된다. …… 하느님의 사랑으로 설명될 수 있는 것은 제외하고, 계시의 차원이 이해되지 않던 이곳이 이제 당혹스럽고도 이해될 수 없는 하느님 사랑의 불가해성(不可解性)과 절대적 타자성 그리고 피조물에 대한 절대적 우위성(優位性) 가운데 분명하고도 만져볼 수 있게 드러났다."119

발타사르는, 이러한 미학적 태도는 - 이 태도는 본질적으로 탈혼적(estatico)이다 - 하느님의 영광을 감지하고 이에 대해 경탄, 탈혼, 관상, 기쁨으로 응답하는 계시를 직접 받은 사람들(모세, 예언자들, 사도들 등)뿐만 아니라 모든 이에게 개방되어 있으며 신학자에게도 그러하다고 주장했다. 그러므로 신학은 초본성 인간학을 포함한 모든 분야에서 단지 추상적인 사색과 더불어 소진되지 말아야 한다. 신학은 관상을 해야 하고 기도 안에서 해석되어야 한다. 사실 "신학은 성인들의 신학이 되기까지 기도하는 신학으로 남는다. 따라서 신학이 기도가 되는 것, 기도를 통해서 신학이 풍요로워지는 것, 신학이 기도를 창출하는 것은 헤아릴 수 없이 위대한 일이다."120 결국 "그리스도교 교의는 신앙에 대한 순명 안에서 숙고하는 바를 표현해야 한다. 그러므로 그것은 그 대상과 기도의 관계 안에 있다."121

발타사르는 하느님께서 인류를 위해 마련하신 형언할 수 없이 놀라운 계획과 구원 역사를 미학적인 관점에서 재해석하는 가운데 문학과 예술에 관한 광범위한 식견을 십분 활용했다. 더불어서 그는 철학과 인문 과학의 정수(精髓)들뿐만 아니라 시, 서정시, 서사시, 연극, 소설의 신선한 원천들을 끌어들여 해석에 활용했다. 이처럼 발타사르의 신학 체계에서는 다른 어떤 신학자들의 신학 체계에서보다도 한층 더

---

119. H. U. v. Balthasar, *Solo l'amore è credibile*, Torino, Borla, 1965, pp.57-60.
120. ID., *Verbum caro*, cit., p.228.
121. *Ibid.*, p.226.

인간적 원리가 풍요롭게 드러나며 중요한 위치를 차지했다.

우리는 이처럼 발타사르의 신학적 인간학을 특징짓는 구조적인 요소들에 대해 규명해 보았다. 이 요소들은 매력적이면서도 중요한 측면들을 강조할 뿐 아니라 가톨릭 전통을 더욱 풍요롭게 하는 의미심장한 것들이다.

12. 오토 헤르만 페쉬

최근 들어 신학적 인간학 분야를 다룬 저명한 신학자들 가운데 특별히 오토 헤르만 페쉬에 대해 언급할 가치가 있다. 그는 작품 『은총을 통한 자유 : 신학적 인간학』[122]에서 건축적 원리를 사용해서 무엇보다도 제반 인문 과학들에 광범위한 공간을 할애하고 동시에 이를 전통적 개념을 새롭게 해석하는 가운데 신학적 인간학에 대한 새로운 비전을 제시했다.

페쉬는 에큐메니즘적 열정을 갖고 교부들과 스콜라 신학자들의 전통적 가르침뿐 아니라 종교 개혁 신학자들에 대해서도 다루었다. 그는 "현대를 살아가는 가톨릭 신학자에게 개신교적 전통 역시 전통의 일부이며 이 전통과 더불어 진리에 대한 우리의 인식이 발전해 왔음"[123]을 분명히 했다. "우리가 사는 이 세상과 대화를 시도하는 전통이란 그 변천과 휴식 등 총체적이면서도 지속적인 면에서 분석되는 생활한 과정

---

122. O. H. Pesch, *Liberi per grazia. Antropologia teologica*, Brescia, Queriniana, 1988.
123. *Ibid.*, pp.36-37.

(processo vitale)을 말한다."124 그래서 그는 한편으로 전통에서 개혁적인 사상을 배제하는 가톨릭 신학자들과 다른 한편으로 그들보다 더 철저하게 전통을 '오직 성경만으로'(Sola Scriptura)라는 명제로 축소시키는 개신교 신학자들 사이의 고전적 모순으로부터 탈피하는 가운데 총체적인 전통을 진지하게 취하고자 결단했다.125

해석학적 원리와 관련해서, 페쉬는 "오늘의 인간에 대해 다루는 제반 과학들은 오랜 세기 동안 형이상학이 인간에 대해 언급해 온 영역을 대신하는 아주 좋은 도구"126라고 확신했다. 그러나 앞서 살펴보았듯이, 판넨베르그가 초월과 계시를 향한 돌파구를 열기 위해 기초 신학의 토대를 놓는 데에 제반 인문 과학들을 이용한 것과는 달리, 페쉬는 신앙의 신비들을 현실적으로 사용하는 현대 언어로 표현하기 위한 기본 원리로 인문 과학들을 이용했다. 그가 이러한 작업을 통해 추구한 목적은 신학적인 전망 안에서 기초 신학을 전개하는 것이 아니라, 인문 과학적인 인식과 어휘들을 끌어들여 신학적 인간학을 전개하는 것이었다. 따라서 이러한 그의 방법은 초월 철학적 방법이 아니라 교의적 방법이었다. 그의 전망에서 출발점은 계시된 진리로서, "이 진리는 제반 교의들의 신학적 '기준'으로 드러난다. 그는 이러한 기준과 더불어 결과들을 면밀히 검토했다."127 "우리는 아주 정확한 출발점을 선택한다. 그 출발점이란 바로 '계시 신학'으로, 우리는 우리에게 전해진 전승을 통해 주어지는 '계시'로부터 시작한다. 이 계시는 오늘을 살아가는 사람들이 겪는 문제와 진지하게 대화해야 한다."128

---

124. *Op. cit.*, p.42.
125. *Ibid.*, p.42.
126. *Ibid.*, p.15.
127. *Ibid.*, p.41.

페쉬가 보기에 인문 과학들은 단지 낮은 역할을 수행할 뿐이다. 그것은 계시 진리에 대해 어떠한 결정도 내리지 않으며 이 계시 진리의 내용에 어떤 새로운 것을 첨가하지도 않는다. 그것은 신학자가 계시된 메시지를 오늘의 사람들이 이해할 수 있도록 명확히 진술하기 위해 의미론적이며 개념적인 지평을 제공할 뿐이다. "신학적 인간학은 현대 철학적 인간학을 통해 오늘의 맥락에서 구원이 필요한 인간, 하느님에 관한 문제 등을 반영하는 언어와 개념 영역에 대한 이해를 추구한다. 더불어 이러한 문제들을 신학적인 언사들을 통해 연구함으로써 인간학적인 의미 안에서 이해될 수 있도록 모든 신학적인 진술들을 구조화한다."[129]

페쉬가 지향하는 숙고는 엄밀한 의미에서 신학적이다. 바로 이 때문에 그의 출발점은 과학적이지도 철학적이지도 않다. 무엇보다도 그것은 하느님의 말씀에서부터 직접 출발한다. 그러면 구체적으로 무엇이 신학적 인간학의 출발점인가? 페쉬에 따르면, 신학적 인간학의 출발점은 은총 교리와 의화 교리[130]에 있다.

이처럼 페쉬는 신학적 인간학의 연구에 적절한 방법론적 원칙들을 설정한 후, 인류를 향한 하느님의 계획을 규정하는 여러 가지 커다란 신비들의 궤도를 따라 은총, 죄, 믿음, 의화, 인간의 자유, 하느님의 사랑, 구원, 회개 등 전통적인 순서를 설정하면서 구체적으로 자신의 의도를 전개했다. 그리고 전개하는 순서는 늘 구약, 신약, 아우구스티노, 토마스 아퀴나스, 루터, 트렌토 공의회 순이었다.

---

128. *Op. cit.*, p.42.
129. *Ibid.*, p.38.
130. *Ibid.*, p.32.

이러한 그의 연구 결과는 의심할 바 없이 중요한데, 특히 역사적인 맥락에서 그러하다. 그러나 그의 전망은 이론적인 면에서 가톨릭적 사상과 양립할 수 없는 두 가지 명제를 내포하는 헤겔 사상으로부터 큰 영향을 받았다. 이 측면들은 가톨릭적 입장에서는 수용할 수 없는 것들이다. 그 두 가지 명제란 ㄱ) 신학을 신학의 역사와 동일시하는 것과 ㄴ) 역사에 대한 변증법적 전망이다. 사실, 페쉬는 신학을 신학의 역사와 동일시하는 가운데 ‒ 마치 헤겔이 철학을 철학의 역사와 동일시한 것처럼 ‒ 신학을 전승의 역사 안에 용해함으로써 결과적으로 교의가 발전해 나가는 역사 안에 신학을 용해하고 말았다. 그런데 신학이 교의가 발전해 온 역사를 무시할 수는 없다는 점에 대해서는 의심의 여지가 없지만, 이것이 신학의 근본 과제는 아니다. 그것은 단지 전제되는 요소일 뿐이다. 신학이 수행해야 할 중심 과제는 강생하신 성자 예수 그리스도를 통해 영원히 규정되고 실현된 인간에 대한 하느님의 계획을 오늘이라는 맥락에서 다시 귀 기울여 듣고, 나아가 우리가 사는 이 시대의 언사로 새롭게 표현하는 것이다. 그리스도는 계시와 전승에서 알파요 오메가시며 처음이요 마지막이시다.

우리는 또한 역사에 대한 그의 변증법적 개념에 동의할 수 없다. 변증법적 전망에서는 부정적인 것과 긍정적인 것, 반명제와 정명제, 오류와 진리가 동등한 무게를 가지며 이단이 정통과 동등한 가치를 가진다. 물론 부정적인 것이 긍정적인 작용을 할 수도 있고 이단이 정통에 의해 수용될 수 있는 진리의 씨앗들을 간직하는 경우도 있다. 성령께서는 당신의 교회를 지탱하시고 인도하신다. 그럼으로써 교회가 이단들의 주장을 유익하게 이용할 수 있게 하신다. 더욱이 이단자들[루터, 칼뱅, 멜랑톤(F. Melantone)]도 페쉬의 주석 방법과 관대한 해석들에 대해 동의하지 않았을 것이다.

전승은 오랜 세월을 거쳐 오면서 이단을 통해 뿌려진 진리의 씨앗들을 거둬들였다. 그러나 이러한 작업은 이단들의 업적을 통해서 이루어진 것이 아니라 건강한 신학과 교회 교도권의 행위를 통해 생겨난 것이다.

결 론

　　사도 시대부터 오늘까지 신학적 인간학이 걸어온 오랜 여정을 살펴보는 가운데, 우리는 하느님께서 인류를 위해 마련하신 신비스러운 계획에 대한 이성적인 심화가 수많은 방법으로 이루어질 수 있다는 점을 확인하였다. 즉, 철학적 또는 과학적 인식을 끌어들이고 전통적인 논리학과 변증법적 방법론을 활용하기도 하며, 나아가 현상학과 해석학 같은 새로운 방법론을 이용할 수도 있다.
　　또한 신학적 인간학에 대한 역사적 연구는 우리로 하여금 우선 플라톤 철학을, 그 다음에는 아리스토텔레스 철학을, 그리고 최근에는 제반 인문 과학이 획득한 다양한 결실들을 활용하는 가운데 신학적 인간학이 형식적인 면(논술에 있어서 기초적인 면)이나 내용적인 면(내용에 대한 연구)에서 모두 장족의 발전을 했다는 점을 보게 해 준다.
　　그러나 계시된 진리를 우리에게 적합하게 하는 작업은 결코 끝나지 않았다. 그것은 단지 하느님의 은총에 대해 우리가 드릴 수 있는 응답뿐 아니라 이 은총에 대한 우리의 지적인 이해마저도 완전한 것이 아님을 의미한다. 하느님의 구원 계획을 개념적으로 적절하게 만들려는 시도는 다양함과 발전, 풍요로움과 침체에 귀속되어 있다. 이는 신학적인 성찰이나 교회 교도권에 있어서도 역시 마찬가지다. 우리는 역사적인 재구성을 통해서 신학적 인간학이 걸어온 여정이 분명 점진적인 진보의 과정이었다고 본다. 하지만 모두가 황금기(아우구스티노나 토마스 아퀴나스의 시대 같은)는 아니었다는 사실 또한 잊지 말아야 한다. 그 여정 가운데는 분명 어두운 시기들도 있었으며, 그 기간에는 계시 진리를 해석할 만한 적절한 문화적 도구들의 부재로 인해 신학이 거의 침묵을 지켰다.

신학적 인간학은 수세기 동안 침체를 겪은 후 20세기 들어 크게 회복됐고 상당히 생기 넘친 모습을 보이고 있다. 그러나 실제로는 그리 큰 진보를 이루지 못했다. 이는 무엇보다도 신학자들이 흩어진 채 산만하게 움직였기 때문이다. 또한 형이상학의 붕괴는 신학적 인간학에 하등의 도움이 되지 못했다. 형이상학의 붕괴로 인해 신학적 인간학은 중요한 해석학적 도구들 가운데 하나를 잃었다. 판넨베르그가 지적하는 것처럼, 과거에 형이상학을 통해 보장되던 사상의 단일함을 인문 과학들을 중심으로 재구성한다는 것은 결코 기대하기 어렵다. 왜냐하면 인문 과학들은 필연적으로 단편적일 수밖에 없고 - 각 개별 학문은 인간 실재가 갖는 특수한 하나의 측면만을 연구할 뿐이다 - 나아가 과학적 엄밀함이라는 면에서도 의혹이 있을 수 있기 때문이다.

신학을 위해 더욱 확실한 개념들을 제공할 수 있는 분야는 언제나 철학이다. 그리고 인간을 향한 하느님의 계획을 사상과 접목하는 데에 더욱 가까운 분야는 분명 철학적 인간학이다. 그 다음으로 들 수 있는 분야는 인문 과학들이다. 반면에 초본성적인 진리에 대한 어떤 논술들은 형이상학을 끌어들여야 할 필요가 있다.

이처럼 우리는 역사의 빛 안에서 하느님에 의해 준비되고, 세기를 통해 실현됐으며, 교회가 보호하고 전해 주는 인간의 신비를 더 잘 이해하기 위해 필수적인 해석학적 도구들로 세 가지, 즉 형이상학과 철학적 인간학과 인문 과학을 제시할 수 있다. 이러한 도구들은 필자의 작업에도 필요하다.

참고 문헌

이 장(章)의 심화를 위해 참조할 만한 책들은 본문의 각주에 나와 있으며, 그 이상의 자료를 원한다면 바로 전 장에서 소개한 참고 문헌들 가운데 특히 다음 책들을 참고하기 바란다.

W. Pannenberg, *Antropologia in prospettiva teologica*, Brescia, Queriniana, 1987;

O. H. Pesch, *Liberi per grazia. Antropologia teologica*, Brescia, Queriniana, 1988;

G. Colzani, *Antropologia teologica*, Bologna, Dehoniane, 1988.

2

초본성적 인간학에 대한 체계적 고찰

서 언

　　아우구스티노는 인간이 누구인가 하는 물음이 하나의 커다란 신비(magnum mysterium)라고 말했지만, 그렇다고 절대로 해독할 수 없고 또 이해할 수도 없는 신비라고는 말할 수 없다. 사실, 오늘날의 현상학과 철학적 탐구는 인간 존재의 신비와 복잡함이 갖는 무수한 측면들을 드러내 주었고 이를 더욱 명확하게 해 주었다. 구체적으로 이 연구를 통해 인간은 본질적으로 문화적인 존재이자 자유로운 존재이며, 바로 이 문화와 자유로 인해 인류의 주인임을 새로이 발견하게 됐다. 현상학과 철학적 연구를 통해 드러난 또 하나의 사실은, 인간은 자연에 의해 아직 규정되지 않은 존재로서 다양한 정의들과 실현 가능성들 앞에 민감하게 개방된 계획이라는 점이다.[1]

　　우리는 철학과 문화의 역사를 통해 인간에 대한 여러 가지 이해들이 서로 큰 차이를 보이고, 경우에 따라서는 상반되기도 한다는 것을 보게 된다. 인간-계획을 정의할 때 오직 영혼(animus), 영(spiritus)만을 고려하는 영적(spiritualistica) 주장이 있다. 반면에 육체에 대한 요구들, 즉

---

1. 인간에 대한 더욱 총체적인 전망을 현상학과 철학을 통해 보려면 필자의 저서 *L'uomo. Chi è?*, Milano, Massimo, 1990, 6ᵃed.를 권한다.

물질적인 요구들만을 고려의 대상에 포함하는 유물론적(materialistica) 주장을 만나기도 한다. 그런가 하면 오직 사회의 요구에만 부응하는 사회 중심적(sociocentrica) 주장도 있다. 또한 인간에 대한 계획을 오직 하느님과의 관계 안에서만 정의하는 하느님 중심적 주장도 있다.

이 가운데 마지막 전망은 수많은 고대 철학자들, 예를 들면 소크라테스(Socrate), 플라톤, 아리스토텔레스, 플로티누스 등을 통해 발전했고, 근대에 와서는 데카르트, 스피노자, 라이프니츠, 비코(G. B. Vico), 칸트, 셸링(F. W. Schelling), 헤겔 등을 통해 이어졌다. 그리고 현대에는 베르그송, 블롱델, 하이데거, 야스퍼스, 사르트르, 블로흐, 레비나스(Levinas) 등을 통해 다뤄졌다. 물론 학자들은 저마다 자신의 전망에 따라 이해한 하느님 개념을 바탕으로 자신들의 철학을 발전시켜 나갔다.

근대와 현대에 들어서 수많은 이데올로기들과 더불어 여러 가지 이상향들이 제시되어 왔다[루소, 칸트, 헤겔, 포이어바흐(L. Feuerbach), 마르크스, 콩트, 다윈(C. Darwin), 레닌, 히틀러, 블로흐 등]. 이러한 이데올로기들은 인간의 모든 필요를 충족시켜 줄 뿐 아니라 하느님의 모든 속성을 지닌 행복의 나라로 데려다 줄 새로운 인간의 도래를 제시하였다. 하지만 최근 수십 년간 우리는 수직적인 차원에서 붕괴를 체험했으며 어느 때는 그 모든 이데올로기들과 이상향들이 요란스럽게 붕괴되는 것도 보았다.

이렇듯 최근 들어 인간 자신의 구원을 인간 스스로 보장해 오던 프로메테우스적이고 파우스트적인 강력한 계획에서 이제는 가학적이고 허무주의적인 나약한 계획으로 전락됨으로써, 인간은 점점 더 자기 파괴의 늪으로 빠져들어 간다. 또한 나날이 진보해 가는 과학 기술로 인해 인간의 능력은 점점 더 비대해져 간다. 그러나 이는 오히려 인간 자신을 불확실함과 무능력 속으로 빠져들게 하는 덫이 되고 말았다. 인간의 미래는 모든 분야에 걸쳐 점점 더 절망적이고 불확실해져 가며 개인적이거나 전체적인 차원에서 인류의 운명에 대한 희망은 점점 더 퇴색해 가기만 한다. 이제 인간은 사르트르가 말하듯이 쓸모없는 열정으로 퇴락해 가는 위험을 감수하고 있다. 마치 복음서에서 베드로가 탔던 배처럼, 우리가 탄 배 역시 폭풍, 특히 생태계의 파괴로 인한 폭풍으로 심하게 흔들리며 침몰의 위협에 시달리고 있다. 누군가가 우리를 구해 주지 않는다면 분명 우리는 가라앉고 말 것이다. 그러기에 지금 이 순간에 우리는 베드로와 함께 이렇게 소리치지 않을 수 없다. "저희가 죽게 되었습니다. 구해 주십시오."

인간은 자신의 힘만으로 자신을 구원할 수 없다. 이는 이미 모두에게 분명히 드러난 진실이다. 그러나 이러한 인식이 필연적으로 우리를 허무주의로 이끌지는 않는다. 만일 인간이 최고의 존재가 아니라면 - 이 점에 대해서는 의심의 여지가 없다 - 역으로 인간에게 구원의 가능성이 열리게 될 것이다. 이는 무엇보다도 참으로 지고의 존재이신 하느님의 활동을 통해서 그러하다. 이야말로 인간 이성이 분명히 예견할 수 있고 또 열망하는 궁극적인 도착점이다. 하지만 그것은 어디까지나 수동적인 가능성이지 - 토마스 아퀴나스는 이를 '순명 능력(potentia oboedientialis)'이란 개념으로 말하였다 - 능동적인 가능성이나 인간이 요청할 수 있는 권리는 아니다.

이제 이러한 수동적 가능성은 놀랍게도 하느님의 한없는 관대함에 힘입어 현실화될 수 있는데, 이는 무엇보다도 인간 편에서의 신앙이 있어야 가능한 일이다. 우리처럼 예수 그리스도를 믿는 이들은, 분명 하느님께서는 인류를 새로이 창조하실 놀라운 계획이 있으며, 이 계획이 다름 아닌 강생하신 말씀, 즉 인간이 되신 하느님의 아들 예수 그리스도 안에서 충만하게 실현되었음을 가슴 깊이 확신하게 될 것이다. 우리는 신앙의 선물에 힘입어 참된 인간은 현상학이나 철학적 탐구를 통해 우리에게 제시된 인간상이 아니라 그리스도의 은총을 통해 형성된 – 썩어 없어질 땅에서 취한 진흙으로 빚어진 인간이 아닌 – 새로운 인간(uomo nuevo)임을 잘 안다.

이제 제2부에서는 앞에서 다룬 것처럼 우선 하느님께서 인류를 위해 준비하신 그분의 계획이 완성되기까지의 전체적인 윤곽을 다루게 될 것이다. 그 다음에 "사랑으로 예수 그리스도를 통하여 우리를 당신의 자녀로 삼으시기로 미리 정하셨습니다. 이는 하느님의 그 좋으신 뜻에 따라 이루어진 것입니다"(에페 1,5)라는 말씀에 담긴 의미를 심도 있게 다루게 될 것이다. 이어서 그리스도와 깊이 결합되어 신적인 생명에 참여하는 새로운 인간상을 특징짓는 여러 신비로운 측면들을 구체적으로 소개하고자 한다. 이러한 특징들에는 선택, 의화, 예정, 은총, 초본성적 덕들, 그리스도인의 영적인 과제들 등이 있다.

1 | 인류를 위한 하느님의 원계획

성서적 전망에 따른 인간학의 근본 진리들을 도식으로 살펴보면 다음과 같다. 먼저, 인간은 하느님에 의해 그분의 모상과 유사함으로 창조됐다(창세 1,27). 그러므로 인간은 지성 – 인간은 지성으로 세상과 하느님을 알고 제반 사물들을 알며 그것들을 이름 지어 부를 수 있다. 그러므로 제반 사물들을 지배할 수 있다 – 과 자유 – 인간은 자유가 있기 때문에 선과 악 가운데 하나를, 그리고 하느님과 자기 자신 가운데 누군가를 선택할 수 있는 능력을 가진다 – 를 받았다. 또한 인간은 남자와 여자로 창조되었는데, 이는 인간에게 본성적으로 성적(性的) 차원이 주어졌음을 의미한다.

이렇게 창조된 인간에게 시험이 주어졌는데, 인간은 그만 이를 넘어서지 못하고 교만의 죄를 짓고 말았다. 그는 단순한 인간으로 만족하지 못하고 하느님과 동등한 존재가 되기를 꿈꿨다. 이는 인간을 함정에 빠뜨리는 엄청난 유혹이었고, 그 이전에 이미 무수한 순수 영적 존재들을 걸려 넘어지게 한 걸림돌이기도 했다. 불행히도 첫 인간 역시 이 유혹에 굴복하고 말았다. 인간이 교만의 죄에 빠진 결과는 참담했다. 하느님은 인류로 하여금 유한하고 연약하고 무능하며 온갖 종류의(육체적,

심리적, 사회적, 영적, 윤리적) 불행과 비참함에 처한 인간 존재의 의미가 무엇인지를 피부로 직접 경험하게 하는 심판을 내리셨다.

그러나 이러한 단죄가 결코 최종적이고 돌이킬 수 없는 것은 아니었다. 지상 천국으로부터의 추방은 철회될 수 있었다. 하느님께서는 첫 인류에게 이를 약속하셨다. 그러나 이 하느님의 용서는 곧바로 이루어지지도, 그렇다고 모두에게 직접 전해지지도 않았다. 하느님과 인류 사이의 화해는 사실상 천천히 그리고 점진적으로 실현되어 갔다.

이 화해는 하느님께서 하나의 민족(이스라엘 민족)을 선택하시면서 시작됐다. 하느님은 이들과 계약을 맺으셨다. 이 계약의 기본 조항은 바로 야훼야말로 그들의 유일한 하느님이라는 것("나 이외에는 어떠한 신도 모실 수 없다.")이었다. 그러나 이 선택된 민족은 자주 동요했고 계약에 대한 불충실로 자신을 더럽혔다. 그들은 결국 우상 숭배에 빠져들고 말았다. 그럼에도 하느님은 결코 그들과 맺으신 계약을 철회하지도, 당신의 백성을 포기하지도 않으셨다. 오히려 그분은 자상한 배려로 그들을 끊임없이 돌보셨고 그들을 총애하는 수많은 징표들을 허락하셨다. 그분이 보여 주신 징표들 가운데 가장 결정적인 것은 당신의 백성 중에서 마리아라는 한 여인을 선택해서 모든 사람을 구원할 메시아인 하느님의 아들을 낳을 어머니가 되게 하셨다는 점이다. 삼위일체 하느님께서는 성부의 아들이자 동정 마리아의 아들이신 나자렛 예수와 함께 영원으로부터 염두에 두셨던 인간을 위한 엄청난 계획을 완성하셨다. 그것은 "사랑으로 예수 그리스도를 통하여 우리를 당신의 자녀로 삼으시기로 미리 정하셨다."(에페 1,5)라는 말씀대로 모든 사람을 하느님의 자녀가 되게 하는 것이었다. 그러나 불행히도 이스라엘 민족의 아둔함과 몰이해로 말미암아 하느님의 계획은 잔인한 방법을 통해 실현될 수밖에 없었다. 그 계획은 메시아의 수난과 죽음을 통해서 이루어졌다. 예수는 자신의 생명을 희생하심으로써 하느님의 원수가 되어 죄를 범한 인간을 용서해 주셨고, 죄로 인해 더러워진 – 하느님께서 인간을 창조하실 때 인간 안에 깊이 새겨 주신 – '하느님의 모상'을 깨끗하게 해 주셨다. 그리고 당신을 믿는 모든 이에게 하느님의 자녀가 되는 은총을 허락하셨다. 무엇보다도 이 은총은 하느님의 아들을 믿어 삼위일체적 사랑의 고리 안에 들어간 인류를 첫 인류인 아담과 하와에게 허락된 은총을 한없이 능가하는 상태로 고양하기 위한 것이다. 이제 그리스도의 업적에 힘입어 인간들 사이에 하느님 나라가 세워졌다. 이 하느님 나라는 바로 교회로서 입양된 하느님의 자녀들이 모인 가족이며, 이는 하느님 나라의 실현을 이미 이 땅에서 선취(先取)해서 보여 준다.

더 나아가, 예수께서는 죽은 이들 가운데서 부활하심으로써 입양으로 하느님의 자녀가 된 모든 이들이 죽음의 순간에 누리게 될 복된 운명을 미리 보여 주셨다. 그것은 다름 아닌 삼위일체 하느님의 품 안으로 되돌아가는 것으로, 그 안에서 지복직관의 은총을 누리고 삼위이신 성부, 성자, 성령 사이의 복된 친교에 참여하는 것이다. 이 결정적 순간은 세상 마지막 날에 그리스도께서 재림하실 때 완전히 성취될 것이다.

1. 아담과 하와의 근원적 이콘성

성서적 인간학에서 가장 우선적이면서도 중요한 진리는 인간이 하느님의 모상으로 창조되었다는 점이다. 더 나아가, 인간이 하느님의 이콘(하느님의 모상)이라고 하는 인간에 대한 가르침은, 비록 외적으로는 창세기 초반의 몇 장과 지혜문학 계열의 몇몇 성경 구절에서만 제시됨에도 불구하고(지혜 2,23; 집회 17,3), 구약 성경 인간학의 핵심적 주제가 아닐 수 없다. 방금 언급한 구절들은 구약 성경의 인간관을 대표하는 훌륭한 표현이다. "하느님께서 말씀하셨다. '우리와 비슷하게 우리 모습으로 사람을 만들자.' 하느님께서는 이렇게 당신의 모습으로 사람을 창조하셨다. 하느님의 모습으로 사람을 창조하시되 남자와 여자로 그들을 창조하셨다."(창세 1,26-27)

성서적 인간학의 근본 텍스트인 이 구절이 내포하는 의미를 정확히 짚어 내는 것은 결코 쉬운 일이 아니다. 그래서 오랫동안 시대마다 당대의 신학자들과 성경 주석가들이 이 작업을 시도했다.[2] 오늘날 더욱 정확한 성경 주석의 결과와 구약 성경의 신학적 전망에 근거해서 볼 때, 창세기 저자는 '하느님의 이콘'이라는 표현을 통해서 다음 두 가지 점을 드러냈다고 할 수 있다. 첫째, 이 표현은 창조된 세계에서 인간이 차지하는 독보적이고도 높은 지위를 드러낸다.[3] 둘째, 인간이 하느님의 이콘이라 함은 우주 안에서 하느님을 대리하는 인간의 역할을 드러낸다. 고대 근동의 제국들은 황제가 직접 다스릴 수 없는 지방에서는 황제를 대리하는 조각상을 사용해 통치했다. 이러한 배경을 염두에 두고 본다면, 성경 저자는 인간이 하느님의 이콘이라는 표현을 통

---

2. '하느님의 이콘'으로서 인간이라는 주제를 다루는 책들은 많다. 특별히 다음 책들을 참고하기 바란다. P. Cacucci, *Teologia dell'immagine. Prospettive attuali*, Roma, 1971; O. Clement, *Questions sur l'homme* (cap.II), Parigi, 1972; V. Lossky, *Á l'image et á la ressemblace de Dieu*, Parigi, 1967 W. Seibel,"'L'uomo come immagine soprannaturale di Dio e lo stato originale dell'uomo", in *Mysterium salutis* IV, Brescia, 1970, pp.539-587; B. Mondin, *Antropologia teologia* (cap.V), Roma, 1977; M. Aguilar Schreiber, *L'uomo immagine di Dio*, Roma, 1987.
3. M. Aguilar Schreiber, *op. cit.*, pp.134 이하를 참조할 것.

해 우주 안에서 하느님을 대신해서 대리자 역할을 수행하는 인간의 능력을 표현하는 동시에 하느님을 대신해서 창조 세계를 통치하는 인간의 과제를 드러내고자 한 것이다.[4]

창세기 저자는 구체적으로 인간이 어떤 측면에서 하느님을 닮았는지 – 예를 들면 사고하는 것, 판단하는 것, 말하는 것, 의지적으로 행위하는 것, 노동하는 것 또는 육체적인 면, 정신적인 면, 영혼 등이 하느님을 닮았는지 – 에 대해서는 관심을 갖고 할애하지 않는다. 그러나 하느님에 대한 어떠한 형태의 신인동형론적(神人同形論的, antropomorfico) 설명에도 거부감을 보이는 구약 성경의 전체적인 맥락 – 성경은 하느님에 대해 어떠한 형태로든 이미지나 조각상을 만드는 것을 아주 엄격하게 금한다 – 을 고려할 때, 인간이 갖는 하느님의 이콘성이 하느님을 직접 그리고 육체적 물질적으로 드러낸다고 말하기는 어렵다. 이에 대해 세이벨(W. Seibel)은 자신의 책에서 다음과 같이 더욱 구체적으로 설명했다. "이집트와 메소포타미아의 종교들과 비교하면 창세 1,26은 분명하게 대조된다. 이 종교들에서 인간은 신들의 직접적인 후손으로 간주되며 동시에 동물들의 세계와 갖는 차이는 분명히 드러나지 않은 채 사라진다. 반면, 이에 비해서 창세 1,26은 이 종교들에서 드러나는 두 가지 방향성에 대해 일정한 제한을 두면서 인간을 묘사한다. 즉, 하느님과의 유사함은 인간을 다른 모든 피조물들로부터 구별하는 동시에 하느님의 차원에 두고 소개한다. 그럼으로써 인간을 하느님과 더불어 더 높은 다른 세계에 속하는 존재로 소개한다. 그러면서 동시에 하느님과 인간을 본질적으로 구별한다. 여기서는 하느님의 절대적인 초월성이 강조되어 드러난다. 즉, 인간

---

4. G. v. Rad, *Theologie des Alten Testaments* I, Monaco, 1957, p.151.

은 하느님의 아이 또는 자녀가 아니라 다만 모상으로 소개된다. 인간은 하느님과 동일한 본성을 지니지 않으며 단지 비슷할 뿐이다."[5]

그러면 구체적으로 인간은 어떤 측면에서 하느님의 이콘이라고 할 수 있을까? 몇몇 저자들은 무엇보다도 인간이 직립 보행을 한다는 데서 그 점을 찾아 볼 수 있다고 한다[H. 쾰러(Köeler)]. 반면에 다른 저자들, 예를 들면 칼 바르트 같은 사람은 남자와 여자 사이의 성적인 차이에서 상징적으로 드러나는 상호 주체성에 주목한다. 그러나 이에 대한 나름의 해석을 내놓은 고대와 현대의 학자들 대부분은, 인간이 하느님처럼 행동할 수 있는 능력이야말로 그가 하느님의 이콘이라는 사실을 드러낸다고 말한다. 즉, 하느님이 세상을 창조하시고 지배하시는 것처럼 인간 역시 세상을 나름대로 일구고 지배하는 가운데 그 이콘성이 드러난다는 것이다. 그러므로 인간이 하느님을 닮았다는 것은 존재론적인 차원보다는 역동적인 차원, 즉 그의 존재가 아니라 그의 행위에서 드러난다고 할 수 있다.

알렉산드리아의 클레멘스를 선두로 오리게네스, 니사의 그레고리오로 이어지는 주요 그룹은 창세 1,27을 해석하면서 인간이 갖는 하느님의 이콘성을 인간의 자유에서 보았다. 여기서는 이 주제에 관한 니사의 그레고리오의 매력적인 사상만을 종합적으로 소개하고자 한다. 사실, 하느님의 모상이란 주제는 그가 모험 가득한 생애의 모든 시기에 걸쳐서 인간 존재를 이해하기 위해 기울인 노력에서 가장 핵심적인 열쇠와도 같았다.

니사의 그레고리오는 무엇보다도 에이콘(eikon; 라틴어 imago에 해당

---

5. W. Seibel, *op. cit.*, Queriniana, Brescia 1970, pp.539-540.

하는 그리스어)이 무엇을 의미하는지를 설명하고자 시도했다. 여기서 말하는 에이콘은 먼저 원형을 충실히 재현하는 것을 뜻한다. 그러므로 이 용어는 원형과 모상 사이의 긴밀한 유사성을 내포한다. 그러나 동시에 여기에는 동일성(同一性)이 제외되어 있다. 모상은 그것이 원형의 모든 속성을 간직하는 정도에 따라 참으로 모상일 수 있다. 만일 이콘이 원형을 충실히 반영하지 못한다면, 그것은 더는 이콘이 아니라 다른 무엇으로 남을 수밖에 없다.[6] 니사의 그레고리오는 이러한 개념들을 하느님의 모상에 적용해 설명하면서, 만일 하느님이 모든 선을 아우르시는 분이라면 인간 역시 하느님의 이콘인 한에서 모든 선으로 충만할 것이라고 말했다. "그러므로 우리 안에는 정직함, 갖가지 덕들, 지혜 그리고 우리가 가진 지성의 힘을 이용해서 알 수 있는 모든 것이 들어 있다."[7] 하지만 인간은 하느님일 수 없고 단지 그분의 이콘이므로 하느님과 인간 사이에는 명확한 차이가 있을 수밖에 없다. 이 차이에 대해서, 니사의 그레고리오는 하느님은 자립적(subsistentialis)이시고 창조되지 않으신(increatus) 분이신데 반해 인간은 창조를 통해 존재를 받는다고 언급했다.[8]

인간의 이콘성이라는 주제에 관한 니사의 그레고리오의 가르침에서 더욱 우리의 관심을 끄는 독창적인 면은 인간의 자유의 역할에 있다. 이 점은 그가 하느님과 인간 사이의 유사함을 논할 때 현저하게 드러나는 요소들 중의 하나다. "인간은 자유로 인해 하느님과 동등하다."[9] "독립성과 자율성은 신적 지복에 속하는 것이다. 따라서 인간은 이러한 속성을 지닌 자유로 인해 하느님의 형상(deiforme)이다."[10] 이처럼 니사의 그레고리오

---

6. Gregorio Nisseno, *De hominis opificio*, in MIGNE, PG, 44, 133.
7. *Ibid.*, 183b.
8. *Ibid.*, 183d.
9. Gregorio Nisseno, *De mortuis*, PG, 46, 523a.

는 인간의 자유를 자기 결정성 또는 제반 존재들에 대한 인간의 통치권으로 이해했다. 그는 하느님이 인간을 당신과 닮게 창조하시면서 당신이 맡으셔야 할 모든 존재들에 대한 통치를 인간에게 위임하셨다고 말했다. 이처럼 자신보다 낮은 존재들에 대한 인간의 지배는 인간이 하느님을 닮았다는 사실을 여실히 보여 주는 대표적인 모습이라는 것이다.[11]

그러나 니사의 그레고리오는 인간이 자기 자유를 남용할 가능성과 이로 인해 자유가 인간의 이콘성에 해를 입힐 수 있음을 익히 간파하였다. 인간은 스스로 자신의 자유, 더 구체적으로는 자신의 자유로운 결정을 통해 하느님의 모상을 더욱 빛나게 할 수도 있고, 반대로 어둡게 만들고 축소시킬 수도 있다. 그러므로 인간이 자신의 자유를 남용할 수 있는 능력을 가졌다는 사실 자체가 인간의 이콘성이 본래 불안정하다는 것을 말해 준다.

근래 들어 발타사르가 인간을 하느님과 이어 주는 이콘적 특성이 내포하는 근본적인 면을 자유 안에 정초하고자 하는 니사의 그레고리오의 이론을 정당화하는 철학적 근거들을 설명한 바 있다. 그에 따르면, 인간의 자유는 명백히 유한한 자유(libertas finita)로서 오직 하느님의 무한한 자유(libertas infinita)의 빛 안에서만 이해될 수 있다. 사실 인간의 자유는 모순 덩어리다. 자유가 선택 능력인 한에서 인간은 자신의 행동과 세계의 제반 사물들과 인격체들 위에 군림한다. 반면에 인간의 자유가 결정적으로 유한한 한에서 창조된 실재라는 측면에서 본다면, 그것은 인간의 내적, 외적 세계를 지배할 수도 없을 뿐더러 실제로 인

---

10. *Op. cit.*
11. "Hominem naturae divinae, cuius omnia paret imperio, imaginem esse, nihil esse puntandum est aliud quam regium ei decus in ipsa creatione tributum."(Gregorio Nisseno, *De hominis...* cit., 135c-d)

간을 완성시키는 것들을 선택하는 데에도 무능력하다. 인간의 자유는 모든 방향에서 넘어설 수 없는 무수한 장벽들 앞에 직면해 있다. 그 자유는 무한을 향해 끊임없이 질주하지만 동시에 유한함이라는 사슬에 묶여 있다. 인간의 자유가 갖는 이러한 모순은 오직 하느님의 무한한 자유를 만남으로써 해결될 수 있다. "유한한 자유 안에 박혀 있는 무한적인 요소로 …… 무한에 이르려는 긴장으로 인해 마치 그리스 신화에 나오는 탄탈루스 – 신들의 비밀을 누설한 죄로 호수에 턱까지 잠긴 채 물을 마시려 하면 물이 빠지고 열매를 따 먹으려고 하면 가지가 물러나서 영원히 갈증에 시달리는 벌을 받았다 – 의 고통처럼 변화돼서는 안 된다. 그러나 그 열망이 유한함이라는 제약으로 인해 질식돼서는 더더욱 안 된다. 만일 자신의 실현을 향해 나아가는 자유의 질주가 자체로 자유로워야 하며 운명의 사슬에 얽매인 채 좌절돼서는 안 된다고 한다면, 이 자유는 자신 안에 그리고 자신 위에 무한한 자유를 필요로 한다. 유한한 자유는 바로 이 무한한 자유에 힘입어 그리고 무한한 자유 안에서 비로소 유한한 자유로서 실현될 수 있다. 그러므로 이 자유는 자신의 본질 – 이것이 무한한 자유인 한에서 – 에 상응해서 자유롭게 숨 쉴 수 있는 여백을 자신 안에 지녀야 한다. 더 쉽게 말하면, 무한한 자유는 유한한 자유를 자유롭게 해야 한다."[12] 이처럼 "피조물은 이 무한한 자유의 심연으로 되돌려짐을 보게 된다. …… 따라서 인간에게서 하느님과의 결정적인 유사함은 아우텍수시온(autexousion, 自己 決定性), 즉 창조되지 않은 자유(libertas increata)의 창조된 반사에 있다."[13]

더 나아가 우리는 인간의 자유에 정초한 하느님의 이콘성을 보게

---

12. H. U. v. Balthasar, *Teodrammatica* II, tr. it., Jaca Book, Milano 1982, pp.192-193.
13. *Ibid.*, p.373.

해 주는 둘째 요소 – 이는 철학과 신학 양쪽에 모두 유효한 근거이며 앞서 살펴본 첫째 요소에 포함될 수 있다 – 를 볼 수 있다. 자유는 놀랍기 그지없는 소우주인 인간이 지닌 수많은 완전한 요소들 가운데 가장 주목할 만한 것이다. 자유 안에서는 인간이 지닌 가장 중요한 두 가지 기관(facultas), 즉 사고하는 기관(관념, 판단, 평가 등)과 욕구하는 기관(원의, 성향, 결정, 선택 등)이 서로 교차한다. 이해하고 욕구하는 두 가지 활동이 함께 어우러지는 가운데 자유라는 꽃이 피어난다. 자유는 인간 존재를 활동, 사실, 사건으로 초대하는 능력 – 우연, 숙명 또는 본성 때문이 아니라 자유 자체 때문에 이미 내포하는 능력 – 이 있다. 인간은 오직 자유를 통해서 창조주이신 하느님과 동등해질 수 있다(왜냐하면 하느님 자신이 이미 이를 보장하시기 때문이다). 이처럼 절대적 능력으로서 자유는 인간으로 하여금 최상의 하느님의 이콘이 되게 한다.

이콘성의 핵심을 자유 안에 정초하는 것은 매우 의미심장한 일이 아닐 수 없다. 사실 이것은 인간이 지닌 이콘성의 운명이 인류 역사상 중요한 사건들을 통해 어떻게 변천해 왔는지를 이해하게 해 주는 중요한 단초다. 곧 보게 되겠지만, 인간이 지닌 이콘성의 운명은 그가 지닌 자유의 운명과 같은 길을 걸어 왔다.

첫 인류가 에덴 동산에서 누렸던 특별한 은총들에 대해 신학적인 사색은 만족할 만한 대답을 주지 못했다. 그러나 사색적 실천적인 면에서 고려할 만한 것이 전혀 없는 문제들에 머무를 필요는 없다. 하느님께서 인간을 창조하면서 첫 인류에게 선사하신 자유에서 진정 중요한 것은 인간이 그 자유를 통해 비로소 유일무이한 하느님의 이콘이 됐다는 사실이다. 자율성이라는 측면에서 보면 첫 인류가 누렸던 자유는 지금 우리가 향유하는 자유보다 훨씬 고차원적인 것이었다. 당시 그들은 열정의 충동도 노동의 무게도 전혀 느끼지 않았다. 그들의 마음은 여전히 깨끗했고 세상을 다스리는 데 있어서도 결코 오늘날처럼 격하지 않았다. 그러나 목적이라는 근본적 전망에서 보면, 그들의 자유나 우리가 지닌 자유나 매한가지다. 우리의 자유가 실수를 범할 수 있는 것처럼, 첫 인류가 지닌 자유 역시 오류에 빠질 수 있었고 실제로 그들은 최종 목적을 선택하는 과정에서 잘못을 범했다.

2. 토마스 아퀴나스가 본 본원적 정의와 신적 이콘성

토마스 아퀴나스는 첫 인류가 누렸던 무죄한 상태(본원적 정의의 상태)에 대해 『신학대전』(I, qq.94-102)에서 광범위하게 다루었다. 그는 여기서 성경과 교부들의 진술을 인용하여 무죄한 상태의 인간이 누린 지성과 의지의 상태가 어떠했는지, 육체는 어떠했고 외부 세계를 어떻게 통치했는지, 종족은 어떻게 보존했고, 자녀를 어떻게 출산했으며 그들이 머물렀던 곳은 어떠했는지에 대해 구체적으로 다루었다.

반면, 토마스는 아담과 하느님의 관계에서 아담이 황홀경에 빠졌을 때를 제외하고는 본원적 정의가 그로 하여금 하느님을 본질 자체로 보게 했으리라는 점을 제외하였다. "그 이유는 다음과 같다. 하느님의 본질은 지복과 다름없다. 그런데 하느님의 본질을 관상하는 이는 행복에 둘러싸인 사람이 누리는 것과 같은 상태를 하느님과 함께 누린다. 세상의 그 누구도 스스로 그러한 지복을 결코 포기하지는 않을 것이다. 왜냐하면 인간은 본성적으로 그리고 필연적으로 행복을 추구하고 불행을 멀리하려 하기 때문이다. 그러므로 그 누구도 하느님의 본질을 관상하고 나서 의지적으로 하느님에게서 멀어지려고, 곧 죄를 지으려고 하지는 않을 것이다. 그러기에 하느님의 본질을 관상한 이의 그분에 대한 사랑은 굳세어질 것이다. 따라서 더는 죄도 짓지 않게 될 것이다. 하지만 아담은 죄를 지었다. 이는 그가 하느님의 본질을 보지 못했다는 것을 반증하는 셈이다."(I, 94, 1) 그러나 아담은 우리보다는 완전하게 하느님에 대한 앎을 지녔다. 피조물들은 하느님을 반영하는 거울이라 할 수 있는데, 이 거울이 맑고 깨끗할수록 하느님은 더 잘 보이게 마련이고 눈이 건강할수록 이 거울에 비친 하느님을 더욱 잘 볼 수 있다. 그러므로 아담이 죄를 짓기 이전에 모든 피조물은 아주 맑았고, 아담의 지성에도 거기에 비친 하느님을 바라보는 데에 전혀 어두움이 드리워 있지 않았다(I, 94, 1).

하느님은 아담에게 그가 살아가는 데 필요한 모든 것에 대한 앎을 허락하셨다. 그것은 단지 본성적인 방법을 통해서 알 수 있는 것뿐만 아니라 이 본성적인 앎을 초월하는 것, 더 나아가 초본성적인 목적(finis supernaturalis)에 도달하는 데 필요한 모든 것에 대한 앎도 포함한다(I, 94, 3). 아담이 하느님에게서 받은 거룩함(sanctitas)은 여러 선물들 가운데 더욱 현저히 드러난다. 아담의 거룩함은 그가 지닌 모든 덕 중에서 가장 뛰어난 덕이다. "무죄한 상태에 있을 당시의 인간은 어떤 의미에서 모든 종류의 덕을 다 지니고 있었다. 그때 인간이 누린 완전함은 그의 이성이 하느님께 순종하고 그 이외의 다른 하위 능력이 그의 이성에 온전히 복종하는 상태를 내포한다. 그러므로 첫 상태(primi status)의 완전함은 어떤 면에서는 모든 덕들을 지닐 것을 요청한다."(I, 95, 3)

그러나 토마스는 인간이 누린 초본성적인 특전 이상으로 창조의 순간에 하느님이 첫 인간에게 허락하신 초본성적 은총 선물에 대해 설명한다. "인간이 받은 첫 번째 은총은 하느님께 대한 순명으로, 인간은 이 은총을 통해 자기 이성을 하느님께 온전히 복종시켰다. 이는 단순히 본성적인 질서에 따른 것이 아니라 초본성적인 은총 선물의 결실이었다. 원인보다 더 낮은 결과를 얻을 수는 없다."(I, 95, 1) 인간이 향유했던 본원적 정의의 상태는 본질적으로 이러한 올바름(rectitudo) 안에 있다. 이 올바른 상태에 힘입어 "인간의 이성은 하느님께 복종할 수 있었고, 하위 능력들은 이성에 복종했으며, 육체는 영혼에 복종할 수 있었다."(I, 95, 1)

본원적인 정의가 지닌 고유한 특전은 불사불멸(immortalitas)이었다. 이 불사불멸은 인간에게 본성적인 차원에서 주어지지 않고 은총을 통해 허락되었다. 사실 "아담의 육체는 그가 내적으로 지닌 불사불멸의 힘으로 해서 사라지지 않았다. 그러나 그것은 하느님께서 그의 영혼에 초본성적인 방법으로 덕을 불어넣어 주셨기 때문이며, 이로 인해 영혼은 모든 부패로부터 육체를 보존할 수 있었다. 그것은 영혼이 온전히 하느님께 순종하는 상태로 남아 있기 위함이었다. 이러한 인간의 상태는 합당한 것이었다. 사실, 영혼이 물질로 이루어진 육체의 한계를 초월하듯이, 육체를 잘 보존하기 위해 물질적인 육체가 지닌 본성적인 능력을 초월하는 덕을 하느님이 인간에게 허락하신 것은 합당한 처사였다."(I, 97, 1)

토마스는 전통을 충실히 따르면서, 만일 아담과 하와가 여전히 본원인 정의의 상태에 계속 머물렀더라면 그 이후의 자손들 역시 첫 인류가 누렸던 특전과 은총을 함께 나눠 받았을 것이라고 말했다. 그렇게 되면 갓난아이들 역시 이와 같은 본원적 정의를 본성적인 차원에서 선물로 받고 태어났을 것이다. 그러나 새롭게 태어날 모든 인간 본성에게 주어질 이 본원적 정의는 부모로부터 주어지지 않고 하느님으로부터 주어졌어야 했다. 하지만 갓난아이들은 이러한 은총 안에서 굳건하지 못했다. 그 아이들은 자신의 부모처럼 죄를 범할 가능성 아래 놓여 있었다(I, 100, 1-2).

　이 주제에 관해 중세에 유행하던 여러 신학자들의 변덕스러운 연구에 비하면 토마스가 제시한 설명은 간결하면서도 심오했다. 그에 따르면, 인간은 본원적인 정의 상태와 함께 어떤 장소에 놓여 있었다고 한다. 그 장소인 지상 천국은 실재했는데, 만일 그렇지 않았다면 성경이 이에 대한 역사적인 설화를 전하지 않았을 것이라고 그는 설명했다. 또한 그 지상 천국은 무죄한 인간이 은총에 힘입어 불사불멸을 누리기에 적합한 곳이었다. 하느님은 아담을 이 지상 천국에 두셨는데, 그로 하여금 이곳을 수호하고 노동하되 힘겨운 일이 아니라 즐거운 일을 하도록 배려하셨기 때문이다. "인간은 낙원에서 일하고 그곳을 지켜야만 했다. 그러나 그가 한 일은 죄를 지은 후에 한 것처럼 그렇게 험한 일이 아니었다. 오히려 그것은 그에게 유쾌한 일이었다. 왜냐하면 자연의 힘을 경험하게 해 주는 기회였기 때문이다. 또한 낙원을 지키는 일 역시 낙원으로 침입해 들어오는 이들에 대항해서 행해진 것이 아니었다. 그 목적은 단지 인간이 죄를 지음으로써 낙원을 잃어버리지 않도록 자신을 지키는 것이었다. 그래서 낙원은 인간의 선을 위해 있었던 것이지 그를 괴롭히기 위해 있었던 것이 결코 아니다."(I, 102, 3)

　이처럼 토마스 아퀴나스는 실재적이며 인격주의적인 특징을 띠는 - 오리게네스, 니사의 그레고리오, 아우구스티노, 보나벤투라에게서 보는 예형론적(例形論的) 특징이 아닌 - 철학적 인간학을 전개했지만, 그의 신학적 전망의 중심에는 역시 신적인 이콘에 대한 예형론적 측면도 있었다. 이런 전망 아래 다뤄진 설명을 우리는 그의 『신학대전』에서 찾아볼 수 있다(I, 93). 여기서 그는 직접 "과연 인간 안에는 하느님의 모상이 존재하는가?"(a.1)라고 묻고, 이에 대해 이렇게 대답했다. "물론 인간은 하느님과 닮았다. 왜냐하면 인간은 하느님을 자신의 모델로 삼고 의존하기 때문이다. 하지만 동등한 지위에서 닮은 것이 아니다. 원형은 복제품을 무한히 초월하기 때문이다. 그러므로 우리는 다음과 같이 말해야 한다. '인간 안에는 하느님의 모상이 존재한다. 그러나 그것은 완전하지 않다.'" 좀 더 후반부에서 그는 구체적으로 이렇게 지적했다. "인간은 지적인 본성으로 인해 하느님의 모상이다. 그러므로 인간의 지적인 본성이 하느님을 더욱 닮아 갈수록 하느님의 모상이 완성되어 갈 것이다. 이제 이 지적인 본성은 하느님이 지닌 지성과 사랑 안에서 하느님을 최고로 닮아 갈 수 있다. 그러므로 우리는 인간에게 있어서 하느님의 모상에 대해 세 가지 측면에서 말할 수 있다. 첫째, 인간이 하느님을 알고 사랑하는 자연 본성적인 성향을 지닌 한에서 우리는 그를 하느님의 모상이라고 말할 수 있다. 이러한 성향은 인간 정신이 가진 본성적인 것으로서 모든 인간에게 공통된다. 둘째, 완전히는 아니지만 현실적으로 그리고 습관적으로 인간이 하느님을 알고 사랑하는 한에서 그를 하느님의 모상이라고 말할 수 있다. 이는 은총에 따른 하느님의 모상이다. 셋째, 인간이 하느님을 현실적으로 또 완전히 사랑하는 한에서 하느님의 모상이라고 말할 수 있다. 이는 영광스러운 닮음에 따른 모상이다. …… 결론적으로 말하면, 첫째 수준의 모상은 모든 사람에게서 찾아볼 수 있고, 둘째 수준의 모상은 오직 의로운 이들에게서, 셋째 수준의 모상은 오직 진복자들에게서만 찾아볼 수 있다." 같은 문제의 다섯 번째 문항에 나오는 "인간에게 있어서 하느님의 모상은 삼위일체적인 성격을 띠는가?"라는 물음에 대해 토마스는 긍정적으로 대답했다. 왜냐하면 하느님 자신이 이미 세 위격을 지니시는 동시에 하나의 본성을 지니시기 때문이다. 그러나 그는 곧바로 덧붙여서 인간은 자신의 자연 본성적인 인식 능력만으로는 삼위일체 하느님에 대해 알 수 없다고 말했다. 이는 인간 이성에는 불가해한 신비이며 오직 믿음을 통해서만 알 수 있다는 것이다. "아우구스티노 성인이 말한 것처럼, 우리 안에 있는 삼위일체와 삼위일체 하느님 자체에는 엄청난 차이가 있다. 따라서 그는 이렇게 말했다. '우리는 우리가 믿는 것 이상으로 우리 안에 계신 삼위일체 하느님을 볼 수 있다. 반면에 우리는 하느님이 삼위일체시라는 것을 보지 못하는 것 이상으로 믿는다.'" 그 후 이어지는 문항들을 통해, 토마스는 인간이 삼위일체 하느님과 갖는 유사함의 단계들에 대해 논했다. 그는 이 점에 대해서 아우구스티노만큼 낙관적이지는 않았다. 아우구스티노는 인간에게 있어서 일련의 삼위일체적 모상에 대해 구체적으로 설명하였다. 이와 반대로 토마스는 "특히 삼위일체적 모상은 영혼의 활동 안에서 찾아볼 수 있다. 영혼의 활동은 우리가 갖고 있는 개념에서부터 시작한다. 그리고 사고 과정을 통해 정신적인 언어를 형성하며, 여기서부터 사랑으로 흘러나온다. 그러나 습관들과 인간의 능력들은 행동의 직접적인 원리다. 다른 한편, 모든 결과는 이미 가상적으로 시작 안에 내재해 있다. 그러므로 삼위일체적인 하느님의 모상은 인간의 능력과 습성에 종속되어 부차적으로 드러난다. 왜냐하면 인간의 행동은 이미 가상적으로 능력과 습성 안에 내재적으로 존재하기 때문이다."(a.7)라고 말했다. 토마스는 인간이 삼위일체 하느님과 갖는 이러한 유비적 관계에 대해 어떠한 전문적인 용어도 붙이지 않았다. 그리고 그것마저도 유비(analogia)나 비례(proportio)라는 말로 제한했다. 어쨌든 그가 시도한 설명은 비례의 유비(analogia proportionis)라고 말할 수 있다. 토마스에게 유사함이란 인간의 영적 활동들(지성과 의지의 활동)이 하느님의 활동과 비슷하다는 사실에 대한 응답으로 드러난다.

참고 문헌

하느님의 모상에 관해서는 이 장에서 인용된 문헌들 이외에 다음 책들을 참조하기 바란다.

H. W. Wolff, *Antropologia dell'Antico Testamento*, Brescia, Queriniana, 1975.

F. W. Eltester, *Eikón im N. Testament*, Berlino, 1958.

B. Mondin, *Filone e Clemente, Saggio sulle origini della filosofia religiosa*, Torini, SEI, 1969.

A. Mayer, *Das Bild Gottes im Menschen nach Clemens von Alexandrien*, Roma, Herder, 1942.

H. Crouzel, *Théologie de l'image de Dieu chez Origène*, Parigi, Aubier, 1956.

J. T. Muckle, "The Doctrine of St. Gregory of Nyssa on Man as the Image of God", in *Mediaeval Studies* (1945), pp.55-84.

R. Leys, *L'image de Dieu chez S. Grégoire de Nysse*, Parigi, Desclée, 1951.

J. E. Sullivan, *The Image of God. The Doctrine of St.Augustine and its Influence*, Iowa, Dubuque, 1963.

D. Scaramuzzi, *L'immagine di Dio nell'uomo nell'ordine naturale secondo san Bonaventura*, Padova-Milano, 1942.

I. Hübschèr, *De imagine Dei in Homine viatore secundum doctrinam S.Thomae Aquinatis*, Lovanio, 1932.

G. Lafond, "Le sens du thème de l'image de Dieu dans l'anthropologie de

St.Thomas d'Aquin", in *Recherches de Sc. Rel.* (1959), pp.560-569.

B. Mondin, "La dottrina della Imago Dei nel Commento di San Tommaso alle Sentenze", in *San Tommaso e l'odierna problematica teologica*, Roma, Città Nuova, 1974, pp.230-247.

V. Lossky, *l'image et la ressemblance de Dieu*, Parigi, Aubier Montaigne, 1967.

M. Flick - Z. Alszeghy, *Fondamenti di una antropologia teologica*, Firenze, LEF, 1969.

S. Raponi, "Il tema dell'immagine somiglianza nell'antropologia dei padri", in E. Ancilli(cur.), *Temi di antropologia teologica*, Roma, 1981, pp.241-341.

M. Aguilar Schreiber, *L'uomo immagine di Dio*, Roma, Teresianum, 1987.

W. Pannenberg, *Antropologia in prospettiva teologica*, Brescia, Queriniana, 1987.

2 | 하느님의 계획에 대한 거부 : 죄

하느님께서 인간을 위해 놀라운 계획을 준비하시고 인간으로 하여금 당신과 깊은 친교를 누리며 살 수 있도록 배려하신 모든 것이 선조들의 죄로 인해 심하게 훼손됐다. 그들은 신적인 생명에 참여하는 것을 하느님께서 주신 은총 가득한 선물로 받아들이지 않고 자신이 받아야 할 당연한 권리이자 자기 힘으로 정복할 수 있는 대상으로 간주하기 시작했다. '너희는 마치 하느님과 같다'(창세 3,5 참조). 이렇듯 하느님의 계획은 인간이 단지 하느님의 이콘에 머물지 않고 하느님처럼 되고자 하는 과욕으로 인해 무참히 망가졌다. 인간이 하느님과 같아지려는 욕망 속에는 엄청난 교만이 숨어 있다. 아우구스티노가 언급했듯이, 이 교만은 죄의 시작이자 다른 모든 죄의 뿌리다. 아담과 하와는 인간을 향한 하느님의 계획을 거슬러 배반함으로써 죄로 물들었다. 이 배반이야말로 그들이 지은 죄의 본질이자 다른 모든 죄의 본질이기도 하다. 그러나 오랜 세월 동안 인류가 겪어야 했던 놀랍고도 두렵기 짝이 없는 결과들 가운데 우리가 죄라고 부르는 무서운 현상이 우리 본성 안에 어둡게 드리우게 되리란 사실은 이미 첫 인류의 죄 안에서 예견되었다.

죄의 신비는 신학적 인간학에서 두 번째로 커다란 신비다. 필자는 여기서 무엇보다도 성경과 교회 교도권 그리고 교회 전승과 신학적 성찰의 빛을 바탕으로 죄에 대해서 다루고자 한다. 이를 위해서 필자는 이 주제에 대한 설명을 두 부분으로 나눠 전개하겠다. 첫째 부분에서는 일반적인 차원에서 바라본 죄에 대해, 그리고 둘째 부분에서는 원죄에 대해서 다루겠다.

1. 죄의 개념

아우구스티노가 제시하는 고전적인 죄 개념에 따르면, 죄는 본질적으로 '하느님으로부터 멀어짐'(aversio a Deo)이자 동시에 '피조물들을 향해 돌아섬'(conversio ad creaturas)이다. 하느님께서 인류를 위해 마련하신 계획이란 전망에서 볼 때, 죄는 인간이 자신에게 합당하고 당연하다고 여겨지는 것 이상을 갖고자 함이요 감히 그 이상의 존재가 되려고 함을 뜻한다. 그러므로 죄는 결코 성적인 열정이나 슬픔(angor) 또는 절망(desperatio)이 아니다. 오히려 그것은 하느님을 무시하고 거부하는 가운데 오로지 자신의 힘만 믿으면서 자기 존재를 구축하는 데서 삶의 의미를 찾으려는 주장을 말한다.

1.1. 성경의 가르침

통상 구약 성경에서 죄는 인간이 하느님과 맺는 관계가 어긋나는 것을 의미하며, 이는 이스라엘 백성이 하느님과 맺은 계약을 저버리는 모습으로 드러났다. 그것은 구체적으로 그들이 하느님을 잊어버리고 순명하지 않는 태도에서 구체화되었다. 그들은 하느님을 택하는 대신 허황되기 그지없는 우상들을 섬겼다. 그러기에 무엇보다도 죄는 자기 존재의 목적을 상실하는 것이다. 사실 하느님은 인간 존재의 유일무이한 최종 목적이시므로 그분과의 관계가 어그러진다는 것은 생명, 행복, 선 자체와 단절됨을 의미한다. 그뿐 아니라 인간이 속한 공동체 역시 하느님과의 계약 관계로 맺어져 있으므로, 인간의 죄로 인한 일탈은 스스로 계약으로부터 소외되는 것을 의미하며, 이는 곧 불행이자 생명의 부재 그리고 죽음이 판치는 상황을 의미한다. 하느님으로부터의 소외인 죄는 그 형벌로 죽음을 초래한다. 하지만 인간이 진정한 행복과 번영을 보장받기 위해서는 이러한 일탈과 더불어 아무런 처벌도 받지 않은 채 그대로 남아 있게 해서는 안 된다.

신약 성경에서는 죄의 개념에 대해 최종적으로 규정한다. 여기서도 역시 죄는 하느님과의 관계라는 전망에서 규정된다. 그러나 이 전망에서 하느님은 더 이상 율법을 주신 분이 아니라 무한히 자비로우시고 사랑 가득하신 아버지로 간주된다. 따라서 죄는 율법을 위반하거나 계약을 어기는 것 이상으로 사랑을 거부하는 것이다. 그것은 무엇보다도 인간을 향한 하느님의 사랑에 대한 거부요 그리스도와 삼위일체 하느님 그리고 교회의 사랑에 대한 거부다. 더불어 이웃의 사랑에 대한 거부이기도 하다. 신약 성경에서 죄에 관해 언급하는 중요한 측면들 가운데 하나는 그리스도께서 죄에 맞서 승리하셨다는 점이다. 그것은 어떠한 용서도 있을 수 없는 극치에까지 이른 죄에 대한 승리였다. 사실 인간의 사악함과 마음의 완고함과 정신의 소경됨은 결국 하느님의 아들이신 그리스도를 무참히 죽게 하는 지경에까지 이르렀다. 그러나 무한하신 그분의 사랑은 이 모든 인간의 악함을 거슬러 승리하였다. 우리는 "이 아드님 안에서 속량을, 곧 죄의 용서를 받았다."(콜로 1,14) 그분은 "세상의 죄를 없애시는 하느님의 어린양"(요한 1,29)으로서 죄 가운데 드러나는 하느님을 향한 인간의 적대적인 힘을 쳐 이기셨다.

그러므로 신약 성경에서 죄는 그리스도론적인 함의를 집약적으로 내포한다. 죄는 단순히 하느님으로부터 멀어짐만이 아니라 강생을 통해 우리 가운데 계신 바로 그 하느님으로부터 멀어짐도 뜻한다. 이는 예수님이야말로 우리를 구원하실 분이시라는 사실을 거부하는 것이요, 더 나아가 그분이야말로 인간을 향한 하느님의 신화(神化) 계획을 완전히 실현하실 분이심을 부인하는 것이다. 이는 곧 성령을 거스르는 죄이자 하느님의 선물을 거부하는 행위다. 또한 그것은 헤아릴 수 없는 하느님의 선하심과 자비를 거부하는 것이기도 하다. 무엇보다도 이 죄를 범한 것은 유다인들이었지만 – 과르디니는 이를 일컬어 제2의 죄라고 명명했다 – 그들 이후에도 여전히 우리를 구원하실 수 있는 유일한 분이신 예수 그리스도를 거부하고 또 그분께서 실제로 우리를 구원하셨음을 받아들이지 않으며, 오직 자신의 힘과 계획만으로 자신을 구원하려는 이들 역시 같은 죄를 범하는 것이다.

우리는 바오로 사도에게서 죄의 개념에 대한 신학적인 심화가 본격적으로 이루어졌음을 보게 된다. 그는 자신의 서간에서 사악한 행위들을 고발할 뿐만 아니라 신자들에게 죄의 목록도 보여 주었다(로마 1,29-32). 또한 그는 죄의 본성에 대해 탐구하면서 인간 심리 안에 있는 깊은 죄의 뿌리를 발견하기도 했다. 바오로 사도에게 죄는 무엇보다도 인간적인 차원의 것으로서 고유한 인간 본성의 바탕에 뿌리를 내린 것이다. 이처럼 죄는 거의 인간의 본성적 행동임을 보게 되면서, 인간이 비록 선을 안다 할지라도 사실상 끊임없이 악을 행할 수밖에 없음을 보게 된다. "나는 내가 바라는 것을 하지 않고 오히려 내가 싫어하는 것을 합니다."(로마 7,15) 바오로는 죄로부터 인간을 해방하시는 구원자이신 그리스도(갈라 1,4)의 빛 안에서 인간과 세상을 바라보았다. 그리스도 이전의 인간은 죄 중에 있었다. 이교인들은 피조물(로마 1,20)과 양심(로마 2,15)을 기준점으로 갖고 있었지만, 이미 보편화된 심각한 악이 존재하고 있었으며 모든 사람이 바로 그 상황에 처해 있었다(로마 8,2). 요한은 이렇듯 보편화된 죄를 언급하면서 이를 성령이 고발하는(요한 16,7-9) 신앙의 부족과 동일시했다(요한 4,24).

사도 바오로와 사도 요한의 성찰 가운데 드러나는 "죄는 모든 사람이 얽혀 있는 근본적 사실이며 개별 죄인을 넘어서 총체적인 무질서 상태를 결정짓는다. 죄와 죄인을 특징짓는 성경 용어들은 모두 하느님에 대한 배반과 불충실 그리고 그분을 모욕하는 개념들을 포함하며 동시에 무질서한 상황을 지적한다. 즉, 무엇인가 부족하고 왜곡되고 잘못된 상황으로서 악이 판치고 선을 행하기 어려운 상황을 의미한다. 하느님께 불충실하고 그분을 모욕하는 것은 역사 가운데 드러나는 그분의 활동을 막는 행위를 의미한다. 그것은 포도원의 포도가 풍요로워지는 것을 막는 인간의 행위를 말한다. 이는 구체적으로 공동체가 그리스도를 중심으로 하나를 이루는 것을 거부하는 행위다. 따라서 개별 죄들은 사악한 행위 이면에 숨어 있는 더욱 깊은 죄의 뿌리와 함께 해석되어야 한다. 인간의 개별 결정들은 그가 동의한 근본적인 내적 태도의 빛 안에서 새로운 의미를 갖는다."[14]

---

14. D. Mongillo, "Peccato", in *Dizionario enciclopedico di teologia morale*, Roma, Paoline, 1974, p.735.

1.2. 교부의 가르침 : 성 아우구스티노

고유한 의미에서 신학의 시대는 교부들[알렉산드리아의 클레멘스, 오리게네스, 테르툴리아노(Tertullianus), 치프리아노(St. Ciprianus), 아타나시오, 바실리오(San Basilius) 등]에 의해 시작되어 오늘까지 이어진다. 이렇듯 장구한 세월 동안 죄, 특히 원죄 ― 이에 대해서는 앞으로 다룰 것이다 ― 를 중심으로 수많은 논의들이 있었다. 여기서는 죄에 대한 교의(amartologia)의 발전 역사를 단계적으로 장황하게 설명하고자 하지 않는다. 여기서는 이 주제에 대한 신학적 성찰의 대표적인 모습으로 교부 시대를 대표하는 아우구스티노의 사상, 스콜라 시대의 토마스 아퀴나스, 그리고 현대적인 시각의 이해를 위해서 키르케고르를 중심으로 살펴보기로 하겠다.

죄에 대한 아우구스티노의 성찰은 악(惡, malum)에 대한 성찰과 아주 긴밀히 맞물려 있다. 악의 문제는 그가 그리스도교로 회심하기까지 오랫동안 그를 괴롭혀 온 상당히 난해한 문제였다. 이 문제를 해결하고 난 후에야 그는 비로소 죄의 본성과 기원이 무엇인지 알아들을 수 있었다. 아우구스티노는 무엇보다도 악이 ― 마니교에서 가르치는 것처럼 ― 본질적으로 악한 어떤 제1원리로부터 유래하는 것이 아니라고 보았다. 즉, 악은 하나의 실체가 아니라 결핍(privatio)이라는 것이다. 더 구체적으로 말하자면, 그것은 당연히 있어야 할 선의 결핍이다. 그의 말을 들어 보기로 하자. "존재는 그것이 아무리 작은 것이라 할지라도 이미 자체로 선(善, bonum)이다. 그러기에 가장 큰 선은 최고의 존재이기도 하다. …… 모든 존재는 일종의 형상(specie)으로 구성되어야 하며, 이 원리는 가장 작은 존재에까지 적용된다. 그것도 역시 선이며, 그러기에 그 존재는 하느님으로부터 온다. 만일 하느님이 최고선이라면 그분은 또한 최고의 형상(summa species)이시며, 따라서 모든 선은 가장 작은 것일지라도 하느님으로부터 온다." 비록 부패하고 죽는 것 자체는 악일지라도, 부패하고 사라져 가는 모든 것은 역시 일종의 선이다. "썩고 죽어 가는 존재는 단지 무엇인가 부족해지기 때문에 그런 것이다. 사라져 가고 한계를 갖는 모든 존재는 선하다. 하지만 그러한 한계를 가질 수밖에 없는 것은 그것들이 최고선이 아니기 때문이다. 그것들은 선인 한에서 하느님에게서 유래하지만 최고선이 아니므로 하느님이 아니다. 오직 하느님만이 유일한 선이시며 한계가 없으시다."15

한 영혼이 죄에 떨어지는 것은 실체적인 선에서 실체적인 악으로의 이행이 아니다. 왜냐하면 그 어떠한 실체도 악이 아니기 때문이다. 그러므로 죄에 떨어지는 것은 영원한 선에서 일시적 선으로 전이되는 것, 즉 최고선에서 가장 작은 선으로 추락하는 것이라고 할 수 있다. 따라서 영혼이 어떤 선을 사랑함으로써 죄를 짓게 되는 것은 그 선이 영혼보다 존재론적으로 하위에 있기 때문이다. 죄는 악이지만 실체적인 악은 아니다. 인간은 이를 사랑하면서 죄를 짓게 된다. 그러므로 악은 실체가 아니다. "물과 숨을 쉬는 살아 있는 존재는 실체로서 나쁜 것이 아니다. 그러나 이 살아 있는 존재가 의지적으로 자신을 물에 던진다면, 물에 잠기는 그 존재는 사라질 것이며, 그에게는 그것이 곧 악이 된다. 철필(鐵筆)은 - 철필의 한쪽은 글씨를 쓰도록 되어 있고 다른 한쪽은 지우도록 되어 있다 - 숙련된 기술로 만들어진다. 모양새가 아름다우면서도 사용하기에 아주 적합하게 만들어진다. 그런데 만일 어떤 사람이 쓰도록 되어 있는 부분을 갖고 지운다거나 지우도록 되어 있는 부

---

15. Agostino, *De vera religione* 19.

분을 갖고 글씨를 쓰려고 한다면, 철필 자체의 스타일은 구겨지지 않을지 모르지만 그것을 잘못 사용하는 것이기에 야단맞을 만하다. 그렇게 야단을 맞고 올바로 사용하게 되면 곧 잘못된 태도인 악은 사라질 것이다."16 결론적으로 말해, 세상의 모든 존재자들 가운데 그 어느 것도 악하지 않으며, 단지 인간의 탓으로 인해 그렇게 될 뿐이다. 그것은 물리적인 악에 있어서나 윤리적인 악, 곧 죄에 있어서 모두 그러하다. 아우구스티노에 의하면, 물리적인 악은 언제나 윤리적인 악으로 인해 일어난다. 그리고 고통은 그러한 죄의 결과다.

간단히 말해서, 아우구스티노에 의하면 악의 기원은 하느님이 아닌 인간에게 있다. 인간이야말로 자신의 죄와 더불어 세상에 악을 심는 존재가 아닐 수 없다. 인간은 자신이 지향해야 할 진정한 선(善)인 하느님에게서 멀어질 수 있고, 그분께 순명하지 않을 수 있으며, 그분이 주신 율법을 거스를 수 있다. 왜? 인간은 자유로운 존재이기 때문이다. 그래서 아우구스티노는 이렇게 말했다. "우리는 의지의 자유 재량에 의해 악한 행동을 한다."17

그렇다면 구체적으로 죄는 무엇으로 구성되어 있을까? 아우구스티노는 여러 가지 논증을 통해 이 점을 설명했지만, 본질적으로 이는 모두 하나의 사실을 지적한다. 즉, 죄란 인간이 하느님(최고선, 영원한 진리, 지고의 아름다움, 부동의 불변자, 최고로 완전하신 분, 완전한 일치자, 최고의 가치를 지니신 분)에게서 의지적으로 멀어지는 것이다. 인간이 죄를 짓는 것은 하느님을 따르고, 그분의 뜻을 실천하며, 그분의 법에 순종하고, 그분이 주신 계명을 준수하며, 만유 위에 그분을 사랑하는 대신에 저급

---

16. *Op. cit.*, 20.
17. Agostino, *De libero arbitrio* I, 11.

한 선을 원하고, 하느님의 법을 어기며, 하느님을 업신여기면서까지 자기 자신만을 사랑하는 것이다. "이성을 지닌 영혼의 첫째 악덕은 최고의 진리로서 인간과 친밀한 관계를 맺고 계신 히느님께서 금지하신 것들을 행하고자 하는 의지에 있다."[18] "모든 죄는 바로 이 유일한 개념 안에 담겨 있다. 그것은 참으로 영원한 신적 사정들과 결별하고 허무하게 사라져 갈 것들에게 자신을 내맡기는 것이다."[19]

아우구스티노는 죄의 심리적인 뿌리에 대해 상당히 주의 깊게 연구한 후에 가장 근원적인 죄의 뿌리는 두 가지, 즉 교만과 탐욕이라고 지적했다. 교만은 존재 차원에서 무질서를 유발하며(인간이 본래의 자기 이상의 존재가 되려는 한에서), 탐욕은 소유 차원에서 무질서를 유발한다(자기에게 속한 것 이상의 것을 가지려 하는 한에서). "인간을 참된 선으로부터 단절시키는(avertit a vero) 사랑은 교만에 그 기원을 둔다. 영혼은 이 악덕과 더불어 하느님께 순명하는 대신 그분처럼 되기를 꿈꾼다. 그래서 성경은 이렇게 말한다. 첫 번째로 드러나는 인간의 교만함의 모습은 하느님과의 관계를 끊어버리는 것이다(집회 10,14). 그리고 성경은 또 말한다. 모든 죄 가운데 으뜸가는 것은 교만이다(집회 10,15). …… 따라서 그러한 영혼의 열망(appetitus)은 자기 밑에 다른 영혼들 – 야만적인 영혼이 아니라 분별 있는 영혼들 – 즉, 서로 공통된 법 아래서 같은 운명으로 결합된 비슷한 영혼들을 두고자 한다. 교만한 영혼은 이런 영혼들을 지배하고자 한다. 이러한 그의 행동은 마치 영혼이 육체에 비할 바 없이 고상한 것처럼 – 어떤 영혼이든 언제나 모든 육체보다 좋다 – 그렇게 자신이 높다고 생각한다. 그러나 오직 하느님만이 육체를 통해서가

---

18. ID., *De vera religione* 20, 38.
19. ID., *De libero...* cit. I, 16, 34.

아니라 자체로 분별 있는 영혼들 안에서 활동하신다."[20] 따라서 "자신의 힘만 믿고 사랑하는 영혼은 이제 보편적인 것으로부터 실족하게 된다. 사실 이는 모든 사람에게 공통적인 요소로서 특히 교만한 영혼에게 그러하다. 교만은 단절시키는 힘으로서 죄의 시작이라고도 불린다(집회 10,15). 만일 그 영혼이 하느님을 창조된 우주의 지도자로 믿고 따른다면, 하느님의 법에 따라 완전하게 하느님에 의해 통치될 수 있을 것이다. 그러나 교만한 영혼은 이 우주에 무엇인가 자신을 위해 더 좋은 것이 있으리라 희망하며 스스로 법이 되어 우주를 지배하려 든다. 그러는 가운데 우주 저편의 하느님은 안중에도 두지 않은 채 점점 더 작은 것에 관심을 갖고 빠져들면서 그의 영혼은 점점 작아져 간다. 그래서 인색(吝嗇, avaritia)은 모든 악의 뿌리라 불리며(1티모 6,10), 인색에 빠진 영혼은 우주를 아우르는 하느님의 법을 거슬러 자신만의 방식에 따라 행동한다. 이런 영혼은 자기 육체를 통해 지배하려 들지만, 이 육체는 고작 작고 하잘것없는 것을 붙잡을 뿐이다. …… 인간의 참된 영광은 그가 하느님의 모상과 유사하게 창조된 존재라는 사실에 있다. 그러므로 만일 인간이 자신 안에 모상을 새겨 놓으신 분인 하느님을 향해 나아가지 않는다면, 그는 결코 하느님의 모상을 계속 간직할 수 없을 것이다. 그러므로 우리가 우리 자신 안에 소유한 것들을 더욱 적게 사랑할수록 더욱 더 하느님과 일치할 수 있다. 그러나 자신의 능력에 대해 경험하고자 하는 헛된 열망은 인간으로 하여금 중간적 존재인 자신보다 훨씬 고상한 존재인 것처럼 스스로 착각하게 만듦으로써 다시 걸려 넘어지게 만든다. 이처럼 인간이 자신을 마치 하느님과 같은 존재인 양 내세움으로

---

20. ID., *De musica* 6, 14, 46.

써 그 누구에게도 귀속되지 않게 되면 그 벌로 깊은 나락으로 추락하게 되며, 그가 누리던 중간 단계에서 한참 먼 하위 단계, 즉 동물이 행복을 느끼는 상태로 떨어지고 만다. 이처럼 인간이 하느님의 모상이라는 점에 그의 고귀함이 있다면, 반대로 그가 동물의 모상일 수 있음에 그의 불명예가 있다. 사람은 영화를 오래 누리지 못하고 도살되는 짐승과 같다."(시편 48,13)[21]

아우구스티노는 자주 죄의 심리적인 뿌리들 가운데 바람(desiderium 또는 concupiscentia)에 대해 언급하였다. 하지만 우리는 그의 사상을 잘못 이해하지 않도록 이 개념에 주의해야 한다. 사실 바람은 선을 향한 일반적인 경향을 의미하거나 성적 열정(passio sexualis)을 의미할 수도 있다. 여기서 바람은 두 번째 의미일 때에만 - 즉, 갈망, 사랑과 비슷한 말일 때에만 - 죄의 심리적인 뿌리와 동일시될 수 있다. 또한 바람(즉, 욕망과 사랑)은 교만이나 인색과는 달리 죄를 짓는 데에 먼 동기가 될 뿐이다. 왜냐하면 바람 자체만으로는 죄가 아니기 때문이다.[22]

아우구스티노는 죄의 뿌리를 찾는 데서 한 걸음 더 나아가 이 모든 것의 가장 근원이 되는 것을 발견하기에 이르렀다. 그는 심리적인 죄의 뿌리 밑바탕에 숨어 있는 존재론적인 뿌리, 즉 영혼의 존재론적

---

21. ID., *De Trinitate* 12, 9-11.
22. 아우구스티노는 바람을 단지 성적 열정에 국한해서 설명하는 율리아누스(Iulianus)를 거슬러서 자신의 견해를 이렇게 피력했다. 나아가, 그는 소위 칭찬할 만한 바람에 대해 말했는데, 이 개념은 이미 성경의 여러 곳에서 찾아볼 수 있다(시편 118,20; 갈라 5,17). 그러므로 이러한 맥락에서 우리는 이 개념이 지닌 더욱 명확한 구조를 보게 된다. 왜냐하면 "지혜를 향한 바람은 사람을 왕위로 이끌어 준다."라는 성경 구절(지혜 6,20)처럼, 좋은 바람과 사악한 바람은 지향하는 목적에서 본질적인 차이가 있기 때문이다. 바람은 그 자체로 나쁜 것이 아니며, 단지 그것이 자연적인 질서를 뒤집는 교만으로 이어질 때 죄가 된다.

무성(無性)을 직시했다. 인간 영혼의 기원은 무(無, nihil)이며 이 영혼의 지속적인 존재론적 지위 또한 무일 수밖에 없다. 이처럼 존재론적으로 불안정한 인간의 상태에서부터 잘못을 저지를 수 있는 태생적인 기질이 유래한다. "영혼 자체는 아무 것도 아니다. 만일 그렇지 않다면 유동적이지도 않을 것이고, 또 존재가 그렇게 타락하지도 않았을 것이다. 영혼 자체로는 아무 것도 아니므로 그 안에 존재하는 모든 것은 하느님에게서 받은 것이며, 받은 것에 합당한 품위를 보존할 때 영혼은 자신 안에 있는 하느님의 현존을 통해서 사고하는 존재자로서 의식과 더불어 비로소 생기를 띠게 된다. 그러므로 교만으로 자신을 부풀리는 것은 사실 점점 더 작아지는 것을 의미한다."[23] "만일 인간 본성이 무로부터 창조되지 않았다면 악습으로 인해 부패하지는 않았을 것이다. 그러므로 하느님에 의해 창조된 한에서 인간 본성은 존재한다. 그리고 무로부터 창조된 한에서 그는 사라져 갈 존재이기도 하다. 그러나 인간이 완전히 무로 되돌아갈 만큼 그렇게 부족한 존재는 아니다. 그는 자신 안으로 굽어 들어감으로써 최고의 존재이신 분 곁에 있을 때와 비교해서 상당히 부족한 존재가 된다. 이처럼 인간은 비록 자신에 대한 잘못된 사랑으로 인해 자체로 이미 절대적 존재이신 분을 떠났지만, 여전히 존재한다. 그러나 무에 가까이 다가서 있다."[24]

아우구스티노는 이렇듯 세심한 연구를 통해 본질적으로 죄가 어떻게 이루어지는지, 심리적 존재론적 죄의 뿌리가 무엇인지, 나아가 이 죄가 인간 본성과 사회와 각 개별 인간들에게 어떤 악영향을 미치는지, 인간의 외적인 진보와 분열에 어떤 영향을 미치는지 등에 대해 그 어

---

23. Agostino, *De musica* VI, 13, 40.
24. ID., *De civitate Dei* XIV, 13.

떤 교부보다도 더 분명하고 깊이 있게 파헤쳤다. 이제 아우구스티노가 제시한 전망에 따라 이후 스콜라 시대의 더 깊은 사색적 작업이 이루어졌고, 마침내 그 절정에서 우리는 토마스 아퀴나스를 만나게 된다.

1.3. 스콜라 신학의 가르침 : 성 토마스 아퀴나스

토마스는 그의 세 가지 주요 작품, 즉 『명제집 주해』(*Scriptum super libros Sententiarum*)의 'II, dd.34-37'과 'IV, d.16', 『악론』(*De malo*)의 'qq. 2-3', 『신학대전』(*Summa Theologiae*)의 'I-II, qq.71-80'에서 죄에 대한 주제를 광범위하면서도 깊이 있게 다뤘다. 비록 그가 아우구스티노와는 전혀 다른 인간학적, 형이상학적 전제에서 출발해서 죄에 대한 주제를 발전시켜 나가기는 했지만, 모든 근본적인 면에서는 본질적으로 히포의 위대한 박사가 가르친 명제들 – 몇몇 개별 사안에서는 이를 더욱 명확히 하고 설명하기도 하지만 – 에 견해를 함께하였다.

1.3.1. **죄의 본성**

"죄는 본질적으로 무질서한 행위다."(신학대전 I-II, 71, 1) 또한 죄는 변하기 쉬운 선들을 선호함으로써 최고선이요 최종 목적으로부터 멀어지는 것을 의미한다. "모든 죄에는 변하기 쉬운 선을 향한 무질서한 방향 전환이 있다."(신학대전 I-II, 84, 1) 좀 더 정확히 말해 죄는 나쁜 행동이다. 이는 작은 실수로 범한 죄나 법률을 위반해서 범한 죄 모두에 공통된다. "사실, 누군가가 해야 할 것을 하지 않는다면, 거기에는 분명 원인이 있다. 만일 그 원인이 전적으로 외적인 것이라면, 그 실수는 죄의 근거를 가질 수 없다. 예를 들어, 누군가가 단순히 돌에 맞았다면 죄를 고백하러 교회에 가지 않을 것이다. 또는 도둑맞은 사람이 희사하지 않는 것도 무방하다. 하지만 잘못을 범한 것이 단순한 외적 조건에 의해서가 아니라 본인의 내적 원인, 즉 의지적인 원인에서 유래할 때, 우리는 그것을 죄라고 한다. …… 그러므로 잘못한 행위가 죄가 되려면 무엇보다도 그것이 의지적인 행위에 의해 유발되어야 한다."(악론 2, 1)

어떤 행위를 악하다고 말할 수 있는 근거는 그 행위가 당연한 기준으로부터 멀어지는가와 상관이 있다. "한편, 모든 것에 대한 기준은 일종의 규칙으로 추론되며, 사물은 이 규칙에서 멀어지는 가운데 무절제해진다. 그런데 인간의 의지에는 두 가지 규칙이 있다. 하나는 가까우면서 동일한 규칙으로, 이성이 여기에 속한다. 다른 하나는 우선적인 규칙인데, 이는 영원법을 일컬으며 하느님의 이성 같은 것이 여기에 속한다."(신학대전 I-II, 71, 6)

죄는 인간적인 행위, 즉 의지적인 행위이고, 죄의 주체는 바로 의지다. 그러나 의지에서 직접 유래하는 행위가 있는 반면에 의지에 의존하는 다른 능력들의 명령에 의한 행동도 있다. 그러므로 죄의 주체는 단지 의지만이 아니다. 인간이 지니는 관능(sensualitas), 즉 감각적 욕구의 움직임 또한 죄의 주체다. 관능은 결국 의지에 의존하는 하위 능력이다. 그러므로 관능 또한 죄를 지을 수 있다. 그러나 관능이 아닌 오직 이성만이 인간의 최종 목적에 이를 수 있으므로 대죄, 즉 최종 목적과 관련된 무질서는 오직 이성에만 있을 수 있고 감각적 욕구인 한에서 관능에는 있을 수 없다(신학대전 I-II, 74, aa.1-4; 악론 2, aa.2-3).

토마스는 죄의 두 가지 근본 요소인 죄과(culpa)와 벌(poena)을 구분했다. 먼저 죄과는 하느님을 모욕하는 행위다. 반면, 벌은 죄과로 인한 상실이자 인간이 자신의 죄과를 고치기 위해 치러야 할 채무라고 할 수 있다. 이 두 요소 중 우선적인 것은 죄과다. 사실, 벌은 죄의 본질에 속하는 것이 아니라 죄의 결과에 속한다. 그리고 죄에 대한 벌을 보면 그 원인은 바로 하느님에게 있다. 반면, 과실에 대해서는 그 원인이 하느님에게 있다고 절대 말할 수 없다(악론 1, 4; 2, 4-5).

죄는 그 죄를 짓는 주체와 행위의 대상에 따라 여럿으로 나뉜다. 예를 들어서 주체가 어떤 것을 음미하는 행위를 분석하면, 음미하는 것이 영적인가 아니면 육적인가에 따라 죄는 영적인 것과 육적인 것으로 나뉠 수 있다(신학대전 I-II, 72, 2). 반면, 죄를 지음으로 인해 모욕을 당하는 대상의 차원에서 보면 죄는 하느님을 거스르는 죄, 이웃을 거스르는 죄, 자신을 거스르는 죄의 세 종류로 나뉠 수 있다(신학대전 I-II, 72, 4). 죄를 구분하여 생각으로 짓는 죄, 말로 짓는 죄, 행동으로 짓는 죄로 나누는 것은 합당하다. 그러나 이것은 죄의 종류에 대한 구분이라기보다 단계에 따른 구분이다(신학대전 I-II, 72, 7). 최종 목적으로부터 의지적으로 멀리하는 대죄(peccatum mortale)와 단순히 목적에 대해 부주의한 행위를 범하는 경죄(peccatum veniale)를 구분하는 것은 죄에 대한 토마스의 견해에서 가장 근본적인 요소 가운데 하나다(악론 7, 1.2).

1.3.2. 죄의 원인

토마스는 죄란 본질적으로 최종 목적으로부터 멀어지는 것이자 자연법과 영원법을 위반하는 것임을 확실히 한 후, 더욱 쉽게 죄의 원인이 무엇인지를 규명했다. 그에 따르면, 죄의 원인은 하느님도 악마도 아니고 오직 인간 자신에게 있다.

죄는 악으로부터 생겨나는데, 하느님이 악의 원인이 되실 수 없는 것처럼 죄의 원인도 되실 수 없다(악론 1, 5 참조). 하느님은 최고선이자 모든 존재의 최종 목적으로서 모든 존재들을 당신께로 이끄시는 분이시다. 그러기에 누군가로 하여금 죄를 짓게 하시어 당신에게서 멀어지게 하신다는 것은 불가능한 일이다. 또한 죄를 범하게 하신 이가 죄인을 벌하시는 것도 있을 수 없는 일이다. 그리고 죄를 미워하시는 분이 죄의 원인이 되신다는 것 자체도 불가능하다(지혜 14,9). 그렇다고 죄는 분노적 욕구(appetitus irascibilis)나 탐욕적 욕구(appetitus concupiscibilis)에서 유래하지도 않는다. 이 인간적 능력은 하느님에게서 주어진 것이다. 단지 이 두 능력이 창조되던 당시의 본래 질서에서 벗어날 때 죄가 된다. 사실 이 두 능력은 이성에 복종하도록 하느님께서 만들어 주신 것이다. 그러므로 이 능력들이 이성의 통제를 벗어날 때 인간을 죄로 기울게 한다. 죄는 결코 하느님에게서 오지 않는다. 하느님은 전 우주의 움직임의 시작이시다. 그러므로 비록 피조물들이 자신의 자유 의지로 움직인다 할지라도 실은 하느님에 의해 움직여지는 것이다. 만일 피조물들이 합당한 자세를 갖고 올바른 질서 안에서 하느님의 움직임을 받아들인다면, 선한 행위들이 뒤따라올 것이다. 여기서 하느님은 이 선한 행위들의 원인이 되신다. 반면, 이들에게 합당한 질서가 없다면 무질서한 행위가 뒤따를 것이다. 이것이 다름 아닌 죄스런 행위다. 그러므로 모든 선한 행위의 근본 원인은 하느님인 반면에 모든 무질서한 행위들의 원인은 하느님이 아닌 인간의 자유 의지다. 하느님에게서 유래하는 것은 죄의 행위(actio peccati)이지 죄(peccatum) 자체가 아니다(악론 3,2).

악마는 단지 죄의 간접적인 원인일 뿐이다. 그는 자신에게 하수인처럼 굴복하는 이들에게 명령하기도 하고 그들을 내·외적으로 설득하거나 유혹하기도 한다. 그러나 결코 인간의 의지를 강요해서 죄를 범하도록 떠미는 직접적인 원인이 될 수는 없다(악론 3,3).

실제적인 죄의 원인은 인간의 의지다. 이 의지는 자유를 가지며 규범에 맞게 행동할 수 있는 반면에 이 규범을 거슬러서 선택할 수도 있다. 어느 누구의 설득도 우리가 무엇인가를 반드시 행동하도록 강요할 수는 없다. 그러므로 의지적인 행위의 실질적이고도 고유한 원인은 오로지 우리 행위의 내적인 원리에 있을 뿐이다. 이 내적 원리가 다름 아닌 의지인데, 인간의 의지는 행동의 제2 원인이고 하느님은 제1 원인이시다. 그러나 하느님은 결코 죄의 원인이 아니시다. 단지 행위의 원인이실 뿐이다. 그러므로 인간이 지은 죄의 직접적인 원인은 의지다(악론 3,3). 가장 가깝고도 내적인 죄의 원인은 이성과 의지(voluntas)다. 반면에 죄의 먼 원인은 상상과 감각적 욕구다. 세속적인 것들과 사람들 그리고 악마는 외적 원인이 될 수 있다. 그러나 이미 앞서 살펴보았듯이, 외적인 원인은 간접적이며, 그것이 이성과 감각적 욕구를 움직이는 한에서 유효할 뿐이다. 그러기에 외적 원인이 사람을 움직일 수는 있지만 죄를 범하도록 억지로 강요할 수는 없다(신학대전 I-II, 75, aa.2-3).

1.3.3. 죄의 결과들

죄의 결과는 인간이 자신의 죄로 인해 치러야 할 대가와 상실이다. '천사적 박사'는 이러한 처벌의 필요성에 대해 다음과 같이 언급했다. "물리적 세계든 인간 세계든 누군가가 무엇을 거슬러 반항해서 일어날 때는 복수를 겪게 된다는 사실이 드러난다. 사실, 물리적인 세계를 보건대 충돌이 일어날 때는 반대되는 에너지가 더 강한 힘으로 작용한다. 그것은 아리스토텔레스의 말처럼 '데워진 물은 더 강한 힘으로 얼게 된다.'는 이치와 같다. 그러므로 사람들 사이에서도 본성적인 경향에 따라 자신을 거슬러 반항하는 사람에게 굴욕을 주려 한다. 그런데 일정한 질서에 포함되는 모든 것은 그 질서의 원칙에서 하나로 구성되어 드러난다. 그

질서를 거슬러 일어나는 것은 그 질서 자체에 의해 억압되거나 그 질서를 소유한 자에 의해 제압된다. 죄라는 것은 무질서한 행위로, 죄를 짓는 이는 분명 늘 일정한 질서를 거슬러 행한다. 따라서 죄는 질서 자체에 의해 제압되어야 한다. 이러한 제압이 바로 벌이다. 인간의 의지는 세 가지 질서에 속하며, 따라서 인간은 이 질서들에 준해서 세 가지 형태의 벌을 받을 수 있다. 인간 본성은 첫째, 자기 이성이 지배하는 질서에 속한다. 둘째, 인간을 외부에서 영적으로나 시민법적으로 통치하는 이의 질서에 속한다. 셋째, 하느님이 통치하시는 우주의 질서에 속한다. 그런데 이 질서들은 죄로 인해 전복된다. 사실, 죄를 범하는 이는 이성, 인간의 법, 하느님의 법을 거슬러서 행동한다. 그러므로 세 가지 벌이 이를 뒤따른다. 첫째로 자신에게서, 즉 양심의 가책으로, 둘째로 사람들에게서, 셋째로 하느님에게서 벌을 받게 된다."(신학대전 I-II, 87, 1)

토마스가 구체적으로 제시하는 더욱 크고 고통스러운 벌들은 하느님과의 우정 상실, 영혼의 오염, 본성의 타락, 인간이 지닌 능력들의 내적 무질서, 사회적 무질서 등이다. 토마스는 본성의 타락에 대해 좀 더 구체적으로 언급했다. 이는 아우구스티노 역시 당혹스러워하던 사안으로, 토마스가 이 문제를 해결하는 데 확실하게 기여했다. 인간 본성이 갖는 선들이란 다음 세 가지를 의미한다. "첫째, 본성의 구조적 원리들인데, 이것들이 유래하는 인간 본성에 고유한 것으로서 영혼의 능력들이나 그와 비슷한 것들을 말한다. 둘째, 덕을 향한 성향 역시 본성이 갖는 선이다. 왜냐하면 인간은 그러한 성향을 본성에 의해 받기 때문이다. 셋째, 본성의 선은 또한 본원적 정의에서 오는 선물을 일컫는다. 이 본원적 정의가 갖는 선은 첫 번째 인간을 통해서 모든 인류에게 주어진 선을 말한다. 한편, 본성이 갖는 첫째 선은 죄로 인해 파괴되지도,

그렇다고 축소되지도 않는다. 반면, 셋째 선은 인류의 첫 조상들이 지은 죄로 인해 완전히 상실되었다. 그리고 둘째 선은 중간적인 것으로서 덕을 향한 성향인데, 이것은 죄로 인해 감소했다. 사실, 인간의 행동들은 서로 비슷한 행동들을 향한 성향을 만들어 낸다. 그런데 어떤 행동이 그 행동에 반대되는 행위들 가운데 하나를 거슬러 일어날 때, 그 행동이 지닌 반대되는 쪽을 향하는 성향은 당연히 줄어들 수밖에 없다. 그러므로 죄는 덕에 반대되는 것으로서, 누군가가 죄를 지으면 본성이 지닌 덕을 향하는 성향인 선은 감소된다."(신학대전 I-II, 85, 1)

1.3.4. 죄의 중함

죄의 중함은 다음의 두 가지 관점에서 판단될 수 있다. 하나는 행위의 측면에서, 다른 하나는 행위 주체의 측면에서 그러하다. 행위의 측면에서 보면, 죄는 거슬러 행하고자 하는 덕이 지니는 선에 따라 경중(輕重)이 결정된다. 그런데 덕이 얼마나 좋은 것인지는 그 덕이 사랑의 질서 안에서 어떤 위치를 차지하는가에 따라 달라진다. 우리가 하느님을 사랑하는 일은 모든 것에 우선해야 하기에, 우상 숭배나 신성 모독처럼 하느님을 거슬러서 범하는 죄들은 모든 죄 가운데서도 가장 중한 것으로 간주된다. 죄 중에는 이웃을 거스르는 죄도 있는데, 거스르는 이웃이 지닌 선함이 클수록 죄의 중함도 더해진다. 그런데 이웃이 지닌 선들 중에서 가장 큰 것은 그의 생명으로, 이 생명을 거스르는 죄는 다름 아닌 생명을 제거하는 살인죄다. 또한 가능성으로서 인간 생명을 없애는 죄가 색욕(色慾)의 죄다. 따라서 이웃을 거스르는 죄들 중에 가장 중한 것은 살인이다. 그 다음은 간음, 간통 그리고 그 밖에 육욕에 관련된 죄다. 이러한 죄들 다음은 절도, 강도 그리고 이웃의 재화를 파괴하는 죄들이다. 반면, 행위의 주체라는 면에서 보면, 죄를 저지르는 행위가 얼마나 의지적인가에 따라 그 죄의 경중이 결정된다. 열정적인 충동이 강해서 짓는 죄일수록 그 중함은 덜하다. 이런 이유로 인해 영적인 죄보다는 육적인 죄가 덜 중하다고 할 수 있다. 사실 영적인 죄들에 비해 육적인 죄들의 열정적인 충동이 더 강렬하다. 이 열정적 충동을 탐욕이라고 하는데, 이 탐욕이 인간에게는 천성적이다(악론 2, 10 참조).[25]

1.4. 현대의 가르침 : 키르케고르

앞에서 이미 살펴본 바와 같이, 현대는 인간학적이고 인간 중심적인 전환으로 점철된 시대로, 신적 실재보다는 인간적 실재에 더 깊은 관심을 기울이는 가운데 여러 가지의 신학적 개념들을 새롭게 정립해 낸 시기라고 말할 수 있다.

이러한 선상에서 죄에 관해 살피다 보면, 우리는 본질적으로 인간학적 특징을 가지는 죄의 개념을 소개한 키르케고르를 만나게 된다. 그는 죄를 '하느님에게서 멀어짐'이라는 식으로 단순히 하느님과의 관계에서만 고려하지 않고, 나아가 인간의 소외(疏外)로 보았다. 구체적으로 보자면, 인간 소외는 인간이 자기 존재를 불안과 절망으로 몰아감으로써 더는 회복할 수 없을 만큼 위험에 처하게 되는 것을 말한다.

키르케고르는 불안 현상을 분석하면서 죄의 근본적인 핵심을 발견했다. 무엇보다도 그는 불안(angoscia)과 두려움(paura)을 구별했다. 불안은 두려움과 달리 그 자체로는 결정된 외적 대상을 갖지 않는다. 인간은 불안한 가운데 자기 스스로, 즉 자신과의 일치로 인해 두려워

---

25. 죄에 대한 토마스의 가르침을 더 상세히 분석한 것으로 다음 책을 참조하기 바란다. R. Bernard, *Le péché*, in *Somme théologique*, Parigi, 1930.

한다. 불안은 자유와 밀접히 관련된다. 불안은 인간 자신이 자기에 대한 심판관임을 인식하고 동시에 이 특권이 갖는 잔혹하리만큼 지독한 위험을 깨닫는 순간에 드러나기 시작한다. 키르케고르에 의하면, 인간은 유한(육체)과 무한(영), 시간과 영원의 종합인 존재인 동시에 이러한 과제 앞에서 자신의 무능을 알아채는 순간부터 불안한 가운데 살아가는 존재다. 자아 안에서 무한과 유한의 종합이 이루어지는 것은 그 자체로 이미 "자기 자신이 되어 가는 과제 …… 오직 하느님과의 관계 안에서만 실현될 수 있는 그 무엇으로 제시된다."[26] 그러나 인간이 자신의 자유와 더불어 자기 힘으로 무엇인가를 실현해야 한다는 사실은 인간이 처한 모순된 실존적 상황을 어렴풋이 드러낸다. 이런 모순된 상황은 필연적으로 죄인인 인간의 불안 속으로 흘러 들어간다. 그럼으로써 인간은 필사적으로 자기 자신으로 남거나, 즉 인간적 한계들을 지닌 채 그대로 머물러 있거나 아니면 자신 안에 간직하고 있는 영원의 차원을 무시한 채 필사적으로 자기 자신이 아니기를 바라거나 하게 된다.

사실, 죄와 불안은 같은 것이다. 그것은 자신 안에 하느님 대신 자기 존재를 기초로 놓으려는 시도다. 그것은 또한 반항하는 것이며 절망하는 것이다. 왜냐하면 인간은 그렇게 함으로써 자기 정체성을 획득하는 대신에 잃어버리기 때문이다. "인간이 그토록 필사적으로 고수하려는 그 자아는 자기가 아닌 자아다. …… 그는 자신을 세워 둔 그 힘으로부터 고유한 자아를 떼어내려 한다."[27] 그러므로 인간 안에서 무한과 유한의 종합이 가능하기는 하지만, 오직 신앙의 차원에서만 가능할 뿐이

---

26. S. Kierkegaard, *Il concetto di angoscia - La malattia mortale*, Firenze, Sansoni, 1953, p.25.
27. *Ibid.*

다.[28] 그러나 신앙이 인간의 자유를 통해 그에게 열리는 어떤 가능성은 아니다. 그것은 언제나 기다려야 하는 하느님의 선물이다. 절망에 빠진 사람에게 유일한 구원은 하느님께는 불가능이 없음을 믿는 것이다. 믿는다는 것은 하느님을 차지하기 위해 지성을 잃어버리는 것을 의미한다.[29] 매우 제한된 몇몇 상황에서 그 나름의 해결책을 제시할 수는 있지만, 만일 도망갈 수 있는 길이 차단된 미궁에 있는 듯하거나 언제나 제자리로 되돌아오곤 하는 막다른 골목처럼 꽉 막힌 듯한 상황이라면, 그에게는 신앙이 유일한 가능성으로 다가올 수밖에 없다. 이제 그에게는 믿음으로써 치유될 것인지 아니면 믿지 않고 깊은 절망의 심연으로 빠져들 것인지에 대한 결단이 요청된다. 이것이야말로 신앙을 위한 투쟁이다. 만일 이 투쟁을 해야 하는 당사자가 패할 수밖에 없다면, 그것은 오직 그가 가능성을 찾을 수 있는가, 즉 그가 믿으려 하는가 하는 문제에 달려 있다. 그럼에도 불구하고, 인간적으로 말하자면, 그는 자신의 몰락이 아주 확실하다는 점을 잘 이해한다. 바로 이 점이 신앙의 변증법적 요소다.[30] 다시 말해, 문제는 믿으려 하는가 아니면 하지 않는가에 달려 있다. "사실, 자신의 파멸을 믿는 것은 불가능하다. 그러나 인간적으로 말하자면, 인간이 자신의 파멸 앞에 있음을 알면서도 어떤 가능성을 믿는 것, 그것이 진정 믿는 것이다. 이때 비로소 하느님은 인간을 도우신다. 하느님은 인간으로부터 공포를 몰아내거나 혹은 공포 자체를 통해서 오히려 놀라운 방법으로 …… 인간을 도우신다. 만일 한 인간이 이처럼 기적과 더불어 도움을 받는다면, 그것은 본질적으로 그의 이

---

28. "신앙은 자아가 자신으로 존재하고 또 그렇게 존재하려는 한에서 명백히 하느님 안에 뿌리 내리는 것을 의미한다."(*ibid.*, p.81)
29. *Ibid.*, p.246.
30. *Ibid.*, p.247.

성이 갖는 열정과 – 그는 이 열정을 통해 비로소 그 도움이 사실은 불가능한 것이었음을 깨닫는다 – 그를 도와준 전능한 힘을 향해 그가 보인 진실한 모습 때문이다. 그러나 사람들은 흔히 이도 저도 하지 않는다. 도움을 구하기 위해 단 한 번도 자신의 지성을 수그리지 않으면서, 단지 그 상황에 처한 자신을 돕는 것은 도저히 불가능하다고 외칠 뿐이다. 자, 보라, 이처럼 배은망덕한 이들이 거짓말을 하는 것을. 반면에 믿는 이는 절망을 거슬러서 영원히 확실한 해독제를 갖는다. 그것은 다름 아닌 가능성이다. 왜냐하면 하느님께서는 어떠한 순간에도 모든 것이 가능하기 때문이다. 이야말로 모든 모순을 해결해 주는 신앙의 건강함이다. 인간적으로 말해 여기에도 역시 모순은 있다. 한쪽에는 파멸이 확실한 반면에 다른 한쪽에는 가능성이 있기 때문이다."[31]

그러므로 키르케고르에게 절망은 하나의 죄가 아니라 유일한 죄다. 죄는 바로 절망 자체와 일치한다.[32] 정확히 말해, 이 죄는 이미 하느님 앞에서 절망하는 가운데 절망적으로 자기 자신이기를 바라는 것(연약함 가운데 절망하는 것) 아니면 절망적으로 자기 자신이 아니기를 바라는 것(완고한 고집 가운데 절망하는 것) 가운데 있다.

'하느님 앞에서'라는 정확한 표현은 매우 중요하다. 왜냐하면 이는 죄의 형식적인 요소를 드러내기 때문이다. 또한 이것은 죄가 그러하다는 것을 뒷받침하는 바탕이기도 하기 때문이다. 사실 단순히 하느님으로부터 추상화해서 죄에 대해 말하는 것 – 만일 하느님이 없다면 죄도 있을 수 없다. 반대로 죄가 있다면 하느님 또한 계시다는 식으로 –

---

31. *Op. cit.*, p.248.
32. M. Gigante, *Religiosità di Kierkegaard*, Napoli, Morando, 1982, cap. IX를 참조하라.

은 모순이다.

키르케고르는 죄의 본질을 잘 파악한 전통적인 교의에 근거해서 죄의 개념을 설명했다.[33] 만일 사정이 그러하다면, 죄는 하느님 앞에서 드러나지 않을 수 없다. 그러므로 모든 죄는 죄의 형식을 구성하는 요소로서 '하느님 앞에서'라는 조항을 가지며, 동시에 필연적이며 그리고 보편적으로 이 조항을 내포한다. 나아가서 죄를 짓는 대상이 무한하신 하느님이시므로, 만일 그 죄가 '참으로 하느님 앞에서 하느님을 거슬러서'[34] 범하는 것이라면, 그것은 무한한 모욕을 준다는 의미를 갖는다.

키르케고르는 죄의 마지막 뿌리를 밝히 보여 줌으로써 죄와 절망 사이의 완전한 일치에 대해 명확히 했다. 그에 의하면 궁극적인 죄의 뿌리는 불순명, 즉 하느님의 뜻에 대한 불일치에 있다. 그런데 이 모든 것은 정확히 말해 절망이라고 할 수 있다. 절망은 하느님이 원하시는 것과는 상관없이 자기 자신이 되기를 바라거나 하느님이 인간에게 원하시는 존재가 되기를 바라지 않는 것이다.[35] 그러므로 죄로서의 절망은 불순명으로 요약된다. 절망(=죄)은 하느님의 뜻을 따르지 않는 것이다. 키르케고르에 의하면, 죄를 불순명으로 해석하는 것은 성경의 전망과 일치하는 유일한 개념이다. 왜냐하면 성경은 언제나 죄를 불순명으로 정의하기 때문이다.[36]

죄의 본질이 불순명이므로 각 개별 죄들은 모두 불순명의 행위를 내포한다. 그러므로 이 정의는 생각할 수 있는 모든 형태의 죄와 실제적인 모든 형태의 죄를 분명히 다 포함한다. 동시에 이 정의는 결정적

---

33. S. Kierkrgaard, *Il concetto di angoscia* cit., p.298.
34. *Ibid.*
35. *Ibid.*, p.299.
36. *Ibid.*, p.300.

인 요소, 즉 죄는 절망 – 왜냐하면 죄는 단순히 육체와 피를 방종하게 사용하는 것만이 아니라 영이 허락하는 동의이기도 하기 때문이다 – 이면서 또한 하느님 앞에서 행해지는 것임을 강조해서 드러낸다.[37] 키르케고르는 이 명제를 증명하기 위해 죄와 절망의 반대가 덕이 아니라 믿음이라는 데에 주목했다. 덕이 죄에 반대된다고 하는 주장은 순전히 인간적인 기준만을 만족시키는 것일 뿐 도대체 죄가 무엇인지 모르는 이교도적 사고방식으로서, 모든 죄는 하느님 앞에서 행해진다는 사실을 간과하는 것이다. 그러나 결코 그렇지 않으며, 로마서에서 사도 바오로가 "믿음에서 우러나오지 않는 행위는 다 죄입니다."(14,23)라고 말한 것처럼, 죄의 반대는 믿음이다. 이어서 키르케고르는 다음과 같이 덧붙였다. "이것이야말로 그리스도교 전체를 결정적으로 자리매김하는 요소다. 죄의 반대는 덕이 아니라 바로 믿음이다."[38]

그는 죄를 절망이라고, 따라서 믿음 – 이 믿음은 하느님께 대한 일반적인 믿음이 아니라 구체적으로 그리스도교적인 믿음을 의미한다 – 의 대립 개념이라고 정의함으로써 논리적인 귀결로서 이제 그리스도교와 이교도를 구분하는 개념을 제시했다. "그리스도교가 질적인 면에서 다른 종교와 결정적으로 구별되는 것은 다름 아닌 죄의 개념과 죄에 대한 가르침이라고 할 수 있다."[39] "그래서 그리스도교는 죄가 무엇인지를 밝혀 보이기 위해 일종의 계시가 필요하다고 주장한다."[40]

앞에서 살펴본 바와 같이, 키르케고르의 죄에 대한 가르침에는 불안, 불순명, 계시라는 세 가지 근본적인 요소가 자리 잡고 있다. 키르케

---

37. *Op. cit.*, p.301.
38. *Ibid.*, p.302.
39. *Ibid.*, p.311.
40. *Ibid.*, p.107.

고르에 의하면, 이 세 가지 요소는 서로 불가분의 관계에 있다. 만일 불순명이 없다면 불안이 있을 수 없다. 하지만 계시 – 인간은 이 계시를 거슬러 저항한다 – 가 없다면 또한 불안이 있을 수 없다. 형식적으로 볼 때 이 구조는 정당하다. 그러나 일반 계시와 그리스도교적인 계시를 동일시하는 데는 상당한 논란의 소지가 있다. 키르케고르가 그리스도교와 이교를 철저히 대립되는 것으로 보았기 때문이다. 이런 전망에서 보면, 그리스도교 밖에는 고유하고 올바른 의미의 죄 개념이 존재하기 어려울 뿐만 아니라, 논리적인 면에서 죄를 지을 수 있는 가능성이 있어서도 안 된다. 그러나 이러한 주장은 사실상 지지하기 어려운 명제가 아닐 수 없다. 이미 키르케고르가 살펴본 것처럼, 죄는 하느님의 계획에 따라 자신을 실현하기를 거부하는 데에 있다. 그런데 이 하느님의 계획은 오직 예수 그리스도를 통해서 분명히 드러났으며, 암묵적으로는 – 키르케고르에 의해 강조된, 인간이 지닌 무한을 향한 요청에서 – 이미 인간의 영(靈) 안에 씌어 있다. 모든 사람의 마음에서는 언제나 더욱 더 예수 그리스도를 닮아서 그분처럼 되라고 부르시는 하느님의 음성을 느낄 수 있다.

그러므로 그리스도교적인 관점에서 죄를 해석하는 것은 – 마치 은총과 구원에 대해서도 그러한 것처럼 – 전적으로 당연한 작업이다. 오히려 그것은 절대로 필요한 작업이니, 왜냐하면 이것이 인류를 더럽힌 죄가 얼마나 중한지를 가늠케 해 주는 참되고 유일한 척도이기 때문이다. 그러나 그리스도 중심주의는 배타적이 아니라 매우 포용적이다. 그러므로 하느님의 말씀이 여러 대륙과 역사의 여러 시기에 뿌려 놓은 모든 진리의 씨앗들을 찾아서 소중히 잘 보존하고 잘 이용해서 완성할 줄 알아야 한다. 이와 동시에 여러 종교와 예술 그리고 신화와 철학들도 잘 활용할 줄 알아야 한다.

그리스 사상과 인도 종교 사상의 죄 개념은 아직 우리에게 혼돈스럽고 적합하지 않다. 하지만 모든 자연 종교들에서 드러나는 속죄 전례들은, 키르케고르가 이미 잘 알고 있었듯이, 죄의 본질 자체를 이루는 요소인 하느님을 모욕하고 그분께 불순명한다는 개념을 분명하게 입증한다.

키르케고르가 제시하는 죄(=불안) 개념은 20세기의 여러 신학자들 사이에 중요한 개념으로 받아들여졌다. 우리는 그 가운데 특히 폴 틸리히, 발타사르, 판넨베르그를 꼽을 수 있다.[41]

필자는 키르케고르의 죄 개념이 결코 죄에 대한 고전적인 정의와 대립하지 않으며, 오히려 이를 보완하면서 더욱 풍요롭게 한다고 본다. 누구를 거스르는가, 즉 죄에서 거스르는 대상은 고전적인 정의가 언급하는 대로 분명 하느님이며 – 즉, 죄는 하느님을 모욕하는 행위다 – 이 점이 키르케고르를 통해서도 광범위하게 다뤄진다. 그러나 '누구에게'로 대변되는 벌의 대상은 인간인데, 인간은 자신의 죄로 인한 피해로부터 무사하지 못하다(이는 성경을 통해 체계적으로 분명하게 드러난 바와 같다. 즉, 모든 죄에는 엄중한 처벌이 따른다). 그지없이 극적인 죄의 결과들은 하느님이 아니라 인간 자신에게 – 인간-하느님이 되신 그리스도께서 우리의 죄를 뒤집어쓰시는 순간 그분께도 또한 – 깊은 타격을 준다. 바로 이런 이유로 인해 키르케고르가 말한 것처럼 죄는 깊은 상처, 불안, 절망, 혐오감을 주는 결과와 더불어 정의될 수 있다. 이것들

---

41. P. Tillich, *Il coraggio di esistere*, Roma, Astrolabio-Ubaldini, 1968; H. U. v. Balthasar, *Il cristiano e l'angoscia*, Alba, Paoline, 1957; W. Pannenberg, *Antropologia in prospettiva teologica*, Brescia, Queriniana, 1987.

은 매우 극적이고 힘들고 불안할 뿐 아니라 고통스럽고 절망적인 상황으로서 아주 밀접하게 신학적인 동기, 즉 하느님을 모욕하는 것과 연관되어 있다. 그러나 이는 많은 심리 분석가들이 주장하는 심리적인 불안정과는 다르다.

현대 신학은 죄의 내적 차원을 새롭게 발견해 가지만, 동시에 죄의 공동체적 차원에 대한 강조도 잊지 않는다. 필자는 신비로운 죄의 실체에 대한 더 깊은 성찰과 새로운 이해를 위해 무엇보다도 하느님, 인격, 이웃이라는 삼중 요소를 신중히 고려해야 한다고 생각한다. 즉, 이 세 요소를 그 자체로 진실하게 보고 구원적인 전망에서 이해해야 한다. 죄는 구원 역사에서 드러나는 이 세 가지 정점에 해를 끼치는 상처가 아닐 수 없다. 죄는 언제나 인간 자신에게 큰 상처를 입힐 뿐 아니라 하느님과 이웃에게도 큰 상처를 가져다준다. 먼저 죄는 자신에게 상처를 입히는데, 구체적으로는 우리가 하느님의 자녀 되는 품위를 갖도록 미리 준비시키시는 그분의 놀라운 계획에 상처를 입히게 된다. 그 다음으로 죄는 이웃에게 상처를 입히는데, 이는 죄를 지음으로써 그 이웃이 지닌 하느님의 자녀로서 품위를 존중하지 않을 뿐더러 그 안에 간직되어 있는 하느님의 이콘성을 완성에 이르도록 실현하는 데 협력하지 않기 때문이다. 끝으로, 죄는 하느님께 상처를 입히는데, 이는 무한히 선하시고 자비로우신 아버지이자 우리를 위한 엄청난 계획을 준비하신 당사자이신 분을 존중하지 않기 때문이다.

그러므로 죄는 삼중의 소외를 가져온다. 즉, 자신, 이웃, 하느님으로부터의 소외를 초래한다. 실제로 하느님을 거스르는 죄는 언제나 자신과 이웃을 소외시킨다. 마찬가지로 이웃을 거슬러 행하는 죄는 하느님과 자신을 소외시킨다. 우리는 '부르심-응답'이라는 두 용어 – 또는 키르케고르의 용어를 빌리자면 '계시-신앙'이라고 표현할 수도 있다 - 와 더불어 죄의 실제에 대해 분석할 수도 있다. 죄는 본질적으로 하느님으로부터, 자신 - 진성한 자신의 실현 계획과 자신의 양심 - 으로부터, 이웃으로부터 직접 다가오는 부름(계시)에 응답하기를 거부하는 것이다. 이러한 죄 해석은 성경의 전망과도 아주 깊이 닿아 있는데, 성경은 종종 인간을 하느님으로부터 부르심 받은 존재로 언급한다. 특히 하느님은 역사 안에서 일련의 개입을 통해 인간을 부르시는데, 이러한 개입의 정점에 바로 그리스도 사건이 자리한다. 이러한 하느님의 개입은 인간을 향한 그분의 사랑을 분명히 보여 준다. 하느님께서는 자신의 외아드님을 이 세상에 보내실 정도로 세상을 사랑하셨다(요한 3,16). 이 하느님의 부르심은 인간 편에서 믿음-사랑이라는 모습을 통해 응답되어야 한다. 그러므로 우리는 부르심이라는 개념 안에서 하느님이 인간을 향해 건네시는 선물 - 강요가 아닌 - 로서 계시가 내포하는 모든 것이 집약되어 드러남을 보게 된다. 반면, 응답을 통해서는 인간이 책임을 갖고 자유롭게 하느님께 드릴 수 있는 모든 것이 종합적으로 표현된다. 그러나 이러한 인간의 응답에는 분명 하느님의 도우심이 있어야 한다. "아버지께서 이끌어 주지 않으시면 아무도 나에게 올 수 없다."(요한 6,44) 이제 이러한 틀에서, 죄는 하느님의 부르심에 대해 응답하지 않는 것 또는 '아니오'라고 자유롭게 응답하는 것으로 드러난다.

1.5. 죄의 개념에 대한 재정립

필자는 이 장을 시작하면서 죄란 인간을 향한 하느님의 계획에 대한 거부와 왜곡이라고 정의한 바 있다. 이 정의에는 아우구스티노와 토마스가 정의한 죄의 개념인 하느님으로부터 멀어짐이라는 신학적 요소와 함께 키르케고르의 정의에 포함된 인간이 자신으로부터 소외된 상태로서 죄에 대한 인간학적 요소가 내포되어 있다. 사실 이 두 가지 요소는 모두 죄의 근본 토대를 이룬다. 먼저, 첫째 요소는 죄가 주는 상처가 얼마나 중한지를 강조하는 데 필수적이다. 죄는 무엇보다도 하느님을 향한 모욕이기 때문에 아주 중한 것이다. 반면, 둘째 요소 역시 중요한데, 이는 죄를 짓는 당사자가 받는 상처가 얼마나 큰지를 보여 주기 때문이다. 죄로 인해 파괴되는 것은 다름 아닌 죄를 지은 당사자다. 죄는 영적인 자살이나 다름없기에 대단히 무서운 것이기도 하다. 구체적으로 죄는 인간 인격의 더 높은 차원, 더 큰 힘을 갖는 부분을 파괴한다. 그것이 바로 인간의 자유다. 인간이 죄를 지음으로써 인간의 자유는 자신을 닫고 더는 인간이 영적인 차원 – 즉, 개방적인 차원이자 통교의 영역이며 자신을 증여하는 영역 – 에서 성장하는 데 아무런 도움도 주지 못한다. 반대로 영적인 차원은 점점 더 메마르고 황폐해 가며 인색하고 나쁘게 변화해 간다. 이처럼 인간 인격은 죄와 더불어 진리의 차원에서 거짓의 나락으로 떨어질 뿐 아니라 사랑에서 미움으로, 선함에서 악함으로, 순결함에서 음탕함으로, 다른 이들과의 연대에서 이기주의로, 빛에서 어두움으로, 아름다움에서 추함으로, 정의에서 불의로, 지혜로움에서 어리석음으로 떨어진다. 그러므로 죄는 앞서 언급한 두 가지 근거, 즉 신학적인 차원(죄가 하느님을 배반하는 한에서)과 인간학적인 차원(죄가 인간 존재의 철저한 해체인 한에서) 모두에게 지극히 참담하다.

죄에서 더욱 비인간적이고 비인간화하는 결과는 문화적 차원에서 드러난다. 즉, 인간이 자기 존재 안에 새겨진 하느님의 이콘성에 담긴 하느님의 계획이 아니라 자신의 계획에 따라 자신과 사회를 건설하려는 프로메테우스적인 오만함을 갖고서 더는 인간 인격을 성숙시키거나 사회(그리고 민족과 국가)를 통합 – 즉, 평화, 조화, 공존, 사회적 질서 등 – 하는 데 전혀 기여하지 못하는 문화를 건설하고자 열을 올리게 된다. 그럼으로써 이제 문화는 존재의 문화가 아니라 소유와 권력의 문화로 전락하고, 종국에는 사랑과 정의의 문화가 아니라 미움과 폭력이 난무하는 문화로 변질된다. 우리가 몸담은 사회는 감각적이고 쾌락적이며 소비 지향적인 물질주의 문화와 더불어 하느님의 계획을 거부하며, 인간을 올림퍼스 신전을 오르려는 거인이 아니라 야수로 전락시키는 질적으로 아주 낮은 문화적 모델을 그 자리에 대체함으로써 우리로 하여금 처참하기 그지없는 이 현실에 목메어 울며 비탄에 젖게 만든다.

우리가 죄에 대해 내린 정의는 비오 10세 교황의 가르침에서 드러나는 정의와 일치한다.[42] 이 정의에 따르면, 죄는 하느님의 뜻에 대한 거부 또는 하느님의 법에 대한 거부다. 그러나 우리는 앞서 제시한 정의를 통해 이 정의에 내포된 타율성(他律性)을 피하고자 한다. 이 정의는 무엇보다도 인간이 아니라 하느님만을 염두에 둔 듯한 인상을 주기 때문이다. 사실, 죄를 범함으로써 실제로 벌을 받는 것은 인간이다. 죄는 인간을 초본성적 상태로 고양하려는 하느님의 계획을 거부함과 동시에 아주 심하게 그리고 돌이킬 수 없을 만큼 파괴한다.

우리는 죄의 교리에 대한 역사를 살펴봄으로써 죄 자체와 더불어 그 기원과 결과가 복잡하기 그지없다는 점을 알았다. 죄는 인간과 그가 지닌 자유에 기원을 둔다. 죄는 본질적으로 인간이 하느님 앞에서

---

42. 비오 10세 교황의 가르침에 따르면, "죄는 하느님의 법에 불순종함으로써 그분을 모욕하는 것이다."

스스로 구원되려는 권리를 주장하면서 이를 실현하기 위해 하느님을 자신의 유일한 구원자로 받아들이지 않고 윤리적 덕들, 과학 기술에 대한 능력, 정치적 권력, 문화, 경제 등만을 신뢰하려는 인간의 모습 안에 내재해 있다. 동시에 죄는 교만, 불순종, 불충실의 행동이기도 하다. 죄의 결과는 개인적인 차원에서나 사회적인 차원에서 모두 중하다. 개인적인 차원에서 보면, 죄를 범한 사람은 내적인 상처, 영적 공허감, 두려움, 불안, 절망, 그리고 가끔 혐오감으로 자신을 더럽히는 가운데 몹시 고통스러워한다. 그러나 죄는 언제나 사회적인 영향을 가져오며, 종종 사회 안에서 마피아, 마약, 포르노, 독재 정치, 당리당략 등의 구조를 통해 다른 형태로 드러나기도 한다.

죄는 역사 이전의 사건이나 신화처럼 드문 현상이 결코 아니다. 그것은 냉엄한 현실이다. 또한 그것은 역사의 모든 시대에서 인류가 처하는 조건이자 오늘날에는 커다란 형태로 드러나고 있다. 굳이 유다인 대학살, 스탈린의 감옥, 베트남 대학살, 캄보디아 사태, 팔레스타인 난민, 인종 차별 등을 말하지 않더라도, 우리는 선을 행하는 데 무기력하기 그지없는 우리의 모습을 보면서 죄의 씨앗을 발견할 수 있다. 우리 밖으로 시선을 돌리면, 하느님을 무시한 채 살아가는 모습, 행복 – 구원과 유사한 의미의 – 을 추구하면서 자신의 힘만을 절대적으로 신뢰하려는 모습 등이 사람들 사이에 널리 퍼져 있음을 심심치 않게 발견할 수 있다. 인간은 자신이 하느님처럼 되려는 악하기 그지없는 모습을 벗어버릴 줄 모른다. 우리는 다음 장에서 죄에서의 유일한 탈출구는 오직 신앙뿐임을 보게 될 것이다. 그것은 오직 하느님만이 우리의 구원이심을 고백하는 것이다.

2. 원 죄

앞에서 살펴본 것처럼, 죄는 본질적으로 하느님을 제외한 채, 더 나아가 하느님을 부정한 채 인간적인 계획을 구현하려는 인간의 주장에 있다. 성경은 첫 인류가 주장한 것이 바로 이것이라고 말한다(창세 3장). 그들은 하느님처럼 되기 위해 금지된 열매를 따먹었다. 이 죄의 결과 – 지상 천국에서 쫓겨났을 뿐 아니라 고통과 노동과 죽음이 수반되었다 – 는 단순히 개인적인 차원에서 끝나지 않고 공동체적인 차원으로까지 이어졌다. 이렇게 해서 첫 인류가 지은 첫 죄는 원죄가 되었다. 아담과 하와의 모든 후손들은 그들의 죄 안에서 함께 엮여 들어갔다. 그것은 하느님을 거스른 배반과 그분에게서 멀어지는 것이었다.

모든 시대를 불문하고 대부분의 신학자들이 동의하는 원죄에 대한 가르침의 중요한 사안들은 다음과 같다. ㄱ) 원죄는 본질적으로 신화(神話)가 아니라 역사적 사건이다. ㄴ) 인간이 하느님에게서 멀어졌음에도 불구하고 그가 지닌 '하느님의 모상'은 파괴되지 않았다. 단지 크게 상처를 입었을 뿐이다. ㄷ) 인간은 자신의 힘만으로는 이 죄에서 회복될 수 없다. 왜냐하면 그가 하느님을 모욕한 한에서 죄는 무한하며, 그 자신의 힘만으로는 하느님께서 인류를 위해 준비하신 계획, 즉 인간이 그분을 닮아 가기를 원하신 계획을 실현할 수 없기 때문이다. ㄹ) 원죄는 본성적 질서, 즉 하느님의 계획을 대신하는 인간의 계획에 중대한 영향을 미쳤다. 어떠한 경우에도 인간은 철학이나 정치나 윤리가 제시하는 유토피아적 계획을 완성할 수 없다. 더 나아가, 초본성적인 질서에서의 실패는 본성적인 질서에도 커다란 영향을 미쳤다. 인간 본성에는 탐욕, 이기주의, 공격성, 질투, 폭력 등이 난무하게 되었다. 하느님의 이콘성을 완성하는 계획을 실현하도록 부르심을 받은 인간은 그분과 동등해지기 위해 그 계획을 거부함으로써 더는 인간적인 형제애의 기준에 따라 살 수 없게 되었다. 인간은 하느님으로부터의 이탈로 인해 이웃과도 쉽게 갈등에 빠지게 되었다.

원죄에 대해 구체적으로 언급한 첫 신학자는 다름 아닌 사도 바오로다.[43] 바오로는 로마서에서 다음과 같이 말했다. "한 사람을 통하여 죄가 세상에 들어왔고 죄를 통하여 죽음이 들어왔듯이, 또한 이렇게 모두 죄를 지었으므로 모든 사람에게 죽음이 미치게 되었습니다."(로마 5,12) 이 구절 조금 앞에서는 "유다인들이나 그리스인들이나 다 같이 죄의 지배 아래 있습니다."(로마 3,9)라고 말했다. 이러한 이유로 해서 모든 사람에게는 오직 예수 그리스도를 통해 주어지는 구원이 필요하다(로마 3,23 이하). 원죄에 대한 교리는 모든 사람을 구원하기 위해 그리스도가 절대로 필요하다는 바오로 사도의 전망에서 성서적 계시의 문맥에 따라 정당하게 자리매김하고 있다. 여기서 강조되는 것은 죄가 아니라 하느님의 자비다. "하느님께서는 세상을 너무나 사랑하신 나머지 외아들을 내주시어, 그를 믿는 사람은 누구나 멸망하지 않고 영원한 생명을 얻게 하셨다."(요한 3,16)

2.1. 성 아우구스티노

원죄 교리는 이미 이레네오, 테르툴리아노, 오리게네스 시대부터 그

---

43. 다음 책들을 참조할 것. P. Grelot, *Reflexions sur le probléme du péché originel*, Tournai, 1968; P. Dacquino, *Peccato originale e redenzione secondo la Bibbia*, Torino, 1970; K. H. Weger, *Theologie der Erbesünde*, Freiburg i.B., 1970; R. Schnackenburg, *L'esistenza cristiana secondo il Nuovo Testamento*, Modena, Paoline, 1972.

리스도교 교리에서 중요한 위치를 차지했다. 그러나 펠라지오가 아담의 죄는 오직 그 자신에게만 해를 입혔을 뿐 모든 인간에게 해를 입히지는 않았다고 주장하면서 원죄를 부인하기 전까지는 그 누구도 결정적으로 신학적 체계를 갖추어 원죄를 설명하지 않았다. 결국에는 아우구스티노가 그 작업을 해 냈다. 그는 탁월한 능력을 바탕으로 이 주제를 심도 있게 연구하여 그 개념이 담고 있는 풍부한 내용들을 밝혔다.[44]

여기서 우리는 아우구스티노가 펠라지오에 맞서 싸우기 시작한 것 (416년경)을 상기할 필요가 있다. 당시에 이미 로마, 카르타고, 예루살렘 등지에 펠라지오 추종자가 많았으며, 특히 그 제자인 첼레스티노 (Caelestinus)의 열정과 웅변으로 인해 추종자가 점점 더 불어났다. 아우구스티노는 처음에 이 아일랜드 출신의 수도승과 대립하지 않고 존경과 우정을 견지했다.[45] 그러나 그가 중대한 잘못을 저지르고 있다는 것이 밝혀지자, 아우구스티노는 주저 없이 그를 공격하기 시작했다.

그러면 구체적으로 펠라지오는 무슨 오류를 범했을까? 아우구스티노는 지극히 성실한 친구이자 은총의 옹호자[46]인 바올리노 주교에게

---

44. 주석적인 차원에서 "바오로 사도는 어떤 원죄에 대한 가르침을 제시하지도 않았고, 아우구스티노에서 트렌토 공의회 그리고 우리 시대로 이어지는 교의적인 전통이 이해하는 것처럼, 이 죄가 유전된다고 가르치지도 않았다. 그러나 아담에서 출발해서 그리고 그와의 깊은 연대 안에서 …… 모든 사람이 죄의 권세 아래 있었으며, 따라서 율법도 하느님도 없이 하느님의 분노 아래에 살았고, 그래서 만일 하느님께서 '두 번째 아담'을 보내 주지 않으셨다면 우리는 결코 구원될 수 없었다고 말할 수 있다."(O. H. Pesch, *Liberi per grazia. Antropologia teologica*, cit., p.149)
45. "우리에 대해 말하자면, 비록 그를 향한 우리의 사랑이 이전과는 다른 동기에 바탕을 두긴 하지만, 단순히 그(펠라지오)를 존경하고 사랑했을 뿐만 아니라 그를 진정으로 좋아했습니다. 사실 우리는 그의 신앙이 교회의 정통 가르침과 일치한다고 믿었기 때문에 그를 좋아했습니다. 그러나 이제는 하느님의 자비가 그를 그의 이론으로부터, 즉 하느님의 은총에 정면으로 반대되는 것을 고백하는 이론으로부터 해방해 주시도록 그를 사랑하고 있습니다."(Agostino, *Epist.* 186, 1)

보낸 서한에서 이 점을 분명하게 요약해서 보여 주었다. 따라서 이 서한의 내용을 살펴보는 것이 바람직하다. 그 내용은 다음과 같다.

ㄱ) 아담은 죄를 지었든 또는 짓지 않았든 어차피 죽어야 했다. ㄴ) 아담의 죄는 단지 그 자신에게만 해를 입혔을 뿐 모든 인류에게 해를 입히지는 않았다. ㄷ) 갓 태어난 아기는 죄를 짓기 전의 아담과 같은 상태에 있다. ㄹ) 아담의 불순명과 죽음은 결코 모든 사람의 죽음의 원인이 아니고, 예수 그리스도의 구원이 모든 이들을 부활하게 하는 원인도 아니다. ㅁ) 아기들은 세례를 받지 않아도 영원한 생명을 누린다. ㅂ) 세례 받은 이들 가운데 부자들의 경우 그들이 실천했다고 생각하는 선행은 사실상 고려되지 않는다. 만일 그들이 자신의 모든 재화를 포기하지 않는다면 결코 하느님 나라에 들어갈 수 없다. ㅅ) 하느님의 은총과 도움은 각각의 개별 행위에 주어지는 것이 아니라 오직 인간의 자유 의지, 율법, 계시된 가르침 가운데 있다. ㅇ) 하느님의 은총은 우리의 공로에 준해서 주어진다. ㅈ) 전적으로 죄가 없는 이들 외에는 그 누구도 하느님의 자녀라고 불릴 수 없다. ㅊ) 만일 하느님의 도움이 필요하다면, 인간의 자유 의지는 한낱 이상일 뿐이다. 왜냐하면 우리 각자는 의지 안에 무엇인가를 할 수도 있고 하지 않을 수도 있는 능력을 갖고 있기 때문이다. ㅋ) 하느님의 도움이 아니라 자유 의지야말로 우리가 우리 자신에 대해 승리를 가져다주는 것이다. ㅌ) 고해성사를 받은 이에게는 하느님의 은총이나 자비 때문이 아니라 자비를 얻을 만한 그의 공로나 수고에 상응해서 용서가 주어진다.[47]

---

46. *Op. cit.*, 186, 12, 39.
47. *Ibid.*, 186, 9, 32.

아우구스티노가 열거한 열두 개의 명제 가운데 펠라지오의 전체적인 신학적 일탈을 뒷받침하는 중심축은 "아담의 죄는 단지 그 자신에게만 해를 입혔을 뿐 모든 인류에게 해를 입히지는 않았다."라는 두 번째 명제였다. 그러므로 그의 주장을 분쇄하기 위해서는 무엇보다도 이 두 번째 명제를 직접 공격하지 않을 수 없었다. 그래서 아우구스티노는 원죄의 실체를 재천명함과 동시에 원죄로 인해 모든 인류에게 전해진 엄청난 결과 – '단죄된 무리' – 를 강조하기 시작했다. 히포의 거룩한 박사 아우구스티노가 그의 수많은 작품을 통해서 수행한 작업이 바로 이것이다.[48]

아우구스티노는 원죄의 존재를 입증하기 위해 ㄱ) 성경의 가르침(구체적으로 창세기와 바오로 사도의 가르침), ㄴ) 전례적인 전통(유아 세례), ㄷ) 탐욕(모든 사람들이 자신 안에서 경험하는 악을 향한 근원적인 경향성) 등 세 가지 원칙적인 주제들을 제시했다.

아우구스티노가 원죄 교리를 주장하기 위해 근거로 삼은 성서적인 권위는 분명 바오로의 사상이었다.

> 여기 '이교도들의 박사'가 가르치는 바가 있다. 그 역시 같은 그리스도를 말한다. "한 사람을 통하여 죄가 세상에 들어왔고 죄를 통하여 죽음이 들어왔듯이, 또한 이렇게 모두 죄를 지었으므로 모든 사람에게 죽음이 미치게 되었습니다."(로마 5,12) 이어서 그는 이렇게 덧붙인다. "한 번의 범죄 뒤에 이루어진 심판은 유죄 판결을 가져왔습니다."(로마 5,16) 반면에 "한 사람의

---

48. 구체적으로 *Epist.* 157, 186, 217; *De gestis Pelagii; Contra duas epistolas Pelagianorum; De natura et gratia contra Pelagium; Contra Julianum haeresis pelagianae defensorum; De civitate Dei*를 볼 것.

순종으로 많은 이가 의로운 사람이 될 것입니다."(로마 5,19) 따라서 만일 그들(펠라지오 추종자들)이 첫 사람에게서 받은 탐욕으로 태어나지 않은 아이를 우연히 발견할 수 있다면, 그 아이는 결코 단죄된 이도 아니고 그리스도의 은총을 통해 해방될 필요도 없다고 말할 수 있을지 모른다. …… 그러나 실제로 아담을 제외한 모든 사람 가운데 육으로 태어나지 않은 이가 없기에, 그리스도를 제외하고 이렇듯 죄와 더불어 다시 태어나지 않은 이를 찾아볼 수가 없다. 육적인 탄생은 다름 아닌 그 유일한 죄 그리고 그 죄에 대한 처벌과 연결되어 있다. 반면에 아이들은 원죄 때문에 유아 세례를 받는데, 이 영적인 다시 태어남은 단지 이 원죄를 없애 줄 뿐 아니라 거기에 덧붙여서 사람들이 자신의 방탕한 생활과 더불어 범하는 다른 모든 죄들도 없애 줌으로써 새롭게 태어나게 해 준다.[49]

두 번째 주제는 유아 세례에 관한 전례 전승을 통해 다뤄진다. 이 전승은 무엇보다도 아기가 이 세상에 무죄한 상태로 태어나는 것이 아니라 죄의 상태에서 태어난다는 확신에 근거한다. 바로 이 때문에 어린아이에게 세례가 필요하다. 세례는 신자를 그리스도의 수난과 죽음에 일치시킴으로써 죄의 더러움에서 해방해 주고 하느님의 은총을 그에게 선물로 준다. 그러므로 이렇듯 인간 구원이라는 주제와 깊이 연관된 문제에 대한 교회의 접근이 잘못되어서는 안 되는 일이었다.

누구든 자신이 가톨릭 신앙을 지닌 신자라고 생각하는 이는, 만일 어린아이들이 은총의 주입과 더불어 그리스도 안에서 새롭게 태어나지 않거나 그

---

49. *Epist.* 157, 3, 11.

분의 살을 먹고 또 그분의 피를 마심으로써 갈증을 해소하지 않는다면 자기 힘만으로는 생명을 유지할 수 없고 결국 영원한 벌을 받도록 단죄된다는 것을 어떠한 의심도 없이 믿어야 한다. 그러므로 이 아이들이 자신의 의지로 어떤 선이나 악을 행하지는 않았지만 아담의 후손이라는 사실만으로도 - 아담 안에서 모든 이가 죄를 지었다 - 사형을 받아야 한다는 사실에 대해 잘 알아야 한다. 그 누구도 원죄에 물들지 않으시고 개인적인 죄도 범하지 않으신 분의 은총을 통하지 않는다면 결코 이 원죄에서 해방될 수 없다.[50]

세 번째 주제인 탐욕은 악과 고통에 대한 보편적 체험을 통해 다뤄진다. 헤아릴 수도 없는 악과 고통 - 그리고 질병, 수난, 죽음, 악의 유혹, 이기주의, 악행 등 - 의 쇄도는 첫 인류가 지상 천국에서 쫓겨난 뒤부터 줄곧 선한 사람이나 악한 사람의 구분 없이 누구에게나 타격을 주었다. 이는 분명 모든 사람이 책임져야 할 죄를 전제로 한다. 그래야만 왜 모든 인류의 본성이 첫 인간의 죄 때문에 타락하게 되었는지를[51] 설명할 수 있다.

모든 사람이 하나의 선조와 결속되었기에 유죄(有罪)다. 이는 한 사람을 통하여 세상에 죄가 들어왔기 때문이다(로마 5,12 참조). 그래서 이 한 사람과 관련됨으로써 모든 이가 죽게 되었다. 사실, 그의 후손이 되어 개별 존재로 살아가던 모든 이는 그와 함께 하나의 인격체를 형성했다. 만일 그가 어떤 후손도 두지 않았다면, 그의 죄는 단지 개인적인 죄로 그쳤을 것이다. 그러나 우리 모두에게 공통된 본성이 바로 그에게서 유래하기 때문에 그가 지

---

50. *Epist.* 186, 8, 30.
51. *Epist.* 186, 8, 2.

은 죄로부터 면제된 이는 한 사람도 없다.[52]

그러므로 우리는 원죄의 존재 자체에 대해 추호도 의심을 가질 수 없다. 그러나 아우구스티노는 이 죄의 본성이 무엇인지에 대해서는 말하지 못했다. 그 자신도 "이해하는 데 있어 그 무엇도 이보다 더 은밀하지는 않다."[53]고 언급하면서 죄책과 함께하는 탐욕(concupiscentia cum reatu)이라는 정의에 국한하고자 했다. 그는 탐욕 개념에다 영원한 선들을 유한한 선들 뒤에 놓는 영혼의 경향성이란 의미를 부여했고, 죄책(reatus) 개념에는 신적인 생명이 박탈되었다는 의미를 부여했다. 그는 모든 이가 인류의 조상인 아담과 일치하는 존재론적 결속으로 인해 죄 중에 이 신적 삶을 박탈당했다고 설명했다.[54]

아우구스티노는 원죄를 단순히 아담이 하느님을 거슬러 배반함으로써 주어진 나쁜 표양을 닮는 것으로 축소시킨 펠라지오의 주장을 거슬러서, 아담의 모든 후손이 아담이 범한 것과 같은 죄에 실제로 똑같이 아주 깊이 참여한다고 강조했다.

만일 당신이 그리스도를 통해서 그리스도와의 일치 안에서 살고자 한다면, "하나의 죄 때문에 우리는 하느님의 정의로 단죄되었습니다."라는 사도 바오로의 말씀을 거슬러서 싸우는 사람의 말과 해설에 귀 기울이지 말아야 합니다. 사도 바오로가 이 가르침에서 죄인들이 첫 사람과 관계된다는 것을 설명하면서, 만일 그들이 주장하는 것처럼 우리가 태어나면서부터 아담에게

---

52. *Epist.* 186, 6, 21.
53. *De mor. eccl. cath.* 1, 40.
54. *Contra Jul.* 5, 3, 8; *De mendacio* 7, 10; *Epist.* 98, 1.

서 죄를 물려받은 것이 아니라 단지 우리가 죄를 지음으로써 그를 모방하는 것일 뿐이라고 이해시키고자 했다면, 그것은 무엇보다도 우리에게 악마적인 예를 제시한 것입니다. 이 악마가 처음으로 죄를 지었습니다. 그리고 그로부터 육적인 후손이 나왔을 뿐 아니라 사람들은 그를 모방하면서 따랐습니다. 그래서 그는 불경한 이들의 아버지라 불렸습니다. 이는 마치 아브라함이 믿는 이들의 아버지라고 불린 것과 같습니다. 우리가 육적인 면에서 그의 후손은 아니지만 그의 신앙을 닮아 가기 때문에 그를 믿음의 아버지라 부릅니다. 다음 구절에는 왜 악마에 대해 이야기했는지 그 이유가 나옵니다. "그를 따르는 이들이 그를 모방한다."(지혜 2,24) 둘째, 만일 바오로 사도가 첫 사람을 단지 수많은 사람들 가운데 첫 번째 죄인인 한에서 후손들에 의해 모방된 모델로 기억함으로써 다른 모든 죄인이 그와 닮은 관계에 있음을 이해시키고자 했다면, 왜 모든 사람 가운데 첫 번째 의인인 거룩한 아벨, 의인이라면 누구나 자기와 닮은 관계에서 그 의로움을 닮고자 하는 아벨을 인용하지 않았습니까? 이에 반해 사도는 아담을 그리스도와 반대되는 입장에서 제시하면서 역으로 그리스도를 소개했습니다. 왜냐하면 만일 첫 아담이 자신의 죄와 더불어 자신의 후손들을 부패시켰다면, 하느님이시요 인간이신 분께서는 당신의 의로움과 더불어 당신의 유산인 구성원들을 구원하셨기 때문입니다. 악마가 자신의 모든 사악함으로도 해 내지 못한 것을 첫 아담이 육적 부패를 통해 전수했다면, 아벨이 자신의 모든 의로움으로도 해 낼 수 없었던 일을 둘째 아담께서는 성령의 은총을 전하면서 이룩하신 것입니다.[55]

아우구스티노는 모든 인류가 깊숙이, 직접적으로, 내적으로 그리

---

55. *Epist.* 157, 3, 21.

고 본질적으로 원조의 죄에 참여하며 "첫 인간의 죄 이후에 태어났거나 태어나는 모든 사람이 죄에 물든 본성을 갖고 태어났다."[56]는 것을 전적으로 확신했다. 더 나아가 그는 아담의 후손들에게 원죄가 대물림되는 것을 설명하기 위해 영혼 전이설(靈魂 轉移說, traducianismus) - 이 주장에 의하면, 자녀의 영혼은 자손 번식을 통해 부모의 영혼으로부터 유래한다 - 의 가르침을 수용하고자 했다.[57]

이제 마무리하자면, 아우구스티노는 원죄에 대한 가르침을 재확인하면서 펠라지오의 주장처럼 자신의 힘만으로, 즉 자신의 선한 의지와 자유 의지의 열성만으로 이 원죄에서 해방될 수 있는 사람은 아무도 없다고 가르쳤다. 그러나 인간이 아무리 원한다 해도 도저히 할 수 없는 일을 하느님은 하실 수 있으며, 실제로 그 일을 하기를 원하셨고 그렇게 하셨다. 하느님은 죄로 인해 타락하고 그 죄의 노예가 된 인류를 구원하시고 해방시키기 위해 그들에게 당신의 무한한 자비와 더불어 당신의 유일한 아드님을 보내셨다. 이미 죽은 사람들과 유다를 포함한 모든 사람을 위해 그리스도를 통해서 이룩된 구원은 보편적이다. "유다는 주님을 팔아넘기면서 받은 돈 전부를 던져 버렸다. 그는 주님께서 어떠한 값을 치르고 자신을 사셨는지 알지 못했다."[58]

아우구스티노는 펠라지오와 오랫동안 논쟁을 하면서 구원의 보편성을 타락의 보편성처럼 논란의 여지가 없는 확고한 주제로서 반복해서 말하였다. 하느님과 인간 사이의 유일한 중개자께서 이룩하신 업적이 아니라면 그 누구도 하느님 앞에서 의롭지 못하다는 한에서, 그리

---

56. *Epist.* 143, 5.
57. *Ibid.*
58. *Enarrat.* in ps. 68, 2, 11.

스도의 구원은 모든 이에게 필수적인 것이다. "그리스도의 십자가를 헛되게 하는 것이 무엇을 의미하는지 보라. 그것은 누군가가 그리스도의 십자가 없이 자연법과 자유 의지를 통해서 의화될 수 있다고 주장하는 것이다."[59] "원죄와 구원은 서로 긴밀하게 연결된 두 개의 진리다. 그것은 함께하거나 아니면 함께 공멸한다. 펠라지오의 추종자들은 첫 번째 진리를 부인하면서 결국 두 번째 진리마저도 부인하고 말았다. 아우구스티노는 이를 정확히 감지하였기에 온갖 어조로 이 점을 반복해서 전하고자 했다."[60]

2.2. 성 토마스 아퀴나스

원죄 교리에 대한 아우구스티노의 연구 결과는 가톨릭교회의 중요한 바탕 가운데 하나가 됐다. 토마스 역시 본질적으로는 아우구스티노의 견해를 다시 취해서 자신의 것으로 소화했다. 그러나 그는 한 발 더 나아가 이를 새로운 인간학적, 형이상학적 전망의 틀에서 소개하였다. 이러한 전망은 우리로 하여금 피조물이 갖는 존엄성과 제2 원인들의 유효성 그리고 자신의 결정에 대해 전적으로 책임을 지도록 하는 인간의 상대적 자율성을 깨닫게 해 준다. 이런 철학적 전망에 힘입어 토마스는 원죄의 뿌리를 어떤 외적인 힘(악마)에서 찾지 않고 인간 자신 안에서 찾을 수 있었다.

그는 일종의 부정적인 질적 상태 - 즉, 그 자체로는 아무런 의미도 없고 단지 죄로 인해 부족하게 되는 성질과 연관된 상태 - 에 대해 다뤘다. 그는 여기서 죄를 본원적 정의와의 관계 안에서 규정하였다.

---

59. *De natura et gratia* 9, 10.
60. A. Trape, *S. Agostino: l'uomo, il pastore, il mistico*, cit. p.265.

무엇보다도 그는 이 본원적 정의를 다음과 같이 정의하였다. "본원적 정의는 인간이 하느님께 순종하고, 하위 피조물들이 인간에게 순종하는 데 있다."61 그러므로 토마스가 원죄 개념을 정의하는 정확한 형태는 다음과 같다. "그것은 본원적 정의를 구성하던 조화의 소멸에서 유래한 무질서한 경향이다."62

그러나 토마스는 그것이 단순한 박탈이 아니라 부패한 습성이며, 본원적 정의의 박탈뿐 아니라 영혼에 커다란 무질서까지 이것이 초래한다고 보았다.63 아리스토텔레스적인 개념을 적용한 토마스의 설명은 다음과 같다. 즉, 원죄의 형식적 요소는 본원적 정의의 상실이고 인간 능력들의 혼란, 특히 탐욕은 질료적 요소를 대변한다.

> 본원적 정의의 질서 전체는 인간의 의지가 하느님께 순종하는 것이다. 이 순종은 근본적으로 의지에 속하고, 의지는 그 밖의 모든 영혼의 능력들이 목적을 향해 움직이게 하는 과제를 갖는다. 그러므로 인간의 의지가 하느님께 온전히 순종하는 것을 확실히 보장해 주던 본원적 정의가 박탈되었다는 것은 원죄의 형식적 부분이다. 반면, 다른 모든 능력의 혼란은 원죄의 질료적 요소라고 하겠다. 이러한 혼란은 무엇보다도 인간의 모든 능력이 무질서하게 잠세적 선(潛勢的 善, bonum temporalis)들을 원한다는 데 있다. 우리는 이러한 혼란을 일반적인 용어로 탐욕이라 부른다. 그러므로 원죄는 질료적인 면에서 볼 때 탐욕이다. 반면, 형식적인 면에서 볼 때 원죄는 본원적 정의의 결핍(defectus)이다.64

---

61. S. Tommaso, *Compendium theologiae*, c.187.
62. ID., *S.Th.* I-II, 82, 1.
63. *Ibid.*
64. *Ibid.*, 82, 3.

탐욕(원죄의 질료적 요소)의 역할과 의미에 대한 토마스의 상대적인 설명은 매우 중요하다. 그것은 무엇보다도 아우구스티노의 몇몇 텍스트들에서 발견되는 애매모호함, 즉 원죄와 탐욕을 동일시하는 듯한 애매모호함을 제거해 주기 때문이다.

토마스가 끊임없이 강조하였듯이, 원죄는 영혼만 또는 육체만이 아니라 인간 전체를 포함하는 것으로서 무엇보다도 먼저 영혼에 - 원죄가 인간 의지의 행위에서 유래하는 한에서 - 그 다음에는 육체에 타격을 입혔다. 이는 형식적인 관점에서 그렇다. 반면, 시간적 연대기적 관점에서 보면, 원죄는 먼저 육체 - 출산의 근거 또는 씨앗 - 에 타격을 주었고, 그 다음에 영혼에 그러했다.[65] 원죄는 무한하다고 할 정도로 크게 중한 죄다. "원죄는 삼중으로 무한하다. 즉, 하느님을 모욕했기 때문에, 선 자체이신 하느님을 상실했기 때문에, 부패된 본성 때문에 무한하다."[66]

아우구스티노가 원죄에서 하느님께 대한 다양한 형태의 모욕들(교만, 인색, 탐욕, 불순명, 불충실 등)을 구분한 것처럼, 토마스 역시 원죄가 복합적인 죄(peccatum multiplex)라고 말했다. 그는 하와의 죄를 다루면서 다섯 가지 원칙적인 면 또는 다섯 가지 죄로, 즉 "ㄱ) 아주 무질서한 원의와 더불어 교만한 죄, ㄴ) 이미 정해진 한계 이상으로 알고자

---

65. "죄의 원칙적인 중심은 영혼으로, 영혼은 동인(動因)이 된다. 예를 들어, 만일 죄의 동인이 감각들의 쾌락이라고 한다면, 이 쾌락은 욕구적인 능력의 대상에 속한다. 그러므로 욕구적인 능력은 그러한 죄에 있어서 고유한 중심이라고 하겠다. 그런데 원죄는 근원 또는 출산에서부터 그 원인을 전해 받았다. 그러므로 출산을 통해서 원죄가 처음으로 전수되는 인간의 부분이 원죄의 중심인 것이다. 그런데 영혼이 육체의 형상인 한에서, 출산의 직접적인 요소는 영혼이다. …… 그러므로 영혼은 본질적으로 원죄의 첫째가는 중심이다."(*ibid.*, 83, 2)
66. S. Tommaso, *Comm. in III Sent.* 20, 2.

하는 원의와 함께 호기심을 가진 죄, ㄷ) 음식을 먹으면서 그 음식의 달콤한 맛에 이끌려서 폭식한 죄, ㄹ) 하느님의 말씀을 거슬러 악마의 말을 믿으면서 하느님에 대한 잘못된 관념을 갖고 그분께 불충실한 죄, ㅁ) 하느님의 명령을 어기면서 불순명한 죄"로 구분하였다.[67]

토마스가 또 한 가지 중요한 사실, 즉 원죄는 개인적인 죄가 아니라 본성 - 본성은 부패된 형태로 전해졌다. 이는 죄라기보다는 형벌이라 해야 한다 - 과 관련된 죄라는 점을 덧붙였다. 바로 이 점 때문에 본원적 정의의 결핍은 본성에 관한 죄라고 할 수 있다. 왜냐하면 그것은 인간 본성의 시작, 즉 원조의 무질서한 의지(disordinata voluntas)에서 유래하기 때문이다. 본성에 있어서 이 의지적인 죄는 원조에게서 인성을 나눠 받는 모든 이에게 마치 원조의 신체의 부분에 일어나는 것처럼 전해진다. 우리는 이를 원죄라고 부르는데, 이는 후대 사람들의 첫 조상에게서 근원적으로 유래하기 때문이다. 다른 죄들, 즉 실제적인 죄들은 그 죄를 지은 사람과 직접 관련된다. 반면에 원죄는 원조의 죄로 인해 황폐해진 본성과 관련된다. 이 원조의 죄는 후손들을 부패시킨다.[68]

원죄의 결과들은 즉시 그리고 직접적으로 본원적 정의를 구성하는 두 가지 구조적 요소에 영향을 미쳤다. 먼저, 하느님께 대한 인간의 순종이 사라지기 시작했고, 그와 동시에 인간보다 하위의 피조물들이 인간에게 순종하던 상태도 사라지고 말았다. 나아가 인간에 있어서 육체가 영혼에게 순종하던 상태와 열정들이 의지에 순종하던 상태 또한 혼란스러워졌다. 이러한 혼란은 단지 인류의 첫 조상에게만 일어난 것이 아니라 그 이후의 모든 후손에게도 전해졌다. 사실 하느님은 그들에게

---

67. S. Tommaso, *Compendium theologiae*, c.190.
68. *Ibid.*, c.196.

초본성적 질서 안에서 고양되는 상태를 준비하셨지만, 원조의 죄로 인해 예상치 못한 상태로 접어들게 된 것이다.

> 우리 조상들 안에 그토록 잘 질서 지워진 완전한 상태는 인간의 의지가 하느님께 복종함으로써 이룩된 것이다. 그러므로 인간의 의지가 하느님께 대한 복종을 거둬들임으로써 이성보다 하위의 능력들이 이성에게 완전히 복종하고 육체가 영혼에게 복종하던 것이 필연적으로 종말을 고하게 됐다. 그 결과, 인간은 하위의 감각적 욕구 가운데 무질서한 탐욕과 분노와 그 밖의 다른 열정들을 느끼게 됐다. 더는 이성의 질서를 따르지 않게 되고 이를 거슬러 반역을 일으키게 되었으며, 이것이 어둠과 혼란의 원천이 되었다. 이로써 육체는 영에 맞서 적대시하게 되었고, 성경은 이에 대해 언급한다. 사실 감각적 욕구는 다른 감각적인 능력들처럼 육체적인 기관들을 통해 작용한다. 반면에 이성은 아무런 육체적 기관 없이 작용한다. 따라서 흔히 육체에서 분리된 영적 실체들을 부르는 것처럼, 이성에 속하던 것들이 적절하게 육체의 탓으로 돌려지게 되었다. 그에 따라 육체는 부패의 결함을 느끼게 되었고, 결국 필연적으로 죽을 수밖에 없게 되었다. 인간에게는 더는 생명으로 충만한 육체를 영원히 유지할 힘이 없었다. 그러므로 인간은 고통에 민감해지고 죽을 운명을 놓이게 되었다. 이전처럼 고통을 겪고 죽게 되었을 뿐만 아니라 필연적으로 고통을 겪고 죽어야만 했다.[69]

아담의 후손들이 자신이 범하지 않은 죄로 인해 벌을 받는 것은 옳지 않다고 이의를 제기하는 이들에게 토마스는 다음과 같이 반복해

---

69. *Op. cit.*, cc.192-193.

서 강조했다. "하느님께서는 인류의 첫 조상에게 그 뒤의 후손들에게 전해질 본원적 정의의 선을 허락하셨다. 첫 인간이 자신의 죄로 인해 이 선을 상실함으로써 그 이후의 모든 후손 역시 이 선을 상실하게 되었다. 그들은 본원적 정의 없이 조상에게서 유래하는 결함을 지닌 채 이 세상에 태어났다. 그러나 이것이 정의의 질서에 반대되는 것은 아니며, 후손들을 통해서 원조의 죄를 벌하는 것이 정의롭지 못한 것도 아니다. 왜냐하면 이 형벌이 하느님께서 첫 인간에게 초본성적으로 허락하신 것과 그를 통해서 후손들에게 전해질 것을 제거했을 뿐이기 때문이다. 반면, 만일 이 벌이 원조의 유산이 아니라면 이것은 후손들에게 당연한 것이 아니다. 절대 군주가 어느 병사에게 상속할 수 있는 봉토를 하사한다면, 병사는 후에 그 땅을 자신의 상속자들에게 물려 줄 수 있을 것이다. 그런데 만일 이 병사가 하사받은 봉토를 잃을 정도로 군주를 크게 거슬렀다면, 이 병사의 상속자들 역시 봉토의 상속권을 당연히 상실하게 될 것이다."[70]

반면에 토마스는, 인간 본성이 비록 영적, 윤리적, 물리적으로 능력을 상실하기는 했지만 여전히 존재론적인 차원에서 그 나름의 완전한 상태를 유지함으로써 자신의 인격적인 존엄성을 보존하였다고 강조했다. 죄를 지은 이후에도 인간은 여전히 인간으로 남았다. 그는 결코 짐승이나 식물로 축소되지 않았다. 인간에게는 여전히 고유한 인간적 행위들을 할 수 있는 능력이 있다. 그는 여전히 생각할 수 있고, 원할 수 있으며, 일을 할 수 있고, 글을 쓸 수 있다. 그리고 그림을 그릴 수 있고, 문학과 예술 작품을 만들 수 있으며, 밭을 경작할 수 있다.[71]

---

70. *Op. cit.*, c.195.
71. S. Tommaso, I-II, 109, 2.

이러한 언명들을 근거로 누군가가 토마스 아퀴나스를 마치 부패한 본성에 대해 부적절한 낙관론을 펼치는 것 같다고 비난한 적이 있다. 그러나 좀 더 주의 깊게 그의 가르침을 살펴보면, 토마스는 최종 목적 – 하느님의 모상이 인간에게서 실현되는 상태 – 에 있어서 결코 낙관론의 손을 들어 준 적이 없다. 그는 원죄 이후의 인간이 최종 목적에 대해 전적으로 무능력하다고 끊임없이 반복해서 말했다. 인간은 구원에 필수적인 대신덕들 – 믿음, 희망, 사랑 – 을 획득할 가능성이 전혀 없다. 잠시 커다란 죄들을 피할 수 있을지는 모르지만 그리 오랫동안 그러지는 못한다. 또한 어떤 경우에 자신의 책임을 상기하면서 여러 유혹들에 맞서 저항할 수 있을지는 모르지만, 새롭고 무거운 죄들을 범하고자 하는 유혹들에서 결코 면제될 수는 없다.[72]

아우구스티노와 마찬가지로 토마스에게도 원죄가 전수되는 도구는 출산이다. 그런데 출산에서 여자가 수동적인 원리의 역할을 수행한다면 남자는 능동적인 원리를 담당하므로 – 당시의 발생학, 즉 아리스토텔레스의 발생학에 따르면 – 토마스는 남자의 정자가 전적으로 원죄를 전수한다고 보았다. 그에게 이 사실은 부인할 수 없는 명백한 진리였다. 그래서 만일 하와 혼자서 죄를 지었다면, 이 죄는 결코 후손들에게 전수되지 않았을 것이라고 그는 보았다. 사실 "자연과학자들에 의하면, 출산에서 능동적인 원리는 아버지에게서 오고 어머니는 질료를 제공한다. 그러므로 원죄는 어머니가 아니라 아버지에게서 전해 받는다. 그러므로 만일 아담이 죄를 짓지 않고 하와 혼자서 죄를 지었다면, 그 후손들은 원죄에 물들지 않았을 것이다. 반대로 하와는 죄를 짓지 않고 아

---

72. ID., *Contra gent.* III, cc.159-160.

담 혼자서 죄를 지었다면 후손들은 원죄에 물들었을 것이다."[73]

원죄 교리에 관한 토마스의 견해는 트렌토 공의회를 통해 본질적인 면에서 온전히 드러났으며, 이로써 가톨릭 신학자들의 공통된 전통 안으로 들어오게 됐다. 여기서 채택된 형태는 그 개념뿐 아니라 용어 자체도 상당히 현대적이다. 개념에 대해 살펴보면, 원죄의 본질은 단순히 어떤 특정한 법을 어겼거나 개별적인 육체적 쾌락을 만족시킨 것에 있지 않고, 인간이 하느님 앞에서 지니는 근본적 태도, 즉 하느님에게서 독립하려는 태도, 그럼으로써 자율성을 가지려는 태도, 권력을 향한 의지를 가지려는 태도를 의미한다. 이는 무질서한 의지로서 하느님을 제외한 채, 나아가 그분의 뜻을 거슬러서 순전히 인간적인 계획 – 즉, 구원과 행복의 계획 – 만을 건설하려는 것을 말한다. 이제 원죄의 불길한 결과들이 온 우주를 뒤덮고 말았다. 인간은 하느님과 맺은 관계가 단절되는 내적 고통을 당하게 되었으며, 인간 영혼의 지적 능력과 감각적 능력 간의 관계 또한 파괴되는 고통을 감수하게 되었다. 더 나아가 인간이 자신의 이웃 그리고 자연 세계와 맺었던 관계들이 단절되는 아픔도 겪게 되었다.

토마스가 제시한 원죄 교리의 형태에는 한 가지 새로운 점이 담겨 있다. 그것은 원죄가 후손에게 전해지는 과정에서 남자가 출산의 능동적 원리라는 전제 하에 원죄 전수의 독점적 주체로 언급되었다는 점이다. 유감스럽게도, 이것은 토마스가 당시의 과학적 인식과 남성 중심의 문화에 입각해서 제시한 사실이다. 당시에 남성은 교회나 사회에서 모두 절대적으로 군림하는 위치에 있었다.

---

73. ID., *S.Th.* I-II, 81, 5.

2.3. 루 터

토마스 아퀴나스가 교부와 스콜라 전통의 선상에서 원죄에 관한 아우구스티노의 가르침을 더욱 깊이 심화했다면, 루터는 아우구스티노의 입장과 관련해서 인간의 자유와 관계되는 부분을 엄격하고 과장되게 해석하면서 자신의 죄론, 구체적으로는 원죄론을 발전시켜 나감으로써 가톨릭 전통과 결정적으로 결별하게 되었다.

이처럼 루터가 제시한 일련의 신학적 성찰의 이면에는 유명한 그의 '탑 체험'이 자리한다. 이 체험이 그로 하여금 의인은 믿음으로 산다고, 즉 의화는 아무런 중개자(예컨대 성모 마리아, 성인들, 성사, 선행 등)의 도움 없이 직접적이고도 유일하게 하느님에 의해 이루어진다고 생각하게 만들었다. 이는 이미 의화, 즉 구원에 인간이 자신의 의지와 자유로 행할 수 있는 나름의 기여를 배제하는 것을 의미한다.

루터에게 원죄 교리는 '자유 의지' 교리와 긴밀하게 연관되어 있다. 이 점은 아우구스티노와 토마스 아퀴나스에게도 마찬가지였다. 그러나 이들이 인간의 자유 의지를 긍정한 데 반해서 루터는 이를 부정했다. 아우구스티노와 토마스는 원죄를 의지의 혼란과 동일시하였고, 인간의 의지가 자유롭기 때문에 인간에게 이러한 혼란에 대한 책임이 있다고 평가하였다. 루터는 원죄에 관한 두 가지 명제 중에서 단지 첫째 것만을 취했다. 즉, 원죄는 의지의 혼란에 있다고 보았다. 반면에 둘째 명제는 거부했다. 즉, 아담의 죄 이후로 인간은 어느덧 악의 토양에 완전히 뿌리내림으로써 그의 자유 또한 악의 노예가 되었다고 보았다.

에라스무스(Erasmus da Rotterdam)는 그의 작품 『자유 의지에 대해』(*De libero arbitrio*)에서 인간은 악을 행할 때조차 자유로울 뿐 아니라 본성적으로 선한 행위들을 할 때도 역시 자유로우며, 의화 이전에 은총을 받기에 합당하도록 자신을 미리 준비할 수 있고, 의화 이후에도 은총에 협력할 수 있다고 주장했다. 이에 반해 루터는 인간이 자유의 능력을 향유한다는 것을 명백히 부인하였다. 그는 자유 의지가 "단지 이름에 지나지 않을 뿐더러 오히려 실제가 없는 이름"일 뿐이라고 말했다.[74] 사실, 인간이 소유하는 것은 노예로서의 자유(servum arbitrium)일 뿐이라는 것이다. 그러나 이것이 결코 인간은 의지적인 행위를 할 수 없다는 것을 의미하지는 않는다. 루터는, 물론 인간이 원해서 하는 행위들이 있지만, 그것을 자유롭게 원할 수는 없다고 말했다. 인간의 의지는 의지 자체가 행하는 것과 다르게 행할 수 있다는 의미에서 본다면 결코 자유롭지 못하다고 루터는 말했다. 의심할 바 없이 의지는 강화될 수도 없다. 의지가 원하는 것은 진정 원하는 것이다. 그러나 은총이 없는 상태의 의지는 진정 악을 원한다. 반면, 인간의 의지는 은총과 더불어 비로소 선을 원할 수 있다. 그러나 결코 선택의 힘을 갖지는 못한다. 그렇다고 강요돼서 그런 것은 아니다. 하지만 의지는 거역할 수 없는 상태에서 움직여지며, 언제나 행하는 것을 반드시 행하게 만드는 어떤 힘에 복종하는 상황이다. 의지는 자신이 원하는 것을 원한다. 그러나 이는 결코 자신의 선택으로부터 유래하는 것이 아니며 또한 자신의 행동 양식을 변경시킬 수도 없다. 인간의 의지는 의지에 귀속되지 않는 어떤 필요성에 늘 예속되어 있다. 그러므로 인간의 의지는 결코 자유로움을 향유할 수 없다.

---

74. "Male enim dixi liberum arbitrium ante gratiam sit res de solo titulo, sed simpliciter debui dicere: 'Liberum arbitrium est figmentum in rebus, seu titulus sine re. Quia nulli est in manu sua quippiam cogitare mali aut boni, sed omnia de necessitate absolute eveniunt.'"(Lutero, *Werke*, Weimar, vol. XVIII, 146, art. 36)

하느님의 영을 박탈당한 인간이 악을 원하지 않으면서 악을 행할 수는 없다. 마치 도둑이 자신의 의지를 거슬러서 교수형에 처해지는 것처럼, 목덜미가 잡힌 채 폭력에 의해 악을 행할 수는 없다는 말이다. 이와는 반대로, 인간은 악을 자발적으로 그리고 기꺼이 행한다. 하지만 그는 이 즐거움을 자신의 힘만으로는 포기하거나 바꿀 수 없다. 오히려 그의 의지는 계속해서 악을 행하는 가운데 즐거움을 얻으려 한다. 만일 외부에서 폭력을 동원하여 그에게 무엇인가를 하도록 강요한다면, 그의 의지 안에서는 저항이 솟아날 것이고 자신에게 폭력을 행사한 사람에 맞서 강한 반감을 갖고 저항하게 될 것이다. …… 만일 자유 의지를 갖고 있었다면 그러한 일은 일어나지 않았을 것이다.[75]

루터는 자유 의지를 부인함으로써 인간 행위의 최종적 근거를 인간 밖에서 찾지 않을 수 없었다. 그래서 인간이 선을 행할 때는 하느님에게서, 악을 행할 때는 악마에게서 그 행위의 근거를 찾았다. 마치 말이 기사에 의해 인도되듯이, 인간은 하느님 또는 악마에 따라서 올바로 행동할 수도 있고 그렇지 않을 수도 있다는 것이다. 그런데 여기서 말로 비유되는 인간은 자기 기사를 선택할 수 없다. "이처럼 인간의 의지는 물건을 운반하는 짐승과 같다. 만일 하느님이 이 의지를 움직이시면, 인간은 하느님이 원하시는 것을 원하고 그렇게 행동한다. 그래서 시편은 이렇게 노래한다. '저는 당신 앞에 한 마리 짐승이었습니다. 그러나 저는 늘 당신과 함께 있어 당신께서 제 오른손을 붙들어 주셨습니다.' 하지만, 만일 악마가 의지를 움직이면, 인간은 악마가 원하는 곳

---

75. *Op. cit.*, 634.

으로 가버리고 만다. 이처럼 자기 기사를 찾고 선택하는 것은 인간의 능력 밖의 일이다. 오직 기사들 간에 인간을 지배하고 소유하기 위한 투쟁을 할 뿐이다."76

사실상 루터가 보기에 하느님의 은총 없이 윤리적인 선을 행할 수 있는 자유 의지란 원죄 이전에도 그 이후에도 인간에게는 결코 존재하지 않았다. 죄를 범하기 이전이나 이후에 인간이 어떤 상태에 있든지 선한 행위를 한다면, 그것은 언제나 하느님의 은총을 통해서만 가능하다. 왜냐하면, 루터의 견해에 따르면, 그가 아담이건 하와이건 또는 카인이건 아벨이건 아니면 유다건 베드로건 모두 선을 행하기에는 절대로 무능력하기 때문이다. "우리가 여기서 말하는 사람은 단지 첫 인간만이 아니라 모든 사람을 일컫는다. 그러므로 그가 첫 인간인지 또는 특정한 누구인지는 별로 중요하지 않다. 사실, 만일 첫 인간이 하느님의 도움 덕분에 그렇게 무능하지 않았다 할지라도, 하느님이 인간에게 금지된 열매를 따먹지 말라고 하신 명령과 더불어 은총의 부재(不在) 자체가 실재로는 그를 무능력한 존재로 보이게 했다. 그런데, 만일 인간의 영이 현재하는 상태에서 그에게 새롭게 제시된 선, 즉 순명을 새로운 의지를 갖고 원할 수 없었다면, 그것은 영이 이를 허락하지 않았기 때문인가? 우리는 이것을 죄 중에서 영 없이도 할 수 있단 말인가?"77

루터에게 인간이 운명적으로 죄를 받아들여야 하는 것은 그 죄가 결코 뿌리 뽑을 수 없는 탐욕의 형태를 통해서 인간 자아의 중심에 이르렀다는 점에 근거한다. 그 죄는 단순히 인간에게 맡겨진 그 무엇도

---

76. *Op. cit.*, 635.
77. *Ibid.*, 675. 루터는 다른 곳에서 이렇게 썼다. "In Deum peccat impius, sive edat sive dibat, aut quidquid fecerit, quia abutitur creatura Dei cum impietate et ingratitudine perpetua, nec ex animo dat gloriam Deo ullo momento."(*ibid.*, 768)

아니고, 인간이 거기에 매이게 되는 일종의 질적인 상태, 그래서 마치 이와 반대되는 것 같은 질적 상태로, 예를 들면 정의의 상태로 대체될 수 있는 어떤 상태도 아니다. 죄는 인간 인격을 결정짓는 본질직인 것이다. 인간은 하느님 면전에서 살아 있는 모순된 존재다.[78]

바오로, 아우구스티노, 토마스 아퀴나스가 원죄의 본성을 정확히 짚어 냈듯이, 루터 역시 원죄는 교만과 오만, 특히 불신, 즉 하느님에 대한 믿음을 거부하는 것과 자신의 선행에 대해 지나치게 신뢰하는 것에 있다고 보았다. 루터는 탐욕을 단순한 성적 쾌락이나 감각의 배반 같은 것이 아니라 오히려 하느님의 뜻을 거스르는 인간 전체(영혼과 육신), 즉 총체적인 인격의 배반으로 이해했다. 그러므로 루터는 탐욕을 다음과 같이 정의했다. "탐욕은 인간이 끊임없이 자기 자신과만 관계를 맺게 하고 자신 안으로 굽어 들게 한다는 의미에서 불신앙 자체라고 할 수 있다. 따라서 단순히 – 중세의 학설이 제시하는 것처럼 – '죄로 이끄는 유도인'(誘導因, fomes peccati)만 있는 것이 아니다. 왜냐하면 인간 인격 자체가 근본적으로 죄이기 때문이다."[79]

2.4. 교회 교도권의 가르침

펠라지오의 잘못된 주장에 대응해서 아우구스티노뿐만 아니라 교회 교도권도 특별히 제2차 오랑쥐 공의회(529년)를 통해서 개입하기 시작했다. 한편, 루터의 잘못에 대해서는 트렌토 공의회를 통해서 개입했다. 이러한 교도권의 공식적인 개입을 통해서 아우구스티노와 토마스 아퀴나스의 가르침의 핵심적인 부분들이 교회의 전체 규범 가운데 일

---

78. O. H. Pesch, *op. cit.*, p.172.
79. *Ibid.*

부분으로 들어오게 되었다. 이제 간단하게나마 이 두 공의회의 가르침을 살펴보기로 하자.

2.4.1. 제2차 오랑쥐 공의회

원죄의 결과와 은총의 필요성에 대한 아우구스티노의 가르침이 카시아노(Cassianus)의 영향 아래 있던 레린(Lerins)의 수도승들 – 그들은 일종의 세미 펠라지오주의를 신봉하였다 – 에게는 올바로 이해되지 못했다. 그들은 세례 없이도 본성적인 거룩함에 도달할 수 있다고 가르쳤다. 또한 사람은 은총 없이도 믿음을 향한 초본성적 여정을 시작할 수 있다고 가르쳤으며, 최종적인 구원은 자기 행업의 결과라고 보았다. 왜냐하면 하느님은 모든 이에게 공평하게 구원을 베푸시며, 이에 응답하는 사람은 영적인 이익을 얻을 것이기 때문이다. 이미 아우구스티노가 이처럼 심하게 왜곡된 사상을 거슬러 격렬하게 논쟁한 바 있다. 그러나 세미 펠라지오주의에 효과적으로 대응하고, 그럼으로써 그들을 결정적으로 단죄할 수 있었던 것은 아를르의 주교 체사리오(St. Caesarius)의 공이 컸다. 체사리오는 오랑쥐의 어느 교회 봉헌식 때(529년) 갈리아 지방의 주교 13명에게 은총과 자유 의지에 관한 선언문을 배포했다. 그리고 일단 그들에게서 승인을 받은 다음, 이 문서를 로마에도 승인받기 위해 보냈다. 이 문서는 531년 교황 보니파시오 2세에 의해 승인됐다.

제2차 오랑쥐 공의회의 문헌은 ㄱ) 서언, ㄴ) 25개 조항, ㄷ) 결론의 세 부분으로 나뉜다. 그리고 25개 조항 가운데 전반부 8개 조항은 죄와 은총에 대해서 다루고, 결론 부분에서는 악을 향한 예정설에 대한 단죄와 은총의 필요성을 역설한다. 첫 두 조항은 이렇게 이어진다.

1. 만일 누가 아담의 배신 죄로 인해 인간 전체, 즉 영혼과 육체 모두가 '아주 나쁘게' 변질되지는 않았으며, 단지 육체만 부패했을 뿐이고 영혼이 지닌 자유는 무사하나고 말한다면, 그는 펠라지오의 오류에 속하는 것이며 "죄지은 자만 죽는다."(에제 18,20)라는 성경 말씀을 거스르는 것이다. 그리고 "여러분이 어떤 사람에게 자신을 종으로 넘겨 순종하면 여러분이 순종하는 그 사람의 종"(로마 6,16)이고 "굴복을 당한 사람은 굴복시킨 쪽의 종"(2베드 2,19)이다.

2. 만일 누가 단지 아담이 범한 배신으로 인한 해가 그에게만 돌아갔으며 그 후손에게는 전해지지 않았다거나 단지 한 사람을 통해서 죄의 형벌인 육체의 죽음만이 모든 이에게 전해졌고 영혼의 죽음인 죄 자체는 전해지지 않았다고 말한다면, 그는 하느님을 거스르는 올바르지 못한 사람이며 "한 사람을 통하여 죄가 세상에 들어왔고 죄를 통하여 죽음이 들어왔듯이, 또한 이렇게 모두 죄를 지었으므로 모든 사람에게 죽음이 미치게 되었습니다."(로마 5,12)라는 사도의 말씀을 반대하는 사람이다(Denz. 174-175).

이 문서 전체를 통해 현저하게 드러나는 언명들은 다음과 같다. ㄱ) 아담의 죄로 인해 모든 사람이 아주 나쁘게 변질되었다. 즉, 육체만이 아니라 영혼까지 포함해서 총체적인 인간 상태가 나빠졌다. ㄴ) 아담뿐 아니라 그의 후손 전체가 이 죄로 인해 심각한 상처를 입었으며, 인간은 단지 육체적인 죽음만이 아니라 이것이 죄 안에서 새로이 생산됨으로써 오는 고통도 받는다. ㄷ) 자유 의지는 예외 없이 모든 사람들 안에서 상당히 약화됐다. 그러므로 그 누구도 혼자서는 영원한 구원을 추구하지도 못하고 거기에 도달하지도 못한다. 이제 인간에게는 거짓과 죄만 남았다. ㄹ) 인간은 오직 은총을 통해서만 하느님께 기도드릴 수 있고 믿을 수 있으며 세례 받기를 청할 수 있고 구원을 위해서 무엇인가 유익하고 의미 있는 일을 선택하고 실천할 수 있다. ㅁ) 또한 의화된 사람에게 은총은 악을 피하고 선을 실천하게 하며 공로를 얻게 해 준다. 우리가 하는 모든 선행은 언제나 하느님에게서 온다. ㅂ) 하느님은 그 누구도 악을 향해 예정하지 않으셨다. 이에 반대하는 이는 중대한 이단에 빠진 것이다.

이러한 명제를 중심으로 일련의 명제들(9-25항)이 이어진다. 이 부분은 아퀴탱의 프로스페로(Próspero de Aquitaine)의 작품을 통해 상세히 다뤄졌는데, 자유, 은총, 원죄 그리고 예정에 관한 문제들은 아우구스티노의 사상을 아주 충실하게 해석한 것으로 간주된다.[80]

원죄와 관련해서, 비록 문헌에 'peccatum originale'라는 전문적인 표현이 나오지는 않지만, 제2차 오랑쥐 공의회는 'praevaricatio Adae'라는 표현을 통해서 원죄의 존재를 인정하였고, 이 죄의 보편성을 공포하며 회복할 수 없는 치명적인 죄의 결과들에 대해 강조하였다. 인간은 원죄로 인해 더는 선을 행할 수 없으며, 나아가 구원에 이를 수도 없다.

언급한 바와 같이 제2차 오랑쥐 공의회에서 채택된 전문은 로마의 교황 보니파시오 2세에 의해서 공식으로 승인되었다. 교황은 체사리오 주교에게 보내는 서한 *Per filium nostrum*을 통해 이 전문을 인준했다. 이 제2차 오랑쥐 공의회의 결정문을 통해 설명된 원죄에 대한 가르침은 교도권이 처음으로 장엄하게 개입한 사례로서, 이 주제에 관한 한 아주 중요한 역사적 의의를 갖는다. 그 밖의 다른 사례들, 예를 들면 418년에 있었던 카르타고 시노드의 소위 *Indiculus Coelestini*나 473년

---

80. Prospero D'Aquitania, *Pro Augustino responsiones ad capitula obiectionum Vincentianarum* (contro Vincenzo di Lerino)를 참조할 것.

에 있었던 아를르 시노드 같은 경우는 단지 지역적인 차원에서 중요한 의미를 가질 뿐이다. 제2차 오랑쥐 공의회의 결정문이 갖는 권위는 원죄에 대한 교의적 가르침을 떠받치는 원천이 되었고 서양 신학의 유산이 되었다. 비록 오랜 세기 동안 수많은 작품들이 의존했던 교도권의 바탕이 상실되기는 했지만, 그 내용의 중요성만큼은 결코 잊힌 적이 없으며 언제나 신앙의 가르침에서 규범으로 간주되었다.[81]

2.4.2. 트렌토 공의회

트렌토 공의회는 원죄 문제에 대한 근본적인 교령 두 개를 발표했다.「원죄에 관한 교령」(1546년 6월 17일, 제5회기)과「의화에 관한 교령」1장(1547년 1월 13일, 제6회기)이 그것이다. 첫 번째 문서는 아담의 죄와 그것이 아담 자신과 모든 인류에게 미친 결과들에 대해, 이 죄의 자연적인 전수에 대해, 그리고 이 죄는 오직 그리스도의 은총을 통해서만 제거될 수 있다는 점에 대해 다루었다. 그리고 유아 세례의 필요성과 이 세례를 통해 단순히 죄에 대한 책임뿐 아니라 어린아이의 죄도 소멸된다는 점을 역설했다. 이 점에 대한 상당히 설득력 있는 부분은 제2항으로, 그 내용은 다음과 같다.

만일 누군가가 아담의 죄는 그 근본이나 전파에 있어서 유일한 것으로서 고유하게 각 사람들에게 속하지 않고, 단지 모방 과정을 통해 전수되는 것으로서 인간 본성의 힘으로 제거될 수 있다거나 유일한 중개자이신 우리 주 예수 그리스도 - "우리에게 의로움과 거룩함과 속량이 되신 그리스도께

---

81. O. H. Pesch, *op. cit.*, p.155.

서"(1코린 1,30) 당신의 피를 통해서 하느님과 우리를 화해시키셨다 - 의 공로가 아닌 다른 치유를 통해서도 제거될 수 있다고 하거나 또는 교회가 정한 형식에 따라 베풀어진 세례성사를 통해 예수 그리스도의 공로가 어른이나 아이 모두에게 허락된다는 것을 부인한다면, 그런 사람들은 모두 파문될 것이다.(*Denz.* 790)

「의화에 관한 교령」 1장에서는 「원죄에 관한 교령」에 소개된 가르침을 다시 제시하고 최종적으로 더욱 발전시켜서 설명했다. 이 교령은 인간이 자연법이나 모세의 율법으로도 원죄와 그 결과들에 맞서 승리할 수는 없으며, 만일 하느님께서 당신의 자비 가득한 결단을 통해서 구세주이신 그리스도를 보내지 않으셨다면 이 죄는 결코 사라지지 않았을 것이라고 말한다.

살펴본 바와 같이, 우리는 트렌토 공의회가 어떠한 형태의 펠라지오주의나 인간 편에서 자신을 의화할 수 있다는 주장에 대해서도 단죄했음을 알 수 있다. 그리고 동시에 공의회는 우리가 본 것처럼 루터와 같은 극단적인 입장에 대해서도 단호히 거부했다. 이는 어떤 의미에서 '오직 믿음만으로'라는 명제가 당연히 받아들여지면서 인간뿐만 아니라 인간의 자유 의지도 부인하고, 더 나아가 인간 본성이 완전히 부패해서 근본적으로 회복 불가능하다는 식의 주장으로 이어질 수 있는 위험을 피하기 위해서였다. 이처럼 과장된 주장에 맞서서, 공의회는 인간에게 있어서 자유 의지의 존재에 대해, 그리고 죄인도 윤리적으로 선한 행위를 실천할 능력이 있다는 점에 대해 재천명했다. 이를 위해 트렌토 공의회는, 비록 제2차 오랑쥐 공의회의 결정문을 광범위하게 끌어들여서 인용하였지만, 동시에 루터의 명제들에 대해 호의적으로 보일 수 있는 표현의 강도를 약화시키면서 오류들을 지적했다. 그것은 무엇보다도 선행을 할 수 있는 자유를 부인하는 텍스트들이었다. 트렌토 공의회는 의화되기 이전에 행한 행위들, 특히 의화를 준비하는 행위들은 죄가 아니라고 했다. 하지만 이는 결코 새로운 주장이 아니었다. 이 명제는 이미 토마스 아퀴나스 이후 가톨릭 전승의 공통 유산에 들어와 있었다. 여기서 다시 주목된 것은 죄인이 이룩한 행위들 가운데 질적인 면에서 서로 다른 질서가 존재한다는 점을 이해시키는 것이었다. 이는 무엇보다도 자연적인 윤리에 대한 가능성이 달려 있는 문제였다. 사실, 제2차 오랑쥐 공의회는 이에 대해 전혀 언급하지 않았다. 그러나 트렌토 공의회는 죄인이 자기가 살고 있는 구체적인 상황에서 사실상 어떠한 선행도 할 수 없다는 말은 하지 않았다. 하지만 스스로 의화될 수 있다는 가능성이나 또는 그와 비슷한 모든 경우에 대한 가능성은 간접적으로 배제하였다. 은총은 단지 의로운 삶을 살기 위해, 그래서 영원한 생명을 얻기 위해 공로를 쌓는 것을 용이하게 해 주는 일종의 필수품 같은 것이 아니다. 이제 이 주제에 대해 종합적으로 평가하면서 다음과 같이 말하고자 한다. 트렌토 공의회는 인간의 죄에 관한 전통적인 진술들을 그대로 보존했다. 동시에 그 내용에 대한 성찰의 수준을 보면 중세와 같았으며, 따라서 교회 교도권의 텍스트들은 전적으로 신학적인 전통을 수용고자 한 것이다.[82]

2.5. 현대 신학

현대로 접어들면서 원죄 교리는 철학적, 신학적 비판의 가장 좋은

---

82. *Op. cit.*, p.179.

표적들 가운데 하나가 되었다. 제일 먼저 이 교리를 비판하면서 맞서기 시작한 사람들은 18세기의 계몽주의자들이었다. 이들은 이 교리를 이성과 인간 본성에 대한 모독으로 간주했다. 그 뒤를 이어 19세기에는 관념론자들, 자유주의 신학자들, 실증주의자들, 유물론자들이 계속해서 원죄 교리를 고발했다. 더 나아가, 오늘날에는 자유주의자들, 무신론적 사상가들뿐 아니라 평신도들도 이 원죄 교리가 이제는 거의 청산된 신화적 전망의 마지막 잔재라고 치부하는가 하면, 상당수의 그리스도교 신학자들 역시 이 교리가 오늘날의 과학의 발견들과 현재 우리가 살고 있는 시대의 사고방식과는 양립할 수 없다고 비판했다. 폴 틸리히에 따르면, 현대 문명은 근본적으로 두 가지 이유로 인해 원죄 교리에 대해 적대적이다. 첫째, 성경 설화의 신화적인 형태가 "이를 비판하는 이들이나 옹호하는 이들 모두에게 문자 그대로 이해됨으로써 역사-비평적 방법을 통한 이해의 관점에서 볼 때 도저히 받아들여질 수 없다."[83] 둘째, "원죄 교리는 마치 인간에 대한 부정적 평가를 내포하는 듯한 인상을 풍긴다. 바로 이 점이 산업화 사회에서 발전해 가는 새로운 삶의 느낌과는 근본적으로 대치된다. 오늘을 살아가는 인간은 기술적으로, 정치적으로 그리고 교육적으로 세상과 사회를 변화시키려 한다. 그런데 원죄가 내포하는 비관론이 마치 현대인에게 이렇듯 거대한 창조적 자극들을 가로막는 장애물인 듯이 간주되면서, 인간은 이에 대해 두려움을 느낀다. 또한 인간은 이런 자신에 대한 윤리적, 지적 능력의 부정적 평가가 권위주의적이고 전체주의적인 결과를 초래할까 봐 두려워한다."[84]

원죄 교리를 거슬러 현대 철학자들이 제시한 비판 앞에서, 신학자

---

83. P. Tillich, *Systematic Theology*, Chicago, 1957, vol. II, p.38.
84. *Ibid.*

들은 처음에는 호교론적인 자세를 견지했다. 그들은 성경 구절에 대한 해석을 통해서 전통 교리를 방어했다. 그러나 인류학이 이룩한 발견은 단일 인류 기원설의 가능성이 거의 희박하다는 것을 입증했으며, 해석학의 발전으로 인한 결과 역시 이들로 하여금 전통적인 입장을 과도하게 고수하던 것을 포기하게 만들었다. 이에 이들은 원죄 교리를 더욱 현대적인 기준에 따라 새롭게 해석하고자 했다.

현대 신학자들이 제시한 진보된 해석들에 대해 일반적인 분류를 시도하면서, 우리는 이를 대략 다음과 같은 일련의 전망, 즉 역사적, 실존적, 형이상학적, 진화론적, 사회적, 인격적-진화적 전망으로 요약할 수 있다. 이제 각각의 전망에 대해 구체적으로 살펴보기로 하자.

2.5.1. 역사적 노선

이 방향은 다음 두 가지를 내포한다.[85] ㄱ) 창세기 설화는 단순히 상징적이거나 신화적이지 않으며 본질적으로 역사적인 특징을 지닌다. ㄴ) 원죄에 관해 한낱 법적인 바탕뿐 아니라 존재론적인 바탕도 지적한다. 즉, 원죄는 단순히 하느님의 뜻 안에서 법적인 바탕을 지닐 뿐 아니라 인간 안에 존재론적인 기초도 가진다는 것이다. 원죄로 인해 타격을 입은 이들은 초본성적인 상태로의 고양(高揚, elevatio)을 실제로 거부한다. 이러한 사고의 전망은 본질적으로 전통적인 가톨릭 신학의 전망과 일치하는데, 20세기의 가리구 라그랑주(Garrigou-Lagrange), 파렌테(P. Parente),

---

85. 역사적 방법 또는 역사-비평적 방법을 통해 원죄 교리에 접근한 중요한 연구서들 가운데 다음 책들을 참고하기 바란다. J. Gross, *Geschichte des Erbsündendogmas*, München, 1960-1963, 2 voll.; H. Haag, *Dottrina biblica della creazione e dottrina ecclesiastica del peccato originale*, Brescia, 1970; M. Flick - Z. Alszechy, *Il peccato originale*, Brescia, 1972.

피올란티(A. Piolanti), 슈마우스(M. Schmaus), 메르쉬(B. Mersch), 라부르데(M. M. Labourdette) 등이 이 노선을 대표한다.

2.5.2. 실존적 노선

이 전망은 실존주의 철학의 용어들을 원죄의 신비에 적용한다. 즉, 원죄를 하느님 대신 세상과 더불어 자신의 안전을 획득하려는 인간의 시도로 해석한다. 이에 따르면 "죄는 하느님께서 허락하시는 선물에 자신을 온전히 내어놓고 사는 삶이 아니라 자신의 힘만으로 살려고 하는 근본적인 삶의 태도를 말한다."[86] 이 노선을 대표하는 신학자인 불트만은 다음과 같이 말했다. "진정한 죄는 법에 대한 개별적인 위반에 있지 않다. 그것은 하느님 앞에서 자신의 의로움을 찾고 스스로 영광스럽게 되려는 의지에 있다."[87] 창세기의 설화는 신화적인 방법을 통해서 이러한 인간의 주장과 실패의 체험을 구체적으로 묘사한다. "원죄 관념의 밑바탕에는 인간이 지닌 잘못된 열망을 뻗쳐 나가려는 인간 자신의 체험이 있다. 여기서 유래하는 실존 체험은 인간에게 선험적으로 얽혀 들어오며, 인간에게는 이에 대한 책임이 있다."[88] 반면에 이 노선의 또 다른 대변자인 칼 바르트에 따르면, 죄의 보편성은 이미 우리가 받아들여야 할 실제적 사실이지만 그것만으로는 원죄에 대한 만족할 만한 설명이 불가능하다. 계시가 우리에게 말하는 것은 모든 사람이 똑같이 죄인이라는 점이다. 그러나 그것이 아담의 죄로 인해 초래됐다고 말하지는 않는다고 지적한다. 모든 인간이 죄인인데, 왜냐하면 인간은 모두

---

86. R. Bultmann, *Glauben und Verstehen* III, Tubinga, 1962, p.42.
87. *Ibid.*
88. R. Bultmann, *Theologie des Neuen Testaments*, Tubinga, 1953, p.253.

아담처럼 행동하기 때문이다. 뱀의 교사(教唆) 아래 모든 이가 하느님처럼 되기를 주장한다. 바르트의 견해에 따르면, 원죄 개념은 첨가된 모순(contradictio in adiecto)이다. 정확히 이해하자면, 원죄는 유산을 통해 주어지지는 않지만, 주체 자신으로부터 유래한다.[89]

2.5.3. 형이상학적 노선

이 노선의 대표적인 주자는 폴 틸리히로, 이 노선에 의하면 원죄 문제는 역사적인 질서나 과학적인 질서에 속하는 것이 아니라 형이상학적인 차원에 속하는 것이다. 창조와 발생에 대한 역사는 보편적인 상징적 가치 – 그러나 역사적 가치는 아니다 – 를 지니며 "본질에서 존재로 전통을 규정"[90]하거나, 틸리히가 제시한 또 다른 명제에 따르면, '꿈꾸는 무죄함'(dreaming innocence)의 상태에서 고통스러운 책임을 지는 상태로 전이하는 것이다. 틸리히는, 무죄한 상태로부터 나오는 것과 여기서 이어지는 타락은 인간이 자신의 유한함을 자각하는 순간에 일어난다고 말했다. 그 순간에 인간은 불안(anxiety)의 공격을 받게 되고, 이러한 불안이 본질에서 존재로의 전이를 부추긴다고 그는 보았다. 그리고 인간의 타락은 인간이 자신의 한계에 대해 자각하는 것, 즉 자신의 유한한 존재성에 대해 인식하는 것을 의미한다고 보았다. 틸리히에 의하면, 인간이 자신의 자유에 대해 자각하는 순간에 이렇듯 위험한 상황에 대한 의식이 그를 사로잡기 시작한다. 이제 인간은 자신을 위협하는 두 가지 체험을 하게 되는데, 이러한 위협들은 인간 자신의 유한한 자유에 바탕을 두며 무엇보다도 불안 속에서 드러난다. 인간은

---
89. K. Barth, *Kirliche Dogmatik* V/1, pp.568ss.
90. P. Tillich, *op. cit.*, p.29.

자신이 가진 가능성들을 실현하든 실현하지 못하든 간에 여전히 자신의 상실에 대해 불안해한다. 또한 인간은 한편으로 자기 존재가 실현되는 것을 경험하지 못한 채 단순히 비현실적 무죄함을 보존하는 것과 다른 한편으로 인식, 능력, 허물을 얻음으로써 무죄함을 상실하는 것 사이에서 분열되어 있다. 바로 이러한 상황에 대한 불안이 유혹을 구성하게 된다. 이런 맥락에서 인간이 자신을 실현하기 위해 결단을 내리는 것은 비현실적인 무죄함의 종말을 의미하며 타락을 잉태하고 죄를 낳는다.[91]

2.5.4. 진화론적 노선

이 노선은 테이야르 드 샤르댕의 사상을 상기시킨다. 무엇보다도 그는 원죄를 우주 진화 과정의 한 국면으로 간주했다. 즉, 그것을 창조와 구원 사이에 거쳐야 할 단계로 보았다. 이 전망에 따르면, 하느님은 진화하는 세상을 창조하시면서 악 없이 만드실 수는 없었다. 사실, "우주의 악함(=원죄), 즉 각 개별 인간이 자기 자신으로 굽어 들고 스스로 멈추고 만족하는 가운데 진화의 자극에 이따금 저항하는 확실함이 수많은 법칙에 의해 보장된다. 구원자이신 그리스도의 우주 통치는 진화 중에 있는 우주가 갖는 불가피한 결핍에 상응하며, 수많은 무기력 상황들을 극복하는 한에서 창조와 동일시된다. 그리고 이러한 진화는 결국 최종적인 통일을 지향한다."[92] 그러므로 원죄는 정확히 말하면 그 누구도 피할 수 없는 보편적인 악함의 상태를 말한다.

---

91. *Op. cit.*, pp.35-36.
92. K. Schmitz-Moormann, *Die Erbsünde: überholte Vorstellung, bleibender Glaube*, Olten, 1969.

2.5.5. 사회적 노선

이 노선에서 권위 있는 대표적 신학자는 롱데(H. Rondet)와 쇼넨베르그(P. Schoonenberg)로, 이들은 원죄를 아담과 하와의 타락의 결과로 보지 않고 세상의 죄의 결과, 즉 시간이 지나면서 인류가 조금씩 쌓아 간 악한 상황의 결과로 본다. 이 세상의 죄는 "첫 인간들의 죄를 통해서 자유로운 행위의 공간에 정착된 존재성(esse positum), 규정된 존재성(esse determinatum)을 말한다. 그러므로 공동체의 죄와 세상의 죄에 대해 올바로 말하려면 이렇게 정착된 죄스러운 존재성이 개별적인 죄들에 덧붙여진 것"[93]임을 알아야 한다. 쇼넨베르그는 전통 신학이 아담의 죄의 중요성을 너무 과장되게 해석했다고 말했다. 그의 견해에 따르면, 아담의 죄가 갖는 비중이 다른 이들의 죄가 갖는 비중보다 더 클 수 없다. 따라서 그는 아담의 죄가 원죄를 구성하는 것은 결코 아니며, 다른 모든 사람의 죄와 더불어 세상의 죄가 갖는 총체적인 불의의 상황을 구성하고 이러한 선상에서 원죄를 구성한다고 보았다. "어느 한 죄인의 죄가 시간적인 면에서 보면 처음이지만 본질적인 면에서 보면 그 뒤에 이어서 오는 다른 죄들과 결코 다를 바 없다. …… 처음 지은 죄를 포함해서 모든 죄들은 이미 시작부터 어떤 상황에서 같은 양상으로 드러나는 일련의 모든 것을 내포하는 요소를 취한다."[94]

2.5.6. 인격적-진화론적 노선

플릭(M. Flick), 알쩨기(Z. Alszeghy), 헤링(B. Haering) 같은 몇몇 신

---
93. P. Schoonenberg, "L'uomo nel peccato", in *Mysterium salutis*, Brescia, 1970, IV, p.649.
94. *Ibid.*, p.708.

학자들은 원죄 교리를 새롭게 해석하기 위해 인격주의적인 개념, 구체적으로는 '근본 선택'(optio fundamentalis)이라는 개념을 도입하였다. 이 표현은 근원적인 선택(scelta originaria)을 일컫는다. "근본 선택과 더불어 새로운 삶이 시작되며, 이 선택 자체가 철회되기 전까지 그 삶은 지속된다."[95] 근본 선택은 서로 상반된 두 가지 방향으로 요약될 수 있다. 하나는 하느님을 향하는 것이고, 다른 하나는 자신을 향하는 것이다. 자신을 향해 근본 선택을 한다는 것은 하느님에게서 오는 사랑의 제스처를 거부하고, 동시에 그분의 자녀로서 그분과 나누던 사랑 가득한 대화를 중단하는 것을 의미한다. 이로써 죄라고 부르는 고통스러운 사건이 들어선다. 플릭, 알쩨기, 헤링 그리고 이들의 제자들에 따르면, 인격적인 측면에서 볼 때 원죄의 본질은 대화의 차원에서 자신을 충만히 실현할 능력이 없는 것을 의미한다. 인간은 이 원죄로 인해 이웃과 수평적 차원에서 대화를 할 수 없을 뿐더러 하느님과 수직적 대화도 할 수 없는 심각한 무능력을 드러낸다. 하느님과 대화하지 못하는 무능력은 이제 개인적인 차원의 삶과 더불어 사회적 차원의 삶에도 심각한 혼란을 초래한다. "하느님의 모상으로 창조된 인간은 가치 있는 삶의 형태 안에서 자기 존재의 총체적인 구조를 찾아가면서 자신을 건설하는 과제를 떠맡았다. 그러나 더는 하느님을 향해 자신을 몰아가지 못하는 인간은 통합할 수 있는 모든 형태가 존재하지 않는 미완성의 상태에 머물든지 …… 아니면 협소한 가치를 따라 자신을 건설함으로써 그것을 무조건 소중히 여기든지 한다."[96]

하느님을 향해서 또는 그분을 거슬러서 이루어진 아담의 근본 선

---

95. M. Flick - Z. Alszeghy, *op. cit.*, p.238.
96. *Ibid.*, p.296.

택은 오랜 동안의 우주적인 진화 과정에서 일어났다. 더 정확히 표현하면, 그것은 고등 영장류에서 인간으로의 질적 도약이 일어나는 순간에 일어났다. 그때 하느님은 인류에게 초본성적 상태로 나아갈 수 있는 마지막 도약의 가능성을 허락하셨다. "하느님은 시초에 이 세상을 창조하셨다. 그것은 단지 이성적인 동물이 아니라 은총을 통해 살아 움직이는 인간을 만들기를 원하셨기 때문이다. 하지만 이전의 진화 과정에서 발생하던 것과는 특별히 다른 도약이 이러한 이행에서 발생했다. 왜냐하면 여기서 진화에 필요한 충격을 통해 도약이 이루어졌을 뿐 아니라 이에 대한 인간 편에서의 자유로운 수용도 포함되었기 때문이다. 인간은 자신의 본성에 따라, 즉 근본 선택과 함께 더욱 고차원적인 존재의 단계로 상승해야 했다."[97] 그러나 인류는 하느님의 뜻과 제안, 그분의 계획을 거부했다. 그럼으로써 하느님의 반대편에 서고 그분에게서 멀어졌다. 이제 죄는 세상 가운데 널리 퍼지게 되었고, 심각하고 보편적인 혼란을 야기했다. 이것이 다름 아닌 원죄다.

2.5.7. 마지막으로 고려해야 할 사항들

지금까지 우리는 오늘날의 철학적, 과학적 언사에 맞춰 원죄 교리를 재해석하려는 시도들에 대해 살펴보았다. 즉, 형이상학적, 역사적, 실존주의적, 존재론적, 진화론적, 사회적, 인격주의적 언사와 더불어 그 작업이 시도되었다. 사실, 이러한 시도에서 고려해야 할 요소들은 많다. 그러나 여기서는 근본적으로 짚고 넘어가야 할 몇 가지 사안들에 국한해서 이를 제시하고자 한다.

---

97. *Ibid.*, p.308.

첫째, 먼저 짚고 넘어가야 할 것은 신앙의 진리를 새롭게 해석하는 데 있어서 이 작업이 정당성을 갖기 위해 가장 중요한 것은 무엇인가 하는 점이다. 이 작업이 정당성을 부여받기 위해 널리 받아들여지는 요소가 있다. 그것은 교회 교도권 역시 종종 권위를 갖고서 권하는 사안이다. 신학의 매우 중요한 원칙들을 다루면서 드러난 사실과 같이, 이러한 신앙의 토착화 작업은 아주 분명한 규범들에 따라 시행돼야 한다. 예컨대 그리스도교의 메시지가 별의별 언사로 다 표현될 수 있는 것은 아니다. 분명 토착화에 적합한 언사들이 있다. 그러나 어떤 것은 그렇지 못하다. 이는 원죄 교리를 토착화하는 데에도 여전히 유효하다. 인간적이고 역사적이며 개인적인 사건을 다루면서 배타적으로 형이상학적 언사만을 사용한다든지(틸리히) 또는 순전히 진화론적인 관점만을 고수하는 것(테이야르 드 샤르댕), 또는 단순히 실존주의적 입장에서만 해석하거나(불트만, 브룬너) 오직 사회적 관점에 입각해서만 풀어내는 것(쇼넨베르그)은 원죄 교리를 적절하게 재구성하는 데 충분하지 못하다. 오직 다양한 가치를 지니는 언사만이 원죄 교리를 적절히 표현하는 데 도움이 될 수 있다. 이를테면 이 교리가 내포하는 모든 측면, 즉 형이상학적인 면, 역사적인 면, 인격적인 면, 실존적인 면 등을 풍요롭게 표현할 수 있는 언사라야 한다.

둘째, 현대 신학자들이 원죄 교리를 재해석하는 데에 사용한 여러 언사들은 상반되고 양자택일적인 것이 아니라 상호보완적인 것임을 알아야 한다. 예를 들어, 소외에 관한 실존주의적 언사는 근본 선택을 말하는 인격주의적 언사와 결코 대립되지 않는다. 먼저 자신에 대한 이기적인 사랑으로서 근본 선택이 있고, 그 다음에 여기서부터 소외가 뒤따르는 것이다.

셋째, 원죄 교리에 대한 금일화(今日化, aggiornamento)와 새로운 토착화는 오늘날 이 교리에 대한 전통적 형태가 설득력을 갖지 못하는 상황과 나아가 최근 수십 년간 일어난 커다란 문화적 변화에 상응해서 – 지난 마지막 3세기 동안의 변화는 차치하고라도 – 그 나름의 호소력을 갖기 위해 모두 필요한 작업이다. 전통적으로 내려오는 공식에서 원죄가 갖는 역사적, 형이상학적 측면은 잘 드러나지만 인격적인 차원이나 실존적인 차원은 고려되지 않는다. 그러나 금일화와 토착화 작업을 위해서는 무엇보다도 고려되지 않는 측면에 주의를 기울여야 한다. 즉, 역사적 차원이나 형이상학적인 차원은 충분히 다룬 만큼, 무엇보다도 실존적인 측면과 인격적인 측면을 드러내야 한다. 앞서 언급했듯이, 이 작업에서 우리가 잊지 말아야 할 것은 원죄 교리의 모든 본질적인 차원들을 밝히 보여 줄 수 있는 다양한 가치를 지닌 언사를 사용해야 한다는 점이다.

넷째, 소외라는 하나의 언사만으로는 죄 – 원죄만이 아닌 죄 일반 – 의 실재를 올바로 표현할 수 없다. 왜냐하면 죄는 단순한 소외가 아니라 무엇보다도 반역(反逆)이기 때문이다.

다섯째, 브룬너나 틸리히 그리고 그 밖의 여러 신학자들이 주장하는 것처럼, 원죄를 하느님께 대한 무의식적인(또는 의식적이지 않은) 배반의 첫 행위로 간주하는 것은 합당하지 않다. 다음의 두 가지 이유에서 그러하다. 먼저, 전의식(前意識)이나 무의식(無意識) 속으로 도피한다는 것은 자기 마음대로 하는 상태와 비이성적인 상태로 도피하는 것, 즉 언급하기를 동시에 부인하는 모순된 상태로 도피하는 것을 뜻한다. 그리고 무의식적인 배반이라는 개념에는 어떠한 윤리적인 함축적 의미도 내포되어 있지 않다. 따라서 그것을 죄라고 볼 수는 없다.[98]

여섯째, 원죄의 결과에 관한 개신교의 주장은 이 죄로 인해 인간 본성이 본질적으로 그리고 완전히 부패되었다는 것이다. 그러나 이것은 형이상학적인 면에서 볼 때 어불성설이다. 왜냐하면 인간 본성의 완전한 부패는 그 자체로 이미 인간 종(種)의 파멸을 의미하기 때문이다. 하지만 개신교 신학은 거의 언제나 형이상학적 관점에서 사고하기를 거부해 왔다. 그들은 주로 실존적으로 그리고 역사적으로 사고하는 것을 선호해 왔다. 만일 이러한 전망에서만 인간 실재를 고려한다면 그들의 주장에 동의할 수 있다. 사실, 하느님과의 결별 이후 인간에게서 윤리적 종교적인 가능성은 거의 상실되었다.

일곱째, 원죄는 인간 실재에 아주 깊은 성향으로 자리 잡고 있다. 즉, 인간의 아주 깊은 부분에 뿌리내리고 있다는 말이다. 원죄는 인간 존재 전체에 쇄도해 들어오는 근본적인 것으로서, 개별 죄인을 훨씬 넘어서 총체적인 무질서의 상태를 인간 안에 만들어 놓는다. 이는 인간이 되기를 원하고 또 그렇게 되어야 하는 상태와 실제 인간 사이의 단절을 의미한다. 또한 그것은 이웃들과 맺는 관계의 단절로서, 이제 그들과 시기, 미움, 적대의 관계를 형성하기에 이른다. 이는 더 나아가 하느님과의 관계 단절을 의미한다. 스스로 충만하다고 여기는 인간은 하느님 앞에서 자신을 닫아걸고 오히려 그분을 적대하는 관계로 돌아서게 된다. 이렇듯 죄는 인간 영혼 속에 깊숙이 스며들며, 이제 인간은 그 어떤 방법으로도 이 상황에서 해방될 수 없음을 절감한다(로마 1,28-32; 7,14-25; 갈라 5,16-21).

여덟째, 원죄로 인해 조성된 상황은 인간에게 있어서 은총을 통해

---

98. F. Alszeghy, *Il peccato originale* cit., p.20.

운명 지어진 자기 초월(自己 超越, autotranscendencia)의 완성에 대한 단절로 표현될 수 있다. 아담의 불순명으로 인해 인간 본성은 자기 초월의 긴장을 완성으로 이끌어 주실 하느님과의 우정 관계를 상실했다. 이렇듯 인간 본성은 불완전한 상태로 남게 됐다. 이제 인간은 이러한 상황에서 자기 초월이 갖는 의미를 왜곡한다. 그는 자기 초월이 하느님을 향하도록 방향 지우는 대신 자신과 피조물로 향하게 했다. 더욱 나쁜 것은 오직 하느님께만 속한 과제를 수행하면서 그렇게 왜곡되어 간다는 점이다. 인간은 근본 선택을 통해서 피조물들의 선 가운데 드러나는 절대적 가치를 받아들이는 데 적합한 절대적 자세를 취하고는 오히려 부분적인 선을 절대적으로 선택하는 일에 몰두한다.

아홉째, 얼마나 죄가 중한가를 가늠하는 척도는 오직 구원 역사의 빛 안에서만 획득될 수 있다. 즉, ㄱ) 이를 하느님의 선성(善性)의 빛 안에서 발견할 수 있다. 인간은 죄를 범함으로써 그토록 선하신 하느님을 배반했고 나아가 그분께 큰 상처를 입혔는데, ㄴ) 이는 인류 전체가 오랜 세월 동안 저질러 온 수없는 타락 때문이다. ㄷ) 또한 이는 이러한 인류를 회복시키기 위해 하느님께서 치르셔야만 했던 희생 때문이기도 하다. 인간이 죄에서 해방되는 것은 하느님의 아들의 희생으로 가능했다.

열째, 타락에 있어서 사람들 간의 결속과 원죄의 전수는 사회화 과정에 바탕을 둔다. 그 결과, 인류에게 중요한 모든 일이 한 사람에게서 일어났고, 비록 모든 인류 구성원이 이 점을 의식하지 못한다 하더라도, 이는 모두에게 강한 반향과 실천으로 이어졌다. "인류는 선과 악에 있어 모두 결속되어 있다. 비록 서로간의 영향 때문에, 그리고 동일한 가족에 속하기 때문에 혈연 공동체로부터 제외된다 하더라도, 이러한 현상은 책임과 죄의식을 조금도 나누지 않는 사람들에게까지 뻗쳐 있다."99

열한째, 원죄는 우리가 몸담고 사는 오늘날처럼 몹시 세속화된 시대에도 변함없이 강한 체험으로 남아 있다. 우리는 모두 내면에서부터 우리의 존재 양식과 행동 방식과 성향에 대해 지독하리만큼 불만족스러워하고 있음을 스스로 잘 안다. 우리는 종종 다른 사람의 행동 때문에 상처받고 역겨워하고 슬퍼한다. 그러므로 우리는 우리 자신의 안팎에 수많은 결점과 적대감, 학대와 질투가 있음을 발견하게 된다. 우리 자신이나 주변 사람들의 행동이 처량하기 그지없어 보인다. 그러나 이렇듯 분명한 사실에도 불구하고, 세속화된 세상은 합리적인 질서가 있는 세상의 원인들에 호소하면서 우리로 하여금 이 세상의 변천에 대해 설명할 수 있도록 가르쳐 준다. 여기서 우리는 이러한 제반 사물들의 상태가 근원적인 어떤 죄의 결과라는 사실을 차마 인정하지 않으면 안 되는 강한 느낌을 갖게 된다. 차라리 인간 본성도 그렇고 인간 자체도 원래 그렇게 만들어졌다고 치부하고 싶어진다. 그러므로 우리는 이러한 인간 본성을 결함이 있으며 불운하고 불행한 상태로 간주하고자 한다. 하지만 그것이 결코 악하고 비윤리적이며 죄스러운 상태는 아니다. 비록 우리가 원죄의 진실을 파헤치기를 꺼린다 하더라도, 이는 의심할 바 없이 그리스도교 신앙을 지탱해 주는 커다란 기둥들 가운데 하나임에 틀림없다. 모든 구원 역사는 늘 이 원죄에 대해 언급한다. 구원 역사는 인간이 하느님에게서 멀어졌다가 다시 그분께로 되돌아오는 여정을 묘사한다. 이는 복음에 나오는 '되찾은 아들의 비유'를 통해 잘 드러

---

99. *Ibid.*, p.323.

난다.

원죄는 2천여 년의 교회 역사를 통해 그 존재에 대해 의심 없이 믿어 온 중요한 진리들 가운데 하나다. 적어도 죄의 사실성(事實性)에 대해서는 확실히 그러했다. 그러나 그 결과에 대해서는 상당히 당혹스러워했고, 심지어 이와 관련해서 이단도 생겨났다. 루터나 칼뱅의 과장된 비약이 없었다 하더라도 원죄의 결과는 아주 심각했으며, 인간-계획의 실현에 관해 말하자면 정말이지 끔찍하였다. 원죄로 인해 인간을 향한 하느님의 계획은 사실상 불가능해졌다. 이 계획은 자체로 놀랍기 그지없을 뿐만 아니라 인간의 가슴 깊은 곳에 있는 원의와도 아주 잘 부합하는 것이었다. 하지만 원죄는 이러한 하느님의 계획이 실패로 돌아가도록 부추겼다.

참고 문헌

A. M. Dubarle, "Le péché originel, recherches récentes et orientations nouvelles", in *Revue de Sc. Phil. Et Thol.* (1969), pp.81-113.

ID., *Il peccato originale nella Scrittura*, Roma, Ave, 1968.

K. Barth, *Die Kirchliche Dogmatik* III/3 e 4, Zollikon-Zurigo, 1949-1951.

E. Brunner, *La Doctrine chrétienne de la création et de la rédemption* (vol. II di Dogmatique), Ginevra, Labor et Fides, 1965.

P. Tillich, *Systematic Theology* II, Chicago, The Chicago University Press, 1957.

P. Grelot, *Réflexions sur le péché originel*, Desclée, Parigi 1968.

P. Schoonenberg, *La potenza del peccato*, Brescia, Queriniana, 1970.

ID., "L'uomo nel peccato" in *Mysterium salutis* IV, Brescia, Queriniana, 1970, pp.589-719.

H. Haag, *Dottrina biblica della creazione e dottrina ecclesiastica del peccato originale*, Brescia, Queriniana, 1970.

M. Flick - Z. Alszeghy, *Il peccato originale*, Brescia, Queriniana, 1972.

B. Haering, *Il peccato in un'epoca di secolarizzazione*, Roma, Edizioni Paoline, 1973.

G. Vella, "Il peccato originale nella Genesi", in *Rassegna di teologia* (1969), pp.73-96.

J. Scharbert, *Le péché originel dans l'Ancien Testament*, Bruges, Desclée, 1972.

A. Vanneste, "Oú en est le problème du péché originel", in *Ephemerides theologicae lovanienses* (1976), pp.143-161.

A. M. Dubarle, *Le péché originel. Perspectives théologiques*, Parigi, Du Cerf, 1983.

H. Koester, *Urstand, Fall und Erbsünde. Von der Reformation bis zur Gegenwart*, Friburgo-Vienna, Herder, 1982.

M. M. Labourdette, "Le péché originel", in *Revue Thomiste* 83 (1983), pp.357-393.

ID., "Le péché originel dans la Tradition vivante de l'Eglise", in *Revue Thomiste* 84 (1984), pp.357-398.

Z. Alszeghy, "La discussione sul peccato originale", in *Gregorianum* 67 (1986), pp.133-139.

G. Martelet, *Libre response à un scandale. La faute originelle, la souffrance et la mort*, Parigi, Cerf, 1986.

P. Watté (ed.), *Péché collectif et responsabilité*, Bruxelles, Facultés Universitaires, 1986.

W. Pannenberg, *Antropologia in prospettiva teologica*, Brescia, Queriniana, 1987, pp.108-175.

B. Ramm, *Offense to Reasona Theology of Sin*, San Francisco, Harper & Row, 1985.

J. Bur, *Le péché originel. Ce que l'Eglise a vraiment dit*, Parigi, Cerf, 1988.

O. H. Pesch, *Liberi per grazia. Antropologia teologica*, Brescia, Queriniana, 1988, pp.135-210.

J. A. Sayés, *Hermeneutica y teologia del pecado original*, Burgos, Aldecoa,

1988.

S. Moschetti, "La teologia del peccato originale: passato, presente, prospettive", in *Civiltà Cattolica* 140 (1989), t.1, pp.245-258.

J. H. NIcolas, "Le péché originel et le problème du mal", in *Revue Thomiste* 89 (1989), pp.289-308.

3 | 하느님의 새로운 계획 : 예정과 의화

성경과 교회 전통은 인간이 죄를 지었고, 그럼으로써 하느님을 배반하고 그분께서 인간을 위해 마련하신 계획을 거부했다고 분명히 가르친다. 하느님의 계획은 다름 아닌 인간을 하느님의 이콘(imago Dei)이 되게 하는 것이었다. 하지만 인간은 이러한 하느님의 선물을 거부했고 자신의 힘만으로 자신을 구원하려는 모험을 감행했다. 그러나 하느님에게서 멀어짐(aversio a Deo)은 인류에게 엄청난 비극을 초래했다. 본성적, 초본성적 질서 모두가 뒤집어졌다. 하느님에게서 멀어진 인간은 자신이 지닌 열정들과 본능적인 힘, 악마의 권능과 죽음의 채찍에게 좋은 먹이가 되고 말았다.

그러나 하느님은 그러한 인간을 참아 주셨고 오히려 인간에게 연민을 보이셨다. 하느님은 예수 그리스도 안에서 인간적인 형상을 취하시어 우리와 똑같은 사람이 되셨다. 하느님은 우리와 함께 지내셨으며 당신의 수난과 죽음을 통해 우리의 죄를 없애시고 우리가 신적인 삶에 참여할 수 있게 해 주셨다.[100] 이처럼 그리스도는 하느님과 인간이 다

---

100. 구원의 길은 세상의 역사적인 환경 속에서 그리고 그리스도의 십자가와 부활에서 더욱 고차원적이면서도 신비로운 표현을 찾았다(J. Auer - J. Ratzinger, Il

시 통교할 수 있도록 해 주셨다. 이러한 통교는 무엇보다도 존재적인 통교(은총을 통한)와 행위적인 통교(대신덕을 통한)를 내포한다. 이렇듯 하느님은 인간의 본원적인 이콘성을 회복시켜 주셨다. 더 나아가 인간이 당신의 자녀로 입양되게 하는 더욱 놀라운 계획을 통해서 인간을 새롭게 창조하셨다.

인간의 죄로부터의 해방과 초본성적 상태로의 고양은 아주 극적인 사건으로,[101] 한편에는 인간 구원을 위해 혼신을 다하시는 하느님의 선하심과 자비가 있고, 다른 한편에는 완고하고 사악한 인간의 마음이 자리한다.[102] 그러나 하느님은 인간의 멸망을 바라지 않으셨다. 그분은 인간의 거부와 적대감에서 오는 모든 장애를 극복하셨을 뿐만 아니라 본래 당신께서 준비하신 계획을 향해 인간을 회복시켜 주셨고, 더 나아가 당신의 새로운 계획에 따라 그를 새롭게 만드셨다. 새로운 계획이란 바로 인간을 신적인 삶에 참여시키는 것이다.[103]

---

vangelo della grazia, Assisi, Cittadella, 1988, p.73).
101. H. U. v. Balthasar, *Teodrammatica* (in 5 voll.), Milano, Jaca Book, 1980-1986을 참조할 것.
102. 그러나 인간 구원과 이를 위한 그리스도의 수난과 죽음에 대해 시를 읊는 것은 합당치 못하다. 왜냐하면 사실 십자가는 몹시 끔찍한 사건이었기 때문이다. 십자가는 인간의 사악함이 어디까지 이를 수 있는지를 극명하게 보여 주었다. 이 십자가에서 오랜 세월 동안 인간이 - 연약하고 무죄한 이들, 비천한 이들, 무능력한 이들을 거슬러서 - 저지른 잔인하고 사악하며 추잡하고 소름 끼치는 모든 소행이 종합적으로 드러난다. 다른 한편, 십자가는 인간을 향한 하느님의 무한한 사랑을 드러낸다. 하느님은 인간이 저지를 수 있는 사악함과 절망의 극한에서도 끝까지 사랑하신다. 십자가는 하느님의 소송이 이 세상에서 승리하는 모습이 아니라 실패로 돌아가는 모습으로 비춰진다.
103. "지독하기 이를 데 없는 주인들 - 이는 육체적, 윤리적 불치병들을 뜻하는 것으로서, 악마와 동일시되는 오묘하기 그지없는 악의 신비는 그것들 안에서 작용한다 - 을 섬기는 노예인 인간에게 기쁜 소식이 전해졌다. 역사 안에 하느님의 부성 가득한 자비가 현존한다는 소식이었다. 하느님께서는 기쁨 가득히 인간을 당신 품에 새로 받아 주시고 인간과 자유로운 사랑의 관계를 맺으셨다. 바로 이것이 예수

다음의 두 가지 요소가 하느님께서 인간을 죄에서 자유롭게 하시고 초본성적인 상태로 들어 올리시는 행동에서 가장 근본적인 신비다. 그것은 예정(豫定)과 의화(義化)의 신비다. 신학은 이미 교부 시대 이래로 이 신비들에 지대한 관심을 갖고, 이것들이 내포하는 커다란 가치에 대해 주의 깊게 연구해 왔다. 그러므로 이번 장(章)에서는 예정의 신비에 대한 논의를 시작으로 이 두 신비에 대해 다뤄 보기로 하겠다.

1. 예정의 신비

앞 장에서 우리는 철학적 성찰의 빛 아래 인간을 고찰하면서 인간이 기획되거나 규정된 존재가 아니라 개방된 계획(progetto aperto)으로서의 존재임을 보았다. 이러한 인간 본성은 인간에게 자신을 규정하고 실현할 수 있는 특권과 더불어 과제를 안겨 주었다. 인간은 자신에게 헤아릴 수 없는 계획들을 적용할 수 있는 가능성을 가진다. 실제로 철학과 문명의 역사가 이에 대한 수많은 모습들, 즉 영웅, 철학자, 기사, 관상가, 수행자, 연구가, 혁명가, 탐험가 등의 모습을 보여 준다. 그러나 우리는 이와 더불어 인간이 혼자의 힘만으로는 충만한 자기실현을 이룰 수 없음도 보았다. 이러한 자기 구원은 언제나 인간이 꿈꿔 온 이상이지만, 결코 도달할 수 없는 것이기도 하다. 인간적인 계획만으로는 결국 인간의 손 안에 아무런 쓸모도 없는 열정으로 남을 뿐이다.

께서 하느님 나라를 선포하시면서 말씀과 행동으로 보여 주신 모든 것 - 죄인들과 더불어 즐기신 향연, 기적적인 치유들, 회개와 신앙으로의 초대, 비유로 들려주신 말씀들 - 이 내포하는 의미다."(L. Serenthà, "Predestinazione" in *Dizionario teologico interdisciplinare* II, p.761)

1.1. 예정 개념

예정이란 용어는 넓은 의미와 좁은 의미로 사용되어 왔다. 넓은 의미에서 예정은 하느님께서 인간의 최종적인 운명을 결정하시는 행위를 뜻한다. 이 경우에 영원한 생명 또는 영원한 죽음을 향한 예정에 대해 말할 수 있다(이 점에 대해 아우구스티노가 가끔 언급한 바 있다). 반면, 좁은 의미에서 예정은 인간의 구원과 신화(神化), 즉 인간을 영원한 생명과 천상지복을 위해 준비시키시는 하느님의 총체적인 행위를 의미한다.[104] 무익한 토론과 위험한 혼동을 피하기 위해, 필자는 여기서 좁은 의미의 예정이란 용어를 사용하기로 하겠다. 그럼으로써 우리의 논의에서 영원한 단죄에 이르게 하는 하느님의 예정에 대해 거론하는 위험을 피할 수 있을 것이다. 필자는 영원한 단죄 대신 '배척'(reprobatio)이라는 말을 사용하고자 한다.[105]

사실 예정이란 용어는 다양하게 쓰인다. 이와 비슷한 어휘로는 선택, 소명, 의화, 계약, 해방, 구원, 속죄, 실현, 정화, 성화(聖化, sanctificatio) 등이 있다. 이 용어들은 단순히 예정과 비슷한 말이 아니라 예정에 선행하거나 예정과 함께하는 특정한 요소나 국면을 지칭한다. 예를 들어, 선택은 예정에 선행하는 순간을 지칭한다. 무엇보다도 하느님께서는

---

104. 이러한 전망은 토마스적인 개념과도 같으니, 그는 예정을 '하느님께서 이성적인 피조물을 영원한 생명으로 이전하기 위해 미리 준비하신 계획'(*S.Th.* I, 23, 1)이라고 정의하였다.
105. 이 역시 토마스의 용어다. "그러므로 예정이 하느님으로부터 영원한 생명으로 질서 지어지는 자들에 관한 섭리의 한 부분인 것처럼, 배척은 이 목적에서 이탈하는 자들에 관한 섭리의 한 부분이다. 따라서 배척은 예지만을 지칭하는 것이 아니라 개념적으로 다른 어떤 것도 첨가한다. 이는 위에서 말한 섭리와 같은 경우다. 섭리가 은총과 영광을 베푸는 의지를 내포하는 것과 같이, 배척은 어떤 사람이 죄에 떨어지는 것을 허용하고 그 죄를 위해 단죄의 벌을 부과하는 의지를 내포한다."(*ibid.*, a.3)

영적이고 지적인 피조물의 세계 안에서 신적인 삶을 누리는 초본성적인 상태로 들어 올릴 피조물들을 선택하신다. 이에 따른 논리적인 귀결로서 이러한 상승을 실현할 수 있는 예정, 즉 전체적인 계획, 역사적-구원적인 계획이 결정되기에 이른다. 그리고 이러한 계획은 예정자들에 대한 부르심, 정화, 구원, 해방, 의화, 성화 등의 다양한 단계를 거쳐 구체적으로 현실화된다.

1.2. 성경의 가르침

하느님께서 인간의 운명을 배려하시고 염려하시며 인간과 더불어 당신의 생명과 사랑을 나누기를 원하신다는 것은 성경에서 선포된 가장 크고 기쁜 소식이다.

예정에 대한 가르침은 구약 성경에서 '선택' 개념을 통해 준비되었다. 선택은 하느님께서 특정한 사람들(아브라함, 이사악, 야곱, 모세, 예언자들 등)이나 민족(이스라엘 민족)에게 당신의 호의를 베풀기 위해 행하시는 무상의 자유로운 행위다. 성경 본문은 이러한 하느님의 선택이 내포하는 절대적인 무상성을 강조한다. 특히 신명기는 이스라엘이 다른 여러 민족들에 비해서 그리 대수로운 민족이 아니라고 말한다(신명 9,5). 하느님께서 그들을 선택하신 것은 당신께서 그들에게 하신 약속에 대한 충실과 사랑에 기인한다(신명 7,8; 10,15). 진흙을 자기 뜻에 따라 임의로 빚어 만드는 도공(陶工)의 이미지는 모든 민족의 역사와 개별 인간의 운명을 지배하시는 하느님의 역사(役事)를 잘 보여 준다.

예정 교리는 신약 성경에서 확연히 발전했는데, 여기에는 특히 바오로 사도의 공이 컸다. 그는 유일하게 '예정하다'(proorizein)라는 용어를 사용한 성경 저자다(에페 1,4; 1코린 2,7 참조). 바오로는 이 용어를 하느님께서 세상 창조 이전에 우리의 영광을 위해 미리 준비하신 숨겨진 지혜(신비)로 보았다. 이 세상의 어떤 지배자도 이 지혜를 알지 못했다. 만일 그들이 이 지혜를 알았다면 결코 영광의 주님을 십자가에 못 박지는 않았을 것이다(1코린 2,7.8). '숨겨진 지혜' 또는 '신비'(mysterion)는 '의견'(prothesis), '원의'(boulé)로도 불린다. 그 내용은 다음과 같이 구체적으로 말할 수 있다. 즉, 인류를 신적인 생명에 참여시키시고 하느님의 자녀가 되게 하심으로써 옛 인간에서 새로운 인간으로, 율법의 노예 상태에서 자유 상태로, 본성적인 상태에서 초본성적인 상태로 들어 올리시려는 하느님의 계획을 일컫는다.

예정 교리에 대해 사도 바오로가 전하는 고전적인 성경 본문은 다음과 같다.

> 우리 주 예수 그리스도의 아버지 하느님께서 찬미받으시기를 빕니다. 하느님께서는 그리스도 안에서 하늘의 온갖 영적인 복을 우리에게 내리셨습니다. 세상 창조 이전에 그리스도 안에서 우리를 **선택하시어**, 우리가 당신 앞에서 거룩하고 흠 없는 사람이 **되게 해 주셨습니다**. 사랑으로 예수 그리스도를 통하여 우리를 당신의 자녀로 삼으시기로 미리 정하셨습니다. 이는 하느님의 그 좋으신 뜻에 따라 이루어진 것입니다. 그리하여 사랑하시는 아드님 안에서 우리에게 베푸신 그 은총의 영광을 찬양하게 하셨습니다. 우리는 그리스도 안에서 그리스도의 피를 통하여 속량을, 곧 죄의 용서를 받았습니다. 이는 **하느님의 그 풍성한 은총에 따라** 이루어진 것입니다. 하느님께서는 이 은총을 우리에게 넘치도록 베푸셨습니다. 당신의 지혜와 통찰력을 다하시어, 그리스도 안에서 **미리 세우신** 당신 선의에 따라 우리에게 **당신 뜻의 신비**를 알려 주셨습니다. 그것은 때가 차면 하늘과 땅에 있는 만물

을 그리스도 안에서 그분을 머리로 하여 한데 모으는 **계획**입니다. 만물을 당신의 결정과 뜻대로 이루시는 분의 의향에 따라 **미리 정해진** 우리도 그리스도 안에서 한몫을 얻게 되었습니다. 그리하여 하느님께서는 이미 그리스도께 희망을 둔 우리가 당신의 영광을 찬양하는 사람이 되게 하셨습니다. (에페 1,3-12)

하느님을 사랑하는 이들, **그분의 계획에 따라** 부르심을 받은 이들에게는 모든 것이 함께 작용하여 선을 이룬다는 것을 우리는 압니다. 하느님께서는 미리 뽑으신 이들을 **당신의 아드님과 같은 모상이 되도록 미리 정하셨습니다**. 그리하여 그 아드님께서 많은 형제 가운데 **맏이**가 되게 하셨습니다. 그렇게 미리 정하신 이들을 또한 부르셨고, 부르신 이들을 또한 의롭게 하셨으며, 의롭게 하신 이들을 또한 영광스럽게 해 주셨습니다.(로마 8,28-30)

이 본문들(진한 글자는 필자가 강조한 것이다)로부터 뽑아낼 수 있는 것은 다음과 같다.

1. 예정은 적극적인 의미에서 하느님의 업적이다. 그것은 인간을 위한 하느님의 사랑에 바탕을 둔 그분의 자유로운 의지의 행사다. 단적으로 말해, 그것은 구원 계획을 의미한다.
2. 예정은 수동적인 의미에서 예정된 이들 편에서 하느님의 계획을 수용하는 것이다.
3. 예정의 대상은 은총, 즉 하느님의 선물로서 하느님의 자녀가 되는 것이요 영원한 생명을 차지하는 것이다.
4. 예정의 목적은 무엇보다도 예수 그리스도시다. 즉, 예정은 궁극적으로 그리스도를 지향한다. 첫 번째로 예정된 이는 아담도 아브라함

도 모세도 아니다. 예수 그리스도시다. 그분이야말로 신적 삶에 참여하도록 부르심을 받고 선택되신 첫째 분이시다. 그리고 신적 삶에 대한 그분의 참여는 충만하다. 그분이 예정의 시작이시고, 그 외 모든 사람은 그분을 통해 예정에 참여한다. 그러므로 이들 또한 예정되었으되, 그리스도 안에서 그리스도를 통해서 예정된 것이다. 무엇보다도 예정은 모든 이가 사람이 되신 하느님의 신성(神性, natura divina)에 참여하도록 이끌어 준다.

5. 그리스도는 하느님의 영원한 계획 안에서 예정의 목적인이시다. 또한 이 계획이 역사 가운데 현실화되는 과정에서 예정이 의화로 변화할 때, 예수 그리스도는 더 이상 단순한 목적인이 아니라 바로 이 예정의 능동인도 되신다. 이제 그분은 우리 구원의 주된 도구(당신의 수난과 죽음을 통해서)이자 의화가 되신다. 그리스도를 머리로 하여 하나가 되는 것은 십자가를 통해 이루어진다.

1.3. 성 아우구스티노

예정 교리의 발전은 이미 그리스 교부들, 특히 이레네오, 알렉산드리아의 클레멘스, 오리게네스, 요한 크리소스토모(St. Ioannes Chrysostomus)에게서 찾아볼 수 있다. 오리게네스는 하느님의 일반적 예지(praescientia generalis)와 사랑으로 인한 선택적 예지(praescientia electivus)를 구분했다.[106] 그러나 본격적인 의미에서 예정 교리의 창시자는 아우구스티노로서, 그는 자신의 작품 『성인들의 예정에 대해』(*De praedestinatione sanctorum*) – 이것은 그의 마지막 작품들 가운데 하나다 – 에서 최종

---

106. Origene, *Ad Romanos*, PG 14, 841.

적으로 예정에 대한 교리를 발전시켰다.

예정 교리는 히포의 주교 아우구스티노의 사상 가운데 깊이 변화된 주제의 하나로, 이 변화는 나중에 그의 추종자들 사이에서 치열한 논쟁을 일으키는 요인이 됐다.

그의 사상의 이러한 변화는 – 이는 매우 중요하다 – 무엇보다도 펠라지오 이단으로 인해 시작됐다. 아우구스티노는 펠라지오 이단에 맞서 그 심각함을 강조하는 동시에 혼신을 다해 자신의 견해를 피력했다. 이미 앞에서 살펴본 바와 같이, 펠라지오는 인간이 갖는 자유 의지의 능력을 상당히 강조했고, 이러한 전망에서 예정(의화, 구원)을 선한 행위나 악한 행위와 결부시켰다. 그 결과 그는 아담의 후손에게 영향을 미치는 원죄의 결과들과 세례의 중요성을 과소평가하기에 이르렀다. 아우구스티노는 이러한 펠라지오에 맞서 원죄가 야기한 끔찍한 결과들을 강조했으며, 오직 그리스도의 십자가만이 이를 치유할 수 있다고 말했다.[107] 이러한 이유로 인해, 아우구스티노는 자유 의지로 행한 공로만으로는 절대로 구원에 이르지 못하며 오직 교회가 베푸는 성사들, 특히 세례를 통해야 한다고 강조했다. 오직 세례 받은 이들만 구원될 수 있으며, 비록 자신의 탓이나 부모의 탓이 아니라 하더라도 세례 받지 못한 어린아이들은 구원되지 못한다는 것이다. 이처럼 수많은 사람들이 구원되지 못하는데, 이는 그들이 구원을 원하지 않아서가 아니라

---

107. 아우구스티노는 펠라지오에게 하느님에 대한 "열의가 있음을 잘 알았지만, 그것은 비춰지지 않은 열의"라고 보았다. "그러므로 인간 본성의 연약함을 방어하면서 펠라지오의 열의가 불붙었는데, 이와 마찬가지로 우리는 그보다 더한 열의를 우리 안에 일으켜야 한다. 이는 그리스도의 십자가가 헛되지 않게 하기 위해서다. 만일 그리스도의 신비를 제외한 채 어떠한 방법으로든 의로움과 영원한 생명에 도달할 수 있다고 말한다면, 이는 그리스도의 십자가를 헛되게 하는 것이다."(Agostino, *De natura et gratia* 6, 7)

하느님이 그들의 구원을 원하지 않으시기 때문이라는 것이다. 이는 어린아이들에게도 분명하게 적용된다.[108] 하느님의 보편적인 구원 의지와 예정을 조화시키기 위해, 아우구스티노는 "하느님께서는 모든 사람이 구원받기를 원하신다."(1티모 2,4)라는 성경 구절을 "만일 하느님께서 구원을 원하지 않으신다면, 구원받게 될 이들이 결국 구원되지 못한다."[109]라고 상당히 축소해서 해석했다. 그는 여기서 예정이 "하느님의 호의에 대한 예지이자 준비이며, 구원될 이들은 누구든지 하느님의 호의와 더불어 확실하게 구원될 수 있게 해 준다."[110]라고 규정하였다. 예정은 하느님이 마련하신 영원한 계획으로, 하느님은 이를 통해서 미리 선택하신 이들과 당신이 구원하기를 바라시는 이들을 구원하신다.

그러므로 이러한 전망에서 이제 하느님의 은총은 모든 이가 아니라 몇몇 사람에게만 내리는 것으로 논의되었다. 무한하고 경계가 없는 하느님의 자비는 모든 우연적인 요소들에 의해 조건 지워지도록 자신을 내놓는다. 그렇다면 다음과 같은 물음을 던질 수 있다. 왜 하느님의 은총은 이토록 커다란 차별을 줄 정도로 스스로 제한하는가? 왜 어떤 어린아이들이 구원받는 동안 그 밖에 다른 아이들은 단죄되어야 하는가? 왜 어떤 사회 집단들에게만 복음이 선포되고 구원을 주는 전례를 거행할 기회가 주어지며 다른 집단들에게는 그러하지 않는가? 난감하기 이를 데 없는 물음이 아닐 수 없다. 아우구스티노는 이러한 물음들을 잘 알았고, 결코 이를 간과하지 않았다. 그는 모든 경우에 일어날 수 있는 결과들을 설명하면서 침착하게 자신의 견해를 피력했다.

---

108. Agostino, *Epist.* 217, 6, 19.
109. *Ibid.*
110. Agostino, *De dono perseverantiae*, 14, 35.

이 문제에 관해 논하자면, "하느님의 판단은 얼마나 헤아리기 어렵고 그분의 길은 얼마나 알아내기 어려운지"(로마 11,33), 인간은 오로지 그분께 전혀 불의함이 없다는 점을 깊이 염두에 두어야 한다. 왜냐하면 인간은 하느님께서 어떤 정의에 준해서 누구를 불쌍히 여기시는지 또 누구를 완고한 상태에 그대로 남겨 두고자 하시는지 전혀 알 길이 없음을 고백할 수밖에 없기 때문이다. 그러나 비록 아무도 자신이 행한 공로들에 힘입어 의화될 수 없다 할지라도 - 하느님께는 어떠한 불의함의 그늘도 없다는 확고한 진리를 믿는 믿음으로 인해 - 누구라도 자신의 죄와 더불어 완고함 속에 머물지 않는 한 그 상태에 버려지지는 않는다. 실제로, 하느님께서 죄인들과 불경한 이들을 의롭게 하실 때 받아 마땅한 형벌에서 그들을 구원해 주시는 것은 그들이 올바른 신앙과 진리에 준해서 믿을 때다. 반대로, 하느님께서 벌을 받을 만하지 않은 사람을 단죄하시고 그 어떤 죄도 없는 이를 또한 단죄하신다고 믿는 것은 한 마디로 그분이 불의하시다고 믿는 것과 진배없다. 그러므로 하느님께서 구원받을 만한 공로가 없는 이를 구원하실 때 그에게 합당한 벌 이상으로 감사하지 않을 수 없다. 반면, 구원받을 만한 공로가 없는 이가 단죄될 때는 자비도 진리도 승리하지 못한다.[111]

이토록 중요한 문제를 끝까지 다 파헤쳐 보려는 이들에게 아우구스티노는 하느님의 계획을 이해할 수는 없음을 상기시키면서 이러한 신비 앞에 겸손하게 고개 숙이도록 초대한다. "당신은 이유를 찾지만 나는 그 심오함 앞에 두려움을 갖는다. …… 당신은 합리적인 것을 추구하지만 나는 감탄한다. 당신은 논쟁을 원하지만 나는 믿고자 한다.

---

111 ID., *Epist.* 186, 3, 8.

나는 그 심오함을 바라보면서 도저히 그 깊은 곳에 이를 수 없음을 잘 안다. 그런데 당신은 그것을 조사하러 왔단 말인가? 당신은 도저히 탐구할 수 없는 것을 알아내고 조사할 수 없는 것을 조사하러 온 것이다. 나를 믿으라. 당신은 이미 진 것이다. …… 그것은 마치 볼 수 없는 것을 보려 하고 말로 형언할 수 없는 것을 말하고자 함과 같다."[112]

아우구스티노가 예정에 대해 더는 진전시키려 하지 않았던 논의들은 수사학적으로 유효하며, 이는 무척이나 당혹스러운 것이 아닐 수 없다. 사실, 누가 펠라지오와 논쟁을 벌인 아우구스티노처럼 형언할 수도 없고 이해할 수도 없는 예정의 신비를 주장하면서 그토록 강한 열정을 갖고 그 신비가 내포한 중요함과 광대함을 증명할 수 있을까?

더욱이 아우구스티노 자신이 이 문제에 대한 자기 견해를 변경한 바 있다. 그는 펠라지오 이단에 맞서 논쟁하기 전에는 모든 사람이 구원을 향해 질서 지워져 있다는 보편적인 지평에서 예정을 논했다. 그러나 앞서 살펴본 바와 같이, 아우구스티노는 펠라지오와의 논쟁에서 하느님의 보편적인 구원 의지를 부인하였다. 더욱이, 펠라지오에 맞서 논쟁하기 전에는 단지 영원한 생명을 향한 예정(praedestinatio ad vitam aeternam)에 대해 말했지만, 그 뒤로는 두 가지 예정, 즉, 영원한 생명을 향한 예정과 영원한 파멸을 향한 예정(praedestinatio ad sempiternum interitum)에 대해 말했다.[113] 예정에 대한 사상적 변화에 보조를 맞추어 그의 자유 의지에 대한 사상도 또한 변화를 겪었다. 아우구스티노는 마니교에 맞서 쓴 여러 작품들에서는 자유 의지에 대해 긍정적으로

---

112. *Op. cit.*
113. M. Simonetti, *La letteratura cristiana antica greca e latina*, Sansoni, Firenze 1969, p.383.

언급했을 뿐 아니라 자유 의지에 선한 행위를 할 능력이 있다고도 말했다. 그러나 그 뒤 펠라지오와의 논쟁 중에 쓴 여러 작품들에서는 자유 의지에 선행을 할 능력이 있음을 부정했을 뿐 아니라 자유 의지의 존재 자체마저도 의문에 부치려는 듯한 인상을 주었다.

아우구스티노가 후기에 취한 예정(과 자유 의지)에 관한 아주 엄격한 입장들은 우리를 당혹스럽게 만든다. 이러한 그의 견해는 이후에 커다란 논쟁의 진원이 됐고, 그를 적대시하던 사람들이나 추종하던 사람들 모두에게 해결하기 어려운 문제로 남게 됐다. 그러나 예정 교리에 대한 더욱 격렬한 논쟁은 갈리아 지방, 특히 마실리아(Massilia)와 레린의 여러 수도원들에서 일어났다. 인간을 위한 구원 업적에서 하느님의 절대적 무상성에 주도권을 부여하면서도 마치 수덕적(修德的)인 노력이 - 어떤 경우는 아주 영웅적인 면모로 드러나는데도 - 수도회적 이상에 모순이라도 되는 것처럼 수덕적 전망을 헛된 것으로 몰아붙이는 듯한 인상을 주는 논쟁이 적절치 못하다고 평가되는 것은 차라리 이해하기 쉽다. 갈리아 지방의 수도원들에서는 하느님께서 대다수의 사람들은 멸망하도록 내버려두신 채 오직 소수의 사람만이 구원되도록 예정하셨을 것이라는 개념을 거부했을 뿐 아니라, 구원 업적의 전망에서 은총의 우세함에 두던 무게를 경감해서 은총을 인간의 의지 옆에 함께 두었다. 이와 더불어 '처음에 신앙으로 나아가는 것'은 인간의 일에 속한다고 주장했다. 하느님의 은총은 이러한 인간의 선한 성향을 도와주는 것이며, 동시에 하느님은 인간으로 하여금 최종적인 구원에 이르게 하시기 위해 좋은 결과를 낼 수 있는 능력을 인간에게 허락하셨다고 보았다(세미 펠라지오주의). 바로 여기서 기나긴 논쟁이 탄생하게 되었고, 이 문제는 결국 제2차 오랑쥐 공의회(529년)로 이어지게 되었다. 이미 앞 장에서 살펴보았듯이, 이 '신앙의 시작'(initium fidei) 교리와 그 밖의 여러 가지 세미 펠라지오주의 명제들은 이 공의회를 통해 단죄되었고, 인간의 모든 공로에 선행하고 동시에 인간에게 당신을 온전히 내어 주시는 하느님 은총의 절대적인 무상성을 주장한 아우구스티노의 명제가 재확인됐다. 그러나 이 논쟁은 아우구스티노가 극단적인 형태로 제시한 예정 교리의 중요성도 강조하는 등 더욱 깊이 성찰해야 할 여러 가지 신학적 문제들을 던져 주었다. 후에 이 교리는 그의 제자들을 통해 완화되었고, 이렇게 해서 균형 잡힌 예정 개념이 비로소 교회의 공통 유산으로 들어오게 되었다.

1.4. 성 토마스 아퀴나스

예정의 신비에 대한 논고에서 토마스 아퀴나스는 선대[고데스칼코(Godescalco), 안셀모, 베르나르도(San Bernardo), 보나벤투라 등]에서 연구한 신학적인 성찰의 결과들을 먼저 나열했다. 그러나 그는 단순히 그들의 가르침을 반복하는 데서 그치지 않고, 한편으로 신앙의 근본 진리에 부합하면서도 다른 한편으로 이성의 근본 요청에 맞도록 새로운 틀 안에서 예정을 설명하였다.

토마스의 전망에서는 아우구스티노의 가르침에서 드러난 까다로운 문제들과 불확실한 점들이 말끔히 사라졌다. 무엇보다도 그는 어려운 말들을 피하고 더욱 정확한 언어들을 구사했다. 더는 '영원한 멸망', '죽음을 향한 예정'이란 말을 쓰지 않았다. 예정은 오직 긍정적인 의미에서만 쓰였다. "예정은 하느님으로부터 영원한 생명으로 질서 지어지는 이들에 관한 섭리의 한 부분"[114]을 의미했다. 단죄는 예정에 선행하는 것이 아니라 배척에 선행하는 것으로서, 배척은 "어떤 사람이 죄에 떨어지는 것을 허용하고 그 죄를 위해 단죄의 벌을 부과하는 의지"115로 정의되었다.

예정은 창조처럼 하느님의 고유한 행위라고 토마스는 명백히 언급했다. 그 이유는 단순하지만 동시에 매우 의미심장했다. 존재의 빛 안에 놓인 이들(창조)에게 그 존재의 근거는 창조주의 의지일 뿐이며, 이와 마찬가지로 신적인 생명에 참여하도록 높이 들어 올려진 이들(예정)에게 유일한 근거는 인간을 향한 하느님의 사랑이다. 토마스는 이 진리를 지탱해 주는 또 다른 주제를 현세에서 인간이 원할 수 있는 목적들에 대한 검증을 통해 유추해 냈다. 즉, 인간에게는 그의 능력에 맞는 목적(현세적인 행복)이 있는 반면, 전적으로 그의 능력을 초월하는 목적(영원한 생명)도 있다. 이러한 최종 목적에 이르는 것은 오직 하느님의 무한한 선을 통해서만 가능하다. 이처럼 선하신 하느님은 예정을 통해서 이 최종 목적을 인간 삶에서 실제로 가능한 목적으로 변화시켜 주셨다. 사실 "어떤 것이 자기 능력으로는 도달할 수 없는 것을 향해 가기 위해서는 타자로부터 보내져야 한다. 이것은 화살이 궁수에 의해 표적으로 보내지는 것과 같다. 그러므로 본래의 의미에서는 영원한 생명에 참여할 수 있는 이성적 피조물이 하느님으로부터 보내지는 것처럼 영원한 생명으로 인도되는 것이다. 그런데 이렇게 보내지는 이념은 하느님 안에 선재(先在, praeexistentia)한다. 이는 모든 것이 목적을 향하도록 질서 지어 주는 이념이 하느님 안에 있는 것과 마찬가지다. 우리는 이런 이념을 이미 섭리라고 말하였다. 행위자의 정신 안에 있는 이루어져야 할 어떤 사물의 이념은 그 행위자 안에 있는 행해져야 할

---

114. S. Tommaso, *S.Th.* I, 23, 3.
115. *Ibid.*

사물의 어떤 선재다. 따라서 이성적 피조물이 영원한 생명의 목적을 향해 지금 말한 바와 같이 보내지는 이념을 '예정'이라고 한다. '정한다는 것, 향방을 정한다는 것은 보내는 것'이다."116

예정은 하느님께만 유보되어 있는 고유한 행위다. 왜냐하면 인간의 모든 능력을 초월하는 목적 – 지복직관을 통한 영원한 생명 수용 – 에 관한 것이기 때문이다. 토마스는, 비록 인간에게 영원한 생명을 수용할 수 있는 능력이 있기는 하지만, 그것은 전혀 실효성이 없는 능력이라고 지적했다. 따라서 인간에게는 예정에 대해 단지 수동적인 능력만 있다는 것이다. "이런 질서의 실현은 수동적으로는 예정된 것들 안에 있고 능동적으로는 하느님 안에 있다."117

토마스는 두 가지 예정에 대해 말했다. 하나는 보편적인 것이고 다른 하나는 특수한 것이다. 첫 번째는 은총을 향한 예정 – 모든 사람이 바라는 목표이며, 모두가 이 은총을 향해 부름 받았다 – 이고 두 번째는 영광을 향한 예정 – 이는 오직 제한된 사람들에게만 유보되어 있다 – 이다.118 은총을 향한 예정에 인간은 아무 것도 기여할 수 없다. 따라서 이 전망에는 인간 의지의 선한 성향과 연관된 신앙의 시작이 존재하지 않는다. 처음에는 하느님께서 홀로 행동하신다. 여기에 인간의 공로는 존재하지 않는다. 하느님의 자비는 본성적 초본성적인 우리 존재의 원뿌리가 되며, 바로 여기서 모든 것이 생겨난다. 영광을 향한 예정 역시 본질적으로는 하느님의 선과 자비에 바탕을 두지만, 동시에 그에 상응하는 인간의 기여, 즉 공로와도 깊이 관련된다. 토마스

---

116. *Op. cit.*, a.1.
117. *Ibid.*, a.2.
118. *Ibid.*, a.3. ad.2.

는 여기서 일반적인 예정 – 이 예정은 하느님의 업적으로 인한 것인데, 하느님께서 인간이 이룩하는 모든 것의 첫째 원인이신 한에서 그러하다 – 과 부분적인 예정을 구별하였다. 그러므로 어떤 의미에서는 인간에게도 예정의 원인이 있다고 – 공로로 말미암아 – 말할 수 있다. 영광을 향한 예정에서 하느님은 인간의 공로들을 고려하신다.[119]

결국 토마스는 하느님의 예정과 인간의 자유 사이의 관계를 조정하는 데 큰 어려움을 겪지 않았다. 왜냐하면 하느님의 섭리 자체가 이미 모든 피조물을 그 본성에 따라 통치하기 때문이다. 이는 피조물을 초본성적인 질서로 들어 올릴 때도 그러한데, 무엇보다도 하느님은 그들의 본질적이고 고유한 본성을 보호하면서 그렇게 하신다. 하느님께서 미리 염두에 두시고 원하신 계획(예정)을 실행하시는 행위는 창조 질서를 뒤엎거나 왜곡하면서 개입하지 않는다. 그와 반대로, 하느님은 당신께서 미리 염두에 두신 것을 그대로 이루시기 위해 모든 과정에서 이 창조 질서를 존중하신다. 이 과정에서 하느님은 인간의 자유, 특히 인간이 하느님의 부르심에 응답할 수 있는 자유를 존중하신다.[120] 하느

---

119. "우리는 예정의 결과를 두 가지 양태로 고찰할 수 있다는 것을 말해야 한다. 그 한 양태는 개별적으로 이루어진다. 이 경우에는 그 어느 것도 예정의 어떤 결과가 다른 것의 원인과 근거인(근거가 되는) 것을 방해하지 않는다. 즉, 목적인의 관점에서는 그 어느 것도 이후의 것이 이전의 것의 원인이고 근거인 것을 방해하지 않는다. 그리고 공로인(이 원인은 질료의 안배로 환원된다)의 관점에서는 이전의 것이 이후의 것의 원인이고 근거인(근거가 되는) 것을 방해하지 않는다. 그러므로 우리는 하느님께서 어떤 사람에게 그의 공로들로 말미암아 영광을 주시기로 질서 지어 주셨다고 해도 좋고, 또 하느님께서 어떤 사람에게 그가 영광을 받기에 합당한 자가 되게 하기 위해 은총을 주시기로 질서 지어 주셨다고 해도 좋다. 또 다른 양태에서는 예정의 결과가 전반적으로 고찰될 수 있다. 이 경우 전체로서 예정의 결과가 전반적으로 우리 편으로부터 어떤 원인을 갖는다는 것은 불가능하다. 그 이유는 사람 안에 있는데, 사람을 구원으로 질서 지어 주는 것은 무엇이든 그 전체가 예정의 결과에 내포되기 때문이다."(S.Th. I, 23, 5)

님은 모든 것을 그 존재 구조에 맞게 움직이신다. 이렇듯 하느님께서 움직이시는 것에 힘입어 필연적 원인들로부터는 필연적 결과들이 나오고 우연적 원인들로부터는 우연적 결과들이 나온다. 그런데 의지는 하나의 일정한 결정으로 확정되지 않은 특징을 가지며 다른 가능적 선택을 향해 열려 있다. 그러므로 하느님은 인간의 의지를 움직이시되, 이 의지가 오로지 하나의 해결점을 향해서 확정되도록 밀어붙이지 않으시고 의지가 우연적이면서 동시에 필연적이지 않은 양태(樣態)로 움직이도록 보존하신다. 그러나 인간의 의지가 본성적으로 자연스럽게 이끌리는 것들은 예외적으로 그냥 놔두신다.[121]

이처럼 신적 원인이 내포하는 수위성(首位性, primatus)은 인간의 자유로운 행동 안에서도 결코 줄어들지 않는다. 모든 존재와 그 존재가 하는 모든 행동의 원천은 언제나 하느님이시다. 자립하는 존재 자체는 참여를 통해 존재하는 모든 것의 총체적이면서도 집약적인 원천이다. 그러므로 "의지는 자기 행동에 대한 지배권을 갖지만, 그것이 제1 원인을 배제한 상태에서 그러한 지배권을 행사하는 것은 아니다. 왜냐하면 제1 원인은 의지로 하여금 마치 본성을 결정하는 것처럼 어느 하나를 향해 필연적으로 움직이게 하는 방식으로 의지 안에서 움직이지는 않기 때문이다. 그러므로 행동의 결정은 이성과 의지의 능력에 있다."[122]

이는 인간의 행동을 향한 하느님의 모든 개입과 관련된 것으로, 이러한 행동이 본성적인 질서 가운데서 일어나든 또는 은총의 영향 아래 일어나든 마찬가지다. 이러한 하느님의 개입은 인간의 의지에 영향을

---

120. *Op. cit.*, 22, 2.
121. *Ibid.*, I-II, 10, 4.
122. S. Tommaso, *De potentia* 3, 7 ad 13.

미치면서도 결코 의지를 폭행하지는 않는다. 토마스는 '변경하는 것'과 '강요하는 것'을 구분하면서 하느님이 의지를 강요하신다는 것을 배제했다. 반면에 그는 하느님께서 당신의 은총을 통해 의지에 영향을 미치시어 이 의지를 더욱 강화하실 수도 있고 다른 목적들을 향해 이 의지를 방향 지워 주실 수도 있음을 잘 알았다.

> 하느님은 두 가지 방식으로 의지에 영향을 미치신다. 첫째, 단순히 의지를 움직이면서 영향을 미치신다. 즉, 의지로 하여금 무엇인가를 원하도록 움직이신다. 그러나 의지에 어떤 새로운 양태를 부여하지는 않으신다. 즉, 의지에 어떤 새로운 습성을 부여하지 않으면서 단지 전에는 인간이 원하지 않던 무엇을 원하게 하는 식으로 움직이신다. 둘째, 의지 안에 새로운 양태를 새기면서 의지에 영향을 미치신다. 이렇게 해서 의지는 하느님에게서 받은 본성 자체에 힘입어 원하는 무엇인가를 향한 경향으로 흐르게 된다. 마찬가지로, 은총이나 덕 같은 새로운 양태에 힘입어 궁극적으로는 하느님에 의해 다른 무엇, 즉 전에는 본성적인 경향만으로는 움직이지 않던 대상을 향해 움직여진다.[123]

토마스의 가르침에서 예정, 자유, 공로에 관해 그 이전까지 논의되어 오던 명제들에 비해 크게 진일보한 것은 다음의 세 가지다. 먼저 예정에 관해 보면, 예정의 유일한 원저자(原著者)는 오직 하느님이시다. 이 예정은 하느님에 의해 확고하게 원해지고 고안된 놀라운 계획 - 인간이 영원한 생명에 이르는 것 - 이다. 둘째로 자유에 관해 보면, 자

---

123. ID., *De veritate* 22, 8.

유는 언제나 온전히 남는 것으로, 하느님은 당신의 계획을 무산시킬 수 있을 정도로 인간의 자유를 소중히 여기신다. 그러나 인간은 이 계획을 받아들이지 않음으로써 배척되고 단죄된다. 끝으로 공로에 대해 보면, 영광을 향한 예정 계획에는 공로가 자리할 여지가 있다. 비록 예정의 우선적인 주원인은 언제나 하느님이지만, 그분은 인간을 신화(神化)하는 최종 계획을 이루는 데 있어서 분명 인간 편에서 이 계획을 수용하고 협력할 것을 염두에 두신다.

토마스의 명제에서 찾아볼 수 있는 가장 큰 한계점이라면, 그것은 예정 신비에 관한 진술에서 예수 그리스도에 대한 언급이 전혀 드러나지 않는다는 것이다(반면, 앞서 살펴본 것처럼 바오로 사도에게서는 그리스도에 대한 언급이 근본적이고 지속적인 형태로 드러난다). 그러나 이러한 결함은 이 진술이 따로 떨어져서 위치하는 작품 자체의 구조적인 문제에서 기인한다. 『신학대전』을 보면, 예정의 신비는 제1부 시작에서 하느님과 그분의 속성에 대해 다루는 부분의 한 측면으로, 특히 하느님의 섭리의 한 부분으로 다뤄진다. 반면, 그리스도에 대해서는 단지 3부에서만 따로 설명할 뿐이다. 그러나 토마스가 이 주제를 그리스도 중심의 스케마에 따라 다루지 않고 ― 스코투스는 이 관점에서 다루었다 ― 하느님 중심의 관점에서 다룬 더욱 근본적인 이유는, 하느님이 예정에 대한 계획을 세우실 때 그리스도의 모델을 따르게 하지 않으시고 직접적이고 즉각적으로 인간 자체에 관심을 갖게 하심으로써 인간이 그리스도의 모상과 유사함으로 창조된 것이 아니라 하느님의 모상과 유사함으로 창조되었다는 것을 보여 주기 위해서였다. 이렇듯 토마스에게 첫 번째로 예정된 이는 예수 그리스도가 아니라 아담이며 아담의 후손들이다. 토마스적인 전망에서 그리스도는 예정의 모형인이 아니라 능동인으로 드러난다(신학대전 III, 24, 4 참조).

이처럼 그의 전망이 갖는 한계에도 불구하고, 본질적인 면에서 보면 토마스의 가르침은 후일 드렌토 공의회에서 가톨릭교회의 공식적인 승인을 얻을 만큼 균형이 잡혀 있고 확실하다.

1.5. 루 터

토마스 아퀴나스 이후에도 여전히 예정의 신비는 어떤 신학자도 소홀히 여기지 않는 매우 중요한 신학적 주제였다. 사실 이 주제는 모든 신학자들의 주된 관심사 가운데 하나였다. 보나벤투라에서 둔스 스코투스, 오캄의 굴리엘모(G. Occam)에서 니콜라우스 쿠사누스(N. Cusanus), 베드로 올리비(P. Olivi)에서 오트르쿠르의 니콜라(Nicholas d'Autrécourt), 마이스터 에크하르트(M. Eckhart)에서 쟝 게르송(Jean Gerson), 가예타노(Gaetano) 추기경에서 가브리엘 비엘(G. Biel)에 이르기까지 거의 모든 신학자가 이 주제를 다루었다. 그러나 대부분 가톨릭 전통이 확립한 이 교리에 대한 가르침을 약화시키지 못하는 부차적인 측면들을 다루는 데 머물렀을 뿐 – 예를 들자면, 오캄의 굴리엘모와 둔스 스코투스 간에 일어난 논쟁은 하느님의 예지가 미래의 우연한 일들을 인간에게 필연적인 것으로 만드는가 그렇지 않은가에 대한 것이었다 – 획기적인 돌파구를 만들지는 못했다.

이 논의에 획기적인 전기가 마련된 것은 종교 개혁자들, 특히 루터와 이후 칼뱅과 멜랑톤 그리고 이들의 추종자들을 통해서였다. 예정 교리는 의화 교리와 더불어 루터의 사상에서 근본적인 주제 가운데 하나로서, 그는 행실 없는 믿음(fides sine operibus)과 자유 의지에 대한 부정을 통해서 당시 – 오캄의 신학이 유행하던 시대 – 의 스콜라 신학

뿐만 아니라 가톨릭 전통과도 멀어지게 되었다. 이미 앞 장에서 살펴본 바와 같이, 루터는 인간의 자유 의지를 부정하는 가운데 이에 따른 당연한 논리적 귀결로서 이미 아우구스티노와 토마스가 가르쳤던 것처럼 예정에 있어서 하느님의 절대적인 주도권을 주장했고, 더 나아가 하느님께서는 어떤 이들은 영원한 생명에 이르도록 선택하시고 또 어떤 이들은 영원한 죽음에 이르도록 선택하신다고 주장했다. 그러므로 이러한 전망에서는 이중 예정(praedestinatio gemina)이 있게 된다.

예정은 인간이 이 세상에서 획득하는 공로에 달려 있다고 주장한 에라스무스를 거슬러서, 루터는 하느님은 원하는 이를 구원도 하시고 단죄도 하신다고 주장했다. 그에 따르면, 하느님은 인간의 어떠한 공로에 의해서도 좌우되지 않으시며, 당신 자신이 바로 이 예정을 정당화하는 근거이기에 자신의 의지로 많은 이들이 반드시 지옥에 떨어지도록 예정하신다. 이처럼 하느님은 영원으로부터 불가해한 당신의 의지 행위를 통해 이 모든 것을 결정하신다. 더 나아가, 행하는 모든 것의 규범이자 기준이신 그분 자신이 어떤 이에게는 상을 주시고 어떤 이는 단죄하시는 것을 두고 그분이 불의하다고 절대로 항의할 수 없다. "하느님의 의지는 하느님 자신에게 규칙이나 기준 같은 것을 부과할 어떤 원인이나 이유를 갖지 않는다. 왜냐하면 그 무엇도 하느님과 동등하거나 높을 수 없으며 그분의 의지는 모든 것의 규범이기 때문이다. 만일 하느님의 의지가 어떤 규범이나 기준을 따른다면, 그것은 더는 하느님의 의지가 아닐 것이다. 왜냐하면 하느님의 의지가 원했거나 원하는 바가 합당해야 하는 것이 아니고, 그와는 반대로 그분의 의지는 당연히 합당한 것을 행하기를 원하기 때문이다."[124]

루터는 인간의 자유 의지를 부인함으로써 모든 것을 하느님의 의지에 실어야만 했다. 그럼으로써 이제 하느님의 예정 신비는 더할 나위 없이 수수께끼에 에워싸이게 됐다. 그러나 이러한 루터의 변증법은 그의 맞수였던 에라스무스를 설득하는 데 성공하지 못했다. 에라스무스는 큰 죄가 없는 사람이 지옥에 가는 것을 예로 들어서 정의로우신 하느님께서 그렇게 하신다는 것을 도저히 믿을 수 없다고 말했다. "하느님께서 단죄될 만한 어떤 일도 하지 않은 사람을 단죄하시는 것을 도저히 믿을 수도 이해할 수도 없다. 성자께서 나타나시더라도 그러한 하느님의 처사를 이해하실 수도 믿으실 수도 없을 것이다. 왜냐하면 신심 깊은 사람들은 잘못된 것을 이해할 수도 믿을 수도 없기 때문이다. 이게 바로 그 과장된 박사가 즐기는 괴상망측한 것이다."[125]

1.6. 트렌토 공의회

트렌토 공의회는 예정에 대해 분명하게 고백하지 않았다. 그러나 「의화에 관한 교령」에서 이에 대해 충분히 언급했으며, 이제는 이 가르침이 가톨릭교회 전체에 널리 퍼졌다고 분명히 지적했다. 무엇보다도 이 공의회는 인간 본성의 핵심인 자유 의지에 대한 가르침에 다시금 주목하면서, 원죄나 그 밖의 어떤 죄도 자유 의지를 없애지 못한다고 가르쳤다. "만일 누군가가 인간의 자유 의지는 아담이 죄를 지은 후에 상실되어 사실상 소멸했으며 단지 외적으로만 존재할 뿐 실체는 없는 것으로서 사탄을 통해 교회 안에 들어온 허구에 불과하다고 말한다면, 그는 단죄될 것이다."(can.5) 자유 의지는 하느님의 예정 계획에서 전혀 낯선 것이 아니며, 인간에게는 이 계획에 협력할 능력도 있고 거

---

124. Lutero, *Werke*, cit., vol. XVIII, p.712.
125. Erasmo Da Rotterdam, *Hyperaspides Diatribe, lib.* 2, *ed. Greg.*, X, c. 1448.

스를 자유도 있다. 그러므로 "만일 누군가가 인간의 자유 의지는 하느님에 의해 떠밀려 움직이기 때문에 전혀 협력할 수 없을 뿐더러 의화 은총을 받기에 합당하도록 인간을 준비시키기 위해 떠밀고 부르시는 하느님께 동의할 수밖에 없다고 말한다면, 만일 인간이 그것을 원치 않는다 하더라도 그리할 수 없을 뿐더러 마치 혼이 빠진 존재처럼 아무 것도 할 수 없고 오직 수동적으로만 행동할 뿐이라고 주장한다면, 그는 단죄될 것이다."(can.4)

은총을 향한 예정은 보편적이지만 영광을 향한 예정은 그렇지 않다(cap.3과 can.17 참조). 그러므로 그 누구도 영광을 향한 예정에 대해 절대적인 확실성을 가질 수는 없다. "그 누구도 죽어야 할 이 운명의 상태 가운데 사는 동안 예정된 이들의 숫자를 확실히 말할 수 있을 만큼 – 마치 의롭게 된 이가 더는 죄를 짓지 않거나 만일 죄를 짓는다 하더라도 확실히 회심할 것이라고 생각하듯이 – 예정의 신비스러운 비밀에 대해 추정할 수는 없다. 사실 어떤 특별한 계시가 아니라면 하느님께서 어떤 이들을 선택하셨는지 우리는 알 수 없다."(cap.12; can.15 참조)

공의회를 통해 구체적으로 제시된 공로에 관한 교리는 상당히 중요하다. 무엇보다도 공로는 은총의 증가에 그리고 인간이 영원한 생명에 이르는 데에 중요한 역할을 한다. 그래서 공의회는 다음과 같이 말했다. "만일 누군가가 의화된 이가 행한 선행들은 전적으로 하느님의 선물이지 의화된 사람 당사자의 선한 공로는 아니라고 말하거나 의화된 이가 예수 그리스도의 은총에 힘입어 행하는 선행을 통해서 참으로 은총의 증진과 영원한 생명을 향한 여정에서 진보할 수도 없고 나아가 영원한 생명에 이를 수도 없으며 영광의 증진을 이룰 만한 어떠한 공로를 세울 수도 없다고 말한다면, 그는 단죄될 것이다."(can.32) 끝으로 공의회는 이중 예정 교리를 확실히 거부했다(can.6 참조).

1.7. 도움들에 대한 논쟁(은총 논쟁)

트렌토 공의회 이후의 신학은 무엇보다도 은총과 자유 의지 간의 관계와 인간의 행위에서 하느님의 도움(auxilium divinus)이 어떤 역할을 하는지에 대해 커다란 관심을 보였다. 이 문제에 대해 이미 신학적 인간학의 역사를 다룬 장에서 잠시 살펴본 것처럼, 도미니코 회원인 바네즈와 예수회원인 몰리나 간에 엄준한 이견 대립이 있었다. 이 두 입장의 견해 차이를 눈여겨보기 위해 다섯 가지 측면에서 두 사람의 사상을 비교하면 다음과 같다.

ㄱ) 자유 : 몰리나는 자유가 선택에 대해 중립적이라고 본 반면, 바네즈는 자유를 어떤 선택을 향해 규정된 의지로 보았다.

ㄴ) 은총 : 몰리나는 은총이 하느님에 의해 충분히(sufficiens) 주어졌고 인간 자유의 개입을 통해 유효하게(sufficiens) 된다고 본 반면, 바네즈는 하느님께서 은총을 주실 때 이미 충족 은총(gratia sufficiens)과 효능 은총(gratia efficax)을 구별하신다고 보았다.

ㄷ) 예정 : 몰리나에게 예정이 예측되는 공로들 이전(ante praevisa merita)의 것인 반면, 바네즈에게는 예측되는 공로들 이후(post praevisa merita)의 것이다.

ㄹ) 하느님의 지식 : 몰리나는 하느님의 지식(scientia divina)을 가능한 것에 대한 지식, 즉 단순 지성의 지식과 실제로 일어난 일에 대한 지식, 즉 직관지 사이의 중간지 – 이러한 앎은 미래적인 일들, 즉 미래에 가능한 일들에 대한 앎으로서, 비록 실제로는 순수한 가능태로 남아 있지만, 인간의 결정을 통해 실제적인 것으로 변화될 수

있는 것들을 하느님께서 아시는 데 필요하다 - 로 간주했다. 반면, 바녜즈는 하느님의 중간적인 지식을 어떠한 형태로도 허용하지 않았다. 그에 따르면, 미래에 가능한 일들은 하느님께서 미리 결정하신 것에 의해 좌우되며, 하느님은 실제적인 지식과 가능적인 지식을 통해서 모든 것을 다 아신다.

ㅁ) 하느님의 도움 : 몰리나는 이를 인간의 자유로운 행동과 병행하는 것으로 본 반면, 바녜즈는 미리 결정된 것으로 보았다.

앞서 살펴본 대로, 길고도 치열했던 이 논쟁은 1607년 사도좌의 결정을 통해 일단락됐다. 그러나 사도좌는 두 입장 가운데 어느 누구의 손도 들어 주지 않고, 결국 두 입장 모두 받아들여질 수 있다는 암묵적인 인정과 함께 상대방에 대한 비판을 금하는 것으로 마무리했다.

가톨릭교회에 예정과 관련해서 마지막으로 큰 충격을 가한 사람은 『아우구스티노』를 쓴 얀센이었다. 그는 이 작품에서 아우구스티노가 사용한 개념인 두 가지 사랑 - 하느님에 대한 사랑과 자기 자신에 대한 사랑 - 을 재구성하면서 승리하는 이중적 쾌락에 대해 언급했다. 하나는 죄로 이끄는 쾌락이요, 다른 하나는 효능 은총으로 인해 얻게 되는 천상적 쾌락으로서 인간을 선, 즉 영원한 생명으로 규정해 주는 즐거움이다. 이러한 전망에서 얀센은 인간이 둘 중 한 가지 쾌락의 노예라고 말했다. 그는 오직 죄를 짓기 이전의 아담만이 자유로웠으며, 아담은 이 자유 때문에 죄를 지었다고 보았다. 아담이 죄를 지은 뒤 인간은 자유를 잃었으며, 이로써 선한 행위를 하기 위해서는 늘 효능 은총의 도움이 필요해졌다는 것이다. 얀센은 루터와 칼뱅의 가르침을 거의 문자 그대로 따르면서 다음과 같이, 즉 하느님은 인간의 공로들 이전에 미리 사람들을 지옥 또는 천상으로 예정하셨다고 언급했다. 그리고 그리스도는 오직 예정된 사람들만을 위해 돌아가셨고, 이들에게만 효능 은총이 통교된다고 말했다. 이러한 그의 모든 주장은 인노첸시오 10세 교황의 사도 헌장 *Cum occasione*(1653년)를 통해 장엄하게 단죄되었다.

1.8. 칼 바르트

예정 교리를 쇄신하고자 한 시도에서 가장 중요한 인물로 꼽히는 사람은 20세기의 칼 바르트다. 앞서 살펴본 바와 같이, 가톨릭 신학자들과 개신교 신학자들이 제시한 예정 교리의 진술 형태들에 비해 칼 바르트가 제시한 진술의 혁신적인 점은 무엇보다도 전망의 변화에 있었다. 자신의 주장을 하느님 중심의(teocentrica) 전망에서 제시한 아우구스티노, 토마스 아퀴나스, 루터, 칼뱅에 비해, 칼 바르트는 그리스도 중심의(cristocentrica) 전망을 채택했다. 그는 이러한 관점에서 자신의 모든 혁신적인 명제들을 뽑아냈는데, 단지 예정 교리만이 아니라 하느님, 교회, 인간, 죄, 은총, 성사론 등 그의 신학 세계 전체가 이러한 틀에서 형성되었다고 할 수 있다.

예정에 관한 첫 명제는, 예수 그리스도는 예정에서 주체인 동시에 대상이라는 것이다. 예수 그리스도는 그분의 이중 본성으로 인해 선택하는 주체인 하느님이신 동시에 선택된 인간이시다. 그러므로 바르트에 의하면, 이중 예정의 참된 의미는 무엇보다도 하느님께서 예수 그리스도 안에서 인간에게 지복과 영원한 생명을 선물로 주신 동시에 당신 스스로 인간에게 유보된 거부, 배척, 죽음을 취하셨다는 점이다. 하느님께서는 친히 인간이 받아야 할 배척을 취하셨으며 인간을 위해서 이를 행복으로 선택하셨다. 하느님은 우리의 배척, 죄, 죽음을 당신 스스로 그리스도 안에서 받아들이심으로써 우리가 하느님의 영광을 유산으로 받을 수 있게 하셨다. 그리스도의 십자가 사건에서 드러나는 핵심적인 신비 안에서 하느님은 인간의 총체적인 비참함을 단 한 번 취하셨으며, 여기서 죄의 표명이라고 할 수 있는 죽음이 요청되었다.[126]

예정에 대한 바르트의 재해석에서는 이중 예정이 더는 인류의 두 부류 - 선한 사람들의 집단(영원한 생명으로 예정된 이들)과 나쁜 이들의 집단(영원한 죽음으로 예정된 이들) - 와 관련되지 않으며, 무엇보다도 그리스도와의 관계성 안에서 논의된다. 그분은 선택되신 분이신 동시에 거부되신 분이시다. 그러나 그분께서 거부되심으로써 이제 죄와 죽음은 극복되었고 인류는 구원을 얻고 하느님과 화해하게 됐다. 이렇게 해서 영원한 죽음을 향한 인류의 예정은 극복되었다. 우리 모두는 예수 그리스도 안에서 단죄되었으며 또한 그분과 더불어 구원되었다. 바르트에 의하면, 이 명제가 결코 죄 자체를 무용지물로 만들지는 않는다. 그리스도께서 우리를 위해 죄인이 되셨다는 것은 사람은 누구나 개별적인 면에서 존재 전체로서 죄인일 뿐 아니라 인류 전체가 예외 없이 죄인임을 명시적으로 드러낸다. 진정, 죄인은 하느님께서 그에게 선물로 주신 선한 본성으로부터 멀어지고 자기 자신으로부터 소외된다. 그러나 이 모든 것은 그리스도 안에서의 하느님의 계획이라는 전망 안에서 논의될 수 있다. 왜냐하면 하느님만이 당신 자신에게 변함없이 충실하시며, 이러한 그분의 충실성이야말로 자신으로부터 소외된 인간에게 그가 곧바로 멸망에 이르지는 않을 것임을 보장하기 때문이다. 오로지 하느님의 은총만이 어리석기 그지없는 자기 파멸을 시도하는

---

126. K. Barth, *Kirchliche Dogmatik* II/2, p.179.

인간을 구원할 수 있다.[127]

이제 바르트의 독창적인 사상을 종합하면서, 우리는 무엇보다도 예정의 중심 안에 그리스도를 두었다는 점에서 그가 제시한 사상적 가치를 찾아볼 수 있다. 바오로 사도가 말한 것처럼, 그리스도는 모든 선택된 이들과 예정된 이들 가운데 첫째시다. 그리스도는 예정의 모형이면서 동시에 능동인이시다. 그러나 이것이, 바르트가 주장하듯이, 모든 사람이 자신의 모델인 그리스도처럼 됨으로써 그분 안에서 실제로 모든 사람의 예정이 실현된다는 것을 의미하지는 않는다. 이는 성경이 결코 추인하지 않는 일종의 마지막 대단원과 유사하다. 이는 교회가 오리게네스의 주장을 단죄하면서 언제나 거부해 온 이론이다. 그러나 이러한 한계에도 불구하고, 예정에 대한 어떤 종류의 논의에서도 결코 바르트의 전망을 무시할 수는 없다. 그의 전망 안에서 비로소 예정은 올바로 이해된다. 즉, 예정은 예수 그리스도 안에서 은총을 통해 이루어지는 하느님의 선택으로서 본질적으로 기쁜 소식이다.

1.9. 예정의 신비에 대한 삼중 강독

의심할 바 없이 예정의 신비는 매력적이고 기쁨 가득하며 감동적이고 밝게 빛나는 신비임에 틀림없으며, 이에 대한 토마스 아퀴나스와 칼 바르트의 설명은 완벽하게 합리적이다. 그러나 동시에 이 신비는 이해될 수 없고 어두운 신비이기도 하다. 우리는 이 점에서 아우구스티노, 루터, 칼뱅, 얀센의 입장에 동의해야 한다. 무엇보다도 우리가 하느님에 의해 선택된 이로서 그분의 사랑, 편애, 은총, 자비로 온통 둘러싸인 자

---

127. *Op. cit.*, IV/1, p.441.

신의 모습을 발견하고 하느님은 우리가 그분의 생명과 영원한 지복에 참여하기를 원하신다는 것을 알게 되는 것만큼 기쁘고 매력적인 일은 없을 것이다. 그러나 예정은 동시에 우리를 몹시 혼란스럽게 하는 신비이기도 하다. 혼란, 걱정, 불안의 이유는 무엇보다도 인간의 저항, 즉 구원을 받기에 전적으로 부당한 우리의 모습으로 간주되는 하느님 계획의 실패를 어떻게 은총과 조화롭게 화해시킬 수 있는가 하는 점이다. 한편으로 우리는 하느님의 계획 앞에서 전적으로 무능력한 우리 자신을 인식해야 한다. 또 다른 한편으로 우리는 하느님의 계획을 무산시킬 수 있는 비참하기 이를 데 없는 능력을 갖고 있음을 잘 알아야 한다. 따라서 만일 영원한 생명을 향한 예정이 실패로 돌아간다면 – 사실, 이러한 물음은 불경스럽고 모순된 가정이긴 하지만 – 이는 분명 하느님의 결정이 아니라 전적으로 인간의 책임일 수밖에 없다.

예정의 신비가 내포하는 중요함과 복합성과 어두운 면으로 인해, 수많은 신학자들이 지대한 관심을 갖고 이 주제를 다루어 왔다. 하지만 자유 의지, 하느님의 보편적 구원 의지, 인간의 협력, 공로, 선행 등의 주제들과 그리스도교 신앙의 확실한 진리들 사이에 조화를 꾀하다 보면 종종 어려움에 봉착하곤 했다. 예정과 그 밖의 다른 신앙 진리들을 조화시키면서 부딪치게 되는 어려움들은 수많은 이단이 생겨나는 배경이 됐다. 어떤 부류, 예를 들어 영지주의, 펠라지오주의, 세미 펠라지오주의 같은 경우는 예정을 과소평가함으로써, 즉 예정의 역할을 축소함으로써 오류를 범했고, 반대로 마니교, 칼뱅주의, 루터주의, 얀센주의(Jansenismus) 등은 예정을 과대평가함으로써 그 역할을 지나치게 강조하는 가운데 오류를 범했다.

과거의 가르침과 교훈을 염두에 두고 예정의 신비에 대해 삼중 강독, 즉 하느님 중심주의적, 그리스도 중심주의적, 인간 중심주의적 전망에서 접근해 나간다면 더욱 잘 정리되고 적절한 가르침을 찾아낼 수 있으리라 생각한다.

먼저, 우리는 하느님 중심의 강독(lettura teocentrica)을 통해 하느님적 전망에서 예정의 저자이신 하느님이 왜 그렇게 예정하셨는지에 대해 좀 더 깊이 이해할 수 있다. 이렇게 해서 우리는 결국 예정이란 하느님의 전적인 업적임을 깨닫게 된다. 그러므로 인간 편에서는 예정을 위해 준비해야 할 무엇도, 어떠한 공로도 없음을 고백하게 된다. 예정은 무엇보다도 인간 구원을 위한 하느님의 선물(donum Dei), 특히 모든 사람을 위한 하느님의 선물이다. 예정은 인간이 자신을 스스로 배척한 이후, 하느님께서 다시금 그를 초본성적인 질서 안에 세워 주시기 위해 이룩하시는 결정적인 행보라고 말할 수 있다. 그러기에 예정은 인간을 강제하는 것이 아니라 그에게 주어지는 선물과도 같다. 이 선물은 넓게는 이스라엘 백성과 교회 전체에 주어지는 것이고, 좁게는 각 개별 인간에게 주어지는 것으로서 인간이 이를 거부할 수도 있다.

그리스도 중심의 강독(lettura cristocentrica)에서 우리는 예수 그리스도의 관점에 서게 되며, 여기서 그리스도야말로 예정된 이들 가운데 첫째시요 예정의 중심 원리시라는 것을 알게 된다. 다른 모든 이는 그분의 예정에 참여하는 사람들이다. 그러므로 그리스도는 예정의 능동인이실 뿐 아니라 모형인이시기도 하다. 우선 그리스도는 하느님이신 한에서 인간 예정의 주 능동인(causa efficiens principalis)이 되시며, 인간이신 한에서 이 예정의 도구적 능동인(causa efficiens instrumentalis)이 되신다. 반면, 인간이시면서 동시에 하느님이신 한에서 그분은 모형인이시다. 그러나 그리스도의 예정은 결코 관념적이지 않다. 그것은 오히려 역사적(歷史的)이다. 예정은 죄, 십자가, 수난, 죽음으로 이어지는 일련의 치욕적인 사건들을 통해 완성됐다. 그러므로 모든 형태의 예정에 대한 모델이 예수의 역사 안에서 검증된다. 이러한 의미에서 우리는 그리스도의 수난과 죽음에 참여함으로써 동시에 신적 삶에도 참여하는 것이다.

인간 중심의 강독(lettura antropocentrica)을 통해 우리는 인간 편에서 예정의 신비에 대한 이해를 도모할 수 있다. 우리는 이러한 접근을 통해서 예정이 결코 인간에 대한 강요나 폭행이 아님을 이해할 수 있다. 예정은 결코 인간의 계획을 거스르는 것이 아니라, 오히려 인간의 마음 깊은 곳에서 살아 숨 쉬는 영원한 생명에 도달하려는 열망과 같은 선상에 놓여 있다. 더 나아가, 예정은 하느님께서 인간에게 온전히 무상으로 건네시는 선물이므로, 비록 인간이 획득할 수 있는 대상은 아니라 할지라도, 인간 편에서 이를 받아들이거나 거부할 수 있는 여지는 남아 있다. 그래서 만일 인간이 예정을 받을 만한 가치가 없다면, 그는 자신의 배척에 대해 책임을 져야 한다. 인간 편에서 보았을 때 예정은 시간적 사건(eventus temporalis)이다. 반면, 하느님의 시각에서 보면 그것은 영원한 행위(actio aeterna)다. 그런데 예정은 시간의 영역 밖에 바탕을 두는 영원한 행위이므로, 인간 역사의 변천 이전이나 이후에 근거하는 것이 아니라 무엇보다도 그 역사를 은총으로 채워가면서 수직으로 가로지르는 함축성 있는 동시성(同時性)이라고 해야 할 것이다. 그러므로 본래적으로 말해 '미리'(prae)-'정하는 것'(destinatio)이란 없으며 오직 '정하는 것'(destinatio)만이 존재할 뿐이다. 하느님은 인간이 영원한 생명으로 나아가는 것을 시간 속에서 실현하도록 정하셨고, 인간은 이에 대한 자유로운 수용을 통해 협력한다.[128]

2. 의화의 신비

신학적인 의미에서 의화는 예정이 더욱 구체적으로 드러난 형태라고 할 수 있다. 그것은 하느님께서 인간을 위해 마련하신 신화(神化) 계획의 역사적인 현실화다.

이상적으로 본다면 인간에 대한 하느님의 신화 계획은 각 개별 인간 존재를 즉각 성화하면서 실현됐어야 했다. 만일 인간이 이를 거부하지 않았고 죄를 짓지도 않았으며 하느님의 원수가 되지도 않았더라면, 이 계획은 실현되었을 것이다. 그러나 인간이 죄를 범한 후 그의 신화 과정은 더욱 길어지고 파란만장해지고 험난해졌다. 이제 인간은 아주 험난한 상승의 여정을 걸어야만 했다. 그것은 곧 골고타를 향해 오르는 십자가의 길이기도 했다. 그리고 신화는 의화를 전제로 하는데, 이는 인간이 신화되기 전에 먼저 의로운 상태로 들어가야 하기 때문이다.

예정이나 성화와 마찬가지로 의화 역시 하느님의 고유한 행위로서 당신의 자비 가득한 사랑의 업적이다. 그러므로 인간은 의롭게 되었다고 해서 절대로 자신의 공로를 자랑할 수 없다. 만일 예정에서 인간이 해야 하는 준비나 성향에 대해 말할 수 없다면, 의화에 관해서도

---

128. 예정에서 더욱 이해하기 어렵고 동시에 커다란 오류의 근원이 되는 것은 예정과 인간의 자유 간의 관계 문제다. 그러나 이 신비를 둘러싼 대부분의 안개는 하느님의 행위와 인간의 행위를 존재론적 시간적으로 동일한 차원에 놓고 비교하기를 피할 때 자연스럽게 사라진다. 존재론적 차원에서 보면, 하느님의 행위는 제1원인에 속하는 반면에 인간의 행위는 2차적인 원인에 속한다(그러므로 2차적인 원인은 제1원인으로부터 영향을 받는다). 시간적인 차원에서 보면, 인간의 행위가 시간에 바탕을 두는 반면에 하느님의 행위는 영원에 바탕을 둔다. 그리고 두 경우 모두 헤아릴 수 없는 차원에 속한 것으로서, 양자 간의 관계는 신비에 속하지만 결코 상호모순적인 관계에 있지는 않다. 그러므로 예정과 자유 의지 간에 대립관계가 있다고 말할 수 없다.

역시 그러하다. 그러므로 만일 예정에서 인간이 원점에서부터 출발한다면, 의화에서는 원점 이하에서부터 출발한다고 할 수 있다. 영적인 질서에 속함으로써 지닐 수 있는 신적 삶을 향한 인간의 상승 능력은 죄로 인해 파괴되고 왜곡되었다. 따라서 인간은 더는 그러한 초본성적 질서를 향한 성향을 홀로 준비할 수 없게 됐다. 죄를 지음으로써 하느님의 뜻과 은총과 예정을 받기에 합당한 준비를 할 수 없게 되고 말았다. 사실상 그는 심각한 불의의 상태에 빠져 있으며, 여기서 탈출하는 것은 오로지 하느님의 선함과 자비를 통해서만 가능하다. 오직 하느님만이 죄인을 의인으로 바꾸실 수 있다.

우리는 의화 교리를 논하면서 예정 교리를 다룰 때 살펴본 동일한 전제들을 만나게 된다. 논의의 쟁점이 됐던 사안들 역시 같다. 그리고 논의에 연관된 신학자들, 즉 바오로, 아우구스티노, 토마스 아퀴나스, 루터 그리고 트렌토 공의회 역시 같다. 우리 역시 이러한 순서 아래 의화에 관한 논의를 전개해 나갈 것이다.

2.1. 성 바오로

의화에 관해 체계적이고 외적으로도 분명한 형태를 제시한 첫 사람은 바오로였다. 그러나 의화라는 개념 자체는 이미 그 이전에 구약성경에 있었던 것으로, 바오로가 제시한 개념은 구약적 전망의 연장선상에 놓여 있다. 왜냐하면 하느님의 구원 계획은 아담과 하와를 통해 시작되었고 선조들과 예언자들 그리고 이스라엘 백성을 통해 확장되었기 때문이다. 그러나 원조가 죄를 범한 후 이러한 하느님의 계획은 죄인의 의화라는 새로운 양상으로 전개되었다.

점점 더 은총에 대한 자격을 상실해 가던 이스라엘에게서 하느님은 그들에게 주시던 은총을 결코 거두지 않으셨다. 오히려 의화를 통해 그들을 선택하시고 계약 관계 안에 두셨을 뿐만 아니라 거룩한 민족으로 다시 세워 주셨다. 여기서 그들을 의롭게 하신 하느님의 은총은 본질적으로 죄를 용서하는 것이며, 그럼으로써 그들을 정화하는 것이다. 하느님은 인간의 죄를 묻지 않으시고(시편 32,2) 조건 없이 용서해 주시며(시편 85,3) 잊어버리신다(예레 31,34). 그리고 죄에서 시선을 거두신다(시편 25,7). 이러한 표현은 무엇보다도 당신이 용서하신 죄에 대해서 더는 염두에 두지 않으신다는 것을 보여 준다. 이는 일종의 특사(그래서 의지는 죄 많은 채로 남아 있으면서도 더는 범죄가 비난받지 않는 것) 때문이 아니라 하느님께서 죄를 용서해 주시는 한에서 그러하다(이사 43,25; 예레 18,23; 시편 51,3). '없앤다'라는 말은 무엇인가를 완전히 소멸시키는 것을 의미한다. 용서하시는 하느님의 행위를 표현하는 또 다른 말로는 '씻다', '정화하다'가 있다. 하느님은 인간의 부정을 정화해 주신다(시편 51,4; 예레 33,8). 인간은 자신의 힘만으로 자기 죄를 깨끗이 할 수 있는 능력이 없다(예레 2,22; 지혜 20,9).

그러므로 죄인의 정화는 하느님의 업적이다. 하느님의 행위는 비록 인간의 죄가 진홍색 같다 할지라도 눈처럼 희게 하실 만큼 효과적이다(이사 1,18; 시편 51,9). 하느님께서는 죄를 용서해 주시며(에제 34,9) 이를 완전히 없애 주신다(시편 102,12).

이러한 사고는 구약 성경의 핵심적인 부분으로서, 고유한 함축적 의미를 갖고 신약 성경에서 다시 사용된다. 하느님은 인간이 되신 독생 성자의 업적을 통해서 인간의 죄를 용서하시는 의화를 실현하셨다. 성자께서는 우리의 죄스러운 조건을 함께 나누셨으며, 친히 당신 어깨에 우리 죄의 짐을 지고 가셨다. 무엇보다도 의화는 그분의 십자가를 통해 이루어졌다.

바오로가 의화에 대한 가르침을 전하기 위해 제시한 전형적인 텍스트는 로마서다. 그는 여기서 강한 어조로 죄의 상황이 할례를 받은 유다인(2,1-29)이든 이를 받지 않은 이교인(1,18-32)이든 모든 인류에게 널리 퍼진 보편적 상황이라고 말하면서, 그들의 힘만으로는 이렇듯 비참한 상황에서 탈출할 수 없다는 절대적인 무능함을 보여 주었다. 인류는 모세의 율법이나 자연법을 지키면서 단지 그것만으로 하느님 앞에서 스스로 의롭다고 할 수 없다. 이 텍스트에 이어 바오로는 하느님에 의해 예수 그리스도 안에서 실현된 의화의 기쁜 소식을 선포한다.

> 그러나 이제는 율법과 상관없이 하느님의 의로움이 나타났습니다. 이는 율법과 예언자들이 증언하는 바입니다. 예수 그리스도에 대한 믿음을 통하여 오는 하느님의 의로움은 믿는 모든 이를 위한 것입니다. 거기에는 아무 차별도 없습니다. 모든 사람이 죄를 지어 하느님의 영광을 잃었습니다. 그러나 그리스도 예수님 안에서 이루어진 속량을 통하여 그분의 은총으로 거저 의롭게 됩니다. 하느님께서는 예수님을 속죄의 제물로 내세우셨습니다. 예수님의 피로 이루어진 속죄는 믿음으로 얻어집니다. 사람들이 이전에 지은 죄들을 용서하시어 당신의 의로움을 보여 주시려고 그리하신 것입니다. 이 죄들은 하느님께서 관용을 베푸실 때에 저질러졌습니다. 지금 이 시대에는 하느님께서 당신의 의로움을 보여 주시어, 당신께서 의로우신 분이시며 또 예수님을 믿는 이를 의롭게 하시는 분이심을 드러내십니다. 그러니 자랑할 것이 어디 있습니까? 전혀 없습니다. 무슨 법으로 그리되었습니까? 행위의 법입니까? 아닙니다. 믿음의 법입니다. 사실 사람은 율법에 따른 행위와 상관없이 믿음으로 의롭게 된다고 우리는 확신합니다. 하느님은 유다인들만

의 하느님이십니까? 다른 민족들의 하느님은 아니십니까? 아닙니다. 다른 민족들의 하느님이시기도 합니다. 정녕 하느님은 한 분이십니다. 그분께서 할례 받은 이들도 믿음으로 의롭게 하시고, 할례 받지 않은 이들도 믿음을 통하여 의롭게 해 주실 것입니다. 그렇다면 우리가 믿음으로 율법을 무효가 되게 하는 것입니까? 결코 그렇지 않습니다. 오히려 율법을 굳게 세우자는 것입니다.(로마 3,21-31)

광범위한 인용구와 그 이후 서간의 내용을 통해 알 수 있듯이, 바오로는 하느님께서 의화를 통해 죄를 용서해 주시는 행위에 대해 말한다. 그가 말하는 의화는 무상으로 주어지는 선물(로마 4,5)로서 순전히 하느님에게서 기인한다. 그것은 무엇보다도 의인(義人)이 의롭게 되는 것이 아니라 죄인(罪人)이 의롭게 되는 것을 의미한다. 그리고 이 선물은 하느님께서 죄인을 의로운 상태에 놓아 선언하시면서(로마 5,18-19) 그에게 거저 주시는 선물이다. 그런데 '선언하다'라는 말은 아담이 지은 죄의 결과와 그리스도를 통해 선물로 주어지는 의로운 상태 모두를 지칭하기 위해 사용되었는데, 여기서는 구체적으로 무엇인가를 실제로 어떤 결정된 상태 가운데 놓아두는 것을 의미한다. 그러므로 의화는 인간을 세례를 통해서 다시 태어나게 하고 동시에 정화하면서 실제적인 효과를 내는 가운데 단죄된 이를 자유롭게 하는 하느님의 호의 가득한 업적이다.

의화에 관한 바오로 사도의 가르침을 구성하는 근본적인 요소들은 다음 세 가지로 정리할 수 있다.

ㄱ) 인간의 무능력 : 인간은 자신의 힘만으로 자신을 의롭게 할 수 없다. 따라서 그는 죄에 굴복하게 되며, 이 죄는 단순히 율법(모세의

법이나 자연법)을 어기는 데 있지 않고 무엇보다도 자신을 의화하려고 하는 그의 교만한 태도에 있다(로마 2,12.23).

ㄴ) 하느님의 자비 : 인간의 의화는 자신 안에 있는 무엇, 예를 들면 선행이라든지 율법 준수 등에 근거해서 되는 것이 아니라 오직 하느님의 무한한 관대함을 통해서 이루어진다. 하느님의 정의는 인간 안에 있는 고려해야 할 무엇과 관계되지 않고 조건 없는 하느님의 사랑에 자리 잡고 있다. 하느님은 새로운 실재를 일으키시는 분이시다. 그러므로 의화에서 관건은 인간 안에 무엇이 있는가 또는 없는가가 아니라 이러한 실재들의 근원으로서 이미 인간에게 전제되는 것, 즉 하느님의 사랑이다. 그러므로 인간에게 있는 무엇인가 좋은 것은 하느님에게서 유래한 것이지 인간에게서 온 것이 아니다. 정의의 개념이 내포하는 무상적인 측면에 대해 보면, 이 정의는 죄를 지은 인간에게 공로가 있는가 혹은 없는가 하는 전망에 놓여 있지 않고 인간과 통교하기를 바라시는 하느님의 자유로운 결정이라는 전망에 놓여 있다. 죄인에 대한 무상의 용서는 인간을 향한 하느님의 전체 구원 계획이 더욱 광범위하게 무상으로 적용되는 모습이다.[129]

ㄷ) 그리스도의 업적 : 이는 의화에서 본질적인 요소다. 죄를 범한 이를 의로운 상태로 다시 회복시키는 것은 단순히 그를 풀어 주고 의인으로 선포하는 과정이 아니다. 무엇보다도 그것은 실제적인 구원 행위다. 즉, 불의한 상태로부터의 단절을 의미하며, 이를 위해 속죄양이 필요하다. 하느님께서는 바로 그리스도의 업적을 통해

---

[129] L. Serenthà, *Giustificazione in Dizionario teologico interdisciplinare* II, p.237.

이를 해결하셨다. 죄인의 의화는 그리스도께서 그와 함께하신다는 것을 의미하며, 더 구체적으로는 그분께서 우리의 죄스러운 조건, 번민, 불안, 비참함을 함께 나누신다는 것을 의미한다. 여기서 그리스도를 배제한다면, 그것은 의화가 아니라 관용일 뿐이다. 그러나 바오로는 관용의 시대는 끝났으며, 하느님께서 당신의 정의가 이루어지기를 원하신다고 말했다(로마 3,27). 그리고 이 정의는 인간이 되신 하느님의 아들 그리스도를 통해 실현되었다. 그리스도는 우리를 위해 피를 흘리심으로써 우리의 죄를 속죄하기 위한 도구가 되셨다(로마 3,25).

역사적으로 볼 때 예정은 의화를 통해 구체화됐으며, 의화는 바로 그리스도를 통해 실현되었다. 이렇듯 그리스도는 인류를 신화하시기 위해 하느님께서 선택하신 새로운 길로 당신 자신을 우리에게 계시하신다. 구체적으로 그 길이란 돌아가시고 부활하신 그리스도를 말한다. 그러므로 의롭게 된다는 것은 무엇보다도 그리스도의 죽음과 부활에 참여하는 것을 뜻한다. 이 사건은 세례 안에서 상징적으로 일어난다.

2.2. 성 아우구스티노

아우구스티노는 펠라지오주의를 처음 접하던 무렵부터 이미 그들이 원죄를 '모방'(imitatio) 개념으로 축소하고 동시에 그리스도교적인 의화 개념을 단순한 모방으로 축소·변형하였음을 누구보다도 잘 간파했다. 그는 여기서 드러나는 오류가 내포한 중대함을 잘 인식하였기에 그들에 맞서서 강력히 싸웠다. 그 과정에서 그는 광범위한 의화 신학을 발전시키면서 의화의 본질과 원인 그리고 결과들에 대해 상세한 설명

을 시도했다.[130]

아우구스티노는 의화의 본질에 대해 언급하면서, 원죄를 단순히 아담의 죄에 대한 모방으로 축소할 수 없는 것처럼 의화를 단순히 그리스도에 대한 모방으로 축소할 수 없다고 주장했다. "성인들 역시 정의를 좇으면서 그리스도를 모방한다. …… 그러나 이러한 모방 이상으로 우리를 내적으로 비춰 주고 의화해 주는 은총이 있다. …… 그리스도는 이 은총을 통해서 세례 받을 때 세례 받는 이의 육신 안으로 ─ 그 누구를 모방할 능력이 없는 갓난아이의 경우에도 마찬가지로 ─ 들어오신다. 그러므로 그리스도 안에서 모든 이가 살게 되었듯이, 그분은 당신을 닮으려는 모든 이에게 단순히 정의의 모델이 되셨을 뿐 아니라 신자들에게 당신 영의 신비로움을 선물하시며 갓난아이들에게도 비가시적인 방법으로 이를 불어넣어 주신다. 같은 방법으로 모든 이는 한 사람 안에서 죽게 되었는데, 아담은 단지 의지적으로 주님의 계명을 어기는 모든 이에게 그 자신을 닮아야 할 모델로 보여 주었을 뿐 아니라 자신에게서 유래하게 될 모든 후손을 그 자신 안에서 타락시켰다."[131] 더 나아가, 만일 그리스도적인 의화를 모방이라는 범주로 축소한다면, 그리스도는 더 이상 유일하신 의인도, 의화하시는 분도 아니다. 모든 의인은 다 모방할 만한 가치가 있지만 ─ 바오로 사도는 닮아야 할 모델로 서슴없이 자신을 제시했다(1코린 4,16) ─ 오직 그리스도 한 분만이 의화

---

130. 아우구스티노의 의화 교리에 대한 많은 연구서들 가운데 다음 작품들을 참고하기 바란다. W. v. Loewenich, "Zur Gnadenlehre bei Augustin und bei Luther", in *Archiv für Reformationgeschichte* (1953), pp.52-63; A. Nygren, *Simul justus et peccator bei Augustin und Luther*, Berlin, 1958; A. Trapé, Introduzione a Opere di Agostino, *Natura e grazia* I, Roma, Città Nuova, 1981, pp.VII-CCXV.
131. Agostino, *De peccatorum meritis et remissione* 1, 9, 10.

하시는 주체시다. "오직 그리스도만이 의인이시요 의화하신다."132

왜냐하면 의화는 단순한 모방이 아니라 내적인 변모(transformatio interiora)로서, 의화의 유일한 원인은 하느님이시기 때문이다. 닮는 것은 인간의 행위요, 의롭게 하는 것은 하느님의 일이다. 오직 그분만이 죄의 심연에 떨어진 이를 건져 내실 수 있고 인간 영혼을 더럽히는 때를 말끔히 씻어 주실 수 있다. 오직 그분만이 부서진 인간의 마음을 변화시켜 주실 수 있으며 하느님으로부터 멀어진 인간의 상태를 변화시켜서 그분을 향해 회심하게 할 수 있다. 의화의 능동인은 다름 아닌 예수 그리스도시다. "모든 새로운 세속적인 것들에 맞서서 늘 주의를 기울여야 하는 보편 교회는 그리스도의 중개를 통해 하느님과 화해하기 전까지 모든 사람이 하느님과 관계가 단절된 상태에 있다고 믿는다. 그 누구도 자신을 하느님에게서 멀어지게 하는 죄가 아니면 하느님과 헤어질 수 없다. 오직 유일한 구원자이신 그리스도의 자비 가득한 은총과 참된 사제이신 그분의 유일한 희생 제물 봉헌으로써 죄를 용서받고 비로소 하느님과 화해할 수 있다."133

의화는 두 가지 원칙적인 면을 내포한다. 하나는 부정적인 측면으로서 곧 죄의 용서를 의미하며, 다른 하나는 긍정적인 측면으로서 새로운 인간의 창조를 의미한다. 아우구스티노는 두 가지 경우 모두에서 예수 그리스도의 결정적인 역할을 강조한다. 그리스도께서는 십자가의 제헌을 통해 우리의 죄를 용서해 주셨을 뿐 아니라 우리를 새로운 생명으로 태어나게 해 주셨다. 아우구스티노는 특별히 자신의 주요 작품인 『고백록』, 『삼위일체론』, 『신국론』 등에서 십자가의 희생, 제단의 희

---

132. *OP. cit.*, 1, 14, 18.
133. *Ibid.*, 1, 28, 35.

생, 구원된 이들의 보편적 희생 등 그리스도의 희생에 대해 수없이 말하였다. 특히 『삼위일체론』에서 '가장 진실한'(verissimus), '가장 자유로운'(liberissimus), '가장 완전한'(perfectissimus)이라는 세 개의 최상급 형용사를 사용하여 그리스도의 희생을 평가하였다.

그리스도의 희생은 참으로 진실한 것이었으니, 왜냐하면 그리스도께서는 "당신의 죽음을 통해 우리를 위해 유일하고 절대적인 참된 희생을 봉헌하셨기 때문이다. 그분의 죽음은 우리 안에 있는 모든 허물들과 여러 권세와 세력들로 하여금 우리가 극심한 고통을 통해 죄를 기워 갚도록 강제하게 했던 모든 것을 쳐 없애셨으며 말끔히 정화하고 소멸시키셨다."[134]

또한 그리스도의 희생은 가장 자유로운 행위였으니, 이는 그분께서 당신의 의지를 거슬러 자신을 봉헌하지 않았기 때문이 아니라 오히려 "그분께 그러한 희생이 요청되었을 때 원했던 그것을 그분은 참으로 원하셨기 때문이다."[135]

또한 그분의 희생은 아주 완전했다. 왜냐하면 "모든 희생에는 고려해야 할 네 가지 요소가 있는데(누구에게 희생을 하는지, 누구에 의해 희생이 봉헌되는지, 무엇을 봉헌하는지 그리고 누구를 위해 봉헌을 하는지), 이 네 가지가 모두 오직 한 분이신 중개자에게 집중되어 있기 때문이다. 그분은 평화의 희생을 통해 우리를 하느님과 화해시켜 주셨다. 하지만 그분은 봉헌을 받는 성부 하느님과 일치해 계셨으며, 동시에 당신께서 봉헌하시려는 모든 이들과 더불어 당신 안에서 하나로 일치하셨다. 그리고 그분은 봉헌하시는 주체이셨고 동시에 봉헌하는 것과 더불어 온

---

134. Agostino, *De Trinitate* 4, 13, 17.
135. *Ibid.*, 4, 13, 16.

전히 하나이셨다."[136]

앞서 언급했듯이, 우리를 위한 그리스도의 업적에는 두 가지 측면이 있는데, 하나는 부정적인 면(죄로부터의 해방)이요 다른 하나는 긍정적인 면(하느님의 생명에 참여함으로써 인간의 신화를 이룸)이다. 이 두 가지 측면은 서로 불가분의 관계에 있다. 아우구스티노는 이 양자 사이의 관계를 설명하기 위해 일련의 성경 텍스트를 제시했는데, 이를 통해서 그리스도께서 의인을 부르러 오신 것이 아니라 죄인을 부르러 오셨으며, 무엇보다도 성경에 언급된 것처럼 우리 죄를 용서받게 해 주시기 위해 돌아가셨다(1코린 15,3)는 결론을 내린다. 이처럼 아우구스티노는 강생을 구원론적 전망과 밀접하게 관련시켜 다루었다. 그는 이어서 예수 그리스도께서 이 세상에 오신 유일한 이유는 모든 사람을 죄로 인한 죽음에서 구원하기 위해서라고 말했다. 그는 이를 신자들에게 설명하면서 다음과 같은 유명한 경구로 이 성찰을 마무리했다. "만일 인간이 죽지 않았다면 성자께서는 인간에게 오지 않으셨을 것이다."[137] 결론적으로 말해, 의화가 필요하지 않은 사람은 그리스도께 속하지도 않는다. "결국 생명, 구원, 해방, 속죄, 비추임이 필요하지 않은 사람은 그리스도께서 자기 비허를 통해 이루신 은총을 받을 수 없다." 따라서 갓난아이들은 그리스도께 속하지 않거나 — 사실 아무도 이렇게 말하고 싶어 하지 않는다 — 반대로 구원을 필요로 한다. 원죄 가르침은 의화에 대한 보편적인 요청에서 마지막 보루다. '원죄만 남는다.'"[138]

그러나 의화 행위는 죄를 없애는 데에 절대로 필수적이며, 부정적

---

136. *Op. cit.*, 4, 14, 19.
137. *Sermo* 174, 2.
138. *De peccatorum meritis et remissione* 1, 27, 39.

인 전망에서도 그 의미가 결코 쇠퇴되지 않는다. 하물며 의화 행위가 갖는 긍정적인 측면은 더욱 중요하다. 의화는 인간에게 새로운 생명, 신적인 생명을 통교한다. 영혼이 의롭게 되면 그 이전과는 다른 고차원적인 생명에 참여하게 된다.[139] 영혼은 참여를 통해 이 신적 삶으로 들어가게 되고─님의 정의에 대해 말하자면 ─ 바오로 사도는 이를 강조해서 주장했다. 하느님의 의와 거룩함에 사로잡히게 된다. 그러므로 계시되는 하느(로마 3,21-22) ─ 아우구스티노는 이 정의가 하느님 자신이 의롭다고 하는 식의 정의가 아니라, 이를 통해서 우리를 의롭게 하는 정의라고 말했다. "하느님의 사랑이 우리 마음 안에 부어졌다고 말한다. 그러나 이 사랑은 하느님께서 이를 통해 우리를 사랑하시는 그런 사랑이 아니라 우리로 하여금 그분을 사랑하게 하는 사랑을 뜻한다. 동시에 하느님의 정의는 그분의 은총을 통해서 우리를 의롭게 하는 정의이며, 예수 그리스도의 믿음은 우리를 향한 당신의 충실하심을 의미하는 믿음이다. 이것이 바로 하느님의 정의다. 즉, 하느님께서는 단지 당신 율법의 명령과 더불어 우리를 가르치실 뿐 아니라 나아가 당신 영의 선물을 우리에게 아낌없이 나누어 주기까지 하신다."[140] 신화(神化)에 대해, 아우구스티노는 본질적인 차원에서의 신화가 아닌 참여를 통한 신화를 명확히 제시하려고 노력했다. "인간은 자신의 본성에 힘입어 하느님이 되는 것이 아니라 유일하게 참되신 하느님의 본성에 참여함으로써 신화된다."[141]

아우구스티노는 의화에서 두 단계, 즉 시작과 끝을 구분했다. 그는 의화에 대한 자신의 사상을 종합하여 이렇게 썼다. "혹시 우리가 세

---

139. *In Io. Evang.* tr. 9, 11.
140. *De spiritu et littera* 32, 56.
141. ID., *Enarratio in ps.* 118, 16, 1.

례를 통해 다시 태어나지도, 하느님의 아들로 입양되지도, 구원되지도 않았단 말인가? 여전히 재생(再生)과 하느님의 아들로 입양된 지위와 구원은 남아 있으며, 이는 마지막 날에 가서야 우리에게 이를 것이다. 그러므로 우리는 지금 인내를 갖고 기다려야 한다. 그래서 그때가 되면 어떤 면에서도 더는 이 세상의 자녀가 되지 않도록 해야 한다." 그는 다음과 같이 경고하면서 끝을 맺었다. "만일 누군가가 지금 세례를 통해 받는 것을 세례 자체에서 제외하려 한다면, 그는 신앙을 부패시키는 사람이다. 반대로, 만일 누군가가 세례를 통해 후에 받게 될 것을 지금부터 세례에 속하는 것으로 여긴다면, 그는 희망을 없애는 사람이다."[142]

이에 대해 트라페(A. Trapé)는 다음과 같이 지적했다. "이처럼 서로 상반된 두 암벽 사이를 무사히 지나가면서 그리스도교적인 예정에 대해 더욱 정확하고 분명하게 현재적인 측면과 미래적인 측면, 시작하는 단계와 총체적인 측면에 대해 표현하기는 어렵다. 결론적으로 말해, 비록 독점적이지 않음에도 불구하고 의화는 본질적으로 종말론적 특징을 갖는다. '독점적이지 않다'(esclusivamente고 말한 것은 그리스도교 신자에게 이미 이 세상에서 주어지는 선물들이 많고 또 크기 때문이다. 그리고 '본질적으로'(essenzialmente)라고 말한 것은 의화의 완성은 결국 저 세상에서 이루어지겠기 때문이다. 이러한 완성은 무엇보다도 죽음에 대한 승리와 악으로 기우는 경향을 거슬러 거둔 승리를 통해서 이룩될 것이다. 이 완성은 우연적이지 않고 본질적이다. 다시 말해, 사도 바오로와 마찬가지로 아우구스티노에게도 의화는 구원의 한 요소가 아니라 구원 자체로서 한 개인이 아니라 교회에 유보되어 있다. 교회는

---

142. A. Trapé, *op. cit.*, CXLVIII.

세상 안에 있지만 본성상 종말을 지향한다."

아우구스티노에 의해 더욱 깊이 연구된 의화 교리는 성경과 교회 전통에 근거해 이루어진 작업으로서 많은 이들에게 받아들여졌으며, 펠라지오 이단을 단죄하는 데 결정적인 역할을 했다. 그러나 그의 모든 가르침이 분명하지는 않았다. 은총과 자유 의지 간의 관계 문제, 공로에 관한 문제, 예정에 관한 문제 등이 남아 있었다. 아우구스티노는 이러한 일련의 문제에 대해 일관되고 만족할 만한 해결을 제시하지 못했다. 특히 그는 의화를 예정과 동일시하려는 경향이 있었다. 이로 인해 예정을 잘못 해석할 만한 여지를 내포하고 있었다. 이는 후일 루터, 칼뱅, 얀센에 의해 구체화되었는데, 이들은 이중 예정 교리를 제시하면서 의화는 모든 이를 위한 하느님의 자비로운 선물이 아니라 소수의 사람들을 위한 신비롭고 특별한 선물이라고 보았다.

2.3. 성 토마스 아퀴나스

의화 교리를 처음으로 제시한 바오로와 아우구스티노는 격동하는 문화적 맥락 안에서 자신들의 사상을 성숙시켜 나갔다. 바오로는 유다계 그리스도교 신자들 - 이들은 그리스도께서 허락하신 은총을 모세의 율법 아래 놓았다 - 과의 논쟁을 통해 의화에 대한 성찰을 깊이 있게 해 나갔다. 그 후, 아우구스티노는 펠라지오에 맞서 의화와 구원의 전망 안에서 인간과 하느님 간의 실제적인 관계에 대해 숙고했다.[143]

반면, 토마스 아퀴나스는 평온한 문화적 환경에서 연구에 임했다. 당시의 그리스도교 공화국(respublica christiana)은 이미 오래 전에 그리

---

143. T. Centi, "Introduzione al Trattato sulla Grazia", in S. Tommaso, *La somma teologica*, XIII, p.90 참조.

스도께 대한 신앙에 힘입어 유럽의 모든 민족 가운데 사회적, 정치적으로 더욱 강력한 결속력을 갖고 깊이 뿌리내린 상태였다. 따라서 이단 운동들은 드물었고, 그마저도 바로 근절되었다. 그러나 비록 특정한 이단이 없었다고는 하지만, 토마스는 교회의 보편적인 시각을 바탕으로 의화 교리에서 일어날 수 있는 여러 가지 오류들에 대해 정확한 틀을 그려 낼 수 있었다. 『필리피 신자들에게 보낸 서간 주해서』에서 그는 "하느님께서는 당신이 원하시는 대로 원의와 업적을 여러분 안에 일으켜 주십니다."라는 구절을 해석하면서 이렇게 설명하였다. "바오로 사도는 이 말씀과 더불어 다음과 같은 네 가지 잘못된 견해들을 배격한다. 첫째, 하느님의 도움 없이 자유 의지만으로 스스로 구원될 수 있다고 보는 견해, …… 둘째, 인간에게는 하느님의 예정과 섭리가 필요하다고 하면서 자유 의지를 전적으로 부정하는 견해, …… 셋째, 펠라지오 추종자들에게 해당하는 것으로, 첫째 견해를 가진 이들과 유사하게 선택은 우리에게 달려 있고 그 행위의 완성은 하느님께 속한다고 보는 견해, …… 넷째, 하느님께서는 우리 안에 온갖 선을 이루어 주시지만 그것은 언제나 우리의 공로를 통해 이루어진다고 생각하는 견해가 그것인데, 이러한 견해들은 선한 의지를 통해서(pro bona voluntate), 즉 우리의 선한 의지가 아닌 하느님의 선한 의지를 통해서 이루어진다고 하는 말씀에 의해 배제된다. 다시 말해, 그것은 우리의 공로들을 통해 이루어지는 것이 아니라는 말이다. 왜냐하면 우리에게서는 하느님의 은총 이전에 그 어떤 좋은 공로도 찾아볼 수 없기 때문이다."[144] 토마스가 제시한 네 가지 오류에 각기 이름을 붙이는 것은 그리 어렵지

---

144. S. Tommaso, *Com. Ad Philippenses* 2, lect. 3.

않다. 이미 토마스 자신이 첫 번째와 세 번째 오류에 대해서는 펠라지오적이라고 확신하면서 제시하였다. 좀 더 정확히 언급하면, 첫째 견해는 인간이 자신의 자유 의지만으로도 구원될 수 있다고 주장한 펠라지오의 것이고, 셋째 견해는 인간의 의지가 의화의 시작이라고 주장한 세미 펠라지오주의의 오류다. 반면, 둘째 오류는 자유 의지 자체의 존재를 인정하지 않는 루터와 칼뱅의 견해다. 끝으로 넷째는 구원이 공로에 달려 있다고 주장한 세미 펠라지오주의의 오류다.

그러나 앞서 언급한 바와 같이 토마스는 누군가를 거슬러 논쟁하는 가운데 자신의 의화 교리를 발전시킨 것이 아니라 사색적이며 조직적인 방법으로 이 주제를 연구했다. 의화에 관한 토마스의 모든 가르침은 그가 이 신비에 대해 분명하게 정의한 다음 구절을 중심으로 형성되어 있다. 그 정의는 다음과 같다. "불경한 이의 의화는 인간 영혼이 하느님에 의해 죄의 상태에서 의로운 상태로 옮겨가게 하는 동인(動因)이다."[145]

그러므로 의화는 본질적으로 죄로 인해 위험에 처하고 왜곡된 하느님과의 관계를 올바로 정립하는 것이다. 죄와 더불어 - 이에 대해 토마스는 예정을 다루면서 잘 설명했다 - 하느님과 인간의 관계, 인간과 세상의 관계, 그리고 인간에게 있어서 영혼과 육체의 관계, 의지와 열정들의 관계에 심각한 혼란이 시작됐다. 반면, 의화는 죄의 소멸과 더불어 이 모든 관계를 올바른 질서로 돌려놓았다. 인간의 영은 다시금 하느님께 순종하게 되었다. 즉, 영은 하느님을 자신의 근거요 목적이자 규범으로 새로 지향하게 되었고, 다시금 육체적인 감각들을 통제할 수

---

145. ID., *S. Th.* I-II, 113, 5.

있게 됐다. 그럼으로써 감각들이 더는 영을 방해하지 않게 되었고, 오히려 이 영은 하느님과의 결속을 더욱 증진하고 구체화하게 되었다.

바오로나 아우구스티노처럼 토마스 역시 의화의 신적 기원을 강조하였다. 단절된 관계를 전도(顚倒)하는 이, 즉 인간을 죄로부터 의로움의 상태로 회복시켜 주는 이는 다름 아닌 하느님이시다. 엄밀한 의미에서 보면, 의화는 창조와 영광 다음에 오기 때문에 하느님의 가장 큰 행위를 대변하지는 않지만, 그럼에도 불구하고 그것은 여전히 위대하고 놀랍기 그지없는 하느님의 업적이다. 그래서 토마스는 이에 대해 다음과 같이 훌륭하게 묘사한다.

> 어떤 행위는 그것을 이루는 방법에 따라 위대하다고 말할 수 있다. 이 점에서 창조는 다른 무엇보다도 더욱 위대한 업적이다. 왜냐하면 그것은 무(無)에서부터 이루어진 일이기 때문이다. 또한 그것은 그 일로 인해 일어나게 될 결과의 크기로 인해 위대하다고 말할 수 있는데, 이 점에서 의화는 창조보다 더 위대한 하느님의 업적이라고 할 수 있다. 왜냐하면 창조가 유동적인 자연의 선을 목적으로 해서 이루어졌다면, 죄인의 의화는 신적인 생명에 참여하는 영원한 선을 지향하기 때문이다. …… 죄인의 의화는 세상의 창조와 그 외에 오직 하느님만이 하실 수 있는 모든 업적들처럼 기적적이라고 말할 수 있다. 무엇인가 놀라운 현상을 일으키는 것들이 모두 원인은 밝혀지지 않은 채 부적절하게 기적이라고 불리는 것과는 달리, 어떤 형상이 질료가 갖는 본성적인 능력을 넘어서 도래할 때 우리는 그 현상을 진정한 기적이라고 말한다. 예를 들어 죽은 이의 부활은 육체의 본성적인 능력을 넘어서는 일이다. 이러한 의미에서 보면 죄인의 의화는 기적적이라고 할 수 없는데, 이는 영혼이 본성적으로 이미 은총을 받아들일 능력이 있기 때문이다.146

토마스는 비록 하느님이 의화의 고유한 창시자 – 왜냐하면 인간은 스스로 의화될 수 있는 어떠한 능력도 갖고 있지 않기 때문이다 – 라고 말하지만, 이러한 행위가 마치 무생물적이거나 동물적인 것으로 잘못 이해됨으로써 한낱 기계적인 과정으로 인식되지 않도록 상당히 주의를 기울였으며, 무엇보다도 그것이 지성과 자유 의지를 지닌 한 인격에 관한 것임을 주지시켰다. 따라서 토마스는 의화가 비록 독특한 본질을 지니기는 하지만 근본적으로는 '지성과 자유 의지에 관한 행위'라고 말했다. 의화가 지성에 관한 일이라 함은, 그것이 영혼 안에 하느님을 향한 회심의 움직임을 일으키기 때문이다. "하느님을 향한 첫 번째 회심은 신앙을 통해 일어난다. 그래서 바오로 사도는 '하느님께 다가가는 이는 그분의 존재를 믿어야 한다.'고 말한다. 그러므로 의화를 위해 무엇보다도 필요한 것은 믿음이다."[147] 이와 비슷한 원리로, 의지 편에서는 다음과 같은 것이 필요하다. "인간 영혼은 의화되는 데 있어서 자신의 자유 의지의 움직임을 통해 죄를 포기하고 의로움으로 나아가는 것이 필요하다. 그런데 이러한 멀어지고 가까이 나아가는 행동들은 자유 의지에 있어서 포기와 바람이라는 행위에 상응한다. 그래서 아우구스티노는 '우리의 정감들은 영의 움직임이다. 기쁨은 영혼의 확장이며 두려움은 도피다. 영혼은 무엇인가를 원할 때 나아가고 두려워할 때 도피한다.'라고 썼다. 바로 이 때문에 죄인의 의화에는 자유 의지의 두 가지 행위가 필요하다. 하나는 원의와 더불어 하느님의 의로움을 향해 나아가기 위한 것이고, 다른 하나는 죄를 혐오하기 위한 것이다."[148]

---

146. *Op. cit.*, aa.9, 10.
147. *Ibid.*, a.4.
148. *Ibid.*, a.5.

토마스는 비록 의화를 일련의 기나긴 사전 준비 단계를 갖는 과정으로 인식했지만, 논리적으로 또한 인간이 하느님 앞에서 의로운 상태로 회귀하는 한에서는 순간적인 사건이라고도 주장했다. "나는 이미 앞서 하느님이 영혼에게 은총을 주입하시는 데는 그분이 일으키시는 성향 외에 다른 무엇도 필요하지 않다는 점을 설명했다. 어떤 경우에 하느님은 은총을 받아들이는 데 필요한 성향도 일으켜 주신다. 사실 어떤 본성적 요소가 즉시 질료를 준비할 수 없는 것은 질료의 저항과 원인이 갖는 힘 사이의 부조화 때문이다. 따라서 하느님은 능력이 무한하시기 때문에 순간적으로 형상에 모든 종류의 창조된 질료를 미리 준비해 주실 수 있다. 더 나아가 이러한 양태로 자유 의지를 준비시켜 주실 수 있는데, 이 자유 의지의 움직임은 본성상 순간적일 수 있다. 그러므로 하느님께서는 죄인의 의화를 순간적으로 이루어 주신다."[149]

의화는 전형적으로 인격적인 사건이다. 그것은 무엇보다도 두 인격 사이에 도래하는 관계로서, 서로가 서로를 지배하는 관계가 아니라 - 부버(M. Buber)의 표현에 따르면 - 헌신과 사랑의 관계다. 하느님을 향한 영혼의 회심은 하느님의 주도권과 배려와 부추김 그리고 무엇보다도 그분의 부르심 이후에 온다. 그것은 단순히 잃어버린 보물을 되찾는 것이 아니라 타락한 아들이 아버지에게로 되돌아오는 것을 의미한다. 의화는 영혼에게 깊은 변화를 요구하며, 사실상 그렇게 이루어진다. 그러므로 의화는 루터가 주장하는 것처럼 단순한 '법정적 의화'(justificatio forensis)가 아니다.[150]

의화에 관한 토마스의 분석은 그 명료함과 정연함으로 해서 모델

---

149. *Op. cit.*, a.7.
150. O.H. Pesch, *op. cit.*, p.243.

이 된다. 본질적이고 고유한 이 신비를 구성하는 요소들 - 하느님 편에서 행위의 필요성, 인격과 인격이 지니는 인식 기능과 애정적 기능 간의 동일화, 죄인 편에서의 실제적이고도 깊은 변화 - 은 토마스를 통해 놀랄 정도로 잘 설명되었다. 굳이 여기서 한 가지 흠을 잡자면, 의화 신비에 관한 모든 설명에서 그리스도가 언급되지 않았다는 점이다. 하지만 이는 단순히 방법론적인 측면으로 인해 드러나는 부재(不在)로서 - 의화에 관한 문제는 『신학대전』 제2부에 위치해 있다 - 토마스는 이를 제3부에서 적절히 채워 나갔다. 그는 제3부에서 그리스도를 우리 의화의 창시자로 소개했다.

2.4. 루 터

필자는 인간학의 역사를 다루는 부분에서 루터의 신학에서 의화 교리가 차지하는 중심 역할을 강조해서 언급한 바 있다. 의화는 루터가 자신의 신학 체계를 건설하는 데 주춧돌이 되었다. 그의 유명한 탑 체험 - 이 체험이 그에게 진정한 지성적 회심을 불러일으켰다 - 은 정확히 말해 의화를 이해하는 방법에 관한 것이다. 루터가 새롭게 제시한 개념에 따르면 - 그는 로마서와 갈라티아서를 자기 식으로 해석해서 말했다 - 의화는 인간 편에서의 어떠한 기여나 공로 없이 오직 하느님의 자비로운 사랑에 의존한다. 본질적으로 의화는 우리를 의인으로 선포하시는 하느님의 의지에 달려 있다. 하느님의 이처럼 관대하신 결정 덕분에, 우리는 비록 자신의 비참함과 허물로 인해 여전히 죄인으로 남아 있음에도 불구하고 의인으로 변화된다. 그러므로 의화된 사람의 실존적인 상태는 의인이면서 동시에 죄인이다. 우리는 곧 루터가 이 점에 대해 정확히 언급하는 것을 살펴보겠지만, 그가 말하는 하느님께서 우리에게 선사하시는 의로움은 윤리적 의로움 – 즉, 우리 행위와 존재가 선하고 의롭다는 식의 의로움 – 이 아니라 단순한 법정적 의로움으로서, 죄인인 우리 존재는 그대로 남아 있는 채로 우리가 의롭다고 선포하고 동시에 우리 죄를 용서하는 것이다.

의화를 이해하는 이 새로운 방식이 루터에게는 갑작스럽게 다가와 그를 괴롭히던 모든 어두움과 괴로움을 순식간에 털어낸 밝디밝은 비추임과도 같았다. 루터는 자신의 한 작품에서 마지막 시기의 심경을 다음과 같이 토로한 바 있다. "하느님의 의로움은 그분께서 친히 주시는 의로움으로 이해해야 한다. 이렇듯 인간이 의롭게 되는 것은 믿음을 통해서다. 그러므로 이 구절의 의미는 다음과 같다. 복음서 안에서 계시된 의로움은 수동적 의로움(justitia passiva)으로서, 하느님은 이와 더불어 당신의 자비 안에서 우리의 믿음을 통해 우리를 의롭게 하신다. 이제 나는 갑자기 새로운 생명으로 거듭 태어났음을 느꼈다. 마치 내 앞에 천국의 문이 활짝 열린 것과도 같은 인상이었다."[151]

페쉬가 지적했듯이, 루터에게는 의화를 법적인 의미로 – 즉, 법률적인 과정에서 은총으로 선포되는 절대적인 판결문처럼 – 해석하기에 합당한 나름의 이유가 있었다. 무엇보다도 "영속적인 죄는 총체적이라고 할 수 있는 의화를 배제하기 때문이다. 이는 완전히 실현된 세상에 관한 것인데, 우리는 아직 일생을 통해 생의 목적에 이를 때까지 우리와 함께 투쟁하는 현실에 살고 있다. …… 또 다른 이유는, 법적인 의미의 의화 개념은 단지 판결과 은총 사이의 모순적인 동질성을 보장하기 때문이다. 만일 죄인으로 판결되고 단죄되는 한에서 믿음이 의화를

---

151. Lutero, Prefazione alle *Opere latine* (1545).

받아들이게 해 준다면, 그것은 그 자신의 가능성에 놓여 있는 것이 아니며, 더 나아가 그러한 믿음은 자기 의화와 더불어 의롭게 되려 하는 것과 혼동될 수도 없다."152

이렇듯 상당히 일방적인 의화의 특징을 보여 주는 합당한 이유들에도 불구하고 - 이로 인해 의화가 온전히 하느님의 업적임을 보여 주는데도 - 우리는 루터에게서 드러나는 의화와 성화 사이의 단절 - 그는 이 단절과 더불어 은총을 의화와 동일시했는데, 사실 이는 성화의 첫 단계에 불과하다 - 을 받아들일 수 없다. 더욱이, 순전히 법적인 의미의 의화는 하느님께서 인간을 위해 마련하신 계획에 반대된다. 하느님은 인간을 신화하기 위한 계획 - 바오로와 요한의 인간학, 그리스 교부들과 라틴 교부들의 인간학, 토마스와 보나벤투라의 인간학은 이 신화 주제를 크게 강조했다 - 을 준비하셨다. 아직 죄인으로 남아 있는 사람에 대한 신화는 결코 상상할 수 없다. 왜냐하면 이는 매우 모순되는 일이기 때문이다. 하느님의 본성에 실제로 참여하기 위해서는 - 요한, 베드로, 바오로 사도가 언급하는 바와 같이 - 진실로 의롭고 선하고 거룩해야 한다. 그러므로 의화는 성화와 함께 언급되어야 한다.

2.5. 트렌토 공의회

이미 앞에서 살펴본 바와 같이, 트렌토 공의회는 예정에 대해서는 간단히 다룬 데 반해 의화에 대해서는 1547년 여섯 번째 회기에서 발표한 유명한 교령 「의화에 대해서」(*De justificatione*)를 통해 집중적으로 다루었다.

---

152. O. H. Pesch, *op. cit.*, p.250.

"트렌토 공의회에서 발전된 의화 교리에 관한 중요한 점은 의화를 다시금 구원 교리의 중심 개념으로 취했다는 사실이다. 그것은 무엇보다도 종교 개혁자들에 의한 자극 때문이었다. 죄로 인한 타락을 설명하는 원죄에 관한 교령은 은총 교리보다는 의화 교리에 대해 응답한 것이다. 원죄를 언급하는 전통적인 진술들이 의화 교리에서 언급되었으며, 그 반대의 형태는 이루어지지 않았다. 이처럼 트렌토 공의회는 종교 개혁을 거부하는 데 제한을 두지 않았다. 이렇듯 의화 교리는 이에 대해 당시까지 지배적이던 모든 추상적 관념들을 거슬러서 그리스도적-역사적-구원적 맥락에서 다시금 회복됐다. 루터와 그 이후 종교 개혁자들의 신학이 그리스도론적 기초 위에서 허용된 의화 교리의 중요성을 아는 사람이라면, 이러한 트렌토 공의회의 의화 교리 진술을 결코 소홀히 취급해서는 안 된다."[153]

필자는 앞서 신학적 인간학의 역사를 다루는 부분에서 의화에 관한 트렌토 공의회의 가르침을 광범위하게 설명했다. 그러므로 여기서는 단지 그에 관한 주요 사항들만을 다루기로 하겠다.

무엇보다도 먼저 공의회는 의화가 오직 하느님에 의해 이루어지는 업적임을 명시한다(1장). 왜냐하면 이교인들이 자신의 본성적인 힘만으로, 그리고 유다인들이 모세의 율법의 힘만으로 죄에서 해방되거나 다시 태어날 수는 없기 때문이다. 비록 그들에게서 자유 의지가 소멸되었다고 할 수는 없지만, 그 자유 의지의 힘은 감소되고 약화되었다. 사실 의화는 천상의 하느님 아버지께서 시간이 충만함에 이르렀을 때 사람들에게 보내 주신 그분의 아들 예수 그리스도를 통해 실현되었다(2장).

---

153. O. H. Pesch, *op. cit.*, p.251-252.

일반적으로 말해 의화는 첫 번째 아담의 아들로 태어난 상태, 즉 죄 중에 있는 상태로부터 두 번째 아담인 우리 구세주 예수 그리스도를 통해 은총 지위, 즉 하느님의 자녀(로마 8,15)의 지위로 옮겨가는 것이다. 이러한 변화는 복음이 선포된 이후에 세례나 적어도 세례를 받고자 하는 원의 없이는 생길 수 없다(4장). 끝으로, 공의회는 아리스토텔레스적인 틀을 일정 부분 자유롭게 활용하면서 의화의 본성에 대해 정확히 지적했다.

> 의화의 원인들은 다음과 같다. 의화의 목적인은 하느님과 그리스도의 영광이며 영원한 생명이다. 의화의 능동인은 자비로운 하느님이신데, 그분은 죄인을 성령으로 날인하시고 도유하시면서 무상으로 정화하시고 성화하신다(1코린 6,11). 의화의 공로인(causa meriteria)은 지극히 사랑하올 성부의 외아들 우리 주 예수 그리스도이신데, 그분은 "우리가 하느님의 원수였을 때"(로마 5,10) "우리를 사랑하신 그 큰 사랑으로"(에페 2,4) 십자가 위에서 수난하심으로써 우리를 위해 성부 하느님을 만족케 하셨으며, 그럼으로써 우리가 의화될 자격을 갖게 해 주셨다. 반면, 의화의 도구인(causa instrumentalis)은 믿음의 성사인 세례성사인데, 이것 없이는 그 누구도 의화에 이를 수 없다. 끝으로, 의화의 형상인(causa formalis)은 "하느님 스스로 의로우시다는 의미가 아니라 우리를 의롭게 하신다는 의미에서 하느님의 정의인데", 우리는 이를 통해 우리의 영을 새롭게 쇄신하게 된다. 그럼으로써 우리는 단지 의로운 이로 간주될 뿐 아니라 진실로 의인으로 불리게 되고 실제로도 그러하다. 이는 무엇보다도 우리 각자가 그분의 의로움을 선물로 받았기에 가능해진 것으로, "성령께서 당신이 원하시는 대로 각자에게 그것들을 따로따로 나누어 주시는 한에서"(1코린 12,11) 그리고 이에 대한 우리 각자의 준비와 협력에

준해서 그렇게 된다(7장).

공의회는 의화가 지적이고 자유로운 존재로서 인간을 지향하는 데에 염두를 두었다. 그럼으로써 의화에서 인간에게 부여되는 역할에 대해 주목했다. 인간은, 비록 의화의 수동적 주체이기는 하지만, 언제나 지적이고 자유로운 주체로 남아 있다. 그러므로 인간은 의화되기 전에 이를 위해 미리 자신을 준비해야 하며(5-6장), 의화된 후에는 받은 선물에 대해 하느님께 감사드리고 의화된 존재로서 그에 합당한 행동을 드러내야 한다(8-14장). 따라서 의화된 이는 단순히 신뢰 깊은 믿음에만 안주해서는 안 되고 행동이 따르는 믿음을 지녀야 한다. "이는 무엇보다도 하느님과 교회가 가르치는 계명을 준수함으로써 표현된다. 그러므로 그는 행동 안에서 완성되는 믿음을 지녀야 하며, 이 믿음은 성성(聖性, sanctitas) 자체를 지향해야 한다"(10장). 공의회는 의화가 갖는 역동적이며 극적인 특징에 대해 강조하면서, 신자가 이미 얻은 승리의 월계관에 만족해서 안주하는 것을 허락하지 않았다. "이는 마치 의롭게 된 사람은 더는 죄를 지을 수 없다거나 만일 죄를 지었다 할지라도 그 자체로 이미 일정한 회개가 약속돼 있는 것처럼 간주하는 것이다. 사실, 특별한 계시가 아니고는 하느님께서 어떤 이들을 선택하셨는지 알 수 없다."(12장) 그러므로 각자는 주님께 항구할 수 있는 은총을 청하면서 희망과 근심 가운데 살아야 한다.

공의회는 이 교령의 마지막 장에서 다시금 의화 은총과 이에 대한 인간의 협력에 대해 강조했다. 그리스도인이 행하는 모든 것은 그리스도의 영향 아래 일어나지만, 이 영향이 결코 인간의 능력을 저해하지 않을 뿐더러 오히려 인간의 행위들이 진정한 의미에서 공로가 되도록 북

돌아 준다는 것이다.

트렌토 공의회는, 비록 종교 개혁자들의 오류를 배격하는 데 치중하기는 했지만, 단지 논쟁적인 반복에 국한하지 않고 더 나아가 의화 교리에 대한 총체적인 체계적 논술도 제공했다. 이 작업을 위해 공의회는 자주 토마스 아퀴나스의 명제들을 충실히 인용했는데, 이미 우리가 살펴본 것처럼, 토마스에게서는 방법론적인 이유로 해서 드러나지 않았던 그리스도적인 맥락을 적용해 재배열하는 가운데 의화 교리를 전개하였다. 오늘의 독자들에게 당혹스러울 수도 있는 점은, 이 교령에 본질적으로 윤리적이고 인격적인 문제인 의화를 존재론적이고 형이상학적 차원에서 설명하기 위해 전형적인 형이상학적 언사들이 차용되었다는 것이다. 그러나 비록 언어 사용의 한계를 지녔음에도 불구하고, 이 교령에서는 의화의 모든 측면이 극단적인 치우침 없이 고루 제시되면서 분명하게 설명되었다. 의화는 본질적으로 하느님의 업적(opus Dei)으로서 예수 그리스도를 통해 지적이고 자유로운 인간 존재 안에 역사적으로 실현된다. 인간에게는 언제나 이를 거부할 수 있는 자유가 있다. 의화는 단순히 기계적이고 연역 불가적인 것이 아니다. 그러므로 의화를 선물로 받은 이는 구원의 완성을 위해 노력해야 한다. "이는 무엇보다도 일상의 수고 가운데서 희사, 기도, 봉헌, 단식 그리고 마음을 깨끗이 하는 가운데 드러난다."(13장) 트렌토 공의회의 문헌에는 하느님, 예수 그리스도, 죄인, 교회 등 의화에서 중요한 모든 요소가 드러난다. 이 문헌은 이들 가운데 어느 하나도 소홀히 취급하거나 과장하지 않고 각각의 고유한 역할을 잘 표현했다. 가톨릭교회는 트렌토 공의회의 교령「의화에 대해서」를 장엄하게 선포함으로써 의화 교리의 본질적인 요소를 잘 보존했다.

2.6. 현대 신학

트렌토 공의회 이후 문화가 급격히 그리스도교로부터 멀어져 가는 오늘날의 맥락에서, 죄의 개념이 점차 희미해지면서 결과적으로 의화 개념 또한 희미해져 가는 것이 현실이다. 인간은 과학과 기술의 강력한 지원에 힘입어 더욱 더 자기 의화와 자기 구원을 주장하기에 이르렀고, 그러는 가운데 하느님, 그리스도, 복음 그리고 교회는 배제되어 간다.

또한 오늘날 갑자기 붕괴한 이데올로기와 유토피아의 환상, 그리고 놀랍기 그지없는 과학과 기술의 성취 이면에서 표출되는 커다란 위기 상황 앞에서 인류가 처한 영적 상태는 심각한 변화의 과정을 겪고 있다. 그러나 그것이 긍정적인 방향으로 변화하는 것은 아니다. 그 변화는 단지 강력한 이성과 이데올로기에서 연약한 이데올로기로의 전이(轉移)일 뿐이다. 근대 이후를 살아가는 대부분의 사람들은 더는 자기 죄를 고백함으로써 회심을 위해 마음의 문을 열어젖히려 하지 않는다. 인간의 마음 안에는 겸손은커녕 오히려 교만함이 버티고 있다. 그러나 야망에 가득 찬 자신의 계획이 실패로 돌아가면서 인간은 이제 미래에 대한 두려움과 불안에 사로잡혀 있으며 돌이킬 수 없는 자신의 숙명 앞에 그저 시키는 대로 무릎을 꿇을 뿐이다. 더는 우리 시대 대부분의 사람들에게서 영적인 부활의 징표를 찾아볼 수 없게 된 것이다. 하느님의 업적을 통한 의화를 믿는 신앙을 더는 찾아볼 수 없게 되었으며, 이 시대의 사람들은 "지금 당신에게 오는 기회를 이용하라!"(carpe diem!)라는 에피쿠로스적인 모토 앞에서 깊이 체념할 뿐이다.

트렌토 공의회 이후에 신학은 오늘을 살아가는 구체적인 사람들과 대화하려고 노력했으며 영적인 필요보다는 물질적인 필요들에 −

경제적, 정치적, 사회적인 면에서 – 치중해서 큰 관심을 보여 왔다. 여러 형태의 진보적 신학들, 즉 희망의 신학, 해방 신학, 정치 신학 그리고 실천 신학은 하나같이 정확히 말해 정의, 평화, 환경, 발전 등의 분야에서 발생하는 커다란 문제들에 대해서만 관심을 보일 뿐 장차 필요한 단 한 가지에 대해서는 소홀히 취급한다. 그 단 한 가지란 다름 아닌 영적 구원으로 대변되는 인간의 총체적인 구원이다. 인간은 스스로 구원될 수 없다. 오직 하느님을 통해서만 구원될 수 있다. 하지만 인간은 언제부턴가 정치적인 정책이나 과학, 경제 그리고 여타의 다른 종교들만으로는 결코 자신이 죄의 굴레에서 해방될 수 없다는 점을 잊어버린 듯하다. 그는 오로지 하느님의 은총, 즉 인간을 의화하는 은총을 통해서만 죄에서 해방될 수 있다.

혹여 의화를 설명하는 언사가 당혹스럽게 할 수 있을지 모르지만, 그 가르침 자체만은 결코 그렇지 않다. 의화는 하느님의 모상으로 대변되는 그분의 원계획(源計劃), 그리고 인간을 향한 그분의 원계획, 즉 인간으로 하여금 신적 삶에 참여하도록 초대하는 원계획을 회복시키는 놀랍기 그지없는 소식을 선포하는 것이다. 그러므로 의화는 언제나 하느님께 감사하면서 모든 인류에게 목청껏 소리 높여 가르쳐야 하는 교리다.

2.7. 마무리 소견

의화를 규정하면서 토마스가 제시한 다음의 원칙은 언제나 유효하다. "죄인의 의화는 하느님께서 (예수 그리스도를 통해) 인간을 죄의 상태에서 의로움의 상태로 인도하는 움직임(motus)이다."[154] 우리는 토마스의 정의에 '예수 그리스도를 통해'라는 표현을 삽입했다. 이는 토마스가 자신의 방법론적 전개 방식으로 인해 빠뜨린 부분이다. 그러나 이는 반드시 첨가해야 할 표현이다. 왜냐하면 이것이 의화가 구체적으로 현실화되는 양태를 지칭하기 때문이다. 그것은 무엇보다도 중개자이신 예수 그리스도의 행위와 더불어 본질적인 면에서 아주 긴밀히 연결된다. 의화는 인간을 향한 하느님의 구원 일반을 총칭하는 것이 아니라, 예수 그리스도를 통해 하느님께서 이룩하신 구원 업적의 정수(精髓)를 표현하는 말이다. 그러므로 의화 개념은 그리스도교 신학을 떠받치는 고유한 개념이라고 말해야 한다. 토마스가 정의한 표현에서 정확히 지적되는 것처럼, 의화 행위는 죄를, 구체적으로는 무엇보다도 죄의 소멸을 지향한다. "의화 개념의 정점(頂點)은 이런 방식을 통해 역사적 객관적으로 표현된다. 그것은 다름 아닌 죄인을 위해서 그리고 죄를 거슬러 행동하는 하느님의 행위를 일컫는다. 인간을 의롭게 하시는 하느님의 행위가 지향하는 바는 의로운 인간을 창조하는 것이 아니라 불의한 인간을 새롭게 창조하는 것이다."[155]

의화는 인간을 향한 하느님의 원계획을 회복하는 총체적인 구원 행위로, 우리는 이 행위에서 다음과 같은 요소들을 구별할 수 있다. ㄱ) 하느님의 의화 행위는 인간으로 하여금 자신의 죄를 인식하게 해준다.[156] ㄴ) 인간 존재는 하느님과 인간 사이에서 이루어지는 새로운 관계에 힘입어 깊이 쇄신된다. 이는 루터가 예상한 단순한 법정적 의

---

154. S. Tommaso, *S.Th.* I-II, 113, 5.
155. O. H. Pesch, "Giustificazione" in *Enciclopedia teologica*, Brescia, 1989, p.425.
156. "이 진술에는 의화가 인간을 죄에서 해방하기 전에 동시적으로 죄에 대한 심판을 제시한다는 종교 개혁자들(단지 루터만이 아닌)의 신학이 강한 어조로 담겨 있다. 그 결과, 인간 편에서 이루어지는 죄에 대한 인식과 고백은 의화 사건에서 첫 번째 객관적 요소를 구성한다."(O. H. Pesch, *art. cit.*, p.429)

화와는 전혀 다른 것이다. ㄷ) 아우구스티노가 가르치는 것처럼, 의화는 인간으로 하여금 진정한 자유를 갖게 한다. "그것은 다음과 같은 두 가지 의미에서 그렇다. 먼저, 하느님의 구원 행위는 죄인으로서 인간이 갖지 못했던 자유로 그를 인도한다. 그것은 자아를 구속하던 상태로서의 죄, 그래서 그를 노예로 만들고 종국에는 그의 존재됨과는 정반대의 삶을 살아가게 만드는 죄로부터의 자유를 의미한다. 그래서 인간으로 하여금 자신이 갖고 있는 자유의 가치를 올바로 판단하고 사용할 수 있게 해 준다. …… 그 누구도 이의를 제기하지 않듯, 죄인은 하느님 면전에서 자유를 독자적인 것으로 간주하려 든다."[157]

의화는 본질적으로 선물, 즉 헤아릴 수 없는 하느님의 커다란 선물이다. 그것은 우리의 죄를 거슬러 승리하고 우리를 하느님의 은총 지위 안에 놓아둔다. 토마스가 언급했듯이, 의화는 "인간을 의로움의 지위로 인도한다." 그렇지만 이 선물은 동시에 우리로 하여금 우리의 부당함, 죄, 하느님을 배반한 우리의 탓과 지극히 섬약한 우리의 모습을 결코 잊지 않도록 상기시켜 준다. 우리는 하느님께서 주시는 이 의화 선물을 받아야 한다고 권리를 주장할 만한 존재가 결코 아님을 잘 알아야 한다. 그러나 의화는 우리 존재의 심연(深淵)에 영향을 준다. 따라서 의화는 단순히 그리스도의 중개에 힘입어 일어나는 외적·법률적 사실이 아니다. 더욱이, 의화는 단지 우리를 향한 하느님의 심판이 바뀌었음을 말해 주는 것만도 아니다. 그것은 무엇보다도 하느님의 이콘성의 계획에 따른 우리 존재의 충만한 회복을 의미한다.

전통적인 교의 신학에서는 의화가 윤리적 전망보다는 주로 존재

---

157. *Ibid.*

론적 전망에서 다뤄졌다. 즉, 인간 존재가 죄의 상태에서 의로움의 상태로 변모하는 것으로 묘사되었다. 이러한 설명은 그 자체로 나쁘지는 않지만, 사실은 윤리적인 측면보다는 존재론적인 측면에 우위를 둔 것이다. 하지만 분명한 것은, 바오로가 말하듯이 새로운 창조로서 이러한 존재론적 변모가 결과적으로 윤리적인 차원에 깊은 영향을 초래한다는 점이다. 이를 처음으로 강조해서 가르친 이는 바오로 사도였다. 사실 의화는 실천적인 차원에서 많은 함축적인 차원들을 내포한다. 만일 그렇지 않다면 의화는 사람들의 관심 밖에 있는 메마른 교리에 지나지 않을 것이다. 의화는 필수적으로 선행을 수반하며 이를 통해 입증되어야 한다. 바오로는 이에 대해 쉼 없이 초기 그리스도인들에게 반복해서 가르쳤다. 즉, 그들로 하여금 육적인 행동으로부터 멀어지고 영적인 사정에 몰두할 것을 가르쳤다. "성령의 인도에 따라 살아가십시오. 그러면 육의 욕망을 채우지 않게 될 것입니다. 육이 욕망하는 것은 성령을 거스르고, 성령께서 바라시는 것은 육을 거스릅니다. 이 둘은 서로 반대되기 때문에 여러분은 자기가 원하는 것을 할 수 없게 됩니다. 그러나 여러분이 성령의 인도를 받으면 율법 아래 있는 것이 아닙니다. 육의 행실은 자명합니다. 그것은 곧 불륜, 더러움, 방탕, 우상 숭배, 마술, 적개심, 분쟁, 시기, 격분, 이기심, 분열, 분파, 질투, 만취, 흥청대는 술판, 그 밖에 이와 비슷한 것들입니다. 내가 여러분에게 이미 경고한 그대로 이제 다시 경고합니다. 이런 짓을 저지르는 자들은 하느님 나라를 차지하지 못할 것입니다. 그러나 성령의 열매는 사랑, 기쁨, 평화, 인내, 호의, 선의, 성실, 온유, 절제입니다. 이러한 것들을 막는 법은 없습니다. 그리스도 예수님께 속한 이들은 자기 육을 그 욕정과 욕망과 함께 십자가에 못 박았습니다. 우리는 성령으로 사는 사람들이므로 성령

을 따라갑시다."(갈라 5,16-24)

그러므로 의화는 구체적인 삶 안에서 실천되어야 한다. 의화된 사람은 올바르게 살아야 한다. 즉, 하느님과의 관계에서나 이웃과의 관계에서 정의롭고 거룩한 행동을 실천하면서 거룩하게 살아야 한다. 그러므로 의화는 사회적으로나 정치적으로 아주 풍요로운 내용을 담고 있다. "의화 교리는 세상에서 정의의 실현을 위해 필요하다. 왜냐하면 이는 단순히 법률적인 처방만을 규정하는 것이 아니라 인간이 정의를 추구하도록 그의 내면 깊은 곳에서부터 하느님의 사랑과 우정이 그를 자극하고 통교하기 때문이며, 정의를 위한 투쟁의 양상 아래 분명 다른 무엇인가가 문제에 부쳐지고 있음을 보기 때문이다. 그것은 다름 아닌 옛 아담과 그의 이기주의다. 마지막으로, 의화는 우리로 하여금 우리 자신이 지닌 한계를 인식하고 받아들이게 해 주며, 동시에 하느님은 당신이 우리와 맺으신 계약에 지극히 충실하시다는 믿음을 갖게 함으로써 이미 진행 중인 강제된 도피나 체념으로부터 우리를 보호해 준다. 이러한 의미에서 의화 은총은 또한 정의를 위해서도 필요하다."[158]

---

158. O. H. Pesch, *art. cit.*, p.438.

참고 문헌

V. Boublik, *La predestinazione. Paolo e Agostino*, Roma, Laterano, 1961.

J. Moltmann, *Präedestination und Perseveranz*, Neukirchen, 1961.

J. G. De Fraine, *Vocazione ed elezione nella Bibbia*, Roma, Paoline, 1968.

H. Kueng, *La giustificazione*, Brescia, Queriniana, 1971.

G. Tourn, *La predestinazione nella Bibbia e nella storia. Una dottrina controversa*, Torino, Claudiana, 1978.

K. Barth, *La dottrina della elezione divina dalla Dogmatica Ecclesiastica*, a cura di A. Moda, Torino, UTET, 1983.

A. Marrazini, *Dibattito Lutero-Seripando su "Giustizia e libertà del cristiano"*, Brescia, Morcelliana, 1981.

Y. Congar, *Lutero - la fede - la riforma. Studi di teologia storica*, Brescia, Morcelliana, 1984.

J. Heinz, *Justification and merit: Luther vs Catholicism*, Berrien Spring MI, Andrews University Press, 1984.

A. E. McGrath, *Justitia Dei. A history of the Christian doctrine of Justification*, I: *From the beginnings to 1500*, Londra, Cambridge University Press, 1986.

G. Wenz, *Geschichte der Vershönungslehre in der Evangelischen Theologie der Neuzeit*, 2 voll., Monaco, Kaiser, 1986.

O. H. Pesch, *Liberi per grazia. Antropologia teologica*, Brescia, Queriniana, 1988, pp.229-308.

A. E. McGrath, *Justitia Dei: a History of the Christian doctrine of justification*,

II: *From 1500 to the present day*, Londra, Cambridge University Press, 1988.

ID., *Justification by faith: what it means for us today*, Grand Rapids MI, Academie Books, 1988.

4 | 하느님 계획의 구체화 : 은총 교리

 이미 우리가 알고 있는 바와 같이, 하느님께서 인류를 위해 준비하신 신비로운 계획은 인간이 당신의 신적 본성에 참여하게 하는 것, 즉 인간이 신적으로 행동할 수 있는 존재가 되도록 그를 신화(神化)하는 것이다. 구체적으로 말해, 신학에서 은총이란 인간을 존재와 행위 차원에서 모두 신화하는 특별한 초본성적 존재 방식을 일컫는다.

 은총은 예정의 정수(精髓)를 구성하며 동시에 의화에서 근본적이고도 핵심적인 요소다. 이는 무엇보다도 하느님께서 당신의 무한한 자비를 통해 이루신 첫 걸음으로서, 죄인인 인간을 당신의 신적 삶에 참여하는 상태에 두고자 하심이다. 이에 대해 브룬너는 다음과 같이 적절히 언급했다. "은총은 믿음을 구성하는 한 요소도, 그렇다고 그리스도교 교의 가운데 일부도 아니다. 그것은 모든 그리스도교 신앙의 선포 내용들을 규정하는 핵심 요소다."[159]

 은총은 신학자들의 발명품이 아니다. 그것은 성경이 분명하게 가르치는 진리로서, 신학자들은 이를 당대의 철학, 문화, 인문 과학이 제

---

159. E. Brunner, "Gnade", in *Die Religion in Geschichte und Gegenwart* II, (1961).

시하는 여러 가지 개념과 언사들을 활용해서 심화하고 설명했을 따름이다. 이 장(章)에서는 은총에 관한 성경과 신학자들 그리고 교회 교도권의 가르침을 제시한 후, 이 신비에 대한 필자의 견해를 소개하고자 한다. 그리고 마지막으로 인간 인격의 모든 차원에 놀라운 영향을 미치는 은총의 여러 가지 측면들을 강조해서 설명하겠다.

1. 성경의 가르침

구약 성경에서 은총 개념은 여러 가지 히브리어 표현들을 통해, 특히 헤셋(hesed)을 통해 소개된다. 칠십인역 성경(*LXX*)에서는 헤셋이 엘레오스(eleos) 또는 카리스(charis)로 번역됐다. 일반적으로 이 말은 친절하고 호의 가득 찬 충실한 태도를 의미하며, 통상 야훼와 그분의 백성 사이의 관계를 특징짓는 데 사용되었다. 야훼께서 이스라엘 백성과 맺으신 계약 안에서 하느님의 모습을 잘 드러내 주는 속성이 다름 아닌 헤셋이다.

반면, 신약 성경에서 카리스는 거의 언제나 예수 그리스도를 통한 하느님의 구원 업적 가운데 드러나는 그분의 자비심을 의미한다. 그리고 '계약' 개념 대신에 그 자리에는 '하느님 나라'라는 개념이 강조된다. 이 개념은 단지 하느님이 지니신 자비심의 보편성만을 강조하지 않고, 무엇보다도 하느님에 의해 하느님의 나라로 불린 사람들이 더 이상 존경받을 만한 소수만이 아니며 오히려 가난하고 비천한 이들, 소외되고 죄지은 이들임을 전한다. 특히 예수께서는 비유를 통해 하느님의 깊은 부성과 헤아릴 수 없는 자비를 표현하신다(루카 15,11-32 '되찾은 아들의 비유' 참조). 성부 하느님의 자비와 은총은 세리와 죄인들을 향한 예수의 태도(마르 2,15-17; 루카 7,36-50 참조)에서 분명하게 드러난다.

바오로와 요한은 적절한 개념과 용어들을 사용해서 은총 교리에 큰 비중을 두어 가르친 신약 성경의 저자들이다. 이들의 가르침은 은총 신학의 근간을 이룬다. 우리는 이미 앞에서 예정과 의화를 고찰하면서 은총에 대한 바오로 사도의 사상을 광범위하게 살펴보았다. 거기서 우리는 모세의 율법을 지킴으로써 자신을 구원할 수 있다고 주장하는 유다인들과 자연적인 윤리법을 준수함으로써 자신을 구원할 수 있다고 주장하는 이교인들을 거슬러, 바오로가 자신의 은총 교리를 발전시켰음을 보았다. "모든 사람이 죄를 지어 하느님의 영광을 잃었습니다. 그러나 그리스도 예수님 안에서 이루어진 속량을 통하여 그분의 은총으로 거저 의롭게 됩니다."(로마 3,23-24) 사실 그 누구도 자신을 정당화할 수는 없다. 오직 하느님만이 예수 그리스도를 통해 우리에게 의화를 선물로 주실 수 있을 뿐이다. "그러므로 믿음으로 의롭게 된 우리는 우리 주 예수 그리스도를 통하여 하느님과 더불어 평화를 누립니다. 믿음 덕분에, 우리는 그리스도를 통하여 우리가 서 있는 이 은총 속으로 들어올 수 있게 되었습니다."(로마 5,1-2) 아담에게서 죽음을 유산으로 물려받았듯이, 우리는 또한 그리스도로부터 생명을 유산으로 물려받았다. 이렇게 유산으로 물려받은 영원한 생명은 은총이다. 이 은총은 세례성사를 통해 우리에게 허락되는 것으로서, 우리로 하여금 상징적으로 그리스도의 죽음과 부활, 즉 그분의 생명에 참여하게 해 준다(로마 6,2-11). 그러므로 우리는 그리스도와 함께 죽고 묻힘으로써 또한 그분과 함께 부활하고 하늘로 높이 들어 올려질 것이다(콜로 2,11-13). 하느님의 모상을 따라 창조된 인간은 이제 그리스도의 모상을 따라 다시 창조되어야 한다(로마 8,29 이하). 앞에서 살펴본 바와 같이, 바오로는 구원을 의화로만 축소해서 보지는 않았다. 따라서 은총을 의화와 동일시하지도 않았다 – 반면에 루터는 이 둘을 동일시했다. 하느님은 단순히 죄인을 의인으로 선포하는 데 만족하지 않으신다. 오히려 그분은 그리스도의 희생을 통해 죄인을 다시 회복시켜 주신 후에 그를 성화하시고 그에게 당신의 영을 선물로 주시며(1코린 15,45; 2코린 3,17) 하느님의 생명과 다를 바 없는 그리스도의 생명에 참여하도록 이끌어 주신다. 그러므로 바오로에게 은총은 의화와 성화를 모두 포함하는 개념이다.

신적인 생명에 참여함으로써 성화된다는 측면은 요한을 통해 더욱 명쾌하게 설명되었다. 특히, 생명(zoè)이란 용어는 그가 그리스도의 은총을 언급할 때 드러나는 중요한 표현이었다. 또한 그에게 세례성사(요한 3,5)와 성체성사(요한 6,1-13)는 생명의 원천으로 간주되었다. 예수께서 제자들에게 말씀하신 고별사에서는 그리스도교 공동체와 개별 신자들을 위한 성령(Pneuma)의 중요성이 분명히 드러난다. 요한에게 은총은 신적인 생명에 참여하는 것으로 처음 표현된다. 이는 특히 예수 그리스도의 사제적 기도(요한 17장)와 포도나무의 비유(요한 15장)에서 잘 드러난다.

2. 성 아우구스티노

은총 교리는 그리스 교부들을 통해서 처음으로 신학적인 심화를 거치게 되었는데, 그들은 은총을 인간의 신화라고 분명하게 언급하였다. 이에 대해 아타나시오는 다음과 같은 유명한 구절을 남겼다. "그리스도는 우리가 하느님처럼 되게 하시기 위해 인간이 되셨다."[160]

그러나 '은총의 박사'라는 별칭을 얻은 사람은 다름 아닌 아우구스티노였다. 도나투스주의와 펠라지오주의에 대항해서 치른 일련의 논쟁을 통해, 히포의 주교인 아우구스티노는 은총이 내포한 신비를 더욱 깊이 성찰하고 그 본성을 심화함으로써 그 원인에 대해 해설하고 각 개별 신자들과 하느님 나라(civitas Dei)에 어떠한 영향을 주는지 성찰할 기회를 갖게 되었다.

우리는 이미 예정과 의화에 대해 논하면서 아우구스티노의 은총 신학을 구성하는 중요한 요소들을 살펴보았다. 그러므로 여기서는 마지막으로 살펴보아야 할 몇 가지 측면들에 국한해서 은총에 관한 주제들을 논하기로 하겠다.

펠라지오는 은총 행위가 인간의 의지에 선행(先行)한다는 것을 부정하면서, 자유 의지가 범죄 불능성을 갖는다고 보고 은총을 자유 의지 안에 용해시켜 버렸다. 그러나 아우구스티노는 이에 맞서서 은총과 자유 의지 간의 분명한 구별 – 오히려 이 둘 사이의 확실한 대조 – 을 제시했다. 그는 인간의 자유 의지가 원죄 이후 어떠한 선행(善行)도 할 수 없을 만큼 철저히 무능해졌다고 보았다. 반면에 은총은 하느님의 선물, 즉 어떠한 공로로도 요청될 수 없는 절대적으로 무상적인 특징을 갖는 선물이다.

아우구스티노는 이러한 주장을 펼치면서 끊임없이 성경을 인용했다. 그는 펠라지오 이단을 거슬러 계속해서 성경과 더불어 다음과 같

---

160. Atanasio, *Adversus arianos* IV. 2, 59.

이 답했다.

> 거만함이 그들의 마음의 귀를 닫아 버렸다. 그래서 이 말씀을 듣지 못한다. "그대가 가진 것 가운데에서 받지 않은 것이 어디 있습니까?"(1코린 4,7) 이 말씀도 듣지 못한다. "사랑은 하느님에게서 오는 것입니다."(1요한 4,7) 이 말씀도 듣지 못한다. "저마다 하느님께서 나누어 주신 믿음의 정도에 따라 건전하게 생각하십시오."(로마 12,3) 이 말씀도 듣지 못한다. "하느님의 영의 인도를 받는 이들은 모두 하느님의 자녀입니다"(로마 8,14). 이 말씀도 듣지 못한다. "아버지께서 허락하지 않으시면 아무도 나에게 올 수 없다."(요한 6,65) 주님께서 예레미야를 통해서 하신 말씀도 알아듣지 못한다. "나는 그들의 마음속에 나에 대한 경외심을 심어 주어, 그들이 나에게서 돌아서는 일이 없게 하겠다."(예레 32,40) …… 특히 에제키엘을 통해 하신 말씀을 알아듣지 못한다. "너희에게 새 마음을 주고 너희 안에 새 영을 넣어 주겠다. 너희 몸에서 돌로 된 마음을 치우고, 살로 된 마음을 넣어 주겠다. 나는 또 너희 안에 내 영을 넣어 주어, 너희가 나의 규정들을 따르고 나의 법규들을 준수하여 지키게 하겠다."(에제 36,26-27)[161]

아우구스티노는 성경의 분명한 증언들에 의지해서 가톨릭교회의 입장과 펠라지오의 주장 사이를 가르는 분명한 경계를 제시했다. "그들과 달리 우리는 하느님의 도움을 받은 인간 의지만이 다음과 같은 방법으로 의로운 행위들을 이룩할 수 있다고 분명히 말한다. 인간은 자유 의지와 더불어 창조된 것 이상으로, 그리고 자신이 어떻게 살아야

---

161. Agostino, *Contra duas epp. pel.* 4, 6, 14.

할지 요청받은 데 대한 가르침 이상으로, 지복직관의 상태가 아닌 믿음을 통해 걷는 이 여정에서 이제부터 성령을 선물로 받는다. 그리고 성령께서는 인간 영혼 안에 영원불변하는 최고선이신 하느님을 향한 원의와 사랑을 일으켜 주신다."[162] 곧 이어, 그는 이 문제에 대한 자신의 입장을 반복하면서 다음과 같이 썼다. "내가 그것을 증명하게 되면, 그때서야 우리가 잘 사는 것은 하느님의 선물임이 분명히 드러날 것이다. 왜냐하면 하느님은 인간에게 자유 의지를 주셨는데, 이 자유 없이는 인간이 윤리적으로 선하게도 악하게도 살아갈 수 없기 때문이다. 또한 하느님은 인간에게 율법을 주시면서 우리가 어떻게 살아야 할지를 가르치실 뿐 아니라 이미 예정을 통해 알게 된 이들의 마음속에 성령을 통해 사랑을 부어 주신다. 하느님은 그들을 부르기 위해 예정하셨고, 그들을 의롭게 하기 위해 불러 주셨으며, 그들을 영광스럽게 하기 위해 의롭게 하셨다."[163]

아우구스티노는 은총의 정의를 "선을 행하기 위해 본성과 가르침에 더해진 도움"[164]이라고 내렸다. 이는 놀랍고도 헤아릴 수 없는 내적 도움을 의미한다. 이는 무엇보다도 구약과 신약 사이의 차이로서, "구약시대에는 율법이 돌판 위에 새겨졌지만 이제는 마음에 새겨짐으로써, 전에 사람을 놀라게 하던 것들이 이제는 그의 내면에서부터 좋은 것으로 다가오게 되었다. 그리고 전에는 율법의 문자 자체를 어긴 이가 그로 인해 죽음에 이르렀다면, 이제는 생명을 선사하는 영을 통해 사랑하는 이가 되었다."[165] 이러한 도움은 본질적으로 사랑의 영감 안에,

---

162. ID., *De spiritu et littera* 3,5.
163. *Ibid.*, 5, 7.
164. Agostino, *De gratia Christi et de peccato originali* 1, 35, 38.
165. ID., *De spiritu...* cit., 25, 42.

즉 "가장 향기롭고 밝은 사랑의 영감"[166] 안에 존재한다.

사랑, 즉 은총을 방해하는 두 가지 근본적인 장애가 있는데, 그것은 정신의 무지와 의지의 연약함이다. 정확히 말해 은총의 도움은 이 두 가지 장애를 걷어치우는 데 있다. "숨겨져 있던 것이 드러나고 좋아하지 않던 것이 감미로움으로 다가오는 것은 다름 아닌 하느님의 은총의 선물이다. 이 은총은 인간의 의지를 돕는다."[167] 그러므로 은총은 확실한 지식과 승리의 기쁨을 수반한다. 따라서 "정의를 행하고 이를 더욱 완전하게 할 수 있는 도움을 하느님께 청할 때, 우리는 무엇보다도 그분께서 우리에게 닫혀 있던 것을 열어 주시고 즐거웠던 것을 감미로운 것으로 변화시켜 주시도록 청해야 한다."[168] 확실한 지식은 우리의 무지와 의심을 없애 줄 뿐 아니라 우리 행위의 효과적인 근본 원리가 된다. "그러므로 이 지식은 단순히 외적으로 제시된 가르침을 개념적으로만 배운 것이 아니라 주체를 통해 기쁨으로 받아들여지고 사랑과 더불어 실천된 가르침으로서, 이는 마치 사랑을 통해 믿음이 작용함으로써 희망을 향해 뻗어나가고 종국에는 인간의 행동 원리가 되는 것을 의미한다."[169] 아우구스티노는 계속해서 이렇게 설명했다. "만일 이 은총을 가르침이라 부른다면 그렇게도 말할 수 있다. 하지만 그것은 무엇보다도 하느님께서 헤아릴 수 없는 감미로움으로 인간 영혼에 내적으로 아주 깊이 주입하는 것이라고 말해야 할 것이다. 하느님은 이러한 은총을 단순히 외적으로 심으시고 물을 주실 뿐 아니라, 이것이 커 나갈 수 있도록 직접 그러나 은밀히 개입하신다. 그래서 이 은

---

166. ID., *De gratia...* cit., 1, 35, 38.
167. ID., *De peccatorum meritis et rem*. 2, 17, 26.
168. *Ibid.*, 2, 19, 32.
169. A. Trapé, *op. cit.*, p.CLXVI.

총은 인간에게 진리뿐 아니라 사랑도 더해 준다."[170]

아우구스티노는 바오로를 회상하면서 앞에서 언급한 두 가지 장애 - 무지와 연약함 - 에 주목했다. 이 둘 가운데 더 극복하기 어려운 것은 두 번째인 의지의 연약함이다. 사실 "해야 할 것과 지향해야 할 것을 더는 숨길 수 없다 하더라도, 만일 그 모든 것이 인간으로 하여금 기뻐하고 사랑할 수 있게 하지 못한다면, 그것은 행동될 수 없고 받아들여질 수도 없으며 올바로 살아질 수도 없다." 이 나약함을 극복하려면 무엇보다도 하느님의 사랑이 필요하다. 그런데 아우구스티노는 계속해서 이렇게 말했다. "하느님의 사랑은 우리 안에서 일어나는 자유의지가 아니라 우리에게 선물로 주어지는 성령을 통해 우리 마음 안에 부어진다."[171]

은총이 만드는 많은 결실들 가운데 은총을 받는 이 안에서 맺어지는 가장 중요한 결실은 인간의 신화(神化)다. 인간을 신화하는 근본 주체는 인간이시면서 동시에 하느님이신 예수 그리스도시다. 아우구스티노는 이에 대해 다음과 같이 썼다. "성자께서는 …… 불변하시면서 동시에 우리의 본성을 취하셨다. 그리고 당신의 신성을 전혀 잃어버리지 않으시면서 우리 본성의 연약함에 참여하셨는데, 이는 변화하는 우리가 죄인이면서 동시에 죽어야 할 조건을 버리고 그분 안에서 함께 불변하는 존재이자 의인으로 변화되게 하시기 위해서였다. 또한 최고선이신 그분 안에서 우리가 완전한 존재로 변화됨으로써 그분의 선하신 본성 안에서 당신께서 우리 안에 창조하신 좋은 것들을 잘 보존할 수 있게 하시기 위해서였다."[172] 하느님은 당신의 전능과 사랑으로 당신과

---

170. Agostino, *De gratia... cit.*, 1, 12, 14.
171. ID., *De spiritu... cit.* 3. 5.

우리 사이를 갈라놓는 무한한 심연을 넘어오신다. 하느님은 절대적인 존재로서, 인간이든 천사든 그 누구도 감히 그 앞에 가까이 나아갈 수 없는 분이시다. 또한 그분은 과거도 미래도 없는 지금 이 순간에(nunc stans) 현존하시는 분이시다. "도대체 그분 앞에서 인간은 무엇인가? 이렇듯 엄청난 존재 앞에서 인간의 존재 이유와 가치는 무엇이란 말인가? 도대체 그 누가 존재 자체이신 그분께 나아갈 수 있으며 그분의 존재에 참여할 수 있는가? 누가 그분을 향해 열망을 갖고 가까이 갈 수 있는가? 누가 감히 그분 안에 있을 수 있다고 자신할 수 있는가?"[173] 만일 하느님이 이 땅에 내려오지 않으셨다면, 인간은 저 세상을 향해 높이 오를 수 없을 것이다. "네가 올 수 없기에 내가 내려간다."[174] 인간은 오직 하느님의 자녀가 되는 은총을 통해서만 창조주와 피조물 사이를 가르는 무한한 심연을 넘어설 수 있다.

원죄가 인간 본성에 미칠 수 있는 비참한 결과들, 즉 인간 자유의지의 타락, 극복하기 어려운 탐욕의 힘 등 이 모든 것에 대한 아우구스티노의 가르침이 우리에게 줄 수 있는 부정적인 인상에도 불구하고, 그에게 인간의 신화는 본래적인 인간 본성 상태에 비해 전혀 맞지 않는 것이거나 이상한 것이 아니었다. 그는 이 점에 대해 분명하게 설명했으며, 쉼 없이 반복해서 강조했다. 그는 『고백록』에서 "당신은 당신을 향해 우리를 만드셨습니다."[175]라고 말했으며, 『신국론』에서는 "하느님 당신이 아니시면 그 무엇도 충분하지 못합니다."라고 말했다. 우리는 『신국론』에서 중요한 구절 하나를 살펴보아야겠다. "인간 본성은

---

172. ID., *De civitate Dei* 21, 15.
173. ID., *Enarr. in ps.* 101, 2, 10.
174. *Ibid.*, 121, 5.
175. Agostino, *Confessioni*, 1, 1, 1.

훌륭하게 창조되었다. 그것은 비록 변하기 쉽지만 불변하는 최고선이신 하느님을 받아들임으로써 지복에 도달할 수 있다. 인간 존재가 갖는 근본적인 결핍은 지복이 아니면 결코 채워질 수 없다. 그러므로 하느님이 아니라면 이 결핍은 그 무엇으로도 충족될 수 없다."[176]

인간의 신적 이콘성은 아우구스티노의 사상에서 매우 풍요로운 주제들 가운데 하나인데, 그는 이 주제를 심도 있게 다루었다. 이에 대한 연구는 하느님에 대한 수용 능력(capax Dei)이 있는 인간이라는 개념에 의존한다. 인간은 "위대한 본성을 지닌 존재다. 왜냐하면 그에게는 최고 본성(summa natura)에 대한 수용 능력이 있기 때문이다. 인간은 이 최고 본성에 참여할 수 있는 존재다."[177] 그러나 이러한 인간의 능력은 무엇보다도 그가 하느님의 모상으로 창조되었다는 사실에 바탕을 둔다. "인간은 하느님에 대한 능력을 지닌 존재요 그분의 신적 삶에 참여할 수 있는 존재인 한에서 하느님의 모상이다."[178] 아우구스티노에 따르면, 은총은 인간 본성 안에서 이러한 본질적 수용 능력을 만나게 된다. 물론 이 능력은 실제적인 것은 아니지만, 하느님이 인간을 고양하시는 놀랍기 그지없는 초본성적 차원을 향해 언제든지 존재론적으로 준비되어 있다. 이는 다름 아닌 하느님의 자녀가 되는 은총이다. 이는 본성과 은총 사이에 결코 넘어설 수 없는 심연(深淵)은 존재하지 않음을 의미한다. 물론 인간 편에서 본다면, 이 심연은 극복될 수 없는 것이기도 하다. 하지만 여전히 그 밑바닥에는 어떤 지속성이 있다. 그러므로 은총은 본성을 완성하지 결코 파괴하지 않는다. 이에 대해 토마

---

176. ID., *De civitate Dei* 12, 1, 3.
177. ID., *De Trinitate* 14, 4, 6.
178. *Ibid.*, 14, 8, 11.

스는 아우구스티노의 사상을 설명하면서 언급했다.

아우구스티노는 구원 교리에서 중요한 세 가지 요소(예정, 의화, 은총 또는 성화)에 대해 깊이 묵상했고 그에 대한 많은 저술을 남겼다. 성인은 그 가운데 은총에 대한 가르침을 깊이 연구했으며, 이에 대한 더욱 합당하고 올바른 정식들을 우리에게 전해 주었다. 그래서 예정과 의화에 관한 그의 가르침이 후대에 수많은 논쟁과 비판의 대상이 된 반면, 은총에 대한 가르침은 후대에 이어지게 될 신학과 은총 신비의 논의에서 견고한 바탕이 되었다.

3. 성 토마스 아퀴나스

아우구스티노는 은총을 '선을 행하기 위해 본성에 더해진 도움', 즉 '내적 도움'으로 정의했으며, 통상 이를 사랑과 동일시했다.

12-13세기로 대변되는 스콜라 시대의 전성기는 아리스토텔레스의 형이상학적 용어가 광범위하게 사용되면서 시작되었다. 이 시기에는 무엇보다도 실체, 우유(accidens), 형상, 질(qualitas), 습성, 행위(actus) 같은 존재론적 개념들 가운데 어떤 것이 은총을 표현하고 정의하는 데 더욱 적절한가가 관건이었다. 이와 함께 질문한 것은 과연 은총이 성령과 어떤 관계를 갖는가 하는 점이었다. 과연 은총을 성령과 동일시할 수 있는가 아니면 서로 구별해야 하는가? 또한 무슨 이유로, 무슨 활동으로 인해 은총은 필수적인가? 은총 없이도 인간이 이룰 수 있는 어떤 선행이 여전히 남아 있다고 말할 수 있는가?

베드로 롬바르도(Pedrus Lombardus)는 그의 유명한 작품인 『명제

론집』에서 은총을 성령과 동일시하는 데 반대하면서 은총은 인간 안에서 일어나는 '창조된 우연적 실재'라고 했다(I, d.17). 한편, 할레스의 알렉산드로(Alessandro di Hales)는 자신의 작품 『전집』에서 은총을 '영혼의 형상'이라고 소개했다. 반면, 보나벤투라 학파에서는 은총을 무엇보다도 신플라톤 철학의 시각으로 해석하면서 '섬광'(閃光) 또는 '사랑'으로 제시했다.

이미 우리가 알고 있는 것처럼, 성 토마스는 『신학대전』 제2부의 '인간에 대하여'(De homine)에서 은총에 관한 자신의 연구를 발전시켰다. 그는 여기서 은총을 의화와 함께 나열했다. 반면, 예정에 관해서는 제1부의 '하느님에 대하여'(De Deo)에서 다루었다. 은총에 관한 논의는 제2부에서 6개 문제에 걸쳐 구체적으로 다루었는데(I/II, qq.109-114), 이 가운데 마지막 두 문제는 의화에 관한 것이다. 여기서 우리와 관련되는 문제는 앞의 네 개 문제인데, 그는 여기서 은총의 필요성(q.109), 은총의 본질(q.110), 은총의 분류(q.111), 은총의 원천(q.112)으로 나누어 은총에 대해 상당히 치밀한 분석을 시도했다.

토마스는 은총의 필요성에 대해 언급하면서 은총이 필요한 모든 인간적인 활동과 행위들을 구별하고, 그 가운데 어떤 요소로 인해 하느님의 특별한 도움이 필요한지를 규정했다. 과학적, 철학적, 형이상학적, 윤리적인 어떤 진리를 알기 위해 은총이 필요한 것은 아니다(q.109, a.1). 또한 윤리적으로 선한 행위를 하기 위해 필요한 것도 아니다(a.2). 그러므로 인간이 은총의 도움 없이도 올바르고 정직한 행동을 할 수 있는 본성적 지평이 있음을 토마스는 인정했다. 하지만 이 지평은 매우 협소한 영역이다. 반면, 인간이 영원한 생명을 얻을 자격을 얻기 위해서는 은총이 필수적이다. 왜냐하면 "이 영원한 생명은 인간 본성의 차원을 훨씬 초월하는 목적"(a.5)이기 때문이다. 그러므로 인간은 은총을 위해 자신을 준비해야 한다. "왜냐하면 하느님께서 먼저 인간을 당신께로 향하게 하지 않으신다면, 인간은 자신의 힘만으로는 그분께로 향할 수 없기 때문이다. 그런데 은총을 향해 자신을 준비하는 것은 다름 아닌 하느님을 향해 자기 존재를 돌이키는 것이기도 하다. 이는 마치 태양을 바라보지 않는 이로 하여금 햇빛을 받도록 준비시키는 것이 그 자체로 이미 태양을 향해 눈길을 돌리게 하는 것이 되는 것과 같다. 그러므로 하느님이 거저 도와주지 않으신다면 인간은 은총의 빛을 받기 위한 준비를 할 수 없다. 하느님의 도움이 미리 그를 내적으로 움직여야 한다."(a.6) 더욱이 하느님의 은총은 인간을 죄로부터 새로 태어나게 하는 데 필수적이다. 왜냐하면 인간은 죄로 인한 삼중고(三重苦)를 겪기 때문이다. 그것은 더러워짐, 본성이 갖는 선한 것들의 부패, 고뇌의 벌이다. "그런데 오직 하느님만이 이 세 가지를 모두 고쳐 주실 수 있음이 확실하다. 사실, 은총의 아름다움은 하느님의 비추임에서 유래한다. 그러므로 하느님께서 인간을 새롭게 비추지 않으신다면 영혼 안에서 이러한 아름다움은 회복될 수 없다. 왜냐하면 이를 위해서는 상존하는 선물이 필요하기 때문이다. 그리고 이 선물은 다름 아닌 은총의 빛이다. 하느님의 뜻에 대한 인간 의지의 순종을 내포하는 본성적인 질서마저도 만일 하느님께서 인간의 의지를 당신께로 이끌어 주지 않으신다면 결코 회복될 수 없다. 이렇듯 하느님 이외의 그 누구도 영원한 고뇌의 벌을 면제해 줄 수는 없다. 왜냐하면 하느님이야말로 인간에게 모욕을 당하신 당사자이시자 인간을 심판하시는 분이시기 때문이다. 그러므로 인간이 죄에서 다시 일어나기 위해서는 상존적 선물(donum habitualis)이든 하느님의 내적 움직임(motus interioris)이든 은총의 도움이 필요하다."(a.7) 끝으로 말할 것은, 인생의 마지막에 이르기까지 선을 행하는 데 항구하기 위해서는 은총이 필요하다는 점이다. "인간이 은총을 통해서 항구함을 가지려면 어떤 새로운 상존 은총(常存 恩寵, gratia habitualis)이 아니라 모든 유혹의 공격으로부터 그를 보호하고 인도해 줄 하느님의 도움이 필요하다. 그러므로 이미 은총을 통해 성화된 이는 하느님께 항구함의 선물을 청해야 한다. 즉, 하느님께서 생의 마지막까지 자신을 악으로부터 보호해 주시도록 청해야 한다. 사실, 은총은 많은 이들에게 허락되었지만, 그들 모두에게 은총 안에서 항구할 수 있는 선물이 주어진 것은 아니다."(a.10)

토마스는 제2부의 q.110에서 은총의 본질에 대해 다루었다. 이 문제는 예정이나 의화와는 구별되는 고유한 것이다. 왜냐하면 예정이 인간의 구원을 위해 하느님께서 영원으로부터 준비하신 계획이라면, 은총은 이 계획의 실행을 의미하기 때문이다. 좀 더 정확히 말해, 그것은 "하느님께서 인간 안에 심어 주신 초본성적인 선물이다."(a.1) 그리고 의화는 움직임의 질서에 속한 것으로서 죄로부터 은총으로의 이행이라 할 수 있는데, 은총 자체는 지속적이며 상습적이다. 이에 대한 토마스의 증명은 다음과 같다. "하느님은 자연적 질서에 속한 피조물들이 자연적 행동을 하도록 움직이면서 배려하실 뿐 아니라 그러한 행동의 원리인 여러 형상들이나 기능들을 선사하면서 배려하신다. 그럼으로써 그들 스스로 그런 자연스러운 행동을 하도록 이끄신다. 이렇게 함으로써 하느님에 의해 이루어진 움직임들이 피조물들의 본성에 부합하는 것이 되게 하시고 쉽게 이루어지게 하신다. 이는 지혜서에 나오는 '하느님은 모든 것을 감미롭게 배치하신다.'라는 말씀과도 같다. 그러므로 더욱 중요한 이유로, 하느님은 초본성적인 선에 도달하기 위해 움직이는 이들 안에 초본성적인 형상이나 질적인 그 무엇을 주입하시며, 이를 통해 그들이 감미로우면서도 즉각적으로 영원한 선에 도달할 수 있도록 움직이신다. 그러므로 여기서 볼 수 있듯이 은총의 선물은 질적인 것이다."(a.2) 왜냐하면 은총은 직접 영혼을 완전하게 하지 그 부분적인 기능만을 완전하게 하지는 않기 때문이다. 따라서 토마스는 은총을 일반적인 덕이나 어떤 특수한 덕, 예를 들면 믿음이나 사랑과 동일시하지 않는다. 그러므로 "신적 본성에 대한 참여인 은총의 빛은 은총에서 유래하는 천부덕과는 구별된다."(a.3) 무엇보다도 은총은 "영혼의 본질 안에 상주한다. 인간은 자신의 지적 능력을 통해 신덕과 더불어 신적 앎에 참여하며, 의지적 능력을 통해 애덕과 더불어 신적 사랑에 참여한다. 그럼으로써 인간은 하느님의 본성에 유사하게 참여하며 그의 영혼의 본성은 새롭게 태어나 창조된다."(a.4)

은총의 결과는 무수히 많다. 무엇보다도 첫 번째 결과로 들 수 있는 것은 의화다. 그리고 신적 삶에의 참여는 믿음, 희망, 사랑이라는 대신덕들을 통해 구체화된다.

하느님 이외의 그 누구도 은총의 주체가 될 수는 없다. 이는 곧 인간(인간의 의지와 자유 의지)은 은총을 받기 위해 스스로 준비할 수 있는 어떤 능력도 갖고 있지 않다는 말이다. 그러므로 "인간 편에서 은총을 준비하기 위한 어떠한 형태의 준비든 간에, 그것은 영혼을 선으로 움직이시는 하느님의 도움에서 유래한다. 왜냐하면 인간이 은총의 선물을 받기 위해 자신의 자유 의지를 통해 어떤 덕스러운 행위와 더불어 준비할 때, 이러한 인간의 자유 의지의 행위는 동시에 하느님에 의해 움직여지기 때문이다."(q.112, a.2)

토마스는 은총을 설명하면서 다양하게 분류했는데, 그 가운데 주요 개념으로는 성화 은총(gratia gratum faciens; 인간을 하느님의 마음에 드시게 해 주는 은총), 무상 은총(無償 恩寵, gratia gratis data; 어떤 사람이 다른 이로 하여금 하느님께로 돌아가게 해 주는 은총), 자력 은총(自力 恩寵, gratia operans), 협력 은총(協力 恩寵, gratia cooperans), 유래 은총(由來 恩寵, gratia proveniens), 후행 은총(後行 恩寵, gratia sequens) 등이 있다. 이렇게 토마스가 열거한 은총의 종류 가운데는 상존 은총과 현행 은총(現行 恩寵, gratia actualis) 사이의 구분이 없다. 하지만 현행 은총에 대해, 토마스는 표현만 하지 않았을 뿐이지 그 개념은 실제로 잘 설명했다(q.110, a.2 참조).

은총의 소유에 관해 보면, 토마스는 이를 확실히 검증할 수 있는지 여부에 대해 – 이를 위한 논증 주제들이 부족하다 – 부정적인 견해를 견지했다. 반면에 은총을 소유했음을 알 수 있는 비교적 분명한 징후들은 찾아볼 수 있다고 보았다. 예를 들면, "어떤 이가 하느님 안에서 기뻐하고 세상 것들에 대해서는 멸시할 때, 그리고 어떠한 중죄도 있지 않음을 알 때"(q.112, a.5) 그러하다는 것이다.

토마스는 은총에 대한 그의 연구에서 세밀한 부분에 이르기까지 초점을 맞추어 설명하면서 우리에게 초본성적인 상태로의 인간 고양에 대한 확고한(유동적이지 않은) 청사진을 제시했다. 은총에 관한 그의 논고에서 유일하게 부족한 점이라면, 그것은 예정·의화에 관한 논의에서와 마찬가지로 그리스도론적인 공백이다. 그는 은총에 관한 모든 논의를 오직 하느님과의 관계에서만 언급했을 뿐 예수 그리스도와 관련해서는 최소한의 언급도 하지 않았다. 이는 그가 사용한 방법론에서 기인하는 공백으로, 토마스는 이미 이 점을 잘 알았기에 『신학대전』 제3부에서 이를 충분히 메워 주었다. 『신학대전』 제3부는 전체가 그리스도께 할애된 부분으로, 여기서 그리스도는 은총을 받기에 합당하도록 인간을 준비시켜 주는 공로인으로 그리고 성사들은 은총을 받게 하는 도구인(causa instrumentalis)으로 언급되었다.

토마스 자신도 바오로의 서간들을 주해하면서 이 서간들의 주된 테마가 그리스도의 은총이며 전체 서간이 총체적으로 그리스도의 은총에 대한 완전한 가르침을 담고 있다고 말했다. "이것이 그리스도의 은총에 대한 모든 가르침이다"(Haec est doctrina tota de gratia Christi). "이것은 그리스도의 은총에 관한 모든 가르침을 구성한다. 첫째, 은총은 머리이신 그리스도 안에 있는 것인데, 히브리서가 이를 잘 제시한다. 둘째, 또한 은총은 신비체의 지체들 가운데 현존하는데, 이에 대해서는 사목 서간들(티모테오 1·2서, 티토서)이 설명해 준다. 셋째, 신비체인 교회 안에 현존하는 은총인데, 이에 대해서는 이교인들에게 보내는 여러 서간들이 잘 드러내 준다. 이는 세 가지 관점에서 표현된다. 즉, 은총 자체로(로마서), 성사들 가운데서(코린토 1·2서, 갈라티아서), 끝으로 은총이 교회 안에서 일으키는 일치 안에서(에페소서, 필리피서, 콜로새서, 테살로니카 1·2서) 은총이 고려된다."

은총의 원천이 하느님께 있든 아니면 예수 그리스도께 있든 간에 은총의 최종 목적은 언제나 동일하다. 그것은 다름 아닌 인간의 신화, 즉 인간의 마음 깊은 곳에서 우러나오는 열망들(자연적 바람)이 충만하게 실현되는 것이다. 이 점에 관해 토마스는 우리에게 아주 호소력 있는 언급을 했다. "인간은 하느님에 의해 자신에게 주어지는 은총을 통해 자신의 궁극적이고 완전한 완성, 즉 자연적 바람이 갖는 지복에 도달한다."[179]

4. 트렌토 공의회

루터는 의화 개념을 통해 은총을 순전히 외적인 사실로, 즉 법정적 정의로 축소해서 은총은 인간 본성에 어떠한 변모도 이룰 수도 없고 그가 새로 태어나도록 작용할 수도 없다고 설명하면서, 그러한 변화를 은폐하고 죄의 상태를 무시해 버렸다. 반면, 트렌토 공의회는 이러한 루터의 견해에 응답하면서 성 토마스의 가르침을 다시 취하는 가운데 은총의 역동성뿐 아니라 존재론적 특징까지 언급했다. 특히 공의회는 인간을 내적으로 변모시키고 동시에 그를 실제로 초본성적 생명, 즉 신적 삶에 참여할 수 있게 해 주는 은총의 능력에 대해 강조했다. 루터가 단지 하느님께서 한 영혼의 의화를 선포하시는 가운데 드러나는 현행 은총만을 인정했다면, 트렌토 공의회는 상존 은총의 중요성에 대해 다음과 같이 언급했다. "구원의 선물은 영혼에 습관적으로 개입해서 깊이 변화시킴으로써 그 영혼으로 하여금 본질적으로 하느님께 의합하게 한다."

공의회는 여섯 번째 회기에서 구원 은총의 경륜을 총체적으로 제시했다. 우리는 이에 대해 이미 의화를 언급하면서 광범위하게 다룬 바 있다. 그러므로 여기서는 핵심적인 요소들만을 다시 짚어 보기로 하겠다.

먼저, 공의회는 원죄로 물든 인간이, 비록 자유 의지를 보존하고는 있지만, 자신의 힘만으로는 죄로부터 해방될 수 없으며 아담으로 인해 잃어버린 정의와 거룩함도 되찾을 수 없다고 선언했다(D 793). 그

---

179. S. Tommaso, *Comm. In II Cor.*, ed. Marietti, n. 534, p.559.

러므로 인간에게는 구세주이신 그리스도가 필요하다. 그분은 당신의 수난과 죽음을 통해 인간에게 치유 은총(gratia sanans)과 성화 은총을 받을 자격을 허락하셨다(D 794). 의화는 재생의 씻음, 즉 세례를 통해 구체화된다(D 795-796). 그러나 성인(成人)은 죄에서 성성(聖性)으로 나아가기 위해 인간을 도우시고 자극하시는 하느님의 은총에 협력할 수 있고 또 그렇게 해야 한다(D 797). 의화되기 위한 죄인의 준비는 복합적이다. 왜냐하면 구원의 시작인 믿음을 향해 영혼이 자신을 열어젖히기 위해서는 무엇보다도 현행 은총의 자극 아래서 시작해야 하기 때문이다. 인간은 이 은총의 구원적인 작용 속에서 비로소 회개하게 된다. 즉, 자신의 죄를 용서받으리라는 확실한 희망을 갖고 이 죄에 대한 인식과 더불어 이 죄를 떨쳐 버리게 된다(D 798).

더 나아가, 공의회는 의화의 본질에 대해 정의하면서 성화 은총의 본성에 대해 분명히 규정했다. 성화 은총은 단순히 죄의 용서만이 아니라 인간이 의지적으로 이 은총과 여기서 유래하는 선물들을 수용함으로써 그 내면이 성화되고 쇄신될 수 있도록 작용한다. "그럼으로써 인간은 불의한 이에서 의로운 이로, 하느님과 원수 같은 사이에서 그분의 벗으로 변화된다. 왜냐하면 이제 인간은 영원한 생명에 대한 희망을 갖고 이미 이 생명을 상속받기 때문이다."(D 799) 성화 은총을 받음으로써 "우리는 영적으로 쇄신됐으며 스스로 자신을 의인이라고 간주할 뿐 아니라 다른 이들에게도 의인이라 불리며 또한 실제로도 의인이 되었다. 이제 우리 각자는 성령께서 원하시는 만큼 그리고 준비된 만큼 의로움을 선물로 받은 것이다."(D 799)

공의회는 이에 덧붙여서, 의롭게 된 인간은 받은 은총에 합당하게 협력하는 가운데 더욱 더 거룩하게 성장할 수 있으며, 어떤 식으로든 율법을 준수할 의무가 있다고 말했다. 이는 영원한 생명을 얻을 수 있는 자격을 얻기 위함인데, 이제 이렇게 쇄신된 인간은 그렇게 할 수 있다(D 803-804).

간단히 말하자면, 트렌토 공의회의 가르침으로부터 우리는 다음과 같은 사실을 알 수 있다. 즉, 은총은 초본성적 실재로서 인간을 내적으로 움직이고 변화시키며, 그럼으로써 인간을 준비시켜 인간이 하느님 앞에서 의로운 존재로 설 수 있게 하고 하느님의 생명에 참여할 수 있게 해 준다. 그러므로 은총은 단순히 선물일 뿐 아니라 인간이 거룩함과 하느님의 사랑 안에서 더욱 더 성장하기 위해 협력할 수 있고 또 협력해야 하는 실재이기도 하다.

5. 현대 신학자들의 사상에서 본 은총

개신교 종교 개혁에 대항하던 가톨릭 신학자들 사이에서는, 비록 주된 관심은 의화와 예정에 집중되어 있었지만, 은총의 신비에 대한 관심 또한 상당히 높았다. 은총에 관한 미묘하고 복잡한 논의들은 크게 두 갈래로 나뉘는데, 겉으로 보기에는 이 두 견해가 양립하기 어려운 것처럼 보인다. 하나는 바녜즈적 입장으로, 이 전망은 인간 자유의 가치를 흐리게 할 정도로 은총의 절대적인 우위를 강조했다. 다른 하나는 이에 반대되는 몰리나적 입장인데, 이 전망은 은총의 절대적 무상성을 위협할 정도로 자유의 역할을 매우 강조했다. 필자는 이미 앞에서 이 두 가지 전망이 뒤엉켜 싸운 변천사에 대해 광범위하게 설명한 바 있다. 따라서 여기서는 좀 더 최근에 논의된 은총 교리에 대해서만 다루기로 하겠다.

　20세기에는 신학의 여러 분야와 마찬가지로 은총 교리 분야에서도 상당한 금일화 작업이 시도되었고, 이와 더불어 단순히 은총을 표현하는 언사들뿐만 아니라 그 내용 또한 바뀌었다. 모든 신학적 교의들과 마찬가지로 은총 교리에 대한 해석에서도 역시 철학을 연구한 저자들의 철학적 전망이 결정적인 역할을 했다. 은총에 관한 상이한 해석들은 본질적으로 상이한 철학적 지평에 기인하는 것으로서, 이러한 기반 아래 은총 교리가 새롭게 논의되고 설명되었다.

　주지하는 바와 같이, 20세기 중반까지 가톨릭 신학자들은 현실적으로 단일한 철학적 노선만을 고집했다. 그것은 다름 아닌 토마스적 노선 또는 신토마스적 노선이었다. 이로 인해 당대의 가톨릭 신학자들 간에는 바라보는 전망이 획일적일 수밖에 없었다. 이러한 현상은 은총에 관한 연구에서도 다를 바 없었다. 이와 더불어 탕케레(Tanquerey), 갈티에르(Galtier), 파렌테, 메르쉬, 주르네(H. Journet), 슈마우스 같은 당대의 뛰어난 저자들 사이에서조차 이렇다 할 만하게 상이한 견해들이 나오질 못했다.

　그러나 20세기 후반으로 접어들면서 가톨릭 신학자들 사이에서 이러한 철학적 노선의 단일함이 깨지기 시작했다. 그들 가운데 대부분은 토미즘을 유보한 채 개신교 신학자들의 사례를 따르면서 그 자리를 새로운 철학적 전망으로 대체했다. 예를 들면, 실존 철학, 진화론, 현상학, 인격주의 철학, 정신분석학, 초월 철학, 언어 분석학, 마르크스 철학 등이 그러하다. 이는 실로 새롭고도 놀라운 현상이 아닐 수 없었다. 가톨릭 분야에서는 신학적 전망의 획일성이 깨져 갔고 다양한 해석학적 원리들에 힘입어 서로 상반된 해석들이 무수히 등장하기 시작했다.

다른 한편으로, 가톨릭 신학자들과 개신교 신학자들이 종종 서로 동일한 철학적 전망을 취하면서 과거에 상당한 차이를 보였던 교리들과는 대조적으로 은총 교리 부분에서는 거의 동일한 해석을 제시하기에 이르렀다. 이렇게 제시된 수많은 해석 가운데, 필자가 보기에는 형이상학적 해석, 역사적 해석, 실존적-초월적 해석, 변증법적 해석 등 4가지 견해가 관심을 갖고 다뤄볼 만한 것이라고 여겨진다.

5.1. 형이상학적 해석

이 해석은 가톨릭 신학의 전통적 전망으로서 현대 신학자들 가운데 특히 가리구 라그랑주, 파렌테, 피올란티, 슈마우스 같은 저자들에게서 두드러진다. 이 해석에 따르면, 본질적으로 은총은 영혼을 깊숙이 관통함으로써 그 영혼을 성화하고 신적 삶에 참여할 수 있게 해 주는 초본성적이며 실체적인 습성에 있다. 이러한 습성은 비록 우연적인 방식을 통해서이기는 하지만 인간 존재를 그 기저에서부터 바꿔놓는다. 다시 말해, 이 초본성적 습성은 영혼이 이미 영적 실재로서 자신 안에 지니고 있는 하느님의 모상을 더욱 생생하고 심오하게 만든다. "이처럼 은총을 통해 영혼에 각인된 하느님의 모상에 힘입어, 영혼은 하느님을 알고(신덕) 사랑하기(애덕) 시작한다. 이는 다름 아닌 성화된 영혼 안에 드러나는 하느님의 객관적 현존으로서, 최소한의 현존에서 이제 최대한의 현존을 지향하게 된다. 이는 세례 받은 어린아이에게는 단순히 습관적이고 잠재적인 현존인 반면에 통상 어른에게는 실재적으로 인식된다. 그리고 이 현존이 신비가들에게는 매우 활기찬 것이고 모든 은총 경륜이 지향하는 지복직관의 상태에서는 완전한 것이다. 그러므로 은총은 하느님의 무한한 사랑이 인간 영혼 안에서 놀라운 방식으로 실현되는 것이다. 또한 이는 영원한 생명을 얻는 데 필요한 신적 통교이자 풍요로운 신적 빛이요 힘으로서, 인간은 영원한 생명에 이르기 위해 구원자이신 하느님께 능동적으로 협력해야 한다."[180]

5.2. 역사적 해석

이는 은총을 통해 이루어지는 하느님 계획의 현실화를 묘사하기 위해 몇몇 신학자들, 그 가운데 특히 앙리 드 뤼박이 시도한 해석으로서, 하느님 계획의 자유로움과는 양립하기 어려운 추상적 개념들로 이루어진 형이상학적 범주들을 받아들이지 않는 대신에 역사적 방법론을 사용해서 이 신비가 갖는 진리의 핵심을 드러내고자 한다.[181] 이렇듯 뤼박은 역사적 방법을 활용해서 교부들, 스콜라 신학자들, 반종교 개혁 신학자들(가예타노, 수아레즈, 몰리나 등)에게서 은총의 신비가 어떻게 이해되었고 어떤 형태로 규정되었는지를 고찰했다. 그는 이를 통해서 어떻게 역사적-구원적 질서라는 단일한 개념에서 교부들이나 스콜라 신학자들에게는 전혀 생소한 본성적-초본성적이라는 두 가지 층으로 분리되었는지를 이해하고자 했다. 결국 그는 초본성적 질서의 단일함에 관한 명제를 확증했다. 그는 이러한 단일함이 전통에 부합할 뿐 아니라 하느님의 계획에도 맞는 것으로서, 하느님의 계획은 두 가지 요소가 아니라 단일한 하나의 요소를 내포한다고 보았다. 그것은 다름 아닌 지복직관(초본성)을 향한 원의를 부여받은 인간 본성으로서, 이 본성은 신적 삶에 참여하도록 불리었다. 뤼박에 따르면, 이 개념은 폐쇄적이고 정적인 '본성적 지복' 개념을 거부하면서 소위 말하는 모든 이

---

180. P. Parente, *Itinerario teologico ieri e oggi*, Firenze, Vallecchi, 1968, p.217.
181. H. De Lubac, *Il mistero del soprannaturale*, Bologna, 1967, pp.271ss.

원론을 배격한다. 모든 영적 피조물들에게 하느님을 직접 대면해서 보는 것(visio Dei)은 진정 유일한 최종 목적이자 이 지복을 향한 열망을 잠재울 수 있는 유일한 목적이다.[182]

5.3. 실존적-초월적 해석

이는 칼 라너가 제안한 것으로서 무엇보다도 은총의 신비를 해석하는 전망인데, 그는 은총에 대해 말하기 위해 현존재(現存在, Dasein)[183]로 대변되는 인간 존재의 본질적 모습을 묘사하려 했고, 이를 위해 하이데거가 사용한 실존(esistenziale) 개념에 호소했다. 이렇게 해서 라너는 은총을 초본성적 실존(esistenziale soprannaturale)으로 규정하였다. 비록 이 개념이 인간 본성의 모든 가능성들을 뛰어넘기는 하지만, 그럼에도 불구하고 언제나 인간 존재에 동반하는 은총이기에, 그는 이를 '실존'이라 불렀다. 사실 역사적으로나 실존적으로 볼 때 모든 인간은 언제나 신적 삶에 참여하도록 부름 받은 존재다. 그러므로 인간은 그 자신의 업적이나 주도권의 결과가 아니라 초본성적 실존으로서 하느님께서 인류에게 행하시는 절대적인 무상적 성격을 띤 특별한 선물에 근거를 둔다. 사실 "하느님은 은총과 더불어 인간에게 당신의 사랑을 건네시며 그에게 가까이 다가가 인사하실 뿐 아니라 당신이 원하는 모든 이에게 당신의 현존을 선물로 주신다. 존재론적으로 볼 때 이는

---

182. *Op. cit.*, p.261.
183. 하이데거는 자신의 실존(esistenziale) 개념을 다음과 같이 정의했다. "인간은 실존성(esistenzialita)에 의해 규정되므로, 우리는 존재가 갖는 본질적 특징을 '실존적'(esistenziale)이라고 규정한다. 이 개념은 우리가 '범주들'(categorie)이라 부르는 존재(esistenza) 개념에 의해 특징지어지지 않는 실재(ente) 개념의 규정들과는 분명히 구별되어야 한다."(M. Heidegger, *Sein und Zeit*, Tubinga, 1963, p.44)

창조주와 아직 죄가 없는 피조물 사이의 관계에 대한 추상적 개념에 포함된 필요성으로서, 하느님은 그 피조물에게 단순히 당신 사랑의 시도로서 창조된 선들을 선사하실 뿐 아니라 더 나아가 순수하게 효과적인 원인에도 참여하시며, 더불어서 그 피조물로 하여금 당신 본성에 참여하도록 이끌어 주신다. 그럼으로써 인간이 절대적인 의미에서 하느님의 자녀로서 상속자가 되어 영원한 하느님의 생명으로 부름 받은 존재로서 직접 얼굴을 대면해서 그분을 뵙는, 다시 말해 인격적인 하느님 생명의 관상가가 되게 하신다. 우리는 바로 여기서 실재에 대한 그리스도교적인 이해 지평이 갖는 진정한 핵심을 마주하게 된다."[184]
라너의 모든 사색적인 힘(vis speculativa)은 그리스도교적인 이해의 핵심인 은총에 일관되게 접근한다. 그는 은총을 그리스도인의 영성 생활의 초월적 조건이자 초본성적 실존으로 정의하는 가운데 자신의 모든 신학적 체계를 발전시켰다. 은총은 모든 사람을 위한 하느님의 구원 계획의 일부로서 역사 가운데 드러나는 하느님의 자기 현시(自己 顯示, auto-manifestatio)이자 인격적인 자기 통교인 예수 그리스도 안에서 상징적이면서도 완벽하게 실현됐다.

5.4. 변증법적 해석

칼 바르트를 통해 제안된 이 해석 방법은 변증법에 대한 헤겔과 키르케고르의 용어들을 활용한다. 즉, 명제(tesi)와 반명제(antitesi), 긍정(Si)과 부정(No) 사이의 변증법적 통합이 그것이다. 이는 전형적인 루터 방식의 해석 방법으로, 바르트는 본성과 은총 사이의 조화를 가르치는

---

[184]. K. Rahner, Sulla teologia della grazia, in *Sacramentum mundi*, IV, Brescia, 1975, col. 372.

가톨릭 교의에 반대했다. 바르트에 의하면, 은총, 의화, 구원은 인간이 할 수 있고 원할 수 있는 모든 것에 대한 하느님의 단호한 부정이요 죄, 교만, 탐욕으로 물든 인간 본성과 문화에 대한 하느님의 철저한 거부다. 간단히 말해, 이 하느님의 '아니오'는 인간 – 인간은 죄인이면서 동시에 하느님에 의해 선택되었는데, 이 선택은 선택된 최상의 존재인 예수 그리스도와 더불어 이루어졌다 – 이 '그렇다'라고 말하는 모든 것에 대한 거부를 의미한다. 이러한 해석의 전망에서 보면 은총은 선택, 의화와 동일시되며(축소되며) '의인인 동시에 죄인'이라는 전통적 형태에 따라 변화된다. 그리스도교 신자는 자신이 처한 죄인 상태에서 벗어나지 않은 채 오직 그리스도의 업적을 통해 의화된다. 인간은 성령을 받았을 때조차도 자신의 부정적인 상황 안에 늘 머물며, 비록 미래에나 그것을 희망한다 하더라도 여전히 죄인으로 남는다. 그가 지닌 선한 것은 오직 하느님의 은총을 통해 그리고 은총 안에서만 가능한데, 이 은총은 다름 아닌 그리스도시다. 그러므로 인간은 '하느님-인간'이신 그리스도께서 의인이시고 의인으로 선포되셨으며 또한 의인으로 인정되신 한에서 의화되었다고 할 수 있다. "'오직 믿음만으로'(sola fides)가 '오직 그리스도만으로'(solus Christus)에 대한 약하지만 필연적인 반향이 아니라면 무엇이란 말인가? 인간은 오직 그리스도 그분 안에서만 의화되었고 의화되는 것으로 드러난다."[185] 인간이 은총과 구원을 얻는 데는 오직 하나만이 기여할 수 있다. 그것은 다름 아닌 믿음이다. 그러나 바르트는 이러한 믿음이 결코 선한 공로적 행위로 해석되어서는 안 된다고 지적했다. "믿음을 통한 의화는 결코 인간이 – 통상 자신의 나

---

185. K. Barth, *Kirchliche Dogmatik* IV/1, p.706.

쁜 행위 대신에 그리고 자신이 선한 행위를 할 수 있다고 주장하는 대신에 – 믿는 행위를 선택하고 완성하는 한에서 자유로워지고 의화된다는 것을 의미하지 않는다."[186] 믿는 이는 자신이 먼저 하느님을 향해 나아간 것이 아니라 하느님께서 자신을 찾아오셨다는 것을 잘 안다. 그가 하느님을 위해서 한 것이란 아무 것도 없다. 반대로, 하느님은 그를 위해 놀랍고도 풍요로운 것을 이루어 주셨다. 그분은 그의 자리를 대신하셨다. 그러므로 정확히 말해 은총은 하느님께서 당신 자신을 우리 곁에, 아니 더 나아가 우리 자리에 놓아 두셨다는 데 있다.[187]

6. 마지막으로 고려해야 할 사항들

드 뤼박과 라너 그리고 바르트가 제시한 은총 교리에 대한 재수정 작업에서 다음과 같은 세 가지 사실이 드러난다. 즉, 역사적-구원적 질서의 단일함에 대한 진리(드 뤼박), 은총의 보편적 특징에 대한 진리(라너), 은총의 절대성에 대한 진리(바르트)가 그것인데, 이는 가톨릭교회의 주된 전통적 가르침에서 결코 벗어나지 않는다.

이제 교의 신학이 은총의 신비에 대해 말할 수 있고 또 말해야 하는 몇 가지 사항들을 정리해 보기로 하자.
1. 은총은 본질적으로 하느님께서 영원으로부터 인간을 위해 원하셨고 염두에 두셨던 놀랍고도 사랑 가득한 계획이 구체화되는 데 있다. 이 계획은 다름 아니라 인간이 신적 삶에 참여하는 것이다.

---

186. *Op. cit.*, p.687.
187. *Ibid.*, pp.707ss.

2. 이 계획은 이미 하느님께서 원조를 창조하신 순간에 구현되었고 그들의 죄와 더불어 손상되었다. 그러나 때가 충만함에 이르자 하느님의 아들이시자 인간이 되신 예수 그리스도를 통해 고쳐지고 회복되었다. 이처럼 하느님의 계획 – 즉, 은총의 수여 – 은 예수 그리스도의 공로들과 그분께서 제정하신 성사들(세례성사와 성체성사)을 통해 다시금 이어졌다. 이러한 하느님 계획의 구현이 비록 역사적으로는 특수한 경로(이스라엘, 그리스도, 교회)를 거쳤지만, 그것은 하느님의 구원 경륜에서 극소수의 특권층에게만 유보되지 않고 보편적인 지평에서 이루어졌다.

3. 은총은 새로운 피조물을 탄생시키는 새 창조인 존재론적 사건으로서 인간 존재의 깊은 곳을 건드린다. 영적인 질서에서 보면 인간은 실체적 존재 – 토마스는 인간을 지적 또는 이성적 실체라고 부른다 – 로서, 무엇보다도 자유라는 형언할 수 없이 소중한 특성을 부여받았기에 영적인 질서에 속한다. 이미 아우구스티노가 주장했듯이, 은총은 자유의 능력과 사용에 따라 인간 인격에 흔적을 남긴다. 그러므로 인간의 자유는 단순히 선과 악을 조정하는 – 그러나 실제로는 거의 언제나 악에 의해 왜곡되는 – 조정자 이상으로 은총과 더불어 선을 행할 수 있고 세속적 사랑(eros)에서 천상적 사랑(agape)으로 변모된다. 작용적인 차원에서 보자면, 은총은 근본적으로 사랑(agape)을 향한 자유의 자유화라고 할 수 있다.

4. 하느님과의 특별한 우정의 관계(agape)인 은총을 수용하는 가운데 인간 존재 전체는 변모되며 그의 삶은 다른 의미와 가치를 갖게 된다.

5. 인간이 하느님과 갖는 이 우정 관계는 개인의 삶뿐만 아니라 사회적인 삶에도 깊은 변화를 일으킨다. 우리는 초본성적인 신적 삶에 대

해서 말할 수 있다. 이 삶은 하느님과의 통교가 지속되는 상태다. 이는 인간 존재에게 마치 일종의 배경 음악과도 같다. 이런 상태의 삶을 사는 이가 맺는 결실과 징표는 신뢰, 용기, 관대함, 결속, 기쁨, 평온함, 사랑, 희망, 평화 등이다.

사실, 이러한 초본성적 삶을 전문적 철학적 용어로 바꿔 표현하기는 상당히 어렵다. 왜냐하면 그것은 철학자나 과학자들이 통상 언급하는, 실험적으로 검증 가능한 일상적 경험을 초월하기 때문이다. 그러므로 신적 삶의 전문가들이라고 할 수 있는 신비가들이 사용하는 언어들이 상대적으로 더 적절하다고 할 수 있지만, 이는 명료하고 정확하며 일관된 언사를 필요로 하는 신학자들이 건드릴 수 있는 영역은 아니다.

우리는 이 장에서 신학자들이 오랜 세기에 걸쳐 은총 교리를 형이상학적 용어로 해석했다는 점을 살펴보았다. 또한 형이상학적 개념 – 실체, 우유, 질, 행위, 형상, 습성 등 – 을 사용하는 것은 사실상 초본성적 삶이 갖는 존재론적 차원을 분명히 해 두기 위해 정당하다는 점도 살펴보았다. 그러나 형이상학적 용어만으로는 그러한 신적 삶이 갖는 고유성을 적절하게 담아 낼 수 없다. 이 방식은 인간적 삶(더 나아가 초본성적 삶)에 고유하지 않고 보편적인 개념들이기 때문이다(동물들이나 그 외에 다른 사물들에게도 적용되기 때문이다). 그러므로 형이상학적인 언사에 준해서만 이 삶을 표현한다면, 이는 단지 은총에 대한 표면적 묘사일 수밖에 없다.

그러므로 형이상학적 언사는 인간에 대한 철학적 연구를 통해 얻어진 인간학적 언사와 더불어 통합되어야 한다. 이는 오늘날 우리 시대의 수많은 신학자들(라너, 불트만, 바르트, 틸리히, 몰트만, 구티에레즈 등)이 진행한 작업으로서, 이들은 주로 실존 철학, 초월 철학, 종말론, 정치 등으로부터 필요한 개념들을 취하였다. 이들의 시도의 정당성 여부는 그들이 영감을 받은 인간학적 전망의 가치에 달려 있다.

이제 필자가 보기에 적합하다고 여겨지는 은총 교리에 대한 인간학적 언사를 언급하고자 한다. 이는 필자가 『인간, 그는 누구인가?』(*L'uomo. Chi è?*)라는 작품에서 심도 있게 다루고자 한 주제들 중의 하나였다. 필자는 이 작품에서 인간을 끊임없이 자신을 초월하는 특징을 갖는 존재로 소개한 바 있다. 이러한 자기 초월은 인간의 모든 활동, 영감, 실현 등에서 찾아볼 수 있는 고유한 특징이다. "인간은 일관되게 자기 자신의 존재됨과 자신이 획득한 모든 것, 사고하는 모든 것, 원하고 실현한 모든 것을 뛰어 넘는 존재다."[188] 이 책에서 필자는 또한 이러한 자기 초월이 전형적으로 신학적 의미를 갖는다는 점도 언급했다. 즉, 인간은 하느님을 향해 자신을 초월하는 존재이며, 하느님은 인간이 더욱 더 진보하도록 밀어붙이는 가운데 이렇듯 깊고 강렬한 긴장 상태를 완성으로 이끄실 수 있는 유일한 분으로 드러난다.

이제 우리는 하느님이 계시를 통해 인간에게 당신 자신을 증여하시고 인간으로 하여금 당신의 신적인 삶에 참여하게 하시면서 인간의 초월적인 움직임이 완성에 이르도록 이끄신다는 사실을 알게 된다. 이러한 의미에서 우리는 은총을 '인간의 자기 초월의 신적 실현'이라고 적절하게 표현할 수 있으리라 믿는다.

무엇보다도 이러한 실현은 하느님에 의해 무상으로 이루어진 것으로서, 하느님은 비록 모험적이기는 하지만 인간이 신적 삶에 실제적

---

188. B. Mondin, *L'uomo Chi è?*, Massimo, Milano 1977, 2a ed., p.288.

이면서도 깊이 참여하게 하신다. 여기서 모험적이라고 한 것은 이 실현이 인간의 응답과 수용에 의해 조건이 지워지기 때문이다. 그러므로 이 실현은 인간이 하느님과 만나는 데 – 이는 예수 그리스도 안에 실재하는 신성과 인성 간의 만남과 비교해서 유비적이라고 할 수 있다 – 있다. 신비가들은 이 경이로운 만남을 혼인의 결합에 비유하는데, 이 만남은 더욱 더 성장하고 강렬해지도록 정해졌다. 누구보다도 이 만남의 주인공은 하느님이시지만, 인간 편에서도 역시 그 나름의 준비가 있어야 한다. 더 나아가, 인간은 이 만남을 통해 충만하고 완전하며 행복에 찬 자기실현에 이를 수 있다.

여기서 우리가 제시하는 은총 개념은 토마스 아퀴나스가 제시한 개념에 상당히 근접해 있다. 토마스는 이렇게 말했다. "은총이 인간에게 주어진 것은 인간으로 하여금 자신에 대한 궁극적이고도 완전한 실현, 즉 지복에 이르게 하려는 것으로, 인간은 이 지복에 대한 자연적 바람을 느낀다."[189] 여기서 은총은 목적과의 관계 아래 설명됨과 동시에 규정된다. 그 목적은 다름 아닌 인간의 충만한 자기실현이며 지복에 도달하는 것이다.

앞서 살펴본 바와 같이, 이러한 실현을 은총이라고 하는데, 이러한 상태에 도달하는 것 자체가 인간에게는 거저 주어진다. 그 까닭은 이러한 성취의 능동인이 인간이 아니라 하느님 자신이기 때문이다. 사실, 은총의 능동인은 지극히 거룩한 삼위일체 하느님이신 성부, 성자, 성령이시다. 왜냐하면 밖을 향한 작용인 인간의 성화와 신화에서 세 위격 모두가 함께 어우러지기 때문이다. 그러나 은총의 도구적 능동인

---

189. S. Tommaso, *Comm.* in II Cor., n. 534, Marietti, p.559.

은 예수 그리스도로, 그분이야말로 우리 구원의 입안자(立案者)시다. 우리를 당신과 하나가 되게 하시면서 신적인 삶에 참여하게 하시는 분 또한 그리스도시다. 그러므로 은총이 예수 그리스도와 갖는 관계는 아주 긴밀하다. 사실, 사도 바오로가(또한 요한이) 주장하는 것처럼, 은총 속에 있는 것은 그리스도 안에 있는 것과 동일하다. 그리스도를 받아들이는 사람은 은총을 받아들이는 사람이다. 그리스도와 하나 되는 사람은 역시 은총을 갖게 된다. 그리스도 안에서 죽고 부활하는 사람은 은총 속에 있는 이로서, 그리스도께서 지니신 하느님의 자녀로서 품위를 공유하게 된다(로마 8,29). 주님을 덧입는 사람은 은총 속에 있으며 그분의 모습을 취하게 된다(로마 13,14). "여러분은 옛 인간을 그 행실과 함께 벗어 버리고, 새 인간을 입은 사람입니다. 새 인간은 자기를 창조하신 분의 모상에 따라 끊임없이 새로워지면서 참지식에 이르게 됩니다."(콜로 3,9-10)

형식적인 묘사에 따르면, 통상 은총은 습성(habitus)으로 소개된다. 즉, 일정하게 지속적으로 소유하는 – habitus는 habere("소유하다"라는 뜻)라는 라틴어 단어에서 유래한다 – 질적인 불변의 상태를 의미한다. 따라서 은총은 어떤 새로운 본질이나 실체가 아니요 그렇다고 새로운 본성에 관한 것도 아니다. 인간의 본성, 본질, 실체는 근본적으로 그대로 남는다. 그럼에도 불구하고 인간은 이 새로운 질적 상태를 통해 깊이 변모하게 된다. 그래서 은총을 '존재적 습성'이라고 부른다. 왜냐하면 그것은 직접적으로 존재에 관한 것이기 때문이다. 다시 말해서, 은총은 존재론적 차원에서 인간 인격의 더욱 깊은 곳, 즉 영혼을 변모시키며, 이차적으로는 행위, 다시 말해 작용하는 능력들을 변모시킨다. 토마스가 설명하는 것처럼, 은총은 인간 영혼에게 더욱 고양된 존재 상태인 영적 존재성(esse spirituale)을 선사하는데, 이 존재는 신적 본성에 대한 참여(2베드 1,4)로 이해된다.[190]

또한 이 새로운 영적 존재는, 비록 본질적인 방식에 의하지는 않지만, 본성적 존재와 긴밀히 밀착하는데, 본성적 존재와 유기적으로 이루어져 있으며 본성적 존재가 초본성적인 행위를 할 수 있도록 몇 가지 기능들을 준비시켜 준다. 정확히 말해 그것은 믿음, 희망, 사랑이라는 초본성적 덕들을 말한다.

그러므로 은총은 결코 추상적인 실재가 아니다. 그것은 어떤 관념도, 감정도, 경건한 열망이나 법적인 기능도 아니다. 무엇보다도 그것은 존재론적 성질(qualitas ontologica)로서 인간을 하느님 앞에서 온전히 새로운 상태로 이끌어 준다. 이는 인간으로 하여금 하느님께 의합하게 해 주며, 그럼으로써 인간이 하느님과의 친교에 들어갈 수 있게 해 준다. 또한 그것은 인간으로 하여금 하느님의 신적 본성에 참여하게 해 주며 그분처럼 행동할 수 있게 해 준다. 그리고 인간으로 하여금 절대적인 가치들을 동화(同化)시키는 가운데 성숙하게 해 주며, 인간이 맺는 이웃들과의 사랑의 관계를 더욱 깊게 해 준다.

은총은 단지 영혼이나 영혼의 일부분에만 국한해서 작용하지 않는다. 그것은 총체적인 인간 전체와 관련된다. 이는 인간에 대한 전혀 새로운 계획으로서, 이 계획이 새로운 목적과 가능성, 새로운 가치, 새로운 능력과 더불어 밑바닥에서부터 새롭게 쇄신되는 것을 의미한다. 그래서 우리는 은총 안에서의 인간을 새로운 피조물이라고 부른다. 이러한 의미에서 새로운 계획은 단지 영혼만이 아니라 육체, 성(性), 감정

---

190. ID., *S.Th.* I-II, 110, 2.

들, 열정들과도 연관을 갖는다. 은총의 주체는 변모되는 인간 인격으로서, 이 인격은 새로운 체험들과 행위들을 할 수 있게 된다. "나의 앎은 새로운 빛을 받으며, 나의 원의는 새로운 동기를 부여받는다. 그리고 나의 느낌은 새로운 감정들과 태도들, 새로운 긴장들 그리고 새로운 방향들을 부여받는다."[191]

본성이 본성적 계획의 존재론적 바탕이듯, 은총은 초본성적 계획의 존재론적 바탕이다. 마치 본성이 총체적으로 만들어지지 않는 것처럼, 초본성적 계획은 비록 새로운 형태이기는 하지만, 그렇다고 처음부터 총체적으로 규정되고 그 형태가 만들어지지는 않는다. 본성적 계획과 마찬가지로 초본성적 계획 역시 일종의 특별한 계발이 필요하다. 그러므로 이러한 계획을 실현해 줄 은총의 계발이 존재하며, 이러한 계획의 발전은 영적이고 초본성적인 그리스도인의 인격성을 한층 강화해 주고 굳건하게 해 준다.

은총의 계발은 기도, 하느님 말씀에 대한 경청, 묵상, 명상, 희생, 덕의 실천, 이웃에 대한 사랑, 특히 열심을 갖고 제반 성사에 참여하는 것, 특별히 은총이라는 별칭으로도 불리는 성체성사에 참여함으로써 실현된다. 성체성사는 모든 은총의 원천이신 예수 그리스도에 대한 영구적인 현현(顯現)이다.

---

191. J. Auer - J. Ratzinger, *Il vangelo della grazia*, cit., p.239.

참고 문헌

W. A. Van Roo, *Grace and Original Justice according to St. Thomas*, Coll. Analecta Gregoriana 75, Roma, 1955.

P. Parente, *Anthropologia supernaturalis*, Torino, Marietti, 1958, 4ªed.

ID., *Itinerario teologico ieri e oggi*, Firenze, Vallecchi, 1968.

A. Piolanti, *Aspetti della grazia*, Ares, Roma 1958.

ID., *Natura e grazia*, Roma, Ave, 1958.

K. Barth, *Die Botschaft von der freien Gnade Gottes*, Stoccarda, 1948.

ID., *Kirchliche Dogmatik* IV/1, Zollikon-Zurigo, 1942.

P. Tillich, *Systematic Theology* II, Chicago, The University of Chicago Press, 1957.

H. De Lubac, *Agostinismo e teologia moderna*, Bologna, Il Mulino, 1967.

K. Rahner, "Possibilità d'una concezione scolastica della grazia increata", in *Saggi d'antropologia soprannaturale*, Roma, Edizioni Paoline, 1965, pp.123-168.

ID., "Natura e grazia", *ibid.*, pp.79-122;

M. Flick - Z. Alszeghy *Il vangelo della grazia*, Firenze, LEF, 1964.

C. R. Meyer, *A Contemporary Theology of Grace*, Staten Island, Alba House, 1971.

P. Fansen, *La grazia: realtà e vita*, Assisi, Cittadella, 1972.

A. Moda, *La dottrina della elezione divina in K. Barth*, Bologna, Pàtron, 1972.

J. Auer - J. Ratzinger, *Il Vangelo della grazia*, Assisi, Cittadella, 1971.

A. Beni - G. Biffi, *La grazia di Cristo*, Torino, Marietti, 1974.

A. Rizzi, *La grazia come libertà. Per una attualizzazione del trattato di antropologia teologica*, Bologna, Dehoniane, 1975.

JL. Segundo, *Grazia e condizione umana*, Brescia, Morcelliana, 1974.

K. Rahner, *Corso fondamentale sulla fede*, Alba, Paoline, 1977, pp.161-188.

L. Boff, *La grazia come liberazione*, Roma, Borla, 1988.

G. Greshake, *Libertà donata. Breve trattato sulla grazia*, Brescia, Queriniana, 1984.

O. H. Pesch, *Liberi per grazia, Antropologia teologica*, Brescia, Queriniana, 1988, pp.307-352.

P. C. Phan, *Grace and human condition*, Wilmington DE, Glazier, 1988.

A. Ganoczy, *Dio: grazia per il mondo*, Brescia, Queriniana, 1988.

ID., *Aus seiner Fülle haben wir alle empfangen. Grundriss der Gnadenlehre*, Düsseldorf, Patmos, 1989.

G. Philips, *L'union personelle avec le Dieu vivant. Essai sur l'origine et le sens de la gârce créée*, Lovanio, University Press, 1989.

5 | 하느님 계획의 구체화 : 대신덕들

하느님의 모상으로 대변되는 인간을 향한 하느님의 계획이 구체화되는 데 있어서 우리는 다음의 두 가지 차원(요소)을 구별해야 한다. 하나는 존재론적인 차원으로서 성화 은총이 이에 해당하며, 다른 하나는 역동적인 차원으로서 초본성적 덕들이 이에 속한다. 우리는 앞 장에서 존재론적인 차원에 대해 살펴보았다. 그러므로 여기서는 역동적인 차원에 대해 다루기로 하겠다.

인간에 대한 철학적 연구는 인간 인격이 단지 본질적인 존재론적 핵심 – 인간의 참된 본질을 이루는 지성적 또는 이성적 실체(토마스) – 을 지녔을 뿐 아니라, 나아가 영적인 질서 안에서 행동하고 자신을 표현할 수 있는 다양한 능력도 지녔음을 우리에게 보여 준다. 구체적으로 인간은 인식 능력, 의지 능력, 감탄 능력, 평가 능력 등을 지녔으며, 이를 통해 상대적으로나마 진(眞), 선(善), 미(美), 사물의 가치 등에 도달할 수 있다.[192]

인간 인격은 근본적으로 이미 신적인 삶에 참여할 수 있도록 구조

---

192. B. Mondin, *Il valore-uomo*, Roma, Dino, 1990, 2ᵃed.과 *I valori fondamentali*, Roma, Dino, 1985 참조.

화되어 있다. 그러므로 인간은 성화 은총을 통해 실제로 이 신적인 삶에 참여하게 되며, 그럼으로써 영원으로부터 하느님께서 미리 준비하신 새로운 피조물로 변화되는 예표가 된다. 은총을 통해 현실화된 새로운 초본성적 존재 역시 – 본성적 존재처럼 – 고유한 능력들을 부여받았다. 이 능력들은 새로운 피조물이 초본성적으로 행동할 수 있는 조건을 만들어 준다. 그것은 인간 영혼의 네 가지 기능을 강화해 주는 네 가지 근본적인 능력들이다. 즉, 믿음은 앎을, 사랑은 의지를, 그리고 희망은 평가하는 것을, 마지막으로 기쁨은 감탄을 고양하고 강화해 준다.

그러므로 믿음, 희망, 사랑, 기쁨은 그리스도교 신자의 삶에서 부차적인 측면이나 임시적인 요소가 아니다. 또한 이미 지나간 영적 성향도 아니요 다른 시대의 신자들에게나 있을 법한 덕도 아니며 전통주의나 혹은 카리스마적 성향을 띠는 신자들에게만 유보된 어떤 특별한 것도 아니다. 그것은 그리스도를 믿는 이는 이가 들어 올려지게 되는 초본성적 존재의 근본적 양태로서, 그는 세례를 통해 그리스도처럼 변화된다(로마 8,29; 13,14; 콜로 3,9-10). 사실 하느님은 신적인 원형(즉, 육화하신 로고스)에 따라 인간을 다시 만들고 인간에게 그리스도의 은총을 허락하면서 신적 존재성에 참여하게 하는 것만으로는 만족하지 않으신다. 하느님은 성령을 통해 이렇게 새로 창조된 인간에게 믿음, 희망, 사랑, 기쁨을 선사하시면서 그가 초본성적으로 행동하도록 이끄신다. 그러므로 은총 가운데 있는 이는 이 초본성적 덕들을 통해 생각하고 원하고 판단하고 감탄하는 데 있어서 더는 인간적 기준이 아니라 신적 기준에 따라 행동하게 된다. 하느님의 은총 속에 있는 사람은 진정 하느님의 자녀로서 신적 형상(teomorfo)의 방식으로 행동한다. 즉, 그는 사람이 되신 하느님의 아들 예수 그리스도처럼 생각하고 원하고 판단하고 감탄한다. 이제 그는 진리 안에서 진리에 따라 진리를 생각한다. 그리고 선 안에서 선에 따라 선을 사랑한다. 또한 가치 안에서 가치에 따라 가치를 존경하며, 아름다움 안에서 아름다움에 따라 아름다움을 감탄한다. 인간 인격의 행위는 이런 식으로 깊은 변모를 겪는다. 그는 더 이상 이 세상의 사물, 선, 가치, 아름다움에 귀를 기울이지 않고, 이를 하느님에 대한 앎과 사랑, 존경과 감탄 가운데 성장하는 데 필요한 도구로 사용할 줄 안다.

그러므로 필자는 여기서 이러한 초본성적 덕들, 즉 믿음, 희망, 사랑, 기쁨의 대상과 그 작용들에 대해 설명하고자 한다. 그에 앞서 덕(德) 일반에 대해 대략적으로나마 살펴보기로 하자.

1. 일반적인 덕 개념

덕이라는 말은 통상 습성, 즉 용이하게 행동하기 위한 견고하고 항구적인 성향을 일컫는다. 다시 말해서 선을 향해 강화된 경향으로서 덕이 있는 사람은 선을 향해 움직이는 데 있어 더 자발적으로 나아가 활기차게 행한다.

윤리학은 인간 존재의 목적과 여기에 이르기 위한 수단들을 연구하는 한에서 덕을 첫째 대상으로 삼으며, 인간이 목적에 이르는 데 중요한 수단들 가운데 하나로 여긴다. 이처럼 덕은 윤리적인 가르침을 구성하는 데 필수불가결한 개념이다. 어떤 경우든 서양 사상에서 덕에 관한 교의는 인간이 자신의 완전한 실현을 위해서 해야 하는 것들을 체계적으로 표현하려 했던 중요한 공식들 가운데 하나였다.

덕 개념은 점차로 심화되면서 '올바른 수단을 선택하기 위한 습성'이라는 고전적 정의로 제시되어 왔다. 그리고 아리스토텔레스는 중요한 덕들에 대한 체계적인 검토를 자신의 주요 작품인 『니코마코스 윤리학』에서 다루었다. 아리스토텔레스는 덕들을 다음과 같이 두 가지 중요한 그룹으로 나누었다. 디아노에티케(dianoetiche, 지성적 덕)과 에티케(etiche, 의지 또는 자유로운 선택에 관한 덕, 윤리적 덕, 실천적 덕)가 그것이다. 첫째 그룹에 해당하는 덕들은 지적인 능력의 성숙에 상응하는데, 여기에는 지혜, 지식, 기술 등 세 가지가 있다. 반면, 둘째 그룹에 속하는 덕들은 최종 목적에 도달하기 위해 열정들을 제어하고 수단들을 올바로 선택하는 정도에 따라 구분된다. 모든 윤리적 덕들 가운데 가장 중요한 덕으로는 현명, 정의, 절제, 용기의 사추덕(四樞德, virtutes cardinales)을 들 수 있다.

토마스는 덕에 대한 연구를 『신학대전』 제2부의 1의 qq.55~67에서 광범위하게 다루었다. 그는 여기서 덕을 다음과 같은 방식으로 규정했다. "인간적인 덕은 효과적인 습성으로서 무엇보다도 좋은 것이어야 하고 선을 실행하기 위한 것이어야 한다."(I/II, 155, 3) 토마스가 정확히 짚어 낸 것처럼, 덕은 행위의 먼 원천이라고 할 수 있는 본성이 아니며, 또한 어떤 기관이나 자연적 능력도 아니다. 만일 그렇다고 한다면, 모든 이들이 다 덕을 지녀야 하겠기 때문이다. 어떤 능력이나 효과적인 습성 등은 훈련이나 교육을 통해 습득될 수 있다. 그러나 단지 선한 행위들이 산발적으로만 행해진다면, 이를 덕이라고 말하기는 어렵다. 덕은 습성이 요구되는 것으로서 제2의 본성이라고 할 정도로 일종의 견고함을 지녀야 한다. 덕은 교육과 훈련의 결실인 만큼 인간에게, 구체적으로는 육체가 아닌 영혼에게 속한다. "덕 자체는 영혼 안에 있는 질서 잡힌 성향을 말한다. 즉, 그것은 영혼의 능력들과 그 외적 대상들 사이를 어떤 식으로든 질서 지우게 하는 것이다. 이처럼 덕은 영혼이 갖는 편리한 성향이므로 육체에 마땅히 있어야 할 건강이나 아름다움에 비견될 수 있다."(I/II, 55, 2, 1) 토마스는 아리스토텔레스를 언급하면서 덕을 디아노에티케 또는 지성적 덕과 에티케 또는 실천적 덕으로 구분하였다. 그는 인간 안에는 두 가지 최고의 행동 원리, 즉 정신 또는 이성과 의지 또는 이성적 욕구가 있다는 사실에 근거해서 덕을 두 부류로 나눴다. "그러므로 모든 인간적인 덕은 이 두 가지 행동 원리를 완벽하게 지닌 사람이 되기 위한 것이어야 한다. 그러므로 만일 사색적 지성이든 실천적 지성이든 지성이 잘 작용할 수 있도록 능력을 강화해 준다면, 그것은 지성적 덕이다. 반면에 욕구적인 부분을 강화해 준다면, 그것은 윤리적 덕이다. 그러므로 모든 인간적인 덕은 지적이라거나 또는 윤리적이라고 한다."(I/II, 58, 3) 윤리적 덕들에서 독특한 것은 의지가 열정들을 지배한다는 것이다. 이러한 통제는 이성에 의해 직접 실행되지 않으며, 단지 의지의 지배권을 통해 이루어진다. 윤리적 덕들의 질료적 요소는 감각적 욕구들 – 탐욕적 욕구, 분노적 욕구 – 인데, 이 욕구들이 이성의 필요에 순응함으로써 인간 행동은 동물적이 아니라 참으로 인간적일 수 있는 것이다. 반면, 윤리적 덕들의 형식적 요소는 의지의 지배를 통해 욕구들이 이성에 복종하는 데 있다. 윤리적 덕들 가운데 최고의 덕은 현명이고 지성적 덕들 가운데 최고는 지혜다. 그 다음으로 윤리적 영역에서 꼽을 수 있는 우선적인 덕들은 정의, 절제, 용기다. 이 세 가지 덕들은 현명과 더불어 사추덕을 형성한다. 현명이 실천적인 이성적 행동들을 규제한다면, 용기는 분노적 욕구에서 기인하는 행동들을 관리하고, 절제는 탐욕적 욕구에서 기인하는 행동들을, 정의는 의지에서 기인하는 일반적인 행동들을 관리한다.

이미 앞에서 살펴본 것처럼, 그리스도교 신자는 다른 사람들이 습득할 수 있는 본성적 차원의 윤리적 덕들 이상으로 주입된 초본성적 덕을 지닌다. 이 초본성적 덕들은 마치 윤리적 덕들이 인간의 행위를 본성적인 차원에서 완성시켜 주는 것과 마찬가지로 영혼의 행동들을 초본성적인 차원에서 완성시켜 준다. 이 점에 관해 바오로 사도가 재구성한 공통적인 가르침은 다음과 같다. "이제 믿음과 희망과 사랑 이 세 가지는 계속됩니다. 그 가운데에서 으뜸은 사랑입니다."(1코린 13,13) 인간으로 하여금 신적인 삶에 참여하게 해 주는 대신덕에는 세 가지가 있다. 하느님을 알게 해 주는 믿음, 하느님께로 향하게 해 주는 희망 그리고 하느님과 합일하게 해 주는 사랑이 그것이다.

2. 믿 음

앞서 언급한 것처럼, 신학적인 믿음은 영혼이 초본성적 질서 안에서 하느님을 알 수 있도록 준비시켜 준다. 통상적인 용례에 따르면, 믿음은 개인적인 체험이 없는 정보들을 그 정보들를 제공하는 이(어머니, 친구, 스승, 사제 등)의 권위에 근거해서 진실로서 받아들이는 성향을 말한다. 비오 10세 교황의 교리서가 정의하는 바에 따르면, "믿음은 계시된 하느님의 권위와 이 계시에 관해 교회가 믿도록 제시하는 것에 대해 이성에 반대되지 않는 진리를 수용하는 초본성적인 성향을 말한다."(n.232)

발생하는 질서 차원에서 보면 믿음은 대신덕 가운데 첫째라고 할 수 있다. 반면에 가치론적인 질서에서 보면 사랑이 우위를 점한다. "그 가운데에서 으뜸은 사랑입니다."(1코린 13,13) 발생하는 질서라는 면에서 믿음이 우선적 위치를 차지하는 것은, 그것이 사람으로 하여금 하느님을 믿음으로써 우선적으로 하느님과 관계를 맺게 하기 때문이다. 사실, 무엇인가를 사랑하고 희망하기 이전에 먼저 그것이 무엇인지를 알아야 한다. 이처럼 하느님을 사랑하고 그분께 모든 희망을 두기 전에 우리는 먼저 그분을 알아야 한다. 우리가 하느님을 충만하고 분명한 진리이자 절대적인 선이요 최고의 가치로 알고 받아들이는 것, 더 나아가 하느님께서는 추상적으로가 아니라 구체적으로 예언자들을 통해 말씀하시고 예수 그리스도 안에서 한 분의 인격으로 드러나셨다는 역사적 사실에 대한 앎이야말로 믿음을 통한 앎이 의미하는 바다. 바로 여기에 본질적인 믿음이 있다. 베드로처럼 자기 정신과 마음의 문을 열고 하느님께 "당신은 살아계신 하느님이시요 내 존재의 창조주이시자 내 구원자시요 나의 유일한 선이십니다."라고 고백하는 이는 믿음을 선물로 받는다.

무엇보다도 믿음은 의지나 평가나 감탄이 아니라 직접적이고도 즉각적인 앎과 관련된다. 믿음은 지성에 국한되지 않으면서도 지성이 갖는 효과적인 습성으로서 전 인격을 감싸며 결국 인간의 모든 기능을 포괄한다. 그러므로 믿음을 지적인 덕이라고 말하는 것은 결코 믿음 자체를 축소하거나 또는 도식적으로 다루는 것이 아니다. 오히려 이러한 언급은 신자에게 이 효과적인 성향이 갖는 특수한 작용을 정확히 짚어 주기 위해 당연하다.

대신덕으로서 믿음은 초본성적인 질서에 속하기 때문에 신비스러운 것이라고 할 수 있다. 믿음이 신비로운 것인 까닭은 그것이 무엇보다도 인간의 신화 계획과 더불어 성화 은총을 통해 새로워진 인간 존재에게 특별히 강화된 행동 방식에 관한 것이기 때문이다. 이 덕의 본질을 더욱 깊이 이해하기 위해서 우리는 이를 회개, 확실성, 예수 그리스도와의 관계 안에서 살펴보기로 하겠다. 이 세 가지 관계성이 믿음을 결정적으로 규정한다.

2.1. 믿음과 회개 – 믿음이 갖는 극적인 의미

신덕(信德)에 대한 지나치게 지적(知的)이고 정적(靜的)인 해석은 이 덕을 하나의 사실로만 간주하게 한다. 이러한 태도는 무엇보다도 신자가 이 덕을 지닌 평온한 상태에 있을 때 더욱 그러하다. 이는 새로운 창조를 위해 거쳐야 할 험난한 과정이 이미 종결되었음을 의미한다. 또한 이 드라마가 끝나고 우르에서 약속의 땅으로 향하는 힘겨운 순례가 끝났다는 것을 의미한다. 이 상태에 이르면 믿음이 지니는 극적인 의미는 언제나 근본적으로 함축적인 의미로 남아 있어야 함에도 불구하고 그만 상실하게 된다. 반면, 이 믿음을 회개와 연관시켜서 마치 처음인 것처럼 새롭게 영혼 안에 그 불꽃을 당길 때 믿음이 갖는 극적인 의미는 다시금 살아난다. 그렇게 되면 믿음에 의해 사로잡히는 순간에 영혼에 강력하고도 압도적인 변화가 일어났음을 감지하게 된다.

믿음과 회개는 서로 다른 것이 아니다. 믿음은 본질적으로 회개이며, 구체적으로는 지속적인 회개를 말한다. 믿음은 정신, 지성, 판단, 마음 모두의 회개다. 그것은 또한 하느님의 시각으로 사물들을 바라보고 판단하는 것이다. 그것은 총체적인 변화가 아닐 수 없다. 신의 죽음을 외친 니체가 주창한 전복(顚覆)의 또 다른 전복이라 할 수 있다. 또한 이 믿음은 자신을 회개하도록 개방하는 겸손한 준비 자세이기도 하다.

믿음은 아브라함처럼 하느님의 부르심에 전적으로 자신을 내맡기고 우르 – 인간적인 능력과 앎이 보장된 땅 – 에서 나오는 것이기도 하다. 따라서 믿음은 분명 하느님의 선물이다.

그러므로 회개, 즉 믿음은 인간의 능력에 있는 것이 아니다. 인간의 손 안에는 오직 죄와 하느님으로부터 멀어짐 그리고 죽음이 있을 뿐이다. 믿음과 회개는 하느님의 선물, 그것도 전적으로 거저 주어지는 것으로서 인간의 능력으로는 받기에 부당한 선물이다. 그러므로 인간 – 인간의 열망들, 행동들, 생각들 그리고 계획들 – 과 하느님의 개입 사이에서 사실 아무런 지속성도 발견할 수 없다. 인간은 단지 자신의 선의만으로는 실패할 수밖에 없는 구원 계획들을 세울 뿐이다. 믿음은 인간이 철학, 종교, 예술, 문학 등의 도움에 힘입어 하느님을 향한 여정을 실현하는 것이 아니다. 그것은 인간을 향한 하느님의 하강(下降)이다. 인간은 표류할 뿐 탈출구를 찾을 수 없다. 믿음은 배타적으로 관대한, 그러나 예측할 수 없는 하느님의 주도권에 달려 있다. 주님은 "나의 길은 너희의 길과 같지 않다."고 말씀하신다. 인간의 길은 늘 파괴와 상실과 파탄을 향한 길이다. 오직 하느님만이 인간을 구원으로 이끄실 수 있다.

"그러나 이로 인해 결코 각 개별 가치들이 부인되지는 않는다. 언제나 좋은 것은 좋은 것으로, 고귀한 의도는 고귀한 의도로 남는다. 그럼에도 불구하고 인간 존재는 총체적으로 하느님으로부터 소외되어 있다. 그리스도는 단지 인간의 개별적인 그 무엇을 쇄신하거나 더욱 높은 가능성으로 이끌어 주기 위해 오신 것이 아니다. 그분은 인간에게 세상과 모든 것에 의존하는 자기 존재를 직시할 수 있는 눈을 열어 주기 위해 오셨다. 그럼으로써 인간이 자신과 자신을 둘러싼 모든 것 앞에서 새롭게 시작할 수 있는 바탕을 선사하고자 하신 것이다. 인간은 생명 안에 타고난 창조적인 힘 덕택으로, 또는 지금껏 소홀히 여겼던 존재적인 차원에 힘입어, 그러나 무엇보다도 하느님에 힘입어 …… 새롭게 시작한다. 예를 들어 우리 앞에 여객선이 있다고 하자. 이 거대한 여객선은 마치 하나의 작은 세상과 같다. 이 배는 서로 다른 수많은 기구들과 장치들로 이루어져 있다. 그리고 각 부분마다 책임 맡은 이들이 있고 선원들도 있을 것이다. 그들은 선한 사람들, 의심 많은 사람들, 사악한 사람들일 것이다. 이 모든 것이 바로 인생이다. 마음과 정신의 에너지들, 열정들, 긴장들, 투쟁들, 이러한 상황 앞에 누군가 다가와서 불쑥 이렇게 말한다고 가정해 보자. '여러분 각자가 하는 일은 중요합니다. 그리고 늘 최선을 다해야 한다는 것은 당연합니다. 이제 제가 여러분을 좀 도와주려 합니다. 하지만 여객선의 이곳저곳을 바꿔가면서 하지는 않겠습니다. 다만 한 가지, 이 배가 지금 잘못된 항로로 가고 있다는 것, 결국에는 파국을 향해 가고 있다는 것을 알려 드리고자 할 뿐입니다.' 그렇다. 그리스도께서는 철학자들에게 더욱 차원 높은 교리를 가르치기 위해 그들 가운데 오신 것이 아니다. 그리고 심리학자들에게 더욱 순결한 윤리성을 선포하기 위해 오신 것이 아니다. 또한 종교적 본성이 더욱 심오한 존재의 신비에 대한 체험으로 향하도록 인도하기 위해 오신 것도 아니다. 그분은 다만 우리의 전존재(全存在)가 더 좋은 것이든 덜 좋은 것이든 - 경제, 철학, 본능, 영, 본성, 예술, 윤리, 신심 등 - 모두가 총체적으로 하느님에게서 멀어지는 가운데 추락하며 파국으로 치닫고 있음을 알려 주고자 하실 뿐이다. 그분은 우리가 이 사실을 납득할 수 있도록 우리의 눈을 열어 주고자 하신다. 그분은 우리가 서 있어야 할 자리, 바로 거기서부터 하느님 안에서 새롭게 존재할 수 있는 자리를 알려 주고자 하신다. 그분은 우리가 목적에 도달할 수 있도록 필요한 힘을 주기를 바라신다. 바로 여기에 회개가 의미하는 바가 있다."[193]

신앙의 본질은 구체적으로 여기에 있다. 그것은 세상으로부터 하느님을 향해, 우리의 세상으로부터 하느님의 세상을 향해, 우리의 인간적인 계획으로부터 인간을 향한 하느님의 계획을 향해 철저히 회개하는 것이다. 이때야말로 인간으로 하여금 신적인 삶에 참여하게 하시려는 하느님의 계획에 따라 인간이 영적으로 새롭게 태어남으로써 새로운 피조물이 되는 순간이다. 은총을 받는 것과 새로운 피조물이 되는 것은 믿음의 선물과 매우 긴밀히 연결된다. 성 토마스 역시 믿음과 회개와 의화 사이에 존재하는 긴밀한 관계에 대해 강조한 바 있다. 그는 이 점에 대해 『신학대전』에서 다음과 같이 설명했다. "죄인이 의화되기 위해서는 하느님께서 인간 정신 안에 새겨 놓으신 움직임에 응답하는 인간의 자유 의지의 동의가 있어야 한다. 그런데 하느님은 영혼을 당신께로 회개시키시면서 그를 움직이신다(시편 84,7). 그러므로 죄인의 회개를 위해서는 하느님 앞에서 회개하려는 영혼의 움직임이 요구된다. 하느님 안에서의 이 첫 번째 회개는 믿음을 통해 이루어진다(히브 11,6 참조). 즉, 하느님은 그리스도의 신비를 통해서 사람들을 의롭게 하시는 분이라는 사실을 믿는 신앙의 행위가 필요하다."(I/II, 113, 4)

사람은 회개하는 데 있어서 무엇보다도 믿음을 통해 자신을 하느님께 열어젖히고 그분의 부르심과 원의에 순응하도록 자신을 준비한다.

---

193. R. Guardini, *Il Signore*, Milano, 1981, pp.362-363. 과르디니는 믿음의 신학자였다. 20세기의 그 어떤 신학자도 신덕에 대해서 이토록 심오하게 설명하지 못했다. 이 책에 나오는 '신앙과 닮음'이라는 장(360-368쪽) 외에 *Vom Wesen des Glaubens, Magonza*, 1935도 보기 바란다.

그리스도교적 회개에서 인간은 예수 그리스도께 대한 믿음을 통해 그분의 제자가 되며, 그럼으로써 스승 곁에서 그분을 따르고 결코 그분을 저버리지 않는다. 그리고 단지 그분의 가르침을 배우고 귀하게 여기는 데 만족하지 않고, 더 나아가 깊은 열정을 갖고서 그분의 모범을 뒤따르고 그분의 십자가를 함께 지고 갈 줄 아는 충실한 제자가 된다. 그는 그리스도의 뒤를 따르는 가운데 확실하게 하느님의 계획을 받아들이고, 더불어 하느님에게서 이를 실현할 수 있는 은총을 받기 위해 자신의 인간적인 계획과 스스로 자신을 구원하고자 하는 계획 모두를 서슴없이 포기한다.

2.2. 믿음과 확실성

믿음만큼 요구가 많은 것도 없다. 그러나 또한 믿음만큼 우리에게 위안을 주고 우리를 안심시켜 주는 것도 없다. 믿음은 '모든 것이 새롭게 되었다'는 기쁨 가득한 인식을 선사한다. 의심할 바 없이 믿음은 일종의 도약(跳躍)이다. 아니 그것은 하느님과 인간 사이를 가르는 헤아릴 수 없는 심연을 뛰어넘게 해 주는 엄청난 도약이다. 그러나 그것은 짙은 어둠 속에서 뛰는 도약이 아니라 밝게 비추는 하느님의 빛을 향해 뛰는 도약이다. 믿음은 흔히 말하는 것처럼 모험이 아니다. 만일 믿음이 파스칼이 말한 그 유명한 도박에 근거한 인간적인 행위에 그친다면, 그러한 믿음은 모험이라고 할 수 있을지도 모른다. 하지만 여기서 말하는 믿음은 단순히 인간적인 것도 철학적인 것도 아니다. 이는 무엇보다도 신학적인 믿음이다. 이 믿음은 성령의 작용을 통해 영혼 안에 주입된 것이다. 이것이야말로, 비록 믿음을 지닌 존재가 외적으로는 복되지 않고 십자가와 고통으로 점철된 삶을 산다 할지라도, 기쁨 가득한 믿음을 지녔다는 말을 할 수 있는 이유다. 사도들의 믿음은 주님의 현존을 보았고, 이를 맛보았으며, 이 기쁜 소식을 모든 이들에게 선포하는 것이다.

그리스도교적인 믿음은 하느님과 깊은 관계를 맺는 것인데, 그분은 단순한 하느님이 아니라 구체적으로 삼위일체-하느님, 즉 성부, 성자, 성령이신 하느님이시다. 그러기에 믿음은 하느님과의 대화이기도 하다. 그것은 전능하신(omnipotente) 성부와 전지하신(omnisciente) 성자와 지극히 근면하신(omnidiligente) 성령과 나누는 대화다. 믿음은 성부와 성령, 특히 인간이 되신 성자의 목소리에 사랑으로 귀를 기울이는 것이다. 성자의 목소리를 경청하면서 어떻게 성부의 뜻을 행할 수 있는지를 배울 수 있다.

믿음은 비전이 아니라 순명이다. 지성이 의지에 순명하는 것이자 의지가 하느님의 의지에 순명하는 것이다. 믿음은 지성이 인간을 위한 하느님의 계획을 믿는 것인데, 이렇게 하느님의 계획을 받아들이는 것은 어떤 확실한 비전을 통해서 이루어지지 않는다. 그것은 무엇보다도 의지에 대한 지배를 통해서 이루어진다. 진리가 명확히 드러나고 입증됨으로써 즉각적이고도 증명될 수 있는 인식과는 달리, 비록 제시된 진리가 모든 면에서 분명하다 할지라도, 믿는 행위에서 믿고자 하는 내용을 받아들이게 하는 것은 다름 아닌 의지다. 이에 대해 성 토마스는 이렇게 썼다. "가끔 지성은 용어 자체의 정의에 직접 동의하지 않기도 한다. 또한 원칙에 근거해서나 입증된 결론을 통해서도 동의하지 않을 때가 있다. 그와 반대로 동의는 의지를 통해서 결정된다. 의지는 인간으로 하여금 동의하도록 이끌어 준다. …… 이러한 동의는 지성이 아닌 의지를 움직이기에 충분한 그 무엇이면 족하다. 이것이 바로 믿는

이가 지니는 성향이다."(*De veritate* 14, 1)

앞에서 언급한 것처럼, 믿음은 비전이 아니다. 그것은 인간적인 증거 - 하느님의 말씀도 그리스도의 인성을 이용하셨다 - 라고 하는 중개를 거치지만, 이 중개는 잘 어울릴 뿐 아니라 나아가 이성의 요구에 충만하게 부합하기도 한다. 그래서 로마노 과르디니는 이렇게 말했다. "인간이 하느님과 직접적인 접촉을 갖는 것은 그에게 적합하지 않다. 하느님은 거룩하시며 당신 사자(使者)들의 입을 통해서 말씀하신다. 그러므로 그분께서 보내신 분을 받아들이기를 주저하면서 단지 주님만을 느끼기를 원하는 사람이 있다면, 그는 하느님이 누구신지를 모르는 사람이며 또 알려고도 하지 않는 사람이다. 우리는 이에 대해 다음과 같이 말할 수도 있다. 하느님은 믿음 위에 인간의 본성과 구원의 기초를 두셨다. 그리고 믿음은 하느님의 메시지를 얼마나 신뢰하는가에 따라 그 믿음의 순수함과 열정을 입증할 수 있다. 그러므로 하느님을 느끼려고만 드는 것은 결국 근본적으로는 그분을 믿지 않고 단지 머리로만 알려고 하는 의도를 드러내는 것이다. 그리고 그분의 말씀에 순종하지 않고 다만 자신의 개인적 체험만을 믿고 좇으려는 의도를 드러내는 것일 뿐이다. …… 사실 우리 모두는 서로 결속된 공동체와 다를 바 없으므로, 무엇보다도 인간을 통해 하느님을 느끼는 것이 우리에게는 적합하다. 그 누구도 자기 혼자만의 힘으로 자기 존재를 완성할 수는 없다. 우리 존재가 우리의 개인적인 능력으로부터 생겨나기는 하지만 동시에 이웃들의 도움에 힘입은 바도 크다. 물론 우리는 우리 스스로 성장해 간다. 하지만 우리는 또한 다른 이들이 우리에게 전해 주는 자양분을 통해서도 성장해 간다. 우리는 개인적인 인식의 길을 통해서 진리에 도달하지만 동시에 앎의 대상은 밖으로부터 우리에게 다가온다.

그러므로 인간은 자신에게 있어서 생명에 이르는 길인 동시에 죽음에 이르는 길이기도 하다. 인간은 자신에게 있어서 진리를 향한 길이자 저 높은 곳에 이르게 해 주는 길이기도 하다. 그러나 불행하게도 그것은 또한 오류와 깊은 나락으로 이끄는 길이기도 하다. 이처럼 인간은 인간에게 있어서 하느님께 이르게 해 주는 길이다. 그러므로 인간에게는 다른 이를 통해 선포된 하느님의 말씀이 인간의 마음을 비추는 것이 바람직하다."[194]

믿음은 비전이 아니다. 그럼에도 불구하고 믿음에는 절대적인 확실함이 주어져 있다. 그 확실함은 아주 개별적인 것으로서 다른 종류의 확실함 또는 인간적인 확실함과는 결코 비교될 수 없는 성질의 것이다. 사실, 믿음은 어떤 학문적인 기준들이나 실험을 통해 검증된, 통제 가능한 어떤 실재나 진실과 관련되는 상대적인 확실함과는 다르다. 여기서 말하는 신학적인 믿음은 분명 일상의 인간적 믿음과는 구별된다. 통상 인간적인 신뢰 안에서는 다른 이가 설득하는 말 ― 만일 그들의 입장에 서게 된다면 그들과 똑같이 했을 것이다 ― 을 받아들이는 데 반해, 종교적인 믿음 안에서는 이러한 검증이 절대 불가능하다. 그러나 이 모든 것에도 불구하고 믿음은 학문에 대한 신뢰와는 비교도 되지 않을 만큼 아주 견고한 확실함을 지닌다. 성 토마스는 이 점에 대해 예리하게 지적했다. "학문은 명증성 면에서 믿음보다는 우위에 있지만 동의하는 것과는 별개의 문제이다."[195]

하지만 도대체 어떻게 해서 확실하지 않은, 아니 오히려 정말이지 이해하기 어려운 어떤 실재나 진리 또는 사람에 대해 절대적인 확신을

---

194. ID., *op. cit.*, pp.310-311.
195. *S.Th.* II-II, 4, 8, 3.

가질 수 있을까? 성 토마스는 이 점에 대해 신앙이 갖는 두 가지 측면을 구별해서 우리에게 잘 설명해 주었다. 믿어야 하는 진리 또는 명제와 이를 믿는 사람이 그것이다. 그는 여기서 무엇보다 중요한 것은 그 무엇(진리)이 아니라 사람이라고 말했다. 왜냐하면 "믿는 행위는 결국 명제가 아니라 하나의 실재"[196]이기 때문이다. 그런데 신앙이 갖는 굳건함과 확실함은 바로 여기에 있다. 즉, 그것은 믿는 당사자의 충만하고도 절대적인 신뢰에 있다. 그렇지만 이런 완전한 신뢰와 전적인 포기를 보장하고 정당화해 주는 것이 도대체 무엇이기에 이토록 신뢰할 수 있을까?

객관적인 면에서 보면, 믿는 행위에 있어서 굳건한 바탕을 보장해 주는 결정적인 동기는 바로 '당신 자신을 계시하시는 하느님의 권위'에 있다. 오직 절대 진리이며 무한한 선이신 그분만이 모든 의혹과 망설임 그리고 모든 불확실과 우유부단을 쳐 이길 수 있는 확실한 권위를 가지신다. 그러므로 오직 그분만이 인간의 지성과 의지로부터 오는 모든 저항을 극복하실 수 있다. 믿음의 확실함은 매우 견고할 수밖에 없다. 왜냐하면 이는 하느님에게서 오기 때문이다. "믿음은 신적으로 주입된 빛과 더불어 확실함을 갖는다."[197]

반면에 주관적인 면에서 보면, 한 사람이 믿을 수 있는 최종적인 이유이자 결정적인 근거는, 마치 바오로가 다마스쿠스를 향해 가는 도중에 겪은 것처럼 또는 파스칼이 자신의 『비망록』에서 언급한 대로 성 클레멘스 축일 밤에 체험한 것처럼, 자신이 하느님에 의해 사로잡히고 정복되고 매료되고 압도되었기 때문이다. 이와 비슷한 체험을 했거나

---

196. *Op. cit.*, 1, 2, 2.
197. S. Tommaso, *In Joannem* 4, lect. 5.

그렇듯 극적이고 강렬하게 예수 그리스도를 만난 사람은 그분 없이는 더는 살지 못한다. 그의 생각, 그의 삶, 그의 사랑은 비록 외적으로는 확연히 드러나지 않을지라도 끊임없이 그분을 향하게 된다. 이에 대해 르클레르(J. Leclercq)는 다음과 같이 썼다. "믿음은 인격적인 만남에 의존한다. 복음서 시대와 마찬가지로, 신자는 현재의 맥락에서 예수를 발견한 사람이다. …… 사실 이러한 믿음의 개념이 현대를 살아가는 사람들 중 일부에게는 당혹스럽게 다가올 수 있다. 그들은 무엇보다도 믿음이란 것이 본질적으로 그리스도를 받아들이는 것임을 깨닫지 못한다. 그들에게 믿음이란 철학적인 체계를 올바르게 제시하는 일종의 추상적인 교리로 이해된 종교를 받아들이는 것이다."[198]

믿음의 기초와 바탕 그리고 확실함은 복음의 가르침이나 기적들이 아니다. 믿음에서 주관적인 바탕이 되는 것은 다름 아닌 인간의 유일한 '너'이신 하느님께 신뢰 넘치며 너그럽고 사랑 가득한 마음으로 자신을 내어 드리는 것이다. 반면에 믿음이 갖는 객관적인 바탕은 인간의 유일한 '너'(하느님, 예수 그리스도)가 인간에게 당신 자신을 최고로 관대하게 통교하시는 데 있다.

성경 전체를 통해 드러나는 바와 같이 – 특별히 아브라함과 모세와 예언자들과 사도들의 삶에서 드러나는 것처럼 – 그리고 몇몇 개신교 신학자들(키르케고르, 불트만)을 통해 탁월하게 소개된 것처럼, 신자는 자신이 세운 비전을 좇는 사람이 아니며 자기 의지로써 그것을 이룩하려는 사람도 아니다. 무엇보다도 신자는 모든 순간에 '신적인 너'(Tu divino)의 의지를 행하려는 제자로서, 비록 자신에게 요구되는 것(예를

---

198. J. Leclercq, *Il problema della fede e gli intellecttuali del secolo XX*, Milano 1966, pp.17-18.

들면, 아들을 제물로 바치는 것, 고향과 가족을 버리고 떠나는 것 등)이 겉으로는 모순되고 잔인하게 보일지라도 그렇게 행하고자 하는 사람이다. 따라서 신자는 아주 불편한 입장에 처해 있다. 왜냐하면 자신을 포기해야 하며, 자신을 둘러싼 환경에 관심을 갖고 자신이 사는 사회가 지닌 비전과 실천적인 면에서 합법적인 권력들을 거슬러 갈등 관계 안으로 들어가야 하기 때문이다. 하지만 그에게는 자기 신념을 가치 있게 하고 참되고 권위 있는 가치들을 증진시킬 수 있는 적절한 수단들이 주어지지 않는다. 사실, 신자는 자신이 엄청난 보물을 갖고 있음을 확신하는 사람이지만, 이를 다른 이들에게 의심할 여지없이 분명하고도 적절하게 증명해 보일 수 있는 없다. 왜냐하면 그는 여기에 자신의 삶 전체를 걸고 있는데, 이런 그의 모습이 어리석고 미친 것처럼 보이기 때문이다.

신자는 비록 자신이 신뢰를 갖고 자신의 미래와 인류의 미래를 바라보기는 하지만, 여전히 동요와 불안 속에서 산다. 이러한 동요와 불안이 있는 것은, 무엇보다도 인간의 '신적인 너', 그토록 너그러우면서도 자신을 사로잡는 자신의 연인이 누구인지 알고자 하는 영혼의 열망을 믿음이 결코 잠재우지 못하기 때문이다. "믿음이 이해할 수 없고 형언할 수도 없는 초본성적인 무한자를 우리에게 알려 주지는 않는다. 우리는 이 무한자에 대해 결코 아무 것도 말할 수 없다."[199] 불안은 하느님의 사랑에 충분히 너그럽게 즉시 그리고 무조건적으로 합당한 응답을 드리지 못했다는 의식, 더 나아가 가끔은 그분을 배반하기도 했다는 의식에서 기인한다. 그러므로 신자의 지위는 번뜩이는 기쁨과 형

---

199. Pseudo-Dionigi, *La gerarchia celeste* I, 3.

언할 수 없는 슬픔이 함께 어우러진 것으로서, 이는 다시 말해 깊은 불안이 동반된 절대적 확실함의 상태라고 할 수 있다. 이러한 상태는 "우리 마음이 하느님 안에 쉬게 되기까지"[200] 언제나 지속될 것이다.

2.3. 그리스도교적인 믿음과 익명의 믿음

필자는 이미 신학적인 믿음, 즉 은총에 바탕을 둔 초본성적 믿음이 무엇인지에 대해 여러 번 언급한 바 있다. 은총의 원천은 예수 그리스도이므로, 믿음이 예수 그리스도와 더불어 우연적인 관계가 아니라 본질적인 관계를 갖는다는 것은 당연한 일이다. 사실 믿음은 그리스도로부터 오고, 그리스도를 향하며, 그 근본적인 내용 자체도 바로 삼위일체의 신비와 더불어 예수 그리스도를 포함한다.

그러므로 인간을 구원할 수 있는 유일한 믿음은 그리스도교적인 믿음뿐이라는 사실은 교의적으로 말해 분명 확실하다. 사실, 그리스도야말로 우리 구원의 원천이심을 우리는 잘 안다. "그분은 영혼의 구원을 위해 모든 이에게 활짝 열린 길이시다. …… 죄를 정화하는 분이시면서 동시에 구원자이신 그리스도는 더할 나위 없이 진실하시고 전능하신 분으로서 인간의 모든 조건을 취하셨다. 인류에게 결코 부족함이 없었던 이 길 밖에서는, 그러한 사실들이 미래의 것으로 기대되기 전이나 지나간 것으로 계시된 후에도 그 누구도 해방된 적이 없고 해방되지 못하며 해방되지 못할 것이다."[201] 신학자들은 이 점에 대해 실질적으로 모두 동의했다. 그들은 모두 구원을 위해 다음 두 가지 사실, 즉 ㄱ) 하느님의 단일하심과 삼위일체성, ㄴ) 그리스도의 강생과 수난

---

200. Agostino, *Confessioni* I, 1.
201. ID., *Città di Dio* X, 32, 2.

을 믿어야 한다고 늘 가르쳤다. 토마스는 이 두 신비에 대한 믿음의 필요성을 다음과 같은 방식으로 논증했다. 즉, 무엇보다도 성자의 강생, 수난, 죽음을 믿어야 한다고 가르쳤다. "위에서 설명한 것처럼, 인간이 지복에 도달하는 데 필수불가결한 것은 고유하게 그리고 본질적으로 믿음의 대상에 속한다. 그런데 인간이 지복에 도달하기 위해 거쳐야 하는 길은 그리스도의 강생과 수난의 신비다. 왜냐하면 다음과 같이 쓰여 있기 때문이다. '구원되는 데 있어서 인간에게 주어진 이름 가운데 그밖에는 다른 어떠한 이름도 없다.' 따라서 어떤 식으로든 그리스도의 강생의 신비는 모든 시대의 모든 사람이 믿어야 하는 것이다. 그러나 그것은 시대와 사람에 따라 다양하게 믿어진다."[202] 다음으로 삼위일체의 신비를 믿는 것이 필요하다. 사실 "삼위일체에 대한 믿음 없이 그리스도의 신비를 확실히 믿기는 것은 불가능하다. 왜냐하면 그리스도의 신비는 하느님 아들 편에서의 육체의 승천, 은총을 통한 세상의 쇄신, 그리고 성령의 업적을 통한 그리스도의 수태를 내포하기 때문이다. 따라서 그리스도 이전에 먼저 삼위일체의 신비가 강생의 신비와 마찬가지로 믿음으로 수용되어야 한다. 즉, 명시적으로는 학자들에 의해, 암묵적으로는 그리고 거의 숨겨진 채로는 단순한 사람들에 의해 믿어져야 한다. 그러므로 은총이 퍼지는 시기가 도래한 이후, 모든 사람은 삼위일체의 신비를 분명하게 믿어야 한다."[203]

그러나 그리스도의 강생 이전이나 이후에 그리스도교의 이 두 가지 근본 신비에 대해 명시적인 믿음을 갖는 것이 모든 이에게 허용되지는 않았다. 그런데 대부분의 가톨릭 신학자들(아우구스티노와 토마스를

---

202. S. Tommaso, *S.Th.* II-II, 2, 7.
203. *Ibid.*, 2, 8.

포함해서)은 하느님의 구원 계획이 온 인류를 지향하고 있다는 것을 염두에 두면서, 구원을 위해 요청되는 믿음이 명시적이지 않고 오히려 암묵적임을 견지하는 것은 정당하다고 본다. 토마스에 의하면, 비록 유일한 구세주이신 예수 그리스도 덕분에 모든 이가 구원되는 것이 분명하다 할지라도, 복음 선포를 접하지 못한 많은 이교인들 역시 구원되었고 또 구원될 수 있다. "비록 어떤 이들이 그러한 계시 없이 구원된다 할지라도, 중개자에 대한 믿음 없이는 구원되지 않는다. 왜냐하면 그들은 비록 명시적 신앙(fides explicita)을 갖지는 못했지만, 하느님께서 당신이 원하시는 순간에 사람들의 구원자가 되시리라는 것을 믿었고 그분에 의해 진리 안에 있던 소수의 현자들에게 이루어진 계시에 따라 신적인 섭리에 대한 암묵적인 신앙(fides implicita)을 갖고 있었기 때문이다."204

칼 라너는 많은 논란을 불러일으킨 바 있는 '익명의 그리스도교' (Christianismus anonymus) – 이는 '익명의 그리스도교 신앙205과 같다 – 라는 표현에 호소하면서 암묵적인 신앙에 대해 많은 주장을 했다. 그는 하느님의 보편 구원 의지 – 이 의지는 그 어떤 장애물에 의해서도 결코 무효화될 수 없다 – 라는 확실한 진리에 대해 숙고하면서, 구원을 위해서는 최소한의 믿음만으로도 충분하다고 주장했다. 즉, 하느님께서 우리의 구원을 위해 오랜 세기를 통해 이미 이루신 것을 무시한다 할지라도, 구원을 위해서는 오직 그분만이 우리를 구원하실 수 있음을 인정하는 것만으로도 족하다는 것이다. 라너에 따르면, 인간에

---

204. *Op. cit.*, 2, 7, 3.
205. 참조: K. Rahner, *Saggi di antropologia soprannaturale*, Roma 1965; A. Roeper, *I cristiani anonimi*, Brescia 1966; M. Krauss, *La fatica di credere*, Cinisello Balsamo 1986.

게 구원은 자신이 하느님을 향해 방향 지워졌다는 것을 이해하는 것만으로도 족하다. 라너에게 하느님은 모든 인식과 사랑의 행위 그리고 모든 윤리적 결속의 유일한 원인이시다. 그런데 그리스도교 세상과 교회 밖에 있는 어떠한 사람도 이를 의식할 수 있다. 이러한 체험에 대한 구체적인 예로, 라너는 그들 안에서 검증되는 무한에 대한 열망, 근본적인 낙관주의, 진정하기 힘든 불안, 모든 감각적 사물에 대한 불충분함, 죽음에 대한 거부할 수 없는 반항, 압박하는 죄의 의미 또는 아직 생활하는 희망의 의미 등을 언급했다.[206] 틸리히는 여기에서 한 발 더 나아갔다. 그에게 믿음은 모든 사람이 어떠한 출구도 찾을 수 없는 자신의 절망적인 상황에 대해 잘 알게 되는 순간에 하느님께서 선사하시는 선물이다. "은총은 우리가 커다란 곤란과 불안 속에 있을 때 다가온다. 우리가 공허하고 무의미한 삶의 어두운 골짜기를 지나갈 때 그러하며, 우리가 다른 생명, 즉 우리가 사랑했거나 또는 관계없던 생명을 다치게 했음을 알게 될 때 그러하다. 또한 그것은 우리 자신의 존재에 대한, 우리의 무관심에 대한, 우리의 나약함에 대한, 우리의 적대감에 대한, 우리의 목적의식과 마음 평정의 결여에 대한 혐오를 우리가 더는 견딜 수 없게 될 때 우리에게 다가온다. 몇 년이 지나도록 우리가 그토록 염원하던 완전함이 아직 드러나지 않을 때, 옛 본능들이 계속 우리를 지배할 때, 그리고 절망이 모든 기쁨과 신뢰를 파괴할 때 그러하다."[207] 그런데 이러한 감정들은 인생의 어느 순간에 불현듯 느껴지는 것들로서, 무신론자들도 또한 이를 느끼는데, 틸리히가 보기에 그들에게

---

206. K. Rahner, "Natura e grazia", in *Saggi di antropologia soprannaturale*, Roma, Edizioni Paoline, 1965, p.114.
207. P. Tillich, *The Shaking of the Foundations*, New York, Scribner, 1948, p.163.

는 믿음이 부족하지도 않고, 그렇다고 그들이 하느님의 구원적인 사랑에서 도피하지도 않는다.

다른 신학자들은 이보다 덜 사색적이면서 동시에 더욱 역사적인 방식으로 이 주제를 다뤘다. 이를테면 그들은 ㄱ) 하느님이 당신의 보편 구원 의지를 인간의 응답과 연결하려 하셨다고 보면서, ㄴ) 인간적인 응답이 시초부터 모든 이를 구원하려는 신적 의지의 실현을 방해했다고 확실히 여기면서, ㄷ) 이렇듯 놀라운 의지가 사람들로 하여금 신적 삶에 참여할 수 있는 새로운 길들을 선택하게 했으며, 이 길들은 구원이 오직 배타적으로 하느님과 개별 사람에게만 관련되는 수직적 사건이 아니라 공동체적 사건임을 분명히 드러낸다는 점을 강조하면서, ㄹ) 끝으로, 신적인 삶의 흐름 안으로 들어가기 위해 구원 역사를 살고 하느님 사랑의 행위들을 체험하는 공동체의 일원이 되는 것이 매우 중요하다는 것에 주목하면서 이 주제를 다뤘다. 이러한 신학자들은 비록 익명의 믿음(fides anonima)이 구원을 위해 충분한 성향을 구성한다는 점을 배제하지는 않았지만, 그러면서도 오랜 세기를 통해 하느님께서 우리를 위해 하신 일들과 보여 주신 그분의 사랑에 놓아두신 조건들에 대한 명시적 신앙을 가져야 한다고 주장했다.

필자는 물론 암묵적인 신앙이 새로운 피조물을 태어나게 하는 데 충분할 수 있다고 본다. 그러나 암묵적인 신앙만으로는 이 피조물을 성숙함에 이르도록 성장시키기에는 불충분하다고 생각한다. 인간이 하느님의 계획 – 예수 그리스도 안에 당신의 유일한 원형을 간직하신 계획 – 에 따라 성장하게 하는 데는 암묵적인 신앙만으로는 분명 부족하다. 여기에는 명시적인 그리스도교적 신앙이 요구된다. 이는 자신의 모델을 알고 사랑과 충실함으로 그를 닮고자 노력하는 신앙을 말한다.

3. 희 망

오랜 세기 동안 철학이나 신학 모두에서 희망은 상대적으로 덜 중요한 주제로 간주되어 왔다. 그런데 1960년대에 들어서 몰트만에 힘입어, 이 주제는 영광스러운 시기를 맞이했고 신학자들 사이에서 믿음이나 사랑에 대한 관심을 뛰어넘기에 이르렀다.[208] 이처럼 희망이 새로운 각광을 받게 된 것은 다음과 같은 세 가지 요인에 기인한다. 그것은 ㄱ) 블로흐의 희망 철학의 성공, 특히 그의 기념비적 작품인 『희망 원리』(*Das Prinzip Hoffnung*)의 성공, ㄴ) 당시 유럽을 휩쓸면서 모두를 위한 커다란 번영과 쉼 없는 경제적 성장을 꿈꾸게 한 경제적인 붐, ㄷ) 그리고 세계 모든 지성인들에게서 큰 호감을 샀던 마르크스적 유토피아의 승승장구 등이다. 이러한 시점에서 그리스도교 신자들 역시 자신의 믿음이 지닌 종말론적 차원에 대해 새롭게 의식함과 더불어 자신을 다른 이들과 크게 구별해 주는 덕인 희망의 가치를 새로 발견하는 것은 어쩌면 당연한 일이었다.

사실, 희망은 그리스도인을 독특하게 규정해 준다. 그리스도인이 된다는 것은 희망을 갖는다는 것과 같다. 그리스도교 신자들은 "희망을 갖지 않는 이들"(1테살 4,13)과는 분명하게 구별된다. 베드로 1서는 신자들에게 "그들이 지닌 희망에 관하여 누가 물어도 대답할 수 있도록 언제나 준비"하도록 당부한다(3,15). 그리스도교적 희망은 히브리서의 믿음에 대한 고전적인 정의 ─ "믿음은 우리가 바라는 것들의 보증이며 보이지 않는 실체들의 확증입니다."(11,1) ─ 가운데 표현된다. 몰트만이

---

208. B. Mondin, *I teologi della speranza*, Torino, Borla, 1974, 2ᵃed 참조.

자신의 대표작인 『희망의 신학』에서 이미 강조한 바와 같이, 종말론적인 함의(含意)와 희망은 모든 구원 사건과 그리스도교적인 진리 가운데 늘 함께한다. 하느님의 자기 계시 안에는 언제나 인류를 위한 하느님의 궁극적인 구원 행위에 관한 약속과 이에 대한 선취(先取)가 동시에 있다.[209]

필자는 여기서 희망에 대한 간단한 고찰을 통해 무엇보다도 망덕(望德)의 본질을 살펴보고자 한다. 그 다음에 그리스도교적 희망이 내포하는 고유한 특징에 대해 더욱 구체적으로 살펴보기로 하겠다.

3.1. 희망의 정의

희망(spes)은 본질적으로 미래를 향한 신뢰 가득한 기다림의 감정이다. 대개 믿음이 과거를 향하고 하느님의 위업에 대한 기억에 초점이 맞춰져 있다면, 사랑은 이와 달리 현재에 초점이 맞춰져 있다. 반면, 하느님과 이웃을 향한 사랑이 구체화되는 과정에서 희망은 미래를 향한다. 즉, 영원한 지복에 도달하기를 희망하는 것이다.

희망은 열정 또는 덕(virtus)으로 이해될 수 있다. 열정으로서 희망은 선(善)에 대한 신뢰 어린 기대를 말한다. 열정인 한에서 희망은 다른 모든 열정들과 마찬가지로 자체로는 좋지도 나쁘지도 않은 성향이다. 그러므로 그 자체로는 아직 덕도 악덕도 아니다. 반면에 덕으로서 희

---

209. J. Moltmann, *Teologia della speranza*, Brescia, 1970, 13쪽 이하. 여기서 몰트만은 믿음과 희망 사이의 관계를 다음과 같이 분명하게 지적했다. "그리스도교 신자의 삶에서 시간적으로 먼저인 것은 믿음이지만 우위성을 갖는 것은 희망이다. 믿음을 통해서 갖게 되는 그리스도에 대한 앎이 없다면 희망은 단지 허공에 매달린 유토피아에 지나지 않을 것이다. 그러나 희망이 없다면 믿음은 시들해지고 죽은 것으로 변질될 수밖에 없다. 인간은 믿음을 통해서 진정한 생명을 향한 오솔길을 발견하지만, 오직 희망만이 이 여정을 지탱해 줄 수 있다"(p.14).

망은 절대적으로 좋은 미래적 선에 대한 신뢰 가득한 기대 - 왜냐하면 덕은 본질적으로 선을 향하기 때문이다 - 를 의미한다.

토마스는 일반적인 원칙에 준해서 움직였는데, 이 원칙에 따르면 일정한 덕의 정의는 그 대상에 대한 규정을 통해 획득된다. 이렇게 해서 그는 망덕을 정의하기에 이르렀고, 이를 망덕과 아주 혼동하기 쉬운 감정인 바람, 갈망과 비교했다. 사실, 바람 역시 인간을 아직 소유하지 못한 대상으로서 움직이게 한다. 그러나 토마스는 주목하여 "희망은 두 가지 측면에서 바람과 구별된다. 첫째, 바람은 모든 선에 관한 것이며 탐욕적 욕구에 속하는데 반해, 희망은 도달하기 어려운 선에 관한 것으로서 분노적 욕구에 속한다. 둘째, 바람은 선에 도달할 수 있느냐 아니면 없느냐 하는 것과는 별개로 모든 종류의 선을 향하는 반면, 희망은 도달 가능한 선을 향하며 이 선에 도달할 수 있으리라는 어느 정도의 확실성을 내포한다."[210]라고 말했다.

다음의 네 가지는 공통적인 감정으로서 희망의 대상이 갖는 특징이다. ㄱ) 그 대상은 무엇보다도 선이고, ㄴ) 구체적으로는 미래적인 선이며, ㄷ) 열정적인 선이고, ㄹ) 도달 가능한 선이다. 반면에 대신덕으로서 희망의 대상은 다음의 두 가지 특징을 갖는다. ㄱ) 망덕이 지향하는 선은 최고선이자 지복으로서 곧 하느님 자신이고, ㄴ) 이 최고선에 도달하는 것은 어떤 피조물의 도움을 통해서가 아니라 오직 하느님에 의해서만 가능하다. 바로 이 때문에, 토마스에 의하면, "희망의 움직임은 두 가지 대상을 지향해야 한다. 즉, 획득할 수 있는 선과 이 선에 도달하는 것을 가능하도록 도와주는 분을 향해야 한다. 그런데 바오로

---

210. S. Tommaso, *Q. d. De Spe* a.1.

사도가 '하느님의 은사는 우리 주 그리스도 예수님 안에서 받는 영원한 생명'(로마 6,23)이라고 말했듯이, 인간은 오직 하느님의 도움을 통해서만 영원한 행복 자체인 최고선에 이를 수 있다. 그러므로 영원한 생명에 도달하려는 희망은 다음의 두 가지 대상을 향한다. 하나는 희망하는 대상 자체인 영원한 생명이고, 다른 하나는 여기에 도달할 수 있게 해 주는 하느님의 도움으로서, 바로 이 때문에 인간은 희망할 수 있다. …… 믿음의 형식적인 대상은 먼저 믿음을 통해서 믿고 그로 인해 믿음의 질료적인 대상을 이루는 대상들이 지니게 되는 진리인 것처럼, 희망의 형식적인 대상은 전능하시고 경건하신 하느님의 도움인데, 희망의 움직임은 이 도움을 통해서 희망의 질료적인 대상을 구성하는 희망하는 선들을 향한다."[211]

3.2. 그리스도교적 희망의 고유함

일반적인 의미의 희망과 구체적인 의미의 그리스도교적 희망의 본성에 대한 정의를 내리는 데 있어서, 그리스도교적 희망의 고유함은 무엇이고, 더 나아가 세속적 희망으로부터 그리스도교적 희망을 구별해 주는 것은 무엇인지를 정확히 짚어 내는 것은 그리 어려운 일이 아니다. 과거에는 그리스도교적 희망과 세속적 희망을 상반되는 개념으로 간주했다. 반면에 오늘날에는 이 둘 사이의 유사함에 대해 말하며, 더 나아가 이 둘이 근본적으로 동일하다고까지 주장한다. 이러한 경향은 제2차 바티칸 공의회 이후 가톨릭교회 안에서 일어나기 시작한 대화의 분위기와 더불어 형성되었다. 이러한 분위기에서 수많은 신학자

---

211. *Op. cit.*

들 사이에서 시작된 이해와 관용의 정신은 비(非)가톨릭적인 사상가들에 의해 이루어진 이론과 체계들을 대상으로 마땅히 행해야 할 현명한 분석 작업에 종종 장애가 되었다. 그들은 일정한 원칙 – 이중에서 단지 일부분만 진실이었다 – 에 따라 움직였지만, 이 원칙에서 중요한 것은 무엇보다도 의도였다. 그리고 또 한 가지 그들에게 중요한 것은 그들의 좋은 지향을 모든 이로 하여금 믿게 할 필요가 있다는 점이었다. 이렇듯 좋은 지향이라는 허울 아래, 그들은 진리와 오류, 선과 악, 올바른 것과 부당한 것, 진실한 것과 진실하지 않은 것 사이에 있어야 할 가장 본질적인 구분을 간과하고 말았다.

그러므로 그리스도교적 희망과 세속적 희망을 구별하는 요소가 무엇이며, 반면에 이 둘을 서로 이어 주는 요소는 무엇인지를 규정하기 위해 우리는 이 두 개념의 관계에 대해 숙고할 필요가 있다. 사실, 세속적 희망은 이 희망의 바탕이 되는 동기 측면에서나 그것이 지향하는 대상 측면에서 그리스도교적 희망과는 엄연히 구별된다. 세속적 희망의 바탕이 되는 근거들은 본질적으로 경험적이고, 이성이 수용할 만하며, 과학적으로 탐색 가능하지만 철학적으로는 가정하기 어려운 것들이다. 세속적 희망은 미래를 신뢰한다. 왜냐하면 현재 이용 가능한 경험과 수단들이 시간이 점점 흐를수록 기대하는 바가 실현될 것이라고 보장하기 때문이다. 과학, 기술, 문화, 경제, 정치 같은 것들이 이러한 진보를 실현할 수 있는 수단이다. 세속적 희망이 지향하는 대상들은 시간 안에 포함된 내재적인 것이자 세상에서 이룰 수 있는 것들이다. 이러한 세속적 희망이 견지하는 비전은 무엇보다도 멀지 않은 미래에 다른 곳이 아닌 바로 이 세상에서 모든 이가 행복해질 것이며 그때에는 어떠한 전쟁이나 불의, 질병이나 재앙의 위험도 없어지리라는 것이다. 칸트는 '목적들의 도시'를, 콩트는 '긍정적인 인류'를, 니체는 '초인'(超人)을, 마르크스는 '계급 없는 사회'를 세속적 희망의 종착지로 제시했다.

그리스도교적 희망의 동기와 대상은 본질적으로 이와는 다른 질서에 속한다. 그리스도교적 희망은 그 기초를 현재에 두지 않고, 무엇보다도 과거에 둔다. 더 나아가 그것은 경험과 지식의 질서를 뛰어넘는 사건들과 진리 가운데 있다. 그리고 이 희망은 익명의 사실들, 예를 들면 문화라든가 과학, 기술, 정치, 경제 같은 것을 신뢰하지 않고 한 분의 인격, 즉 예수 그리스도를 신뢰한다. 또한 그분을 받아들이는 데 있어서 결코 어떤 과학적, 철학적 차원의 근거에 바탕을 두지 않고 다만 종교적, 초본성적인 동기와 더불어 그분을 받아들인다.

또한 그리스도교적 희망이 지향하는 대상들을 살펴보면 다음과 같은 점에서 세속적 희망과 분명히 구별된다. 그리스도교적 희망이 지향하는 더욱 낳은 미래는 세속적 희망이 지향하는 것처럼 이 세상에 속하는 내재적(內在的)인 것도 역사내적(歷史內的)인 것도 아니며 더욱이 비인격적인 것도 아니다. 그리스도교적 희망이 지향하는 미래는 마치 논리적이고 자연 본성적인 시간의 전개처럼 시간 속에서 실현되는 것이 아니다. 또한 시간의 경과와 더불어 자발적으로 생성되는 것도 아니다. 오히려 그것은 시간이 위기의 순간들을 거치면서 영원 가운데 고양되는 것을 의미한다. 그것은 어떤 유효적절한 업적을 통해 세상 안에서 실현되는 것이 아니다. 오히려 그것은 세상의 위기들과 이 세상 가운데 일어나는 수많은 일들을 통해, 성경이 가르치는 것처럼, 이 모든 것이 새 하늘과 새 땅 안에서 근본적으로 변화하는 가운데 일어난다. 이러한 변화는 단지 인류의 한 시대, 한 계층, 그리고 모든 세대가 지난 어느 먼 훗날에 어느 특정한 세대를 위해서만 실현되는 것이 아니다. 그것은 과거의 모든 사람 그리고 현재와 미래의 모든 사람을 위해 실현된다. 모든 이가 그리스도와 더불어 다시 살아나게 될 것이기 때문이다.

끝으로, 그리스도교적 희망이 세속적 희망과 구별되는 또 다른 이유가 있다. 그것은 다름 아닌 사람을 희망하는 실재로 이끌어 주는 수단에 관한 것이다. 세속적 희망이 갖는 수단은 분명 자연적, 물질적, 세상적인 것이다. 이러한 수단들은 인간의 활동에서 그리고 자연의 자원들에서 유래한다. 이 수단에는 기술과 과학의 진보, 계급투쟁 같은 것이 있다. 반면에 그리스도교적 희망이 의존하는 수단은 분명히 – 반드시 배타적으로 그렇지는 않지만 – 영적, 초본성적, 신적인 질서에 속하는 것들이다. 물론 그리스도교적 희망은 자연이 제공하는 모든 것과 이용 가능한 인간적 재능들을 이용할 줄 안다. 그러나 자신이 추구하는 종착지에 이르는 데 있어서 이러한 수단들이 부적절하다는 점 역시 잘 안다. 따라서 이 희망이 그 목적에 도달하기 위해서는 하느님께서 이미 구원 역사 가운데서 아낌없이 보여 주신 영적인 수단들을 사용해야 한다. 더 나아가, 이미 시작된 구원 업적을 완성으로 이끌어 주시도록 하느님께 탄원하는 가운데 이를 청해야 한다.

이제 그리스도교적 희망과 세속적 희망 사이의 분명한 구별을 전제로 하고 이 시점에서 자문해 보아야 할 것은, 세속적 희망 앞에서 우리가 견지하는 그리스도교적 희망은 어떻게 대처해야 하며 무엇을 해야 하는가 하는 점이다. 세속적 희망에 맞서 싸워야 하는가? 아니면 이를 쫓아내야 하는가? 그것도 아니면 아예 단죄해야 하는가? 그리스도교적 희망과 세속적 희망 사이에는 어떤 관계가 있는가? 양자는 전적으로 배타적인 이분법적 관계, 상반되는 관계 또는 모순적인 관계인가?

아니면 그들 사이에는 어떤 접점이 있는가?

이러한 질문들은 참 난해하다고 하지 않을 수 없다. 그것은 이 질문들에 대한 해결책들이 양자의 입장에서 서로 전혀 다르게 제시된다는 점만 보아도 잘 알 수 있다. 많은 저자들(키르케고르, 바르트, 니이버 그리고 대다수의 개신교 신학자들)에 따르면, 이 두 희망 사이에는 어떠한 만남이나 대화 혹은 화해의 가능성이 전혀 없다. 왜냐하면 그들이 세속적 희망은 단지 인간의 죄와 교만의 결과이고 그리스도교적 희망은 은총과 믿음의 결과라고 보기 때문이다. 반면에 다른 몇몇 저자들(라너, 테이야르 드 샤르댕, 과르디니, 쉐뉘, 그리고 비록 저마다 제시하는 뉘앙스가 각기 차이를 보이기는 하지만 거의 대부분의 가톨릭 신학자들)은 이 두 희망 사이에 절대적으로 양립이 불가능한 특징이 있는 것이 아니라 적어도 원칙적인 선상에서 보면 은총과 본성, 신앙과 이성처럼 서로 끌어당기는 관계가 있다고 보았다. 이는 마치 은총이 본성을 파괴하지 않고 오히려 보존하고 고양하는 것처럼, 그리스도교적 희망 역시 세속적 희망을 파괴하지 않고 이를 승화시키며 완성해 준다는 것이다.

필자의 견해로는, 이처럼 난해한 물음에 대한 해결책을 찾기 위해 따라야 할 길은 무엇보다도 세속적 희망을 독단적이고 폐쇄적인 희망과 현실적이면서도 개방적인 희망으로 구별하는 것이다. 여기서 필자가 말하는 폐쇄적 희망이란 아주 물질적이고 내재적인 이데올로기에 바탕을 두는 희망을 지칭하는 것으로, 그 자체로 이미 인간 전체를 요구하는 희망을 말한다. 반면에 개방적 희망이란 그 직접적인 목적이 인간을 위해 인간에 의해 행복한 왕국을 이 세상에 세우는 것임에도 불구하고, 실현 가능한 또 다른 행복의 왕국이 다른 수단들과 더불어 이루어질 수도 있다는 가능성을 배제하지 않는 희망을 말한다.

이제 이러한 구분을 전제한 후에 비로소 우리는 세속적 희망 앞에 선 그리스도교적 희망이 수행해야 할 과제가 무엇인지에 대해 언급할 수 있다. 만일 세속적 희망이 앞에서 말한 폐쇄적이고 독단적인 희망이라면, 그리스도교적 희망은 그 앞에서 강력히 반대하고 준엄하게 비판할 줄 아는 자세를 지녀야 할 것이다. 그렇다고 이러한 비판을 거칠고 논쟁적인 방식으로 할 것이 아니라 이해와 사랑을 담아서 해야 할 것이다. 그러나 그러한 세속적 희망과는 결코 대화할 수가 없다. 왜냐하면 그리스도인이 – 마치 사신 신학(死神 神學)을 하는 신학자들과 진보주의 신학자들이 주장하는 것처럼 – 이상주의자들과 더불어 이상주의자가 될 수는 없고, 더욱이 무신론자들과 더불어 무신론자가 될 수도 없기 때문이다. 이처럼 폐쇄된 세속적 희망 앞에서 그리스도교적 희망은 그 희망을 변화시키도록 노력해야 한다.

반면에 세속적 희망이 개방적인 것이라면, 이 희망을 지지하고 비춰 주며, 더 나아가 이 희망의 여정이 더욱 더 직접적이고 확실하며 신속하게 이루어질 수 있도록 방향을 지워 주는 것이 그리스도교적 희망이 해야 할 과제다. 즉, 이 희망이 동요하고 지체되며 또 때에 따라서 멈춰 설 경우에는 이를 비판하면서도 훈계하고 박차를 가하도록 격려해야 한다.

결국, 그리스도교적 희망은 개방적인 세속적 희망을 약화시키거나 억압해서는 안 된다. 반대로 이 희망이 본질적으로 열망하며 도달하고자 함에도 불구하고 자체만으로는 도달할 수 없는 최종 목적을 향해 나아갈 수 있도록 인도해 주어야 한다. 이 최종 목적은 다름 아닌 예수 그리스도 안에서 하느님 나라가 도래하는 것이다.

4. 사 랑

    1960년대에 커다란 관심과 물의를 일으킨 신학 노선들 가운데 하나인 사신 신학은[212] 당시의 문화적인 맥락에서 그리스도교에 대한 모든 종류의 사색적(신학적, 교의적) 대화가 불가능하다는 점을 간파하면서 실천적 차원에서 모든 것을 논하기 시작했다. 이 이론은 그리스도교가 사랑과 봉헌과 희생의 실천이라는 면에서 분명하게 구별된다는 점을 보여 주면서, 이런 그리스도교야말로 절대적인 독창성과 최고의 가치를 지닌다고 주장했다. 이처럼 사신 신학 노선을 따르던 신학자들은 예수를 모든 이를 위한 사람,[213] 즉 고유하고 특별한 사랑의 표현으로 특징지었다. "예수 안에서는, 오직 예수 안에서는 더는 자신의 것이 보이지 않고 오로지 무한하고 조건 없는 하느님의 사랑만 드러난다. 예수는 당신 자신을 존재의 밑바닥까지 철저히 비우신 순간에 모든 이름 위에 이름을 지니신 분이 되셨으며, 성부의 영광을 계시하시는 분이 되셨다. 왜냐하면 그분의 이름과 성부의 영광은 단순하게 말하면 바로 사랑이기 때문이다. 자기 포기라는 개념에 근거하는 자기 비허(kenosis)에 대한 그리스도론적 전망은 상당히 설득력 있으며 하느님과 인간이 그리스도 안에서 만족스러울 만큼 다시 맺어질 수 있다는 희망을 보여 주는 유일한 전망이다. …… 사실, 그분은 사랑 안에서 다른 사람들을 위해 온전히 겸손해지시고 순종하시는 가운데 인간 존재의 기초 자체, 즉 사랑(Amore)을 열고 이를 계시해 주신다."[214]

---

212. B. Mondin, *I teologi della morte di Dio*, Torino, Borla, 1970, 2ªed.
213. D. Bonhoeffer, *Widerstand und Ergebung*, Monaco, Kaiser, 1951, pp.258-259 (tr. it. *Resistenza e resa*, Bompiani, Milano 1969).
214. J. A. T. Robinson, *Dio non è così*, tr. it. Vallecchi, Firenze, 1965, pp.100-101.

사신 신학에는 논의의 여지가 많고 잘못된 부분도 상당히 많다. 하지만 구원 역사 안에서 사랑이 점유하는 중요성과 중심성에 대해 지속적으로 호소하는 것은 분명 적절하고 또한 정당하다. 왜냐하면 구원 역사에서는 사랑이 모든 것이기 때문이다. 사랑은 알파이자 오메가요 시작이자 마지막이다. 그리고 기초이자 정점이며 시작하는 말이자 마지막 말이기도 하다. 신약 성경을 보는 것만으로도 이에 대한 확인은 충분하다. 여기서 바로 모든 이의 눈에 띠는 것이 있다. 예수 그리스도와 사도들이 끊임없이 있는 힘을 다해 강조한 것은 다름 아닌 사랑이었다는 점이다.

사랑은 그리스도께서 당신 제자들에게 남기신 새로운 계명이다. 사랑은 중요하며 으뜸가는 계명이다. "'네 마음을 다하고 네 목숨을 다하고 네 정신을 다하여 주 너의 하느님을 사랑해야 한다.' 이것이 가장 크고 첫째가는 계명이다. 둘째도 이와 같다. '네 이웃을 너 자신처럼 사랑해야 한다.'는 것이다. 온 율법과 예언서의 정신이 이 두 계명에 달려 있다."(마태 22,37-40) 모든 윤리 계명은 사랑을 지향하며 사랑 안에서 종합된다. "사실 모든 율법은 한 계명으로 요약됩니다. 곧 '네 이웃을 너 자신처럼 사랑하여라.' 하신 계명입니다."(갈라 5,14) "남을 사랑하는 사람은 율법을 완성한 것입니다. '간음해서는 안 된다. 살인해서는 안 된다. 도둑질해서는 안 된다. 탐내서는 안 된다.'는 계명과 그 밖의 다른 계명이 있을지라도, 그것들은 모두 이 한 마디 곧 '네 이웃을 너 자신처럼 사랑해야 한다.'는 말로 요약됩니다. 사랑은 이웃에게 악을 저지르지 않습니다. 그러므로 사랑은 율법의 완성입니다."(로마 13,8-10) 사랑은 영원한 것으로서 믿음과 희망이 목적에 도달하여 사라진 후에도 지속된다. "사랑은 언제까지나 스러지지 않습니다. 예언도 없어지고

…… 우리가 지금은 거울에 비친 모습처럼 어렴풋이 보지만 그때에는 얼굴과 얼굴을 마주 볼 것입니다. 내가 지금은 부분적으로 알지만 그때에는 하느님께서 나를 온전히 아시듯 나도 온전히 알게 될 것입니다. 그러므로 이제 믿음과 희망과 사랑 이 세 가지는 계속됩니다. 그 가운데에서 으뜸은 사랑입니다."(1코린 13,8-13)

이렇게 인용한 구절들을 통해서 우리가 알 수 있는 것은, 신약 성경에 의하면 그리스도교적인 사랑은 다음의 두 가지 극, 즉 하느님과 이웃 사이를 움직인다는 점이다. 그러면 이 둘 가운데 누가 우선권을 가질까?

과거에 이웃에 대한 사랑을 무시하지는 않았지만, 이는 무엇보다도 하느님에 대한 사랑을 위해서였다. 그러나 오늘날에는 이 두 사랑이 처한 입장이 전도되는 경향이 있다. 근본주의 신학과 세속화(하느님의 부재 또는 거부를 주장함)의 영향으로 인해 사랑을 실천하는 참되고 유일한 방법은 이웃에게 선을 행하는 것이 되고 말았다. 하지만 이 두 가지 입장이 표명하는 사랑 가운데 그 어느 것도 실은 신약 성경의 입장과 일치하지 않는다. 신약 성경에서 드러나는 이 두 가지 사랑 간의 관계는 복합적이다. 신약 성경에 따르면, 사랑은 두 가지 관점에서 접근할 수 있다. 하나는 가치론적 입장(사랑 자체가 지닌 가치에 중점을 두는 입장)이고, 다른 하나는 실천적 입장(사랑의 실천에 주안점을 두는 입장)이다. 가치론적인 관점에서 보면, 우선권은 의심의 여지없이 하느님에 대한 사랑에 있다. 왜냐하면 하느님이야말로 우리의 사랑이 지향해야 할 최고의 대상이시기 때문이다. 그분이야말로 우리가 어떤 희생을 감수하고서라도 모든 것에 앞서 사랑해야 할 분이시다. "네 마음을 다하고 네 목숨을 다하고 네 정신을 다하여 주 너의 하느님을 사랑해야 한다."(마태 22,37) 반면에 실천적인 면에서 보면, 우선권은 이웃에 대한 사랑에 있다. 왜냐하면 우리는 늘 함께 사는 이웃과 더불어 그리고 바로 그 이웃 안에서 하느님의 현존을 감지할 수 있기 때문이다. 이러한 이유로 해서 복음은 우리 사랑이 지향해야 할 대상은 유일하게 하느님이시라고 말한다. "나에게 '주님, 주님!' 한다고 모두 하늘 나라에 들어가는 것이 아니다. 하늘에 계신 내 아버지의 뜻을 실행하는 이라야 들어간다."(마태 7,21) 하지만 구체적으로 이웃을 사랑하지 않으면서 하느님을 사랑하기는 불가능하다. 하느님은 구체적으로 이웃을 사랑하지 않으면서 당신께로 나오는 이들을 거부하신다. "그러므로 네가 제단에 예물을 바치려고 하다가, 거기에서 형제가 너에게 원망을 품고 있는 것이 생각나거든, 예물을 거기 제단 앞에 놓아두고 물러가 먼저 그 형제와 화해하여라. 그런 다음에 돌아와서 예물을 바쳐라."(마태 5,23-24) 이러한 사고 — 하느님에 대한 사랑을 증명하기 위해 이웃에 대한 사랑을 실천하는 것 — 는 바오로와 요한 그리고 야고보의 여러 서간들에서 반복해서 드러난다. 그 중에서 특히 사도 야고보가 매우 강한 어조로 말한다. "하느님 아버지 앞에서 깨끗하고 흠 없는 신심은, 어려움을 겪는 고아와 과부를 돌보아 주고, 세상에 물들지 않도록 자신을 지키는 것입니다."(야고 1,27). "나의 형제 여러분, 누가 믿음이 있다고 말하면서 실천이 없으면 무슨 소용이 있겠습니까? 그러한 믿음이 그 사람을 구원할 수 있겠습니까? …… 사람은 믿음만으로 의롭게 되는 것이 아니라 실천으로 의롭게 됩니다. 마찬가지로 창녀 라합도 심부름꾼들을 맞아들이고 또 그들을 다른 길로 내보냈을 때에 실천으로 의롭게 된 것이 아닙니까? 영이 없는 몸이 죽은 것이듯 실천이 없는 믿음도 죽은 것입니다."(야고 2,14-26)

그러므로 최후의 심판이 이웃을 향한 사랑의 실천 여부에 바탕을 두는 것은 당연하다. 왜냐하면 진심으로 형제를 사랑하는 이는 비록 의식하지 못할지라도 이미 그 형제들의 주님을 사랑하는 것이기 때문이다. 사실 주님은 마치 당신이 호의를 받기라도 하신 것처럼 그에게 상을 주실 준비가 되어 있으시다. "내 아버지께 복을 받은 이들아, 와서 …… 너희는 내가 굶주렸을 때에 먹을 것을 주었고, 내가 목말랐을 때에 마실 것을 주었으며, 내가 나그네였을 때에 따뜻이 맞아들였다." 그저 이웃을 위해 동정을 베풀었을 뿐이라고 생각했던 그들의 놀라는 모습 앞에서 주님은 이렇게 대답하신다. "너희가 내 형제들인 이 가장 작은이들 가운데 한 사람에게 해 준 것이 바로 나에게 해 준 것이다." (마태 25,34-40)

따라서 그리스도교적인 실천이란 본질적으로 사랑의 실천을 의미한다. 스콜라 신학은 그리스도인의 삶에서 사랑의 고유한 역할이 무엇인지를 잘 알았다. 스콜라 신학은 무엇보다도 사랑 안에서 초본성적 삶의 본질을 보아야 하는지 여부에 대해 질문을 던졌다. 몇몇 신학자들은 사랑을 하느님의 은총과 동일시했다. 반면, 토마스는 사랑을 모든 덕의 기본적인 틀로 보았다. "사랑을 통해 다른 모든 덕들의 행위의 최종 목적이 정해진다. 따라서 이런 방식으로 사랑은 다른 모든 덕들의 행위에 형태를 부여한다. 이러한 의미에서 사랑은 덕들의 형상이 된다."[215] 그는 또한 사랑이야말로 모든 덕이 지니는 유일한 근본 토대라고 말했다. "사랑은 모든 것의 시작으로, 모든 것은 바로 사랑에서 유래하고 또한 사랑을 자신의 목적으로 지향한다."[216]

---

215. S. Tommaso, *S.Th.* II-II, 23, 8.
216. ID., *Comm. In Johannem* XV, Lect. 2, n. 2006 (Edizione Marietti).

현대 신학의 몇몇 경향들, 특히 사신 신학은 사랑을 위해서 믿음을 축소시킬 정도로 사랑의 중요성을 극단적으로 강조한다. 하지만 이러한 믿음의 배제는 절대 허용될 수 없는 것으로, 믿음은 사랑의 실천을 위해 필수적인 요소가 아닐 수 없다. '미리 알지 못하고서는 원할 수는 없다.'라는 철학 명제는 초본성적인 차원에서도 역시 유효하다. 그러므로 하느님에 대한 어느 정도의 앎이 없는 상태에서 인간이 그분을 향해 자신의 사랑을 몰아갈 수는 없다. 우리가 하느님과 이웃을 향해 나아갈 수 있도록 인도해 주는 초본성적인 사랑은 합리적인 동기들이 결여된 맹목적인 감정이 아니다. 우리가 하느님을 사랑하는 것은 그분께서 먼저 우리를 사랑하셨기 때문이다. 우리는 이 점을 잘 알며, 하느님께서 우리를 사랑하기 위해 무슨 일을 하셨는지도 잘 안다. 그러므로 그리스도교적인 사랑은 적어도 하느님에 대한 어느 정도의 앎을 전제로 한다. 그 앎은 단순히 추상적이고 사색적이거나 어떤 신학적 명제 또는 교의적인 가르침을 통해 획득한 앎이 아니라 체험을 통해 얻어진 개인적이고 역사적인 앎을 의미한다. 만일 우리가 하느님을 성부로, 예수 그리스도를 구세주로, 성령을 위로자요 우리를 변호해 주시고 우리에게 권고해 주시는 분으로 먼저 알아듣지 못한다면, 우리는 그분들을 그렇게 사랑할 수 없다. 또한 이러한 앎은 단순히 추상적인 신학적 서술을 통해 깨우침으로써 얻어지는 것도 아니다. 그것은 무엇보다도 체험이 필요한 앎이다.

결론적으로 말해, 우리는 근본주의 신학으로부터 다음과 같은 메시지를 얻을 수 있다. 즉, 그리스도교적인 실천은 본질적으로 사랑, 곧 애덕(caritas)의 실천이며 이 사랑이 없다면 우리는 그리스도교 신자라고 말할 수 없다. 그러나 동시에 우리는 개념적인 면에서 근본주의 신학이 제시하는 주장 - 근본주의 신학은 그리스도교에서 하느님에 대한 믿음을 배제하며 인류의 구원을 위한 하느님의 관대한 일련의 개입을 거부한다 - 을 받아들일 수 없다.

5. 기 쁨

기쁨은 그리스도교적인 믿음이 가지는 본질적 모습이다. 그러므로 기쁨은 그리스도교적인 삶과 신앙에 대한 비판적 인식을 지향하는 신학의 근본 주제 가운데 하나가 아닐 수 없다. 그러나 우리는 현시대와 마찬가지로 과거에도 역시 기쁨이란 주제가 철학자나 신학자들 사이에서 큰 관심을 불러일으키지 못했다는 점을 알아야 한다.

우선 철학자들을 살펴보면, 고대나 현대 할 것 없이 철학자들 사이에서 기쁨이란 감정은 심도 있게 다뤄지지 않았다. 반면에 인간이 지닌 다양한 기능이나 활동들 - 이성[헤라클리토스(Eraclitos), 소크라테스, 플라톤, 스토아학파], 상상(비코), 감성(칸트), 의지(스코투스), 자유(사르트르), 언어(비트겐슈타인, 하이데거), 기술(마르크스) - 또는 감정들 - 쾌락[에피쿠로스학파(epicurocismus)], 고통[쇼펜하우어(A. Schopenauer)], 권력(니체), 리비도(libidus; 프로이드), 희망(블로흐) 등 - 을 해석학적 원리로 받아들여 그 실재에 대해 전체적으로 연구하는 활동은 계속되어 왔다. 그러나 기쁨을 모든 실재를 이해하는 해석학적 원리로 받아들여 그에 대해 체계적으로 연구한 철학자는 아무도 없었다. 통상, 철학자들은 인간이 지닌 다른 감정들을 논하면서 곁들여서 기쁨을 연구하거나 이것을 단지 선을 현재 소유하거나 장차 소유할 것이 확실할 때 영혼이 느끼는 쾌감[로크(J. Locke)] 정도로만 치부해 왔다.

신학에서도 기쁨에 대한 논의에는 별다른 진전이 없었다. 기쁨이란 주제는 영혼의 열정들과 성령의 선물들이 함께 연구되는 과정에서 잠시 언급되곤 했다. 최근 들어 다양한 신학의 분야들이 새롭게 생겨났지만[사신 신학, 희망의 신학, 정치 신학, 실천 신학, 진보 신학, 해방 신학, 십자가 신학(theologia crucis), 유희 신학 등], 기쁨이란 주제는 이전보다 더 소홀히 취급되는 것이 지금의 현주소다. 그런 가운데서 몇몇 현대 신학들(예를 들면, 실존 신학, 희망의 신학, 유희 신학 등)은 기쁨을 중심 주제로 삼아 발전시킬 수도 있었다. 하지만 이 분야에서도 기쁨은 역시 합당하게 강조되거나 소개되지 못했다.

이에 바오로 6세 교황은 사도적 권고 「*Gaudete in Domino*」(1975. 5. 9)에서 이 커다란 맹점을 보완했다. 이 문서에서 교황은 시급하고 현실적인 주제를 다루었다.

여기서 '시급한 주제'라고 말한 것은, 복음 자체가 본질적으로는 기쁨 가득한 메시지이기 때문이다. 그리스도의 삶과 그분이 선포하신 메시지에서 우리는 수많은 소중한 가르침들을 끄집어 낼 수 있고, 윤리, 종교, 정치, 교육, 종말론 등에 유용하고 실천적인 측면들을 많이 끄집어 낼 수 있다. 그러나 이 모든 것과 함께하면서 이보다 더욱 값지고 순수하며 독창적인 결실이 있다면, 그것은 두말할 나위 없이 기쁨이라고 할 수 있다. 예수께서 지나가시는 곳, 그분의 메시지가 받아들여지는 곳, 그리고 그분의 모범을 따르는 곳에는 언제나 기쁨이 넘쳐흐른다. 그러므로 그리스도교가 갖는 이러한 본질적인 면이 시급히 회복되어야 한다.

또한, '현실적 주제'라고 한 것은 이 기쁨이 오늘을 살아가는 사람들에게 절대적으로 필요하기 때문이다. 물론 많은 사람들에게 필요한 것은 빵과 일자리와 건강이다. 그러나 그들에게 무엇보다도 필요한 것은 기쁨이다. 그런데 매우 놀랍고도 특이한 사실은, 그리스도교 신앙이 굶주린 이들, 실직자들, 병든 이들에게도 기쁨을 전해 줄 수 있다는 점이다. 이 기쁨은 이들만이 아니라 부유하고 건강하며 편하게 사는 사람들과 여러 가지 쾌락을 즐기면서 사는 사람들에게도 역시 필요하다. 사실, 과학과 기술의 발전은 우리가 사는 이 지구를 파멸시킬 수도 있고 부자들과 배운 사람들에게 고뇌의 씨앗을 안겨 줄 수도 있다. 소비 지향적인 번영은 삽시간에 지구의 모든 자원을 갉아먹었으며, 그 상태는 이미 위험수위에 도달해 있다. 그러나 아무리 편하고 쾌락이 넘쳐난다 하더라도, 이것만으로는 오늘을 살아가는 사람들이 지닌 내적 열망들을 도저히 잠재울 수 없고 그들의 열정을 만족시킬 수도 없다. 사실상 지난 두 세기 동안에 이룩된 번영과 발전에도 불구하고 이 세상에서 맛보는 진정한 기쁨은 넘치기는커녕 오히려 눈에 띌 정도로 줄어들었다. 기술이 지배하는 사회가 쾌락을 즐길 수 있는 기회를 많이 만들어 준 것은 사실이지만, 기쁨을 일구는 데는 성공하지 못했다. 돈과 건강 그리고 편안함이 부족하지는 않다. 그럼에도 불구하고 불행히도 삶은 여전히 짜증스럽고 비탄과 슬픔으로 가득하다. 이런 상태는 종종 불안과 절망으로 나타나는데, 겉으로는 무분별한 즐거움이나 찰나적인 행복으로 보이기도 한다. 하지만 이런 인위적인 파라다이스로는 근원적인 불안과 절망을 없애지 못한다. 우리 시대를 살아가는 사람들의 마음 깊은 곳에 뿌리내린 불안이 의미하는 바는 그들이 진정한 기쁨을 알고 그 기쁨의 노래를 듣기를 원한다는 것이다.[217]

바오로 6세 교황은 그리스도교적 기쁨은 영광스럽게 되신 그리스도의 마음에 그득한 신적이고 인간적인 무한한 기쁨에 영적으로 참여하는 것이라고 말했다.218 기쁨에 대한 신학적인 정당성은 총체적인 구원 역사가 뒷받침한다. 사실 기쁨은 그 자체로 하나의 지속적인 기쁨의 이유가 된다. 구약 성경에서는 기쁨이 절제된 형태로 애매하게 드러나는 반면에 신약 성경에서는 분명한 색깔을 띠고 정확하게 그리고 여러 곳에서 드러난다.

우선 기쁨은 아브라함이 아들 이사악의 탄생 소식을 들었을 때 그의 마음에 깃들었다. 또한 그는 구원의 때인 그리스도의 날을 보게 될 것을 생각하며 기쁨에 겨워했다. "(그는) 그것을 보고 기뻐하였다."(요한 8,56) 구원의 기쁨은 옛 이스라엘의 예언 역사 내내 퍼지고 통교되어 왔다. 기쁨은 선택된 민족인 이스라엘의 불충실로 인해 일어나는 비극적인 상황에서도 그리고 그들을 하느님에게서 떼어 놓으려는 여러 박해에도 불구하고 언제나 지탱되어 왔고 새롭게 쇄신되어 왔다. 이처럼 언제나 위협을 받으면서도 늘 새롭게 솟아오르는 기쁨은 아브라함에 의해 탄생된 백성에게 고유한 것이었다.

하지만 기쁨이 충만하게 드러나는 것은 바로 예수 그리스도를 통해서다. 바오로 6세 교황은 그리스도의 생애와 그분이 전하는 메시지를 검토하면서 이 점을 아주 분명하게 지적했다. 예수의 생애에 대한 연구를 통해서 다음과 같은 결론이 드러난다. "예수는 당신의 인성 안에서 우리의 기쁨을 체험하셨다. 그분은 모든 색채의 인간적인 기쁨들, 즉 단순한 기쁨들과 일상적인 기쁨들을 아셨고 이를 아주 귀하게 여기

---

217. Paolo VI, "Gaudete in Domino", in *Acta Apostolicae Sedis*, 31 maggio 1975, p.292.
218. *Ibid.*, p.295.

고 칭송하셨다. 그리고 이 기쁨을 모든 이에게 전해 주셨다. …… 그분은 하늘의 새와 들의 백합화를 보며 경탄하셨다. 그분은 씨를 뿌리는 이와 수확하는 이의 기쁨에 대해 기꺼이 칭송하셨고, 숨겨진 보물을 발견한 사람의 기쁨과 잃어버린 양을 다시 찾은 목자의 기쁨, 그리고 잃어버린 동전을 찾은 여인의 기쁨과 만찬에 초대된 이들이 느끼는 기쁨에 대해 즐겨 말씀하셨다."[219] 더 나아가 그분은 일상의 삶에서 느끼는 여러 가지 기쁨 이상으로 내적 기쁨이 갖는 특별한 감명에 대해서도 말씀하셨다. 이러한 기쁨은 성부로부터 사랑받고 있다는 데 대한 인식에 바탕을 둔다. "세상 창조 이전부터 아버지께서 저를 사랑하셨습니다."(요한 17,24)

이와 마찬가지로, 예수의 메시지 안에서 기쁨이 갖는 차원은 본질적이다. 사실 그분의 메시지는 기쁨 가득한 것이다. "행복하여라, 가난한 사람들! 하느님 나라가 너희 것이다. 행복하여라, 지금 굶주리는 사람들! 너희는 배부르게 될 것이다. 행복하여라, 지금 우는 사람들! 너희는 웃게 될 것이다."(루카 6,20-21)

예수는 당신의 짧은 공생활 기간 동안 행동과 메시지를 통해 당신 제자들과 백성들 사이에 기쁨의 불을 지피셨다. 하지만 그분의 기쁨이 널리 퍼질 수 있는 힘을 받은 것은 부활을 통해서 잔인한 죽음의 시험을 의기양양하게 극복하신 후였다. "이제 예수님은 영원히 성부의 영광 속에 사신다. 이로 인해 그분의 제자들은 파스카 만찬 때 주님을 보면서 꺼지지 않는 기쁨을 누렸다. …… 파스카의 기쁨은 부활하신 그리스도께서 새롭게 현존해 계시다는 데 대한 기쁨으로서, 부활하신 그리

---

219. *Op. cit.*, p.298.

스도는 성령께서 늘 당신 제자들과 함께하실 수 있도록 그들에게 기꺼이 성령을 선물로 주신다."[220]

바오로 6세 교황은 기쁨이 갖는 신학적인 근거들을 제시한 후, 이 기쁨이 교회 역사가 흐르는 내내 시대마다 늘 현존해 왔다는 점을 역사적인 검증을 통해 우리에게 보여 주었다. 하지만 이러한 검증은 몇몇 성인들 안에서 예외적인 정점(頂點)으로 드러난다. 교황은 구체적으로 기쁨을 가르친 세 명의 스승, 즉 아시시의 성 프란치스코, 리지외의 성 데레사(St. Thérèse de Lisieux), 성 막시밀리아노 콜베(S. Massimiliano Kolbe)를 상기하였다. "아시시의 가난한 이 사람은 주님을 위해 모든 것을 포기하고 나서 청빈이라는 어머니의 도움에 힘입어 창조주 하느님의 손에 의해 손상되지 않은 채로 남을 수 있었다. 자신의 모든 것이 완전히 벗겨진 상태에서 이제는 거의 앞도 보지 못하는 상황일 때 그는 결코 잊지 못할 '피조물들의 노래'(Cantico delle creature)를 불렀다. 이 노래는 형제인 해와 그 밖의 자연 전체가 부르는 찬미가로서, 순수한 하느님의 영광의 거울이 그에게 명징하게 비추어 준 것을 노래한 것이다. 심지어 그는 자신을 찾아온 죽음을 향해서도 '우리의 자매인 육체의 죽음'이라고 하며 기쁨을 드러냈다. '그분의 거룩한 뜻 가운데 있는 이들은 복되다.' 우리와 아주 가까운 시대를 살았던 리지외의 성 데레사는 하느님의 손에 자신을 용기 있게 내맡기는 길을 우리에게 보여 주었다. 데레사는 바로 그 하느님께 자신의 작음을 봉헌했다. 그러나 이와 더불어 데레사는 우리 시대에 팽배한 하느님의 부재에 대한 느낌을 부인하지 않고 오히려 몸소 체험했다. 하지만 '이것이야말로 완전

---

220. *Op. cit.*, pp.301-302.

한 기쁨의 순간이다. …… 모든 것에도 불구하고 그분이 바로 거기에 계신다는 것은 얼마나 큰 기쁨인가. 그리고 신앙 속에 숨어 있는 보이지 않는 빛을 바라보는 것 또한 얼마나 큰 기쁨인가.' 끝으로, 우리 세대에 빛을 발하는 모델인 성 프란치스코의 참된 제자 성 막시밀리아노 콜베를 기억하지 않고 그냥 넘어갈 수는 없다. 우리 시대를 온통 피범벅이 되게 만든 아주 비극적인 시험의 순간에 그는 어느 이름 모를 형제를 구하기 위해 자발적으로 자신을 죽음에 봉헌했다. 그 이후의 증언들은 우리에게 통상 지옥의 모습으로 드러나는 그 고통의 장소가 어떤 의미에서는 그 자신과 그의 불행한 동료들에게 내적인 평화와 고요함과 기쁨과 더불어 영원한 생명을 기다리는 장소로 변화되었다고 말해 준다."[221]

하지만 기쁨을 실천하는 것은 특히 오늘날 매우 중요한 의미로 다가온다. 그리스도께서 지니신 다른 여러 가지 모습보다도 기쁨이 오늘날의 젊은 세대에게 독특한 매력을 전해 준다. "이 젊은 세대는 예수야말로 절대적으로 유일한 분이시라는 것을 깨닫고, 무엇보다도 그분이 행동과 말씀 가운데 늘 지니시는 이 특별한 기쁨을 귀하게 여긴다. 전통에 의해 보호되던 것들을 갑자기 박탈당하고, 나아가 거짓된 새로움이 주는 영적 공허와 무신론적인 이데올로기와 해롭기 그지없는 신비주의들에 대해 지겹도록 환멸을 느낀 오늘날의 젊은 세대가 행여 예수 그리스도를 통해 계시된 불변하는 하느님의 신비와 확고한 새로움을 발견하려 하지 않겠는가?"[222]

물론, 그리스도교적인 기쁨이 그 매력을 단지 젊은이들에게만 보

---

221. *Op. cit.*, pp.307-308.
222. *Ibid.*, p.315.

여 주는 것은 아니다. 이 기쁨은 모든 이를 매료시키는 일종의 놀라움이자 이유이기도 하다. 그렇기 때문에 기쁨은 그리스도교 신앙이 갖는 가치를 더욱 효과적으로 입증할 수 있는 주제 가운데 하나이기도 하다. 기쁨은 그리스도인을 다른 사람들로부터 구별되게 해 주는 표징이자 그가 진정한 그리스도교 신자임을 입증하는 표징이다. 그러므로 신자는 기쁨 가운데 살면서 자기가 믿는 신앙을 증명하는 사도가 된다.

반면, 이처럼 기쁨의 차원을 강조하면서 혹시 악과 고통과 죄로 인해 시들어 버린 실재를 왜곡하는 위험에 빠지는 것은 아닌지, 혹시 이처럼 비참하기 그지없는 실재를 그저 맹목적인 낙관주의의 자세로 지나치려고 하는 것은 아닌지 반문해 보아야 한다.

그리스도인은 결코 악과 고통과 죄로 인해 시들어 가는 실재를 부인하지 않는다. 그러나 그는 그것이 존재한다는 사실을 알면서도 동시에 철저한 낙관주의자로 남는다. 악과 고통과 죄가 그를 결코 슬프게 하지도 않고 더는 괴롭히지도 않는다. 왜냐하면 그는 역사가 그리스도를 통해 결정적인 전환을 맞이했으며, 이 모든 악과 고통과 죄가 결국 사라져 버릴 것임을 분명히 알기 때문이다. 죄의 드라마는 그리스도께서 오신 이후 기쁨 가운데 사라져 버렸다. 예수께서는 이 점을 '되찾은 아들의 비유'를 통해 놀랍게 보여 주셨다. 이 비유는 "계시의 정점을 내포한다. 왜냐하면 죄 지은 아들을 받아들이는 아버지의 기쁨을 묘사하는 것은 하느님께서 우리와의 관계에서 당신의 신비를 드러내시는 아주 심오한 빛이기 때문이다. 이미 용서하시는 하느님의 사랑은 경이로운 진리가 아닐 수 없다. 죄인이 아버지께 돌아감으로써 느끼는 기쁨은 우리를 더욱 놀라게 하는데, 이는 우리를 기다리는 것이 엄격한 정의이기 때문에 더욱 그러하다. …… 이처럼 인간의 죄로 인해 생겨난 불행한 상황은 충만한 기쁨 속에서 녹아 없어지고 만다. 죄에 있어서 마지막 말은 하느님께서 인간에게 통교하시는 당신의 행복과 더불어 우리에게 다가오는 승리라는 말이다."[223]

그러므로 그리스도인은 어떠한 이유로도 기쁨을 잃어버릴 수 없다. 이제 그리스도인에게서 낡은 것은 지나가고 그는 새로운 존재로 거듭나게 된다(2코린 5,17). 그리고 죄가 많은 곳에 은총이 차고 넘치게 된다(로마 5,20). 죄와 죽음을 쳐 이기신 그리스도의 승리에서부터 이제 그분을 믿는 모든 이의 마음속을 관통하는 마르지 않는 기쁨의 강물이 흘러나온다.

결 론

하느님의 모상과 유사함을 따라 창조된 존재라는 하느님의 계획에 따른 인간의 존재론적 실현은 성화 은총을 통해 이루어진다. 나아가 더욱 효과적인 실현은 초본성적 덕인 믿음, 희망, 사랑 그리고 기쁨을 통해서 이루어진다. 새로운 피조물인 인간은 믿음과 더불어 하느님의 위업을 기억한다. 또한 그는 모든 것을 선물로 내주신 그분과 이웃에 대한 사랑으로 자신을 선물로 내드린다. 그리고 희망과 더불어 영원한 가치를 얻고자 하는 열망을 불태운다. 기쁨을 통해서는 삼위일체 하느님과 강생하신 말씀의 영광 안에 깊이 잠기게 된다. 근본적으로 믿음은 과거를 향하고 사랑과 기쁨은 현재를 향하며 희망은 미래를 향

---

223. J. Galot, "Gioia per il nostro tempo", in *Civiltà Cattolica* (1975), vol. III, p.31.

한다. 이 네 가지 덕은 모두 예정의 신적 원형이신 예수 그리스도의 계획에 따라 영성적인 차원에서 인간이 자랄 수 있게 해 준다. 구원의 보편적인 길이신 그리스도는 은총의 원천이시며 믿음, 희망, 사랑, 기쁨의 첫째 대상이시다. 그리고 그분은 우리로 하여금 지금부터 신적인 삶에 참여할 수 있게 해 주신다. 이 신적인 삶은 삼위일체 하느님, 즉 권능과 지혜와 사랑이 무한히 가득하신 성부, 성자, 성령과 더불어 친교의 삶을 이루는 것을 말한다.

참고 문헌

J. Leclercq, "Il problema della fede e gli intellettuali del secolo XX", in *Vita e Pensiero*, 1966.

J. Mouroux, *Io credo in te*, Brescia, Morcelliana, 1966.

H. Fries, *La fede contestata*, Brescia, Queriniana, 1971.

J. Pieper, *Sulla fede*, Brescia, Morcelliana, 1963.

H. Bouillard, *Logik des Glaubens* (Quaestiones disputatae 29), Friburgo, Herder, 1966.

W. Kasper, *Introduzione alla fede*, Brescia, Queriniana, 1972.

H. De Lubac, *La fede nel Padre in Cristo nello Spirito*, Torino, Marietti, 1970.

J. Ratzinger, *Introduzione al cristianesimo. Lezioni sul simbolo apostolico*, Brescia, Queriniana, 1972, 4^aed.

B. Mondin, *Speranza, salvezza, infallibilità*, Roma, Coines, 1972.

ID., *I teologi della speranza*, Torino, Borla, 1974, 2^aed.

J. Moltmann, *Teologia della speranza*, Brescia, Queriniana, 1970.

R. Alves, *Teologia della speranza umana*, Brescia, Queriniana, 1971.

R. Laurentin, *Speranza cristiana immensa riserva dell'uomo*, Alba, Edizioni Paoline, 1971.

J. Galot, *Il mistero della speranza*, Assisi, Cittadella, 1971

J. Moltmann, *L'esperimento speranza*, Brescia, Queriniana, 1976.

J. Egermann, *La carità nella Bibbia*, Bari, Edizioni Paoline, 1971.

J. Pieper, Monaco, *Über die Liebe*, Kösel, 1971.

S. Lyonnet, *La carità pienezza della legge secondo san Pablo*, Roma, Ave, 1971.

A. Nygren, *Eros e agape, La nozione cristiana dell'amore e le sue trasformazioni*, Firenze, Vallecchi, 1971.

P. Cattaneo, *Fermento dell'amore cristiano*, Napoli, Dehoniane, 1972.

F. Ocariz, *Amor a Dios. Amor a los hombres*, Madrid, Palabra, 1973.

L. Cacciabue, *La carità soprannaturale come amicizia di Dio. Studio storico sui Commentari di S. Tommaso dal Gaetano ai Salmaticensi*, Brescia, Morcelliana, 1972.

H. Schlier, *Per la vita cristiana: fede, speranza, carità*, Brescia, Morcelliana, 1975.

B. Lonergan, *Ragione e fede di fronte a Dio*, Brescia, Queriniana, 1977.

K. Rahner, *Corso fondamentale sulla fede*, Alba, Paoline, 1977.

J. M. Faux, *La foi du Nouveau Testament*, Bruxelles, 1977.

B. Welte, *Che cos'è credere*, Brescia, Morcelliana, 1983.

B. Haering, *Von Glauben der gesund macht*, Friburgo i. B., Herder, 1985.

H. Bourgeois, *L'espérance maintenant et toujours*, Parigi, Descle, 1985.

J. C. Barreau, *La foi qui reste*, Parigi, Seuil, 1987.

W. Kasper, *Was alles Erkennen übersteigt. Besinnung auf den christlichen Glauben*, Friburgo i. B., Herder, 1987.

J. Fischer, *Glaube und Erkenntnis*, Monaco, Kaiser, 1989.

O. H. Pesch, *Liberi per grazia. Antropologia teologica*, Brescia, Queriniana, 1988, pp.281-302; 353-374; 504-520.

6 | 그리스도인의 영적, 세속적 과제들

그리스도인은 인간에 대한 하느님의 두 번째이자 최종적인 계획이다. 그리스도인은 더 이상 땅의 진흙으로 빚어진 존재가 아니라 그리스도의 피로 새롭게 창조된 존재를 말한다. 또한 그리스도인은 이제 하느님의 모상이 아닌 육화된 말씀의 모상에 따라 빚어진 존재다.

그리스도인은 무엇보다도 초본성적인 상태로 들어 올려진 사람으로서, 신적인 삶에 참여할 수 있는 능력을 받는다. 그럼으로써 그는 하느님의 신비를 알 수 있고, 하느님의 감정들을 살아 낼 수 있으며, 하느님께서 당신 자신을 사랑하시는 바로 그 사랑으로 하느님을 사랑할 수 있게 된다.

그러나 인간은 자연적인 상태 가운데 태어나고 생활하며 성장, 발전해 가고 사회(가정, 종족, 국가)라는 환경에서 자신을 이룩하고 실현해 나간다. 자연적인 인간이 그러한 것처럼, 그리스도인은 초본성적인 상태에서 태어나고 성장하며 그리스도의 몸이자 하느님 백성이요 교회라고 일컬어지는 구원 공동체 안에서 자신을 실현해 간다. 그러므로 그리스도인이 된다는 것은 그리스도 안에 존재하는 것을 의미하며 동시에 그리스도의 신비체인 교회 안에 존재하는 것을 의미한다. 그리스도인은 그리스도로부터 그리고 그분의 교회로부터 신앙의 빛과 희망의 불꽃을 받는다. 그는 그리스도 안에서 그리고 교회 안에서 사랑의 열기를 느끼고 함께 나눈다.

그러므로 이러한 배경과 더불어 우리는 그리스도인이 되는 것이 무엇을 의미하는지에 대한 충분하고도 분명한 개념을 가질 수 있다. 우리가 모델이신 예수 그리스도처럼 행동할 수 있도록 하느님께서 우리에게 선사하시는 덕들을 우리는 잘 안다. 그것은 신덕, 망덕, 애덕이다. 더 나아가 우리는 우리 존재가 고립되지 않고 내적으로 아주 깊이 그리스도의 몸인 교회와 일치해 있다는 것도 잘 안다. 바로 이러한 모습이 그리스도인이 누구인지를 잘 보여 주는 청사진이라고 하겠다.

이제 우리는 다음과 같은 물음을 던져야 하겠다. 그리스도인은 이 세상에서 무엇을 하도록 부름을 받았는가? 인간으로서 단순한 자기실현에 그칠 것이 아니라 그리스도인으로서 대체 무엇을 해야 하는가?

이 물음에 대한 답을 구하기 위해서 우리는 무엇보다도 우리의 모델이신 예수 그리스도를 바라보아야 할 것이다. 영원한 생명을 얻기 위해 예수께 다가와서 무엇을 해야 하는지를 묻는 청년에게 주신 예수님의 대답은 또한 이 물음에 대한 정확한 대답이기도 하다. "네가 완전한 사람이 되려거든, 가서 너의 재산을 팔아 가난한 이들에게 주어라. 그러면 네가 하늘에서 보물을 차지하게 될 것이다. 그리고 와서 나를 따라라."(마태 19,21)

그러므로 예수 그리스도의 모범을 따르는 것은 그분께서 하신 바를 행한다는 것을 의미한다. 좀 더 구체적으로는 가난한 제자에게 가능한 한에서 사제직(munus sacerdotale), 예언직(munus propheticum), 왕직(munus regale)이라는 세 가지 커다란 직무를 수행하는 것으로, 이 직무에는 인류에 대한 예수 그리스도의 모든 구원 업적이 종합되어 있다. 사실, 육화하신 하느님의 말씀이신 예수 그리스도는 하느님 나라의 도래를 선포하신 예언자시다. 그리고 모든 인류를 위해 십자가 위에서 당신 자신을 무죄한 희생 제물로 봉헌하신 사제시다. 또한 그분은 새로운 하느님 백성의 왕이시며 교회의 수장이시고 모든 악의 세력을 물리쳐 이긴 승리자시다.[224]

1. 그리스도인의 영적 직무들

교회 안에서 메시아적인 직무(예언직, 사제직, 왕직)의 수행은 두 가지 방법, 즉 공동체적인 방법과 개인적인 방법으로 수행할 수 있다. 그리고 개인적인 방법은 또 다시 두 가지 형태로 나뉜다. 즉, 모든 신자들에게 공통으로 해당하는 형태와 이와는 달리 교회에 대한 봉사를 위해 장엄하게 축성된 사람들에게 유보된 특수 형태가 있다.

먼저, 새로운 하느님의 백성인 교회 편에서 세 가지 메시아적인 직무에 대한 공동체적인 수행을 살펴보기로 하자. 이 직무는 다음의 두 가지 이유로 해서 고유하게 교회에 속한다. 첫째, 교회가 그리스도의 신비체인 한에서 이 신비체의 머리이신 예수의 모든 역할은 교회에 속한다. 둘째, 교회가 그리스도로부터 그분의 구원 업적을 지속할 사명을 받은 이상 교회에게는 이 목적에 필요한 모든 직무, 즉 복음을 선포

---

[224]. 예수를 사제, 예언자, 왕이라는 칭호로 언급하는 것은 이미 복음서 여러 곳에서 드러난다. 왕이신 예수(루카 23,2; 마태 2,2; 21,5; 27;11); 예언자이신 예수(루카 4,14-21; 마태 13,56; 요한 6,14); 사제이신 예수(요한 17,2 이하 히브 3,1; 4,14-15). 한편, 마태오 복음서는 예수를 기름 부음 받은 이(16,16)로 소개한다.

하고(예언직) 죄를 용서하며(사제직) 이 세상에 하느님 나라를 건설하는(왕직) 직무가 주어진다.225

제2차 바티칸 공의회의 문헌들 가운데 하나인 「교회 헌장」은 하느님의 새로운 백성이 수행해야 할 세 가지 메시아적 직무에 대해 다음과 같이 설명한다.

ㄱ) 사제직 : "사람들 가운데에서 뽑히신 대사제 주 그리스도께서는(히브 5,1-5 참조) 새 백성이 '한 왕국을 이루게 하시고 또 당신의 하느님 아버지를 섬기는 사제들이 되게 하셨다.'(묵시 1,6; 5,9-10 참조) 세례 받은 사람들은 새로 남과 성령의 도유를 통하여 신령한 집과 거룩한 사제직으로 축성되었기 때문에, 그리스도인들은 인간의 모든 활동을 통하여 신령한 제사를 바치며 그들을 어두운 데에서 당신의 놀라운 빛 가운데로 불러 주신 분의 능력을 선포한다."(교회헌장 10항) 이어서 공의회는 사제적인 공동체의 성스러운 기질과 조직이 어떻게 성사(세례성사, 견진성사, 성체성사, 참회성사, 병자성사, 혼

---

225. 사제직, 예언직, 왕직을 수행하는 교회는 전체 교회이니, 여기에는 아직 이 세상에서 순례하는 교회와 연옥에서 단련 받는 교회, 천상에서 영복을 누리는 개선 교회가 모두 포함된다. 이 세 직무의 수행은 분명 서로 다른 양상으로 이루어진다. 그러므로 보이는 교회와 단련 받는 교회와 개선 교회는 단지 유비적으로만 이 세 가지 직무를 갖는다고 말할 수 있다. 이 세 교회는 각기 그 직무들을 갖지만 자신이 처한 서로 다른 상황에 준해서 그것들을 수행한다. 위(僞)디오니시오가 말하는 것처럼, 이 세 교회는 세 직무를 모두 포함하는 고유한 전례를 거행한다. 즉, 천상 교회는 영광의 전례를, 정화되는 중인 교회는 청원과 속죄의 전례를, 순례하는 교회는 선포와 봉사와 희생의 전례를 거행한다. 여정 상태(status viae)에 있는, 즉 순례하는 교회 가운데 있는 하느님의 새로운 백성은 사제로서 성찬례를 거행하며 삼위일체 하느님께 찬미와 청원의 기도를 드린다. 또한 이 백성은 예언자로서 모든 민족에게 구원을 선포하는 그리스도의 위대한 사자(使者)다. 그리고 이 백성은 왕으로서 타락하여 고통 받는 가운데 도움이 필요한 인류를 위해 봉사하며, 그럼으로써 그들이 온 우주의 왕이요 통치자이신 구세주 그리스도와 하나 되도록 인도한다.

인성사)와 덕(신덕, 망덕, 애덕)을 통해 구체화되는지를 간단히 설명한다(교회헌장 11항).

ㄴ) 예언직 : "하느님의 거룩한 백성은 또한 그리스도의 예언직에도 참여한다. 특히 믿음과 사랑의 생활로 그리스도께 대한 생생한 증거를 널리 전하며, 그분의 이름을 찬양하는 입술의 열매를 찬미의 제물로 하느님께 바친다."(교회헌장 12항)

ㄷ) 왕직 : "그리스도께서는 죽음에 이르기까지 순종하시고 바로 그 때문에 하느님 아버지께 높이 올려지시어(필리 2,8-9 참조) 당신 나라의 영광으로 들어가셨다. 당신께 모든 것이 굴복하고, 드디어 당신 자신과 모든 피조물을 하느님 아버지께 굴복시키시어, 하느님께서 모든 것 안에서 모든 것이 되실 것이다(1코린 15,27-28 참조). 그러한 권한을 당신 제자들에게 주시어, 그들도 왕다운 자유 안에 세워져 극기와 거룩한 생활로 자기 자신 안에서 죄의 나라를 완전히 쳐 이기게 하시고(로마 6,12 참조), 더 나아가 다른 사람들 가운데에서도 그리스도를 섬기며, 섬기는 것이 다스리는 것인 그 임금님께 자기 형제들을 겸손과 인내로 인도하게 하신다."(교회헌장 36항)

더 나아가, 각 개별 신자들 역시 교회의 신비체적인 인격과 연대하여 이 세 가지 메시아적인 직무를 수행한다. 이처럼 「교회 헌장」이 신학적이고 종말론적인 존엄성을 부여한 경이롭기 그지없는 가르침은 이미 오래 전부터 전례와 함께 통합되어 왔다. 그러므로 예컨대 『로마 미사 전례서』는 견진성사를 거행하는 가운데 다음과 같은 청원을 드리도록 초대한다. "주님, 영적으로 씻는 세례를 통해서 새롭게 하실 이 사람들을 위해 이 기름을 바르오니 굳건하게 하소서. …… 그럼으로써 당신께서 준비하신 구원 계획의 신비에 따라 왕이요 사제요 예언자로서의 품위에 따라 그들이 부패하지 않는 이 직무의 옷으로 새롭게 갈아입게 하소서."226

무엇보다도 사제 개념은 중개(mediatio)의 의미를 내포한다. 사제는 하느님과 인간 사이의 중개자다. 그러므로 그리스도는 최고 사제(summus sacerdos)시자 중개자시다. "그분 안에서 생명은 하나가 되고 하늘은 땅에게 말한다. 그분 안에서 인간의 의지는 하느님을 향한다. 온 세상은 그분 안에서 서로 만난다. 아니 그분이야말로 모든 만남이 이루어지는 곳이다. 그분은 유일한 중개자시다. 인간과 계시된 하느님 사이에는 용서나 회심에 있어서 직접적으로는 아무런 관계도 없다. 인간은 홀로 하느님께 도달할 수 없으며 그 어떤 것도 유일하신 중개자를 거치지 않고서는 그분에게서 우리에게로 내려올 수도 없다. 그러므로 이 중개자는 이미 자체로 무한한 의미를 가지신다. 그분은 한없이 관대하신 분이시다. 당신 자신을 위해 살지 않으시고 오직 성부의 영광과 당신 형제들의 안녕을 위해 사실 뿐이다. '우리를 위해서'라는 말은 이 유일하신 중개자의 좌우명이다. 그러므로 희생이야말로 그분의 삶에서 근본적인 이유이기도 하다. '희생을 바침'이야말로 그분의 존재 자체에 속한 특징이 아닐 수 없다."227 그리스도의 은총을 받는 모든 이는 중개자의 역할에 참여하며 그분과 하나가 된다. 이처럼 그리스도인은 자신의 거룩한 삶을 통해 사제직을 수행하며 모든 사람을 위한 중개자 임무를 대신한다. 이러한 그리스도인의 행위는 매우 중요한 것으로서, 많은 사람들의 구원이 그에게 달려 있다(Mystici corporis).

---

226. *Pontificalis romanus*(견진성사 축성 기도문).
227. R. Guardini, *op. cit.*, pp.273-274.

신자들은 자신의 사제 직무를 수행하기 위해 여러 가지 성사들과 덕행들을 통해 합당한 능력을 갖추게 된다. "사제 공동체의 거룩한 특성과 유기적 구조는 성사와 덕행을 통하여 현실화된다. 신자들은 세례를 통하여 교회에 합체되어 그리스도교의 예배를 드릴 수 있는 인호를 받고, 또 하느님의 자녀로 다시 태어나 교회를 통하여 하느님께 받은 신앙을 사람들 앞에서 고백하려고 힘쓴다. 견진성사로 신자들은 더욱 완전히 교회에 결합되며 성령의 특별한 힘을 받아 그리스도의 참된 증인으로서 말과 행동으로 신앙을 전파하고 옹호하여야 할 더 무거운 의무를 진다. 그리스도교 생활 전체의 원천이며 정점인 성찬의 희생 제사에 참여하는 신자들은 신적 희생 제물을 하느님께 바치며, 자기 자신을 그 제물과 함께 봉헌한다. 이렇게 봉헌에서나 영성체에서나 똑같지 않고 저마다 다르게, 모든 신자는 전례 행위 안에서 자기 역할을 한다. 더 나아가 거룩한 모임에서 그리스도의 몸을 받아 모신 신자들은 이 지존한 성사로 적절히 드러나고 놀랍게 이루어지는 하느님 백성의 일치를 구체적인 방법으로 보여 준다."(교회헌장 11항)

사실, 신자들의 보편 사제직은 교회 교부들과 학자들이 다룬 주된 주제이기도 하다.[228] 오리게네스는 이 주제에 관심을 보인 초기 교부들 가운데 한 사람이다. 그는 통상적인 자신의 가르침에서 이 주제를 제시하고 사제직의 근거와 이 직무를 수행하는 방법을 설명했다. "세례를 통해 거룩한 인호의 도유를 받은 모든 이는 사도 베드로가 모든 교회에 말한 것처럼 사제가 되었습니다. '여러분은 선택된 겨레고 임금의

---

228. 이 주제에 관한 가장 훌륭한 연구서들 가운데 하나로 다음 책을 꼽을 수 있다. P. Dabin, *Le sacerdoce royal des fidèles dans la tradition ancienne et moderne*, Bruxelles - Paris, 1950.

사제단이며 거룩한 민족이고 그분의 소유가 된 백성입니다.'(1베드 2,9) 그러므로 여러분은 사제적인 민족입니다. 따라서 여러분은 지성소에 가까이 나아갈 수 있습니다. 우리는 각자 자신 안에 희생 제물을 지니고 있습니다. 나는 이 제물이 끊임없이 불살라지도록 제단에 봉헌합니다. 만일 '내가 가진 모든 것을 버리고 내 십자가를 지고 그리스도를 따른다면', 나는 하느님의 제단에 번제물을 바치는 것입니다. 또한 '내가 나의 육신을 불꽃에 내던지면서 애덕을 갖고 그 봉헌을 한다면', 나는 순교의 영광을 차지하게 될 것이며 나 자신을 하느님의 제단에 산 제물로 바침으로써 축성될 것입니다. 내가 만일 '내 형제들을 위해 내 영혼을 바칠 만큼 그들을 사랑한다면', 그리고 만일 정의와 진리를 위해 죽기까지 싸운다면, 나는 하느님의 제단에 산 제물을 봉헌하는 것입니다. '만일 모든 육적인 탐욕으로부터 내 모든 육체를 금욕한다면', 나는 하느님의 제단 앞에 산 제물을 봉헌하는 것이며 더불어서 나의 희생제물을 봉헌하는 사제가 되는 것입니다."[229]

예언직은 "하느님의 놀라운 업적들과 커다란 구원 사건들을 널리 전하는 것"[230]을 그 대상으로 한다. 이 직무는 먼저 기회가 될 때마다 말로써 실행하며 무엇보다도 그리스도교의 고유하고 큰 가치 – 하느님을 향한 전적인 신뢰와 미래의 삶에 대한 희망, 하느님과 이웃을 향한 조건 없는 헌신, 육신과 악마의 유혹으로부터의 해방, 겸손, 자비 등 – 와 특히 새 계명인 사랑의 계명을 실천함으로써 모범적인 삶의 증거를 통해 드러낸다.

끝으로 왕직은 무엇보다도 신자들이 문화적인 환경 안에서 그 문

---

229. J. Hamer, *La chiesa è una comunione*, cit., p.81.
230. Origene, *Omelie sul Levitico* 9, 9.

화의 근본적인 구조들 – 상징적, 경제적, 정치적, 윤리적, 가치론적 – 을 더욱 더 그리스도교적으로 변화시켜 가는 가운데 완성된다. 그리스도 왕국은 이 세상 안에서, 구체적으로는 각 개별 나라들 안에서 문화를 통해 건설되는데, 그 문화적 환경 안에서 문화를 그리스도교적으로 일구어 가는 주체는 다름 아닌 신자들이다. 바로 이 때문에 「교회 헌장」은 왕직을 신자들, 특히 평신도들에게 맡긴다. "그러한 권한을 당신 제자들에게 주시어, 그들도 왕다운 자유 안에 세워져 극기와 거룩한 생활로 자기 자신 안에서 죄의 나라를 완전히 쳐 이기게 하시고(로마 6,12 참조), 더 나아가 다른 사람들 가운데에서도 그리스도를 섬기며, 섬기는 것이 다스리는 것인 그 임금님께 자기 형제들을 겸손과 인내로 인도하게 하신다. 주님께서는 실제로 당신의 나라를 평신도들을 통해서도 확장하기를 바라신다. 그 나라는 곧 진리와 생명의 나라요 거룩함과 은총의 나라이며 정의와 사랑과 평화의 나라다. 그러므로 평신도들은 세속 분야의 자기 역량으로 또 그리스도의 은총을 받아 내면에서 승화된 자기 활동으로 힘차게 일하여, 창조주의 섭리와 그분 말씀의 비추심에 따라 인간 노동과 기술과 시민 문화로써 참으로 모든 사람의 이익을 위하여 창조된 재화를 계발하고 더욱 적절하게 모든 사람에게 분배하며, 인간적이고 그리스도교적인 자유 안에서 자기 나름대로 세계의 진보에 기여한다. 이렇게 그리스도께서는 교회의 지체들을 통하여 온 인류 사회를 당신 구원의 빛으로 갈수록 더욱더 밝게 비추어 주실 것이다. 평신도들은 또한 힘을 합쳐 그 풍습을 죄악으로 몰아가는 세상의 제도들과 조건들을 바로잡아, 이 모든 것이 정의의 규범에 부합하고 또 덕의 실천을 방해하기보다는 오히려 도와주게 하여야 한다. 이렇게 함으로써 인간 활동과 문화에 도덕적 가치가 스며들게 할 것이다. 또한 이러한 방법으로 하느님 말씀의 씨앗을 받아들이는 더 좋은 세상의 밭이 마련되고, 교회의 문도 더 넓게 열려, 거기에서 평화의 선포가 세상으로 퍼져 들어가야 한다."(교회헌장 36항)

공의회는 이 조항 이전에 이미 지상의 실재들이 평신도들을 통해서 그리스도화(cristificazione)되어야 한다는 점을 언급했다. "평신도들의 임무는 자기 소명에 따라 현세의 일을 하고 하느님의 뜻대로 관리하며 하느님 나라를 추구하는 것이다. 평신도들은 세속 안에서, 곧 각각의 온갖 세상 직무와 일 가운데에서, 마치 그들의 삶이 짜여지는 것 같은 일상의 가정생활과 사회 상황 속에서 살아가고 있다. 거기에서 하느님께 부르심을 받아, 자기의 고유한 임무를 수행하며 복음 정신을 실천하고 누룩처럼 내부로부터 세상의 성화에 이바지하며, 또 그렇게 하여 무엇보다도 자기 삶의 증거로써 믿음과 바람과 사랑으로 빛을 밝혀 다른 사람들에게 그리스도를 분명하게 보여 준다. 그러므로 평신도들이 특별히 하여야 할 일은 자신들과 긴밀히 연결되어 있는 모든 현세 사물을 조명하고 관리하는 것이며, 그렇게 함으로써 모든 일이 언제나 그리스도의 뜻에 따라 이루어지고 발전하여 창조주와 구세주께 찬미가 되도록 하여야 한다."(교회헌장 31항)

결국, 그리스도를 따르는 모든 이들(사제, 수도자, 평신도)의 가시적인 행위는 그리스도의 사제적, 왕적, 예언자적 모습에 바탕을 둔 세 가지 측면으로 종합될 수 있다. 그리스도인은 자신을 희생 제물로 하느님께 봉헌할 수 있고(사제적 측면) 그리스도의 메시지를 전할 수 있으며(예언자적 측면) 사회와 모든 세상을 그리스도적으로 변화시키는 데 공헌할 수 있다(왕적 측면). 그러나 제2차 바티칸 공의회가 주장하는 바와 같이, 좁은 의미에서 교계 제도에 속하는 메시아적 직무들과 평신도에게 속하는 직무들 간에는 구분이 있다. 고유한 의미에서 교계 제도에 속하는 이들은 특수한 영적 직무들 – 강론, 성사 집전, 영적 지도 등 – 을 수행하도록 불린 것이다. 그러므로 이들은 이 세 가지 메시아적 직무를 직접적으로 수행한다. 반면, 평신도들은 세속적인 활동을 하는 가운데 간접적으로 – 그러나 이로 인해 그 효과가 반감되는 것은 절대 아니다 – 이 직무들을 수행한다. 그럼으로써 지상적인 실재들과 온 세상에 그리스도교적인 영감을 불어넣을 수 있다.

2. 그리스도인의 문화적 책임

지금까지 우리는 일반적인 관점에서 그리스도교 신자가 수행해야 할 과제와 책임이 무엇인지에 대해 설명했다. 이제 우리는 이를 좀 더 세분화해서 시민적인 삶이 자리하는 세 가지 근본적인 환경 안에서 그리스도교 신자가 해야 할 의무가 무엇인지에 대해 살펴보기로 하겠다. 세 가지 환경이란 문화적, 정치적, 환경적 요인인데, 이미 앞에서 우리가 살펴본 것처럼, 제2차 바티칸 공의회 역시 이 점을 강조했다. 무엇보다도 공의회는 이 세 요소가 그리스도인에게 중요한 영역이며, 그리스도를 따르는 이들은 이 영역에서 자신의 메시아적인 카리스마들(예언직, 사제직, 왕직)을 수행해야 한다고 가르친다. 여기서 우리가 짚고 넘어가야 할 것은 과연 이 커다란 세 가지 인간 활동의 영역에서 그리스도의 모델을 따라 사는 사람이 어떤 특별한 의무와 책임을 갖는지에 대해서, 또한 그저 복음을 부인하며 사는 이들이 제시하는 삶의 계획과 해결책 그리고 삶의 가치와 스타일에 만족하며 살아야 하는지에 대해서 분명히 해야 한다는 것이다.

무엇보다도 먼저 우리는 문화적인 문제에 대해 살펴보아야 한다. 우리는 앞에서 평신도들이 수행해야 할 문화적인 책임을 언급하는 「교회 헌장」의 몇몇 구절들을 살펴보았다. 이 문헌 이외에 공의회 문헌 가운데 하나인 「사목 헌장」도 문화적인 문제를 광범위하게 다루면서 이 문제를 해결해야 할 당사자인 모든 신자가 영감을 받는 원칙적인 방향들에 대해서 상세히 소개했다.

여기서 공의회는 문화 인류학이 제시한 연구 결과들을 충분히 받아들이면서, 문화는 인간 인격의 본질적인 구성적 요소로서 최선의 방법을 통해 보장되고 개발되어야 한다고 언급했다. "경탄, 내적 이해, 관상, 인격적 판단 형성, 종교적 도덕적 사회적 의식 계발의 능력이 증진되도록 정신을 계발하여야 한다."(사목헌장 59항)

문화는 사람을 풍요롭게 해 주고 완성해 준다. 그리고 "인간은 철학, 역사, 수학, 자연 과학 등 여러 학문에 전념하고 예술에 몰두할 때에 인류 가족이 진선미의 더 높은 이해와 보편 가치의 판단에 이르도록 크게 이바지할 수 있다."(사목헌장 57항)

문화는 자체가 내포하는 질서로써 이미 완전한 자율성을 구가한다. 이러한 맥락에서 공의회는 문화가 지니는 자유를 분명하게 옹호했다. 「사목 헌장」 59항을 보면, 문장 곳곳에 '자유'라는 용어가 계속해서 나타난다. "문화는 인간의 이성적 사회적 성격에서 직접 흘러나오는 것이므로 자기 발전을 위한 정당한 '자유'를 끊임없이 요구하며, 고유 원리에 따른 정당한 '자율 행동'의 권리를 요구한다. 그러므로 문화는 마땅히 존중을 받아야 하며, 공동선(共同善)의 한계 안에서 특수 집단이든 일반 사회든 공동체와 개인의 권리가 보장되는 한, 어떤 '불가침

성'을 누리는 것이다. …… 따라서 이 정당한 자유를 인정하며 인간 문화, 특히 학문의 정당한 '자율성'을 천명한다. 이 모든 것은 또한 인간이 도덕 질서와 공익을 지키는 한, '자유로이' 진리를 탐구하고 자기 의견을 표현하고 전파하며 어떠한 예술이든 연마할 수 있고 또 공적 사건들도 진실대로 더 잘 알게 되기를 요구한다. …… 그러므로 무엇보다도 문화가 제 목적에서 벗어나 정치권력이나 경제 세력에 '강제로 예속되지 않도록' 하여야 한다."(사목헌장 59항)

"이처럼 행동하는 것은 모든 사람들, 특히 그리스도인의 의무로서, 이는 지금은 많은 사람들을 무지의 불행에서 해방시켜 줄 능력이 주어져 있으므로, 인종, 성별, 국적, 종교나 사회적 신분의 차별 없이, 인간 존엄에 부합하는 인간적 시민적 문화에 대한 모든 사람의 권리가 경제나 정치에서 국가적으로나 국제적으로 세계 어디에서나 인정되고 실현되도록 근본적인 결단을 내리는 끈질긴 노력은 우리 시대에 특히 그리스도인들에게 매우 당연한 의무다. 그러므로 모든 사람에게 풍부한 문화의 혜택이 충분히 주어져야 하며, 특히 많은 사람들이 문맹이나 책임 있는 활동의 결여로 공동선을 위하여 참으로 인간다운 협력을 하지 못하는 일이 없도록 이른바 기본적인 문화 혜택이 모든 사람에게 주어져야 한다."(사목헌장 60항)

앞에서 살펴보았듯이, 공의회는 자율성, 자유, 문화의 증진이 내포하는 중요한 측면에 대해 분명하게 강조했다. 이 밖에도 우리는 이러한 문화적 문제가 갖는 또 다른 복합적인 측면에도 십분 주의를 기울여야 한다. 그것은 바로 문화가 복음과 그리고 그리스도교 신앙과 갖는 관계다.

그리스도의 구원 행위는 인간 전체와 연관되기 때문에 분명히 문화적인 차원도 내포한다. 이미 살펴본 바와 같이, 문화는 인간을 다른 동물들 위에 우뚝 서게 해 주고 그들과 분명히 구별되게 해 주는 인간 존재의 본질적인 구성요소다. "그리스도의 기쁜 소식은 죄에 떨어진 인간의 생활과 문화를 줄곧 쇄신하고 언제나 위협적인 죄의 유혹에서 흘러나오는 오류와 악을 극복하며 제거한다. 또 민족들의 도덕을 끊임없이 정화하고 승화시킨다. 모든 시대 모든 민족의 정신적 특성과 자질을, 마치 내면으로부터 하듯이, 천상 재화로 풍요롭게 하고 강화하고 완성하며 그리스도 안에서 새롭게 한다. 이렇게 교회는 그 고유의 임무를 수행함으로써 이미 그 자체로 인간적 시민적 문화를 촉진하고 그 문화에 공헌하며, 자신의 활동으로, 전례 행위로도, 인간의 내적 자유를 길러 준다."(사목헌장 58항)

그러므로 문화는 신앙이나 은총과 유리된 별개의 실재가 아니라 오히려 이 둘을 깊이 수용하면서 이 두 요소로부터 좋은 영향을 받는다. 그렇지만 문화가 복음이나 구원과 맺는 관계가 단순히 수동적이라고 생각해서는 안 된다. 문화는 구원과 고양의 주체라는 지위 이상으로 이 구원적인 차원을 중개하고 이에 협력한다. 사실, 하느님은 선택된 백성에게 당신을 계시하시면서 무엇보다도 구체적인 하나의 문화를 필요로 하셨다. 이와 마찬가지로 성자 역시 문화를 필요로 하셨다. "성자의 강생은 단순한 인간적인 육화가 아니라 문화적인 육화이기도 하다. 마찬가지로 시간의 흐름에 따라 다양한 환경 속에서 살아가는 교회도 그리스도의 메시지를 선포하여 모든 백성에게 널리 전달하고 설명하며, 그 메시지를 연구하여 더 깊이 깨닫고, 전례 거행과 다양한 신자 공동체의 생활에서 이를 더 잘 표현하고자 다양한 문화의 소산을 활용하여 왔다. 그러나 동시에 교회는 모든 시대 모든 지역의 모든 백성에게 파견되었으므로 어떠한 민족이나 국가에든, 또 어떠한 특정 풍속이나 고금(古今)의 어떠한 관습에도 불가분의 배타적 관계로 얽매이지 않는다. 고유의 전통을 간직하면서 동시에 자신의 보편 사명을 의식하고 있는 교회는 여러 형태의 문화와 교류할 수 있으며 또 그 교류로 교회 자체도 여러 문화도 풍요로워진다."(사목헌장 58항)

반면, 신앙과 문화 사이의 관계에서 어려움이 생길 수도 있다. 이러한 현상은 무엇보다도 그리스도교가 시작되던 무렵에 이미 일어났으니, 특히 그리스도교 신앙이 그리스 문화로부터 일종의 어리석음으로 여겨지면서 발생했다. 한편, 중세기에는 이 둘 사이의 상반된 대비가 사라지게 되었는데, 이는 당시 사회가 그 중심 가치를 그리스도교적인 바탕에 두는 문화를 창출하는 데 성공했기 때문이다. 이후 문화와 신앙 사이가 다시 벌어지기 시작했는데, 이는 무엇보다도 근대에 들어서 선교 지역에 신앙을 전파하는 가운데 복음을 전하는 이들이 그리스도교에서 문화적인 형태와 본질적으로 구별되는 초본성적 요소가 무엇인지를 몰랐으며, 더욱이 선교 대상인 여러 민족들로 하여금 단지 신앙적인 회심만이 아니라 문화적인 회심마저 강요했기 때문이다. 이로 인해 신앙과 문화 사이에 갈등과 폭력이 끼어들기도 했다. 아울러 전통적으로 그리스도교 신앙을 이어 온 나라들에서 중세기에 발전한 그리스도교 문화가 점차 쇠락의 길을 걷게 되었고, 종국에는 세속화되거나 또는 아예 무신론으로 물든 문화에 의해 그 지위를 박탈당하고 말았다. 그 이후 신앙과 문화 사이의 갈등은 빈번해졌으며, 적어도 양자 간에 어느 정도의 일치가 이루어지는 데는 늘 어려움이 뒤따랐다. 그러나 제2차 바티칸 공의회는 이 점에 대해서도 역시 낙관적인 자세를 견지하면서 다음과 같이 언급했다. "이러한 어려움들은 반드시 신앙생활에 해를 끼치는 것은 아니며 오히려 신앙을 더 정확히 더욱 깊이 이해하도록 정신을 자극할 수도 있다."(사목헌장 62항)

제2차 바티칸 공의회는 문화가 갖는 본질적인 가치를 이러한 방식으로 예술, 철학, 과학, 기술, 정치, 경제 등 모든 면에서 장엄하고도 결정적으로 축성했다. 문화는 그리스도께서 당신의 신적인 인격 가운데서 취하신 인간적인 차원의 일부로서, 분명 그분께서 기초를 놓으신 하느님 나라의 일부분이다.

공의회가 제시한 일반적인 원칙에서부터 아주 중요한 여러 가지 결과들이 도출되었다. 그 중 몇 가지는 보편 교회와 지역 교회에 직접 해당하고, 그 밖의 것들은 더욱 직접적으로 개별 신자들에게 해당한다.

교회(보편 교회와 지역 교회 모두)가 문화와 맺는 관계 안에서 갖는 과제는 본질적으로 다음의 두 가지다. 즉, ㄱ) 문화를 치유하고 정화하며 고양시키는 것과 ㄴ) 문화 안에 복음을 토착화하는 것이다. 교회가 개별 교회 또는 지역 교회로 구체화되는 것은 오직 개별 민족의 문화에 동화된 후라야 가능하다.[231]

반면, 개별 신자가 해야 할 과제는 문화에 그리스도교적 영감(靈感)을 불어넣어 이를 그리스도교적으로 발효시키는 일이다. 문화는 넓고 복잡한 건물이다. 그것은 수많은 상징과 개념들, 관습과 기술, 매스미디어와 조직들, 그리고 여러 가치들과 법률 등으로 구성되어 있다. 그러므로 개별 신자들은 자신의 고유한 능력에 따라 문화에 그리스도교적인 형태를 새겨 줄 수 있는 가능성과 의무를 지닌다.

---

231. 교회와 문화 간의 새로운 관계들에 관해서는 다음 책들을 참조할 것. K. Wojtyla, *L'uomo nel mondo*, a cura di A. Rigobello, Roma, Armando, 1981; P. Rossano, *Vangelo e cultura*, Roma, Paoline, 1985; P. Poupard, *Eglise et cultures*, Paris, SOS, 1980; J. Saraiva Martins, *Missione e cultura*, Roma, Urbaniana, 1986.

하지만 오늘날 이런 과제를 수행하는 것은 사실상 상당히 어렵고 난처한 일이다. 이는 공산주의 사회로부터 막 탈피한 곳이든 자본주의가 만연한 사회든 또는 부유한 나라든 가난한 나라든 할 것 없이 세계 도처에서 각각의 사회가 겪는 지독한 문화적 위기에 기인한다. 이러한 위기는 문화를 지탱하는 모든 기둥들, 즉 철학, 과학, 예술, 종교, 윤리, 근본적인 가치들, 공공 단체들(학교, 사법부, 정당 단체들, 교회 등), 정치, 경제 등을 침식해 간다.

이처럼 매우 어렵고 흥분되는 상황에서 도대체 그리스도인은 무엇을 해야 하는가? 그리스도인처럼 진리를 알고 영원한 가치로 인도해 줄 안내자를 가진 사람에게는 커다란 책임이 있다. 무엇보다도 그는 새로운 문화라는 건물을 건설하도록 자극하는 사람이어야 한다. 이 새로운 문화는 하느님께서 인류를 위해 준비하시고 말씀의 육화와 더불어 역사 안에 들어오신 엄청난 구원 계획의 요청에 잘 들어맞는 것이어야 한다.[232]

이러한 작업은 무엇보다도 매스미디어에 불을 붙이는 문화에 종사하는 이들에게 해당하는 일이다. 즉, 인쇄 매체나 라디오, 텔레비전에 종사하는 모든 저널리스트들이 그들이다. 이들은 오늘날 문화를 전파하는 근본적인 사슬을 형성하고 있다. 이들은 또한 우리 사회를 독점하고 있는 쾌락적, 관능적, 물질주의적, 회의적, 근본주의적인 문화를 주도하는 채널이기도 하다.

요한 바오로 2세 교황은 우리 시대에 만연한 위험에 대해 엄중하게 경고했다. 어느덧 매스미디어가 죄의 도구로 변신을 거듭하고 있는

---

232. B. Mondin, *Una nuova cultura per una nuova società*, Milano, Massimo, 1982 참조.

데, 이는 단순히 매스미디어가 여러 사건들에 대한 왜곡된 정보를 흘리면서 '작은 거짓말들'로 사회를 물들여 가기 때문이 아니라, 무엇보다도 인간을 미친 듯이 소비만 하는 존재로 축소시키는 가운데 물질, 육체, 섹스, 스포츠를 광적으로 숭배하게 만들고 모든 초본성적, 영적, 윤리적 가치에는 무관심하게 만드는 '엄청난 사기 행각'을 인간에게 벌이기 때문에 그렇다고 교황은 지적했다. 매스미디어가 범하는 가장 큰 죄는 인간과 사회에 대한 잘못된 이미지를 부추김으로써 이러한 이미지에 걸맞은 문화를 창출하고 더불어서 황금신(黃金神)의 권세 앞에 노예로 전락해 버린 지성인들의 특권을 이용해서 이러한 문화를 변호하는 데 있다는 것이다.

이렇듯 철저히 타락한 문화를 거슬러서 오늘을 살아가는 그리스도인은 과감히 이러한 상황 속으로 뛰어들어서 매스미디어가 하느님과 인간에 대한 참된 진리를 선포하는 도구가 되게 해야 한다. 그럼으로써 인간의 삶에 희망을 불어넣어 주고 이기주의와 쾌락과 증오와 폭력과 공격의 문화가 아니라 사랑의 문화를 증진시키는 홰에 불을 지피는 진정한 진리의 도구가 되어야 한다. 그러므로 신자들은 내적으로 쇄신되고 새로운 영적 차원인 은총을 받음으로써 본질적으로 영적 문화인 존재의 문화를 구현하는 데에 과감히 나서야 하며, 이를 위해 무엇보다도 소유의 문화와 기술 권력 독재의 공격에 맞서 싸워야 한다.

그리스도인은 최근 들어 더욱 더 만연해 가는 폭력 문화를 거슬러서 열렬한 쇄신의 자세로 자신의 사랑의 문화를 전해야 한다. 그리스도교적 문화의 특징은 바로 여기에, 즉 사랑에 있다. 이 점은 단지 예수 그리스도만이 아니라 모든 진실한 그리스도인들, 특히 성인(聖人)들에게서 잘 드러난다.

사실, 그리스도교를 특징짓는 고유한 요소는 다름 아닌 카리타스, 즉 사랑이다. 예수를 통해 우리에게 계시된 하느님은 삼위일체 하느님이신데, 이 세 위격, 즉 성부와 성자와 성령 사이에는 사랑의 생명이 고동친다. 세 위격은 인류와 헤아릴 수 없는 사랑의 관계를 맺으시며, 인류를 전적으로 자신들을 봉헌하신다. 이러한 사랑의 관계는 끊임없이 우리 존재와 어우러져 있으며, 특별히 인간의 창조와 구원과 성화에서 두드러지게 드러난다. 우리는 이러한 삼중(三重)의 사랑을 통해서 삼위일체 하느님의 단일함의 신비 안으로 들어가게 된다.

그러므로 사랑은 그리스도교 공동체가 자신의 모든 문화적인 표현 속에서 구체화해야 할 가장 중요한 가치가 되어야 한다. 이 사랑은 그리스도를 향한 신앙을 받아들인 사회 조직이 하느님과 인류 앞에서 짊어져야 할 커다란 책임이 아닐 수 없다.

신앙과 마찬가지로 이 신앙에서 유래하는 '사랑의 문화'도 거저 주어지는 선물이지만, 결코 회피해서는 안 되는 의무와 과제로 이어진다. 다시 말해서 우리는 이 문화와 더불어 하느님의 부르심에 가시적이고 사회적이며 구체적으로 응답하도록 부름 받았다. 개별 신자들의 선행이 그들이 살아가는 신앙의 결실이듯, 그리스도교적인 영감을 통해 이루어지는 예술적, 문학적, 정치적, 경제적인 창조 행위는 사랑의 문화가 사회 안에서 역사적 차원에서 가시적인 형태로 드러나는 것이다.

결국 그리스도인은 다른 모든 사람과 마찬가지로 예수 그리스도로부터 받은 선물과 더불어 자신에게 주어진 새로운 전망에 따라 자기 자신을 문화적인 차원에서 표현하도록 부름 받았다. 그러나 그렇게 하기 위해서는 미적지근하고 게으르며 내면에만 머물러 있는 신앙으로는 부족하다. 무엇보다도 강건하고 활기차고 심오한 믿음, 모든 이에게 전파함으로써 삶에서 실천하는 믿음을 지녀야 한다. 그때 비로소 그리스도인은 효과적으로 문화를 주도하는 주체가 될 것이고, 자신이 지닌 신앙의 빛과 사랑의 불꽃을 통해 타락한 문화가 판치는 이 세상에서 돌파구를 마련할 수 있을 것이다. 그럼으로써 모든 이가 바라마지 않는 제반 제도와 단체들을 치유하고 쇄신하는 데 기여할 수 있을 것이다. "이 모든 것이 정의의 규범에 부합하고 또 덕의 실천을 방해하기보다는 오히려 도와주게 하여야 한다."(교회헌장 36항)

3. 그리스도인의 정치적 책임

인간은 본성적으로 사회적인 존재이니, 아리스토텔레스는 인간이 정치적 동물이라고 말한 바 있다. 이는 인간이 다른 사람들과 함께 살도록 운명 지워졌음을 의미한다. 모든 인간은 적어도 세상에 태어나서 성인이 되기까지 부모가 필요하다. 이처럼 인간에게 태생적이면서도 본질적인 사회-정치적 차원이 최근 들어 과거 어느 때보다도 더 중요하게 부각되었다. 인간을 "문이나 창문도 없는 단자(單子, monade)"라고 규정한 라이프니츠의 유명한 정의는 오늘에 와서는 더는 언급할 수 없을 만큼 불합리한 것으로 치부된다. 오늘날에는 오히려 그 반대 경향이 두드러지게 나타난다. 즉, 인간은 아무런 보호막 없이 모든 것을 향해 개방된 광장처럼 간주되며, 이러한 의미에서 인간은 여러 가지 요인에 의해 짓밟힐 위험에 노출되어 있다고 여겨진다. 이제는 거의 모든 것이 정치화되었다. 오늘을 살아가는 사람들은 거의 모두 부담스러울 정도의 분담금을 정치권에 지불해야만 한다. 이렇듯 매혹적이면서 동시에 악마의 얼굴을 한 정치는 평화만이 아니라 전쟁, 발전, 번영, 정의, 윤리, 교육, 종교 등 모든 분야에서 결정권을 행사한다. 혹자는 자신의 눈과 귀를 닫고 이러한 사실을 외면할 수 있을지 모르지만, 결코 사회-정치적인 사건들과의 관계에서 완전히 자유로워질 수는 없다.

정치적인 문제는 언제나 그리스도교적인 양심에서 중요한 사안이었다. 그리스도인은 진지하게 다음과 같이 자문해 보아야 할 것이다. 이 세상을 순례하면서 현세에 속하지 않는 왕국을 위해 일하는 가운데 순전히 이 세상에만 관련된 사회적, 정치적 분야에 도대체 어느 정도까지 참여해야 하는가? 그리고 만일 그렇게 해야 한다면 도대체 어느 수준까지 이 작업을 진지하게 고려해야 하는가? 여느 사람이 아닌 그리스도인으로서 과연 정치적인 분야에 참여해야 하는가?

교회(그리고 그리스도인)와 세상, 교회(그리고 그리스도인)와 문화 간의 관계로 대변되는 이러한 물음에 대해 그간 수없이 많은 견해들이 제시되어 왔다. 모든 정치적인 참여를 전적으로 거부해야 한다는 견해(테르툴리아노)에서부터 정치적인 분야에 전적으로 몰두해야 한다는 견해(보니파시오 8세 교황), 그리고 절제된 일부 책임만을 수행해야 한다는 견해(토마스 아퀴나스)에 이르기까지 다양하다.

최근 수십 년간 신학과 교회 교도권은 그리스도교와 정치의 관계 문제에 개입하면서 나름의 견해를 피력해 왔다. 신학 분야에서는 복음과 그리스도교적 구원이 갖는 정치적 차원을 강조하는 정치 신학(메츠, 몰트만, 콕스)과 해방 신학(구티에레즈, 보프, 아스만)이 등장했다. 이 신학을 발전시킨 신학자들은 그리스도교적인 구원이 단지 영혼만이 아니라 육체도 포함한다는 점을 보여 주었다. 즉, 구원은 단지 한 개인의 내적인 차원뿐만 아니라 공적, 사회적인 차원도 가진다는 것이다. 그들은 또한 구원이 영원한 생명뿐만 아니라 세상의 현세적인 차원과도 관련된다고 지적했다. 그리스도께서 전하신 메시지와 그분의 모습은 개인적인 특징을 띨 뿐만 아니라 무엇보다도 사회적이고 공적이며 사람들 간의 관계를 고려하는 특징도 띠며, 따라서 이 메시지는 교회와 그 구성원에게 능동적이면서도 실제로 드러나는 정치적 책임을 요청한다는 것이다. 그리스도인은 이 책임을 구현함에 있어서 사람들 상호간의 광범위한 정의를 실현하기 위해 필요한 모든 인간적인 도구들, 즉 사회-정치적인 분석, 사회에 대한 비판, 계급투쟁 등을 사용할 수 있다는 것이다. 특히 해방 신학자들은 교회가 가난한 이들의 편에 서서(가난한 이들을 위한 선택), 그들의 해방을 위해 일해야 한다고 주장한다.

그리스도인의 정치 분야 참여를 언급하는 더욱 권위 있는 교회 교도권의 문헌은 제2차 바티칸 공의회의 문헌들 중 「사목 헌장」인데, 이 문헌은 제2부의 제4장 전체를 할애하여 이 주제에 대해 상세히 다룬다. 여기서 공의회는 교회와 그 구성원들에게 정치에 개입할 권리와 의무에 대해 상기시킨다. 왜냐하면 "정치 공동체와 공권력은 인간 본성에 바탕을 두고 있으며 또 그러기에 하느님께서 예정하신 질서에 귀속한다는 것이 분명하다. …… 또한 정치권력의 행사는 바로 그 공동체 안에서든 국가를 대표하는 기관에서든 언제나 도덕 질서의 한계 안에서 정당하게 제정되었거나 제정될 법질서에 따라, 참으로 역동적인 개념으로 이해되는, 공동선을 위하여 이루어져야 한다."(사목헌장 74항) 이러한 이유에서 사람들에게 봉사하기 위해 공공의 선을 위해 헌신하고 이에 대한 책임을 짊어진 이들의 행위는 칭찬받을 만하다(사목헌장 75항).

이러한 전망은 특히 그리스도인들에게 유효적절하다. "모든 그리스도인은 정치 공동체 안에서 특별한 고유 소명을 의식하여야 한다.

확고한 책임 의식을 지니고 공동선의 함양에 진력하여 빛나는 모범을 보여 주어야 한다. 그렇게 하여 실제로 권력이 자유와 더불어, 개인의 활동이 온 사회 집단의 유대 관계와 더불어, 적절한 일치가 유익한 다양성과 더불어 어떻게 조화를 이루는지 보여 주어야 한다."(사목헌장 75항) 공동선을 증진하는 것은 성직자, 평신도 모두에게 해당되는 교회 전체의 과제다. 그렇지만 구체적으로 정치에 참여해서 이러한 과제를 실현하는 것은 특히 평신도의 몫이다.

이러한 공의회의 가르침은 최근 들어 요한 바오로 2세 교황의 사도적 권고 『평신도 그리스도인』(*Christifideles laici*; 1989년)에서 다시 언급되면서 구체화되었다. 이 문헌에서 교황은 그리스도인들이 "국민으로서 자기 이름으로 그리스도인의 양심에 따라 하는 일과 교회의 이름으로 그 목자들과 함께 행동하는 일"을 구별하면서, 교회는 "어느 모로도 정치 공동체와 혼동될 수 없으며, 결코 어떠한 정치 체제에도 얽매이지 않습니다."라고 분명하게 지적했다. 그럼에도 불구하고 그리스도인들은 정치에 참여하는 것을 게을리 하지 말아야 한다. 권력을 향한 출세욕이나 우상화를 고발하는 것만으로 정치, 사회적인 무관심을 정당화할 수는 없다. 그리스도인들이 정치의 한 복판에서 현존하는 것은 공동선을 목표로 할 때 정당화될 수 있다. 공동선의 본질이 무엇인지는 다음 구절에서 탁월하게 설명된다. "공동선이란 모든 사람들의 선이고 각 개인의 선이며, 개인으로서나 집단에서 모두 자유로이 책임 있게 받아들일 수 있는 적절한 방법으로 보장되고 제공되는 선입니다. 「사목 헌장」을 읽어 보면 이렇게 쓰여 있습니다. '정치 공동체는 공동선을 위해 존재하고, 공동선 안에서 완전한 자기 정당화와 의미를 얻고, 공동선에서 본래의 고유한 자기 권리를 이끌어 냅니다. 참으로 공동선은 개인과 가정과 단체가 더 충만하게 더욱 쉽게 자기 완성을 추구할 수 있는 사회생활 조건의 총체를 포괄합니다.'"(42항) 정치가들과 특별히 가톨릭 신자들은 "정치 활동 자체와 밀접하게 연결되어 있는 인간적 가치와 복음적 가치를 증언하여야 합니다. 곧 자유, 정의, 연대, 모든 사람의 선을 위한 충직하고도 사심 없는 헌신, 단순한 생활양식, 가난하고 가장 작은이들을 위한 최우선의 사랑 등과 같은 가치를 증언하여야 합니다. …… 인간 발전을 그 목적으로 삼는 정치 생활을 실현하는 자세와 방법은 오로지 연대입니다. 이것은 시민 개인에서 다양한 집단에 이르기까지 그리고 노동조합에서 정당에 이르기까지 모든 사람의 정치 생활에 대한 능동적이고 책임 있는 참여와 관련되는 것입니다."(42항)

비록 모든 정치의 핵심적인 원칙이 공동선이라는 점에 대해서는 이론의 여지가 없다 할지라도, 정치에서 모든 이를 위해 공동선을 실현하는 것은 상당히 어렵다. 무엇보다도 그리스도인의 경우에 더욱 그러한데, 이는 정치가 추상적인 이론들과 더불어 전개해 나가는 것임에도 불구하고 동시에 아주 구체적인 상황, 더 나아가 구체적으로 가능한 것들과 더불어 이루어지기 때문이다. 그런데 구체적인 상황들 가운데는 그 자체만으로 해결될 수 없는 경우도 분명 더러 있다(예를 들어, 원자력 발전소 문제). 또 어느 때는 그리스도교에 적대적인 정치적 세력으로 인해 난관에 봉착하기도 한다(예를 들어 학교에서 종교 교육을 실시하는 것).

하지만 정치적인 문제들을 해결하는 과정에서도 그리스도인은 여전히 자신의 스승인 예수를 따라야 하며, 그분의 복음에서 참된 빛을 끌어낼 줄 알아야 한다. 그리스도인은 예수 그리스도의 삶에서 가장 근본적인 세 가지 신비, 즉 강생, 십자가, 부활의 신비에서 정치적인 책임을 실현하기 위한 확실한 방향을 끌어낼 수 있다. 강생의 신비에서는 능동적이면서도 효과적으로 정치적인 삶에 참여해야 할 의무를, 십자가의 신비에서는 인간적인 계획들과 사회적인 시스템들과 현행 정치 세력에 대한 무지몽매한 수용이 아니라 비판할 줄 아는 자세를, 부활의 신비에서는 소비주의와 향락주의와 황금만능주의를 지향하는 사회가 근본적으로 변화될 수 있도록 효과적으로 일해야 할 의무를 끌어낼 수 있다. 그럼으로써 인간의 영적인 요구와 충만한 자기실현에 기여하는 여러 가지 가치들에 부합하는 새로운 정치의 장을 열 수 있을 것이다.[233]

4. 그리스도인의 환경에 대한 책임

생태학(ecologia)은 어원적으로 보면 집(oikos)에 관한 학문(logos)이다. 사실, 이 용어는 오늘날 자연 환경이 지닌 자원을 파괴할 뿐 아니라 자연을 지배하는 법칙까지 바꾸려 드는, 통제되지 않고 미치광이처럼 전개되는 자연에 대한 인간의 모든 착취로부터 자연 환경 – 즉, 우리가 사는 지구 – 을 보호하기 위해 광범위하면서도 종합적으로 펼치는 이론적, 실천적 모든 활동을 지칭하는 말이다.

필자는 이 책의 서두에서 이미 환경 문제야말로 아마도 오늘날 인류를 가장 불안에 떨게 하는 문제일 것이라고 언급한 바 있다. 세계 각지에서 무분별한 기술적, 경제적 진보를 구가하는 가운데 많은 경고음들이 울려 나온다. 무분별한 진보와 더불어 물과 대기가 오염되어 가

---

233. B. Mondin, "Politica", in *Nuovo Dizionario di Teologia*, Roma, 1977, pp.1166-1186 참조.

고, 온실 효과와 삼림의 파괴로 말미암아 헤아릴 수 없이 많은 생물들이 멸종 위기에 직면해 있으며 기초 자원들이 고갈되어 간다.

생태계 안에서의 무분별한 과학 기술 남용은 자연에 헤아릴 수 없는, 아니 돌이킬 수 없는 해를 입히고 말았다. 자연이 지닌 모든 것, 그 경이로운 모습은 마치 지상 천국과도 같았지만 인간의 욕심으로 인해 무참히 짓밟히고 파괴되었으며 부패하고 허비되었다. 인간이 개발한 기술로 인해 자연이 자신의 태 안에 깊이 품고 있던 수많은 보화들이 약탈되고 파괴된 것이다. "이제 생명이 숨을 쉬는 이 세계는 더 이상 인간 문명의 산업적인 발전을 거부할 수도 없고 끊임없이 생산되는 수많은 신종 화학 생산물들을 제거할 수도 없게 되었다. 이미 이 세상은 인간의 활동으로 인해 촉발된 헤아릴 수 없는 재앙과 파멸을 고칠 재활 능력을 상실한 지 오래다."[234]

결국, 우리는 오늘의 "경제 성장이 그와 더불어 병행해 온 의심스러운 결과를 초래하고 말았으며, 그동안 축적된 이 충격은 경제 성장이 우리에게 가져다준 확실한 이익보다 그 해악이 훨씬 더 크다는 점을 상기시킨다. 최근 들어 우리는 이러한 결과를 대기 오염과 수질 오염, 그리고 인간에 의해 발생된 온갖 종류의 극적인 환경적 불균형 속에서, 나아가 제어할 수 없는 성장이 가져다준 환경의 파괴로 인해 총체적인 비상사태가 점점 증가하는 상황 속에서 확인할 수 있다. 그러기에 이러한 성장이 멈출 경우에 삶의 질적 차원에서 일어나게 될 거대한 파멸의 가능성은 우리를 더욱 슬프게 한다. 반면, 성장이 전혀 멈추지 않을 경우에 현존하는 자원들이 점점 더 파괴되고 멸망해 갈 것

---

234. A. Peccei, *Cento pagine per l'avvenire*, Mondadori, Milano, 1981, p.25.

이라는 사실에 대한 인식 역시 우리를 고통스럽게 만든다."235 "작은 걸음과 더불어 나아가기 시작한 인간은 결국 절대 권력을 향해 치닫기 시작했고 마침내 자신만의 왕국을 건설하고 말았다. 그러나 이 왕국은 자연의 잿더미 위에 쌓아 올린 것일 따름이다. 인간은 자신이 위험한 한계를 넘어서는지 또는 자신의 무덤을 파는지조차 잘 알지 못하는 채, 지칠 줄 모르고 계속 오르려고만 한다."236 "분명한 것은 물질 혁명이 현대인에게 적지 않은 불균형을 초래했다는 점이다. 인간에게는 무엇보다도 자신의 새로운 능력과 정당한 결실을 맺기 위해 이 능력을 이용하면서 지녀야 할 성숙함, 준엄함, 현명함, 올바른 감각이 부족하다. 인간의 생물학적인 힘은 본질적으로 뇌에서 나오는데, 이러한 능력을 지나치게 사용함으로써 초래하게 되는 불균형은 치명적일 수 있다."237

우리가 토론하는 이 중대한 문제들은 그리스도인에게 다음과 같은 두 가지 중요한 물음을 던진다. 첫째, 하느님께서 인간을 위해 마련하신 구원 계획에는 인간의 구원 이상으로 우주(즉, 자연 세계)의 구원도 포함되는가? 둘째, 환경 문제의 해결을 위해 과연 그리스도인은 무엇을 해야 하고 또 할 수 있는가?238

첫 번째 질문에 대한 해답은 하느님의 말씀을 통해서 직접 제시된다. 하느님의 말씀은 단지 하느님께서는 인간뿐만 아니라 우주 전체를 위한 구원 계획을 갖고 계시다고 일러 준다. 이 점에 관해 언급하는 성

---

235. R. Heilbroner, *La prospettiva uomo*, Etas Libri, Milano, 1975, p.13.
236. A. Peccei, *op. cit.*, p.76.
237. *Ibid.*, p.41.
238. 신학적 입장에서 생태 주제를 체계적으로 조사한 최고의 작품으로는 다음 책을 들 수 있다. J. Moltmann, *Dio nella creazione. Dottrina ecologica della creazione*, Brescia, Queriniana, 1986.

경 구절은 많다. 무엇보다도 모든 피조물을 향한 하느님의 완전한 사랑을 드러내는 성경 구절을 살펴보기로 하자.

> 당신께서는 존재하는 모든 것을 사랑하시며 당신께서 만드신 것을 하나도 혐오하지 않으십니다. 당신께서 지어 내신 것을 싫어하실 리가 없기 때문입니다. 당신께서 원하지 않으셨다면 무엇이 존속할 수 있었으며 당신께서 부르지 않으셨다면 무엇이 그대로 유지될 수 있었겠습니까? 생명을 사랑하시는 주님, 모든 것이 당신의 것이기에 당신께서는 모두 소중히 여기십니다. 당신 불멸의 영이 만물 안에 들어 있기 때문입니다.(지혜 11,24-26; 12,1)

> 당신의 얼굴을 감추시면 그들은 소스라치고
> 당신께서 그들의 숨을 거두시면 그들은 죽어 먼지로 돌아갑니다.
> 당신의 숨을 내보내시면 그들은 창조되고
> 당신께서는 땅의 얼굴을 새롭게 하십니다.(시편 104,29-30)

다음으로 볼 수 있는 것은 예수 그리스도를 통해 이루어지는 구원이 갖는 우주론적인 의미에 관한 사도 바오로의 풍요로운 가르침이다. 이방인들의 사도인 바오로에 의하면, 피조물은 허무에 굴복했지만, 이는 피조물 자신의 본의가 아니라 그를 굴복하게 만드시는 분으로 말미암아 그렇게 된 것이다. 하지만 동시에 피조물은 이 부패로부터 해방될 것을 희망한다(로마 8,20). 사도 바오로에 따르면, 십자가에 못 박혀 돌아가신 분이 죽은 이들 가운데서 부활하심으로써 죽은 이들의 최종적인 부활이 시작되었을 뿐 아니라 세상의 새로운 창조도 시작되었다. 그리고 마지막에 부활의 생명이 죄와 죽음을 쳐 이기는 날, 썩어 없어질 우리의 육신 역시 새롭게 될 것이라고 사도는 가르친다(1코린 15,10-24). 바오로 사도는 에페소서와 콜로새서에서 무엇보다도 그리스도께서 지니신 우주론적 의미를 발전시킨다. "하늘과 땅에 있는 만물을 그리스도 안에서 그분을 머리로 하여 한데 모으는 계획입니다."(에페 1,10) "하늘에 있는 것이든 땅에 있는 것이든 보이는 것이든 보이지 않는 것이든 왕권이든 주권이든 권세든 권력이든 만물이 그분을 통하여 또 그분을 향하여 창조되었습니다."(콜로 1,16) "그분 십자가의 피를 통하여 평화를 이룩하시어 땅에 있는 것이든 하늘에 있는 것이든 그분을 통하여 그분을 향하여 만물을 기꺼이 화해시키셨습니다."(콜로 1,20)

끝으로, 사도 요한은 묵시록의 마지막에서 하늘과 땅의 모든 만물이 새롭게 될 것이라는 원대한 비전을 제시한다.

나는 또 새 하늘과 새 땅을 보았습니다. 첫 번째 하늘과 첫 번째 땅은 사라지고 바다도 더 이상 없었습니다. 그리고 거룩한 도성 새 예루살렘이 신랑을 위하여 단장한 신부처럼 차리고 하늘로부터 하느님에게서 내려오는 것을 보았습니다. 그때에 나는 어좌에서 울려오는 큰 목소리를 들었습니다. "보라, 이제 하느님의 거처는 사람들 가운데에 있다. 하느님께서 사람들과 함께 거처하시고 그들은 하느님의 백성이 될 것이다. 하느님 친히 그들의 하느님으로서 그들과 함께 계시고 그들의 눈에서 모든 눈물을 닦아 주실 것이다. 다시는 죽음이 없고 다시는 슬픔도 울부짖음도 괴로움도 없을 것이다. 이전 것들이 사라져 버렸기 때문이다.(묵시 21,1-4)

간단히 말해서 창조, 구원, 부활, 성령 강림의 신비는 우주 전체가 새롭게 변화될 것이라는 우주적인 구원 교리를 떠받치는 견고한 바탕으로서 인류의 구원과 함께 이루어지고 이 구원을 완성한다. 예수 그리스도는 단지 인간뿐만 아니라 인간이 몸담고 사는 이 세상까지 구원하셨다. 그리스도는 당신의 죽음과 부활을 통해서 구원의 씨앗을 뿌리셨다. 즉, 우주를 악의 세력으로부터 해방하심으로써 이 우주가 하느님 영광의 옥좌가 되게 하시려는 것이다. 그것은 결국 "모든 피조물이 마르지 않는 생명의 샘과 평화 그리고 자신의 고향을 하느님 안에서 찾게 된다는 것을 의미한다. 그리하여 마침내는 피조물들 사이에 진정한 통교가 이루어질 것이다. 유다교와 그리스도교의 메시아니즘적 전통이 말하는 '제반 모든 사물과의 공감'이라는 이 통교는 다름 아닌 사랑의 결속이자 참여, 친교, 상호간의 작용으로서 우주적인 영과 일치된 피조물의 생명에 관한 것이다."[239]

그러므로 우주의 최종적인 회복이라는 진리에 대해 우리는 어떠한 의심도 가질 수 없다. 그러나 우리가 사는 이 세상에 관해 이러한 신념을 갖기는 쉽지 않다. 사실 이 세상의 - 그리고 우리의 육신과 다른 모든 피조물의 형상의 - 모습은 결국 사라져 없어지도록 운명 지워져 있지 않은가? 그리고 이 세상이 어떤 새로운 모습을 취하게 될지 우리는 전혀 예상할 수 없다. 지구는 냉엄한 물리적 법칙에 따라 움직이며, 이미 우리가 우주 전체에 대해 실제로 알고 있는 것처럼, 인간의 의지와는 상관없이 어느 날엔가는 더 이상 어떤 생물도 살 수 없는 황무지가 될 것이 분명하다. 지구는 불모의 땅이 되어 달이나 그 밖의 다른 혹성들처럼 더는 생명이 살 수 없게 될 것이다. 물론 이런 지구의 운명에서 그리스도의 업적을 제거하려는 것은 아니다. 현실적으로 볼

---

239. Moltmann, *Dio nella creazione*, cit., p.17.

때, 복음이 우주를 구성하는 지구를 비롯한 헤아릴 수 없이 많은 별들을 위한 구원의 메시지는 아니다. 그러나 이 메시지로부터 유추되는 간접적인 측면은 인간 구원이 우주, 즉 하늘과 땅 모두의 구원을 내포한다는 것을 우리에게 시사한다. 사실 하느님은 인간을 이미 구조적으로 이 땅의 운명과 깊이 연결해 놓으셨다. 그분은 인간을 땅의 진흙으로 만드셨고, 그에게 땅에서 나는 열매들로 생명을 유지할 수 있는 육체를 허락하셨다. 이처럼 인간은 자연과 깊은 관계에 놓여 있으며, 자연 역시 자신의 통치자인 인간과 떼려야 뗄 수 없는 운명에 놓여 있다. 결국 이 모든 것이 하느님의 계획에는 인간의 구원 이상으로 자연의 구원이 이미 내포되어 있음을 확인해 준다. 그러나 이러한 계획이 실현되는 것은 헤아릴 수 없는 절대적인 신비 속에 남아 있다.

그러면 두 번째 문제를 살펴보기로 하자. 환경 문제를 해결하는 데에 그리스도인은 어떤 기여를 할 수 있을까? 그리스도인이 할 수 있는 고유한 기여는 그가 갖는 세 가지 메시아적 직무로부터 유래한다.
- 예언직은 그리스도인으로 하여금 우주적인 구원을, 그리고 그 우주가 종국에는 완전히 변화할 것이라는 복음을 선포하게 한다.
- 사제직은 그리스도인으로 하여금 모든 것을 하느님의 영광을 위해 종교적으로 사용하도록 이끌어 준다. 그리스도인은 제반 사물 안에서 하느님의 음성을 듣고 그분의 삼중적인 인격의 흔적과 사랑 가득한 현존을 본다. "태양과 달은 인간을 통해 자기 창조주께 영광을 드리며 온갖 별들과 짐승들 역시 인간을 통해 창조주께 기도를 바친다. 피조물인 인간에게서 나오는 찬미의 노래는 우주적인 전례로, 우주는 인간을 통해 창조주께 피조물의 영원한 찬미 노래를 바친다."[240]

- 끝으로, 왕직은 그리스도인으로 하여금 우주의 통치자가 되게 한다. 그러나 이는 우주를 황폐하게 만들고 파괴하려는 것이 아니라 악마와 죄의 지배로부터 우주를 구원하기 위한 것이다.

최근에는 교회 교도권도 자주 환경 문제에 개입하기에 이르렀다. 이미 환경 문제에 대해 제시한 몇 가지 지침들이 「사목 헌장」에 명시되어 있다. 여기서는 무엇보다도 그리스도교적인 전망 아래서 구체적인 적용보다는 근본 원칙들에 대해 다룬다. 그 가운데 좀 더 중요한 점들은 다음과 같다. 제반 사물들은 창조 세계의 중심이자 정점(頂點)인 인간에게 종속되어 있다(34.35항). 인간은 모든 피조물을 지배하지만 동시에 하느님께 영광을 드린다(34항). 이 세상의 제반 선들은 모든 이의 선익을 위한 보편적 목적을 갖는다(69항). 인간은 제반 사물들을 노동, 과학, 기술과 더불어(33.34항), 또한 문화와 더불어(54.55항) 변화, 발전시킨다. 그러나 진보 자체만으로는 인류를 파멸시킬 위험이 있다(37항). 그러므로 경제 발전은 인간의 통제 아래 있어야 한다(64.65항). 이러한 의미에서 특별한 목소리가 그리스도인들을 부른다. 그들은 이 세상 모든 것이 그리스도 아래 있다는 것을 잘 안다(1코린 15). 그리스도께서는 모든 피조물을 부패의 종살이에서 해방하신다(로마 8,21). 모든 것은 인간의 것이지만, 인간은 그리스도의 것이고 그리스도는 하느님께 속한다(1코린 3,23). 모든 사물이 인간에게 종속되어 있다는 것은 상대적으로 인간에게 좋은 일이며 하느님께 영예로운 일이기도 하다. 이처럼 인간에 대한 제반 사물들의 종속은 인간 삶의 여러 측면과 깊이 맞물려서 본질적으로 하나를 이룬다. 만일 인간이 지구를 통치하지 못하게 되거나 반대로

---

240. ID., *op. cit.*, p.93.

파괴하게 된다면, 인간은 자신의 완성에 이를 수 없을 뿐더러 하느님의 모상으로서 자신과 자기 이외의 모든 것을 손상시키게 될 것이다.

    바오로 6세 교황은 교서 『팔십주년』(*Octogesima adveniens*)에서 자연에 대한 무분별한 착취와 이로 인해 인류 전체에 미치는 커다란 해악들을 고발했다(21항). 그리고 요한 바오로 2세 교황은 회칙 『인간의 구원자』(*Redemptor hominis*)에서 인류가 자연 환경의 착취자나 파괴자가 아니라 그것을 보존하는 주인이자 슬기로운 수호자가 되어 줄 것을 다시금 호소했다(21항). 또한 요한 바오로 2세는 이 모든 문제에 대해 깊이 인식하고 1990년 1월 1일 스물세 번째 세계 평화의 날을 환경 보존을 위한 날로 정했다. 환경 파괴는 평화를 위협하는 새로운 도전이다.

결 론

    오늘날 가장 시급한 것은 환경 문제가 아주 심각한 상황에 처해 있다는 데 대한 문제 인식으로, 이에 대한 해결을 다음 시대로 미루어서는 안 됨을 깊이 인식하는 것이다. 왜냐하면 이 문제는 이미 해결하기 어려운 시점에 도달해 있기 때문이다.

    이는 단지 이 지구가 살 수 있는 곳으로 남게 되느냐 하는 것 이상의 난제다. 생물들 가운데 수많은 종들이 이미 사라졌으며, 이러한 운명은 인류에게도 곧 들이닥치게 될 것이다. 해결해야 할 주요 난제들 가운데 하나는 번영 차원에서 지구가 제공하는 자원들이 절대적인 불균형을 보이는데, 특히 후진국들의 사람들에게는 아주 부당하게 제공된다는 점이다. 더욱이 소비주의와 향락주의가 판을 치고 세상이 아무런 이상(理想)도, 가치 추구도, 의미도 없이 흘러간다는 것이 더욱 더 큰 난제를 불러들이고 있다.

그리스도인이 환경 문제의 해결을 위해서 온 힘을 다해 싸워야 할 것은 무엇보다도 뒤바뀐 근본 가치들의 위계 서열을 바로잡는 일이다. 자연은 이미 약탈되고 파괴되었다. 이는 경제적인 가치가 모든 가치들 위에 정점으로 자리 잡았기 때문이다.

인간의 여러 활동들 가운데 경제 활동은 인간이 살아가는 수단들을 제공하기 때문에 분명 필수적이다. 그렇다고는 하지만 그것이 모든 활동 가운데 가장 우선시되어서는 안 된다. 그 첫째 자리에는 세상에서 유일하고 절대적인 가치를 지닌 인간이 있어야 한다. 따라서 인간 활동의 질서에서 가장 먼저 자리해야 할 것은 인간 중심의 문화다. 이러한 의미에서 윤리는 인간 인격의 진보와 실현을 위한 규범을 제공해야 한다. 또한 정치는 공동선을 위한 것이어야 한다. 끝으로 인간 인격의 실현과 공동선의 실현을 위한 수단을 마련하기 위해 경제 활동이 – 비록 경제 활동이 언제나 필수적이기는 하지만 – 뒤따라야 한다.

그러나 오늘날의 문화에서는 인간 인격의 실현도 공동선의 실현도 전혀 고려되지 않는다. 오직 재화를 생산하고 소비하는 것만이 전부가 되어 버린 것이다. 더욱 더 많이 생산하고 소비하며, 재화가 남아돌지언정 더욱 값비싼 것, 더욱 매혹적인 것만을 추구한다. 경제에서 중요한 것은 오직 이 논리뿐이다. 경제의 유일한 목적은 최고의 이윤을 남기기 위해 최대한 생산하는 것뿐이다.

이러한 지구의 파멸을 피하기 위해서는 인간 인격의 요구들에 부합하는 영적인 환경을 만들어야 하며, 인류가 황금 송아지와 맘몬 신

앞에 꿇은 무릎을 이제 그만 거두어야 한다. 그리고 자신이 온 마음을 다하고 온 영혼을 다하고 온 힘을 다해 사랑해야 할 분은 오직 참되시고 유일하신 분, 곧 하느님 밖에 없다는 것을 자각해야 한다.

이 모든 것은 단지 사회적인 활동의 차원뿐만 아니라 지극히 개인적인 차원에까지도 혁명을 가져다준다. 그러므로 도구적인 인간(homo faber)의 자리를 사고하는 인간(homo sapiens)이 대신 차지하게 해야 할 것이며 동시에 제반 사물을 도구화하고 조작하는 대신 사색하고 관상하는 이성으로서 사고하는 인간을 정립해야 할 것이다. 이 점에 대해 아우렐리오 페체이(A. Peccei)는 다음과 같이 잘 설명했다.

'근본적으로 새롭게 사고하는 방법이 필수적이다.' 인간을 구원하기 위해서는 무엇보다도 이러한 방법으로의 전환이 요구되며, 그럼으로써 우리 시대가 요구하는 것들을 대면하고 이와 더불어 세상에서 인간이 갖는 권위와 책임으로부터 유래하는 역할을 해결할 수 있어야 한다. 이러한 사고는 분명 휴머니즘적이어야 한다. 사실, '오직 새로운 휴머니즘만이 인간이 영적으로 새로 태어나는 거의 기적과도 같은 일을 이루어낼 수 있다.'

기술 전성시대에 이 새로운 휴머니즘은 지금껏 우리가 성역으로만 여겨온 원칙과 규범들을 근본적으로 쇄신하고 뒤집을 줄 알아야 한다. 또한 우리를 내적으로 균형 잡아 주는 새로운 가치 체계와 영적, 윤리적, 철학적, 사회적, 정치적, 미학적, 예술적 동기들이 생겨날 수 있도록 용기를 북돋아야 한다. 아울러 우리 가운데 사랑과 우정, 이해와 결속, 희생정신, 함께 살아가기 같은 가치 있는 선들과 요청들을 새롭게 정립할 줄 알아야 한다. 그럼으로써 이러한 선들과 요청들이 세상 어디서든 우리의 형제자매들과 결속을 다질 수 있게 해야 한다. 그럴 때 우리는 진정 승리하게 될 것이다.[241]

요한 바오로 2세 교황이 끊임없이 가르친 바와 같이, 그리스도인이 소중히 여기고 실천해야 할 새로운 덕목이 있다. 그것은 다름 아닌 연대성(連帶性)이다. 교황이 회칙 『사회적 관심』(*Sollicitudo rei socialis*)에서 설명하는 것처럼, "연대성은 가깝든 멀든 그 많은 인간들이 겪는 불행을 보고서 막연한 동정심 내지 피상적인 근심을 느끼는 무엇이 아니다. 그와는 반대로, 공동선에 투신하겠다는 '강력하고 항속적인 결의'이다. 우리가 서로 모두에게 책임이 있는 만큼, 만인의 선익과 각 개인의 선익에 투신함을 뜻한다."(38항) "연대감은 우리가 다른 사람 – 인간이든 민족이든 국가든 – 을 일종의 도구로, 저가로 착취할 수 있는 노동력과 체력을 가진 존재로, 그리고 더 이상 효용이 없을 때는 내버릴 것으로 보지 말고, 우리 '이웃'으로, '돕는 이'(창세 2,18-20 참조)로 보도록 하는 데 도움이 된다."(39항)

오늘날 연대감은 다음과 같은 두 가지 노선을 취해야 한다. ㄱ) 무엇보다도 이웃을 향해야 하고 – 이는 연대감이 우선적으로 중요시하는 가치다 – ㄴ) 그 다음으로 자연을 향해야 한다. 그럼으로써 인간은 약탈을 일삼는 동물적인 모습을 벗고 우정, 형제애, 연대감으로 충만한 모습을 지닐 수 있다. "산업화된 나라들로 인해 자연이 점차 파괴되어 가고 핵폭탄에 대한 두려움으로 인해 자기 파멸의 위협이 지속되는 이 기계 문명의 지배 시대는 거의 한계에 다다랐다. 이러한 한계 앞에서 총체적인 파멸을 피하기 위해서는 다음과 같은 현실적인 선택밖에 없다. 그것은 바로 인간과 자연이 비폭력, 평화, **연대감**, 환경에 대한 존중의 토대 위에서 함께 **공동체**를 이루어 가는 것이다."[242]

---

241. A. Peccei, *op. cit.*, p.160.
242. Moltmann, *op. cit.*, p.25. 굵은 글씨체는 필자가 강조한 것이다.

참고 문헌

Concilio Vaticano II, *Gaudium et spes.*

W. Kasper, *Fede e storia*, Brescia, Queriniana, 1965.

L. Malevez, *Fede e impegno cristiano*, Bologna, Dehoniane, 1973.

W. Pannenberg, *Il credo e la fede dell'uomo d'oggi*, Brescia, Morcelliana, 1973.

L. Artuso, *Lavoro di Dio e lavoro dell'uomo. Linee di ricerche per una teologia spirituale del lavoro*, Padova, Laurenziana, 1971.

B. Mondin, *Le teologie della prassi*, Brescia, Queriniana, 1971.

ID., *Le teologie del nostro tempo*, Alba, Paoline, 1975.

ID., *I teologi della liberazione*, Roma, Borla, 1978.

ID., *Umanesimo cristiano*, Brescia, Paideia, 1980.

P. Pupard, *Eglise et cultures*, Parigi, SOS, 1980.

R. Lavatori, *Dio e l'uomo un incontro di salvezza. Rivelazione e fede*, Bologna, Dehoniane, 1985.

P. Rossano, *Vangelo e cultura*, Paoline, Roma 1985.

H. De Lubac, *La rivelazione divina e il senso dell'uomo. Commento alle Costituzioni conciliari 「Dei Verbum」 e 「Gaudium et spes」*, Milano, Jaca Book, 1985.

E. Schillebeekx, *Esperienza cristiana e fede in Gesù Cristo. Un breve bilancio*, Brescia, Queriniana, 1985.

M. L. Rulla, *Antropologia della vocazione cristiana*, Casale Monferrato,

Piemme, 1985.

E. Biser, *Svolta della fede*, Brescia, Morcelliana, 1989.

AA.VV., *Evangelizar la modernidad cultural*, Bogotà, CELAM, 1991.

J. Moltmann, *Dio nella creazione. Dottrina ecologica della creazione*, Brescia, Queriniana, 1986.

인명 색인

가녹치(Ganoczy, A.) 397
가리구 라그랑주(Garrigou-Lagrange, R.) 279, 383
가예타노(Gaetano) 315
갈로(Galot, J.) 445, 447
게라르디니(Gherardini, B.) 109
고가르텐(Gogarten, F.) 118, 125
고데스칼코(Godescalco) 308
고쩰리노(Gozzelino, G.) 44
과르디니(Guardini, R.) 125, 148~153, 220, 409, 412, 429, 454
교황
  그레고리오 13세(Gregorius XIII) 112
  바오로 6세(Paolus VI) 438~440, 442, 481
  보니파시오 2세(Bonifatius II) 272, 274
  보니파시오 8세(Bonifatius VIII) 469
  비오 5세(Pius V, St.) 112
  비오 10세(Pius X, St.) 247, 404
  요한 바오로 2세(Ioannes Paolus II) 465, 471, 481, 484
  인노첸시오 10세(Innocentius X) 117, 321
  조시모(Zosimus) 73
  클레멘스 8세(Clemens VIII) 113
구티에레즈(Gutierrez, G.) 32, 33, 125, 390, 469
그레고리오, 니사의(Gregorius Nyssa) 86, 204~206
그레사케(Greshake, G.) 397
그렐로(Grelot, P.) 250, 292
그로스(Gross, J.) 279

니그렌(Nygren, A.) 334, 448
니이버(Niebuhr, R.) 125, 153~155, 429
니체(Nietzsche, F.) 120, 406, 427, 437
니콜라, 오트르쿠르의(Nicholas d'Autrécourt) 315

다빈(Dabin, P.) 455
다윈(Darwin, C.) 196
데카르트(Descartes, R.) 26, 35, 119, 122, 196
델 노체(Del Noce, A.) 118
뒤바를르(Dubarle, A. M.) 292, 293
드 뤼박(De Lubac, H.) 122, 163~165,

384, 388, 396, 447, 485

라너(Rahner, K.) 24, 30, 32, 122, 123, 124, 125, 158, 159, 161, 162, 166, 171, 385, 386, 388, 390, 396, 397, 419, 420, 429, 448
라바토리(Lavatori, R.) 485
라부르데(Labourdette, M. M.) 280, 293
라우렐리(Raurelli, F.) 51
라이프니츠(Leibniz) 26, 35, 119, 196, 468
라칭거(Ratzinger, J.) 116, 295, 395, 397, 447
라포니(Raponi, S.) 216
라퐁(Lafond, G.) 215
라플라스(Laplace) 139
람(Ramm, B.) 293
러셀(Russel, B.) 120
르클레르(Leclercq, J.) 415, 447
레비 슈트라우스(Lévi Strauss, C.) 120
레비나스(Levinas) 196
레씨오(Lessio, L.) 113
레이(Leys, R.) 215
로너간(Lonergan, B.) 32, 34, 44, 448
로빈슨(Robinson, J.) 27, 125, 136~138, 140, 141, 431
로스키(Lossky, V.) 202, 216
로싸노(Rossano, P.) 464, 485
로크(Locke, J.) 438

롱데(Rondet, H.) 283
뢰베니히(Loewenich, W.) 109, 334
뢰퍼(Roeper, A.) 419
루소(Rousseau, J. J.) 119, 196
루에베(Luebbe, H.) 118
루터(Lutero, M.) 23, 73, 96~112, 154, 186, 187, 267~271, 276, 291, 315~317, 320, 321, 323, 328, 340, 342, 345~349, 355, 364, 379, 386
룰라(Rulla, M. L.) 485
리치(Rizzi, A.) 44, 397

마란지니(Marranzini, A.) 109
마르셀(Marcel, G.) 26
마르텔레(Martelet, G.) 293
마이어(Mayer, A.) 215
마르크스(Marx, K.) 120, 144, 145, 196, 427, 437
만치니(Mancini, I.) 30
말레베즈(Malevez, L.) 485
말브랑슈(Malebranche, N.) 119
맥그래스(McGrath, A. E.) 359
머클(Muckle, K. T.) 215
메르슈(Mersch, B.) 280, 382
메를로-퐁티(Merleau-Ponty, M.) 120
멜랑톤(Melantone, F.) 187, 315
메츠(Metz, J. B.) 32, 125, 469
모다(Moda, A.) 359, 396

모스케티(Moschetti, S.) 294
몬딘(Mondin, B.) 34, 35, 44, 55, 68, 73, 77, 116, 127, 202, 215, 216, 391, 399, 422, 431, 447, 465, 473, 485
몬타니니(Montagnini, G.) 51
몬지요(Mongillo, D.) 221
몰라리(Molari, C.) 30
몰리나(Molina, L.) 111~115, 319, 320, 381, 384
몰트만(Moltmann, J.) 24, 44, 125, 142~144, 146~148, 359, 390, 422, 423, 447, 469, 475, 478, 484, 486
무루(Mouroux, J.) 447
미콜리(Miccoli, P.) 118

바녜즈(Bañez, D.) 111~115, 319, 320, 381
바르트(Barth, K.) 24, 30, 126, 127, 131, 133, 136, 174, 177, 178, 204, 280, 281, 296, 321~323, 359, 386~388, 390, 396, 429
바실리오(Basilius, San) 222
바오로(Paolus, San) 55~61, 66, 96~100, 102, 106, 157, 220, 221, 241, 250, 251, 253, 256, 257, 271, 299, 300, 314, 323, 328, 330, 331, 333, 334, 338~341, 343, 344, 348, 357, 363, 364, 369, 378, 393, 404, 414, 424, 434, 476, 477
바이오(Baio, M.) 111~113, 116, 163
바이츠체커(Weizsaecker) 32
바테(Watté, P.) 44, 293
반네스테(Vanneste, A.) 293
발타사르(Balthasar, U. H. von) 24, 127, 177~184, 206, 207, 243, 296
베니(Beni, A.) 397
베드로(Pietro, San) 197, 270, 315, 348, 405, 455
베드로 롬바르도(Petrus Lombardus) 372
베르그송(Bergson, H.) 26, 35, 196
베르나르(Bernard, R.) 236
베르나르도(Bernardo, San) 308
벤츠(Wenz, G.) 359
벨라(Vella, G.) 292
벨테(Welte, B.) 448
보나벤투라(Bonaventura, San) 38, 49, 86~92, 212, 215, 308, 315, 348, 373
보예(Boyer, B.) 109
보프(Boff, C.) 32, 33, 125, 469
보프(Boff, L.) 397
본회퍼(Bonhoeffer, D.) 125, 126, 131~136, 431
볼프(Wolff, H. W.) 51, 215
부르제와(Bourgeois, H.) 448
부블릭(Boublik, V.) 359
부이야르(Bouillard, H.) 447

불트만(Bultmann, R.) 131, 136, 280, 286, 390, 415
뷔르(Bur, J.) 293
브느와(Benoit, A.) 66
브룬너(Brunner, E.) 292, 361
브룬너(Brunner, K.) 27, 127, 131, 135, 153, 286, 287
블로흐(Bloch, E.) 120, 196, 422, 437
블롱델(Blondel, M.) 26, 171, 196
비엘(Biel, G.) 315
비저(Biser, R.) 486
비코(Vico, G. B.) 196, 437
비피(Biffi, G.) 397

사르트르(Sartre, J. P.) 21, 120, 196, 197, 437
샤르베르(Scharbert, J.) 292
설리반(Sullivan, J. E.) 215
세렌타(Serenthà) 297, 332
세이벨(Seibel, W.) 202~204
셸러(Scheler, M.) 172
셸링(Schelling, F. W.) 196
소크라테스(Socrate) 196, 437
쇼넨베르그(Schoonenberg, P.) 283, 286, 292
쇼펜하우어(Schopenauer, A.) 437
쉐네(Chené) 73
쉐뉴(Chenu, D. M.) 24, 125, 429

쉬타우너(Stauner, R.) 109
슈마우스(Schmaus, M.) 280, 382, 383
슈미츠-모어만(Schmitz-Moormann, K.) 282
슐라이어마허(Schleiermacher, F. D.) 27, 126
슐리어(Schlier, H.) 448
스카라무찌(Scaramuzzi, D.) 215
스코투스(Scotus, D.) 182, 314, 315, 437
스킬레벡스(Schillebeeckx, E.) 125
스피노자(Spinoza, B.) 119, 196
시모네티(Simonetti, M.) 306
시지에리, 브라반테의(Sigieri di Brabante) 86
쑤멜(Zumel) 113

아르투소(Artuso, L.) 485
아리스토텔레스(Aristoteles) 26, 35, 36, 53, 62, 75~77, 83, 86, 90, 100, 104, 119, 196, 233, 265, 372, 402, 403, 468
아베로에스(Averroes) 36, 76
아우구스티노(Augustinus, San) 23, 36, 63, 69, 70, 72, 73, 75~77, 80, 81, 83, 86, 88, 90, 91, 102, 104, 110, 116, 149, 163, 171, 175, 182, 186, 190, 195, 212, 214, 217, 218, 222, 224, 225, 227~229, 234, 245, 250, 251, 253, 256~259, 261, 265, 267,

271, 272, 274, 298, 302~308, 316,
320, 321, 323, 328, 333~335, 337~
340, 343, 344, 356, 364~372, 389,
418
아우어(Auer, J.) 116, 295, 395, 397
아타나시오(Athanasius, St.) 23, 66, 222
안셀모(Anselmus, St.) 23, 86, 308
알베르토 마뇨(Albertus Magnus, St.) 76, 92
알베스(Alves, R.) 447
알쩨기(Alszeghy, Z.) 44, 216, 283, 284, 288, 292, 293, 396
알타이저(Altizer, T.) 137
얀센(Jansen, C.) 111, 112, 116, 117, 320
에거만(Egermann) 447
에라스무스, 로테르담의(Erasmus da Rotterdam) 267
에크하르트(Eckhart, M.) 315
엘테스터(Eltester, F. W.) 215
엥겔스(Engels, F.) 120
오르베(Orbe, A.) 66
오리게네스(Origenes) 23, 66, 204, 212, 222, 250, 302, 323, 455
오캄(오캄의 굴리엘모, Occam, G.) 92~94, 102, 315, 316
올리비(Olivi, P.) 315
요한(Ioannes, San) 221, 348, 363, 364, 393, 434, 477

요한 크리소스토모(Ioannes Chrysostomus, St.) 302
위(僞)디오니시오(Pseudo Dionysius) 182, 452
이레네오(Ireneus, St.) 63~66, 250, 302
이설로흐(Iserloch, E.) 109

장 게르송(Jean Gerson) 315
제논(Zenone) 53, 62, 119
제딘(Jedin, H.) 109
주르네(Journet, C.) 24
주르네(Journet, H.) 382
지간테(Gigante, M.) 239
질송(Gilson, E.) 73

체사리오(Caesarius, St.) 272, 274
첸티(Centi, T.) 340
첼레스티노(Caelestinus) 251
치프리아노(Ciprianus, St.) 222

카스퍼(Kasper, W.) 447, 448, 485
카시아노(Cassianus) 272
카챠부에(Cacciabue, L.) 448
카타네오(Cattaneo, P.) 448
칸트(Kant, E.) 26, 32, 35, 119, 120, 126, 127, 158, 196, 426, 437
칼뱅(Calvin) 113, 117, 187, 291, 315, 320. 321, 323, 340, 342

코에스터(Koester, H.) 293
콕스(Cox, H.) 27, 125, 136-138, 140, 141, 469,
콜자니(Colzani, G.) 30, 44, 109, 192
콩가르(Congar, Y.) 44, 359
콩트(Comte, A.) 120, 196, 427
쾰러(Köeler, H.) 204
쿠사누스(Cusanus, N.) 315
쿠엥(Kueng, H.) 359
크노흐(Knoch, O.) 52
크라우스(Krauss, M.) 419
크루젤(Crouzel, H.) 215
클레멘스, 알렉산드리아의(Clemens Alessandrino) 63, 66~69, 113, 204, 222
키르케고르(Kierkegaard, S.) 26, 97, 222, 236, 237, 239~243, 245, 246, 386, 415, 429

탕케레(Tanquerey) 382
테르툴리아노(Tertullianus) 222, 250, 469
테이야르 드 샤르댕(Teilhard de Chardin P.) 122, 125, 155, 156, 166, 169, 282, 286, 429
토마스 아퀴나스(Thomas Aquinas, St.) 23, 36, 75~77, 85, 86, 92, 93, 113, 128, 158, 164, 171, 186, 190, 197, 209, 212, 222, 229, 259, 265, 267, 271, 277, 308, 315, 321, 323, 328, 340, 352, 372, 392, 469
투른(Tourn, G.) 250, 359
트라페(Trapé, A.) 334, 339, 368
틸리히(Tillich, P.) 27, 125~131, 136, 243, 278, 281, 286, 287, 292, 390, 396, 420,

파렌테(Parente, P.) 279, 382~384, 396
파브로(Fabro, C.) 122
파스칼(Pascal, B.) 119, 410, 414
판넨베르그(Pannenberg, W.) 27, 30, 32, 33, 37, 42, 44, 125, 166~169, 171~175, 185, 190, 192, 216, 243, 293, 485
페슈(Pesch, O. H.) 27, 31, 33, 41, 44, 103, 104, 111, 184~187, 192, 251, 271, 275, 293, 345, 347~349, 355, 358, 359, 397, 448
페체이(Peccei, A.) 474, 475, 483
펠라지오(Pelagius) 73, 81, 102, 251, 253, 256, 258, 259, 271, 273, 303, 306, 307, 340, 342, 365, 366
포르피리오(Porfirius) 72
포이어바흐(Feuerbach, L.) 120, 196
포퍼(Popper, K.) 32
폴 반 뷔렌(Paul Van Buren) 27, 137
푸파르(Pupard, P.) 485
프란치스코(Francesco, St.) 91, 442, 443

프로스페로, 아퀴탱의(Próspero de Aquitaine) 274
프로이드(Freud, S.) 120, 121, 437
프루덴치오, 몬테마요르의(Prudenzio de Montemayor) 113
프르치바라(Przywara, E.) 178
프리스(Fries, H.) 24, 25, 447
플라톤(Platone) 26, 35, 53, 62, 69, 76, 77, 104, 119, 196, 437
플레스너(Plessner, H.) 172
플로티누스(Plotino) 26, 35, 62, 119, 196
플릭(Flick, M.) 44, 216, 279, 283, 284, 292, 396
피셔(Fischer, J.) 448
피올란티(Piolanti, A.) 280, 383, 396
피츠마이어(Fitzmyer, J. A.) 55
필론, 알렉산드리아의(Filone d'Alessandria) 53, 55, 68, 215

헤링(Haering, B.) 283, 284, 292, 448
해밀턴(Hamilton, W.) 137
홉스(Hobbes, T.) 119
휩셔(Hübschèr, I.) 215
흄(Hume, D.) 119, 158

하머(Hamer, J.) 456
하이데거(Heidegger, M.) 26, 120, 196, 385, 437
하인츠(Heinz, J.) 359
하일브로너(Heilbroner, R.) 475
학(Haag, H.) 279, 292
헤겔(Hegel, G. E.) 22, 35, 126, 175, 187, 196, 386
헤라클리토스(Eraclitos) 437

용어 색인

* 그 : 그리스어, 독 : 독일어

갈망(cupiditas) 70, 72, 227, 424
개방성(Offenheit) 142, 159, 164, 165, 167, 171, 172, 179
　세상을 향한 무한적 개방성(Weltoffenheit) 166, 172
　초월적 개방성(transzendental Offenheit) 142, 172
개별자(individum, atomon-그) 62, 93, 129
결핍(privatio) 222, 260, 262, 282, 371
　선의 결핍(privatio boni) 222
겸손(humilitas) 353, 453, 456, 457
계시(revelatio) 24, 27, 30, 33, 36, 37, 41, 49, 50, 77, 92, 104, 108, 118, 122, 123, 134, 152, 158, 160, 166, 172, 173, 176, 181~183, 185, 187, 241, 242, 245, 250, 280, 318, 351, 391, 404, 419, 444
계약(pactum) 20, 50, 52, 64, 65, 179, 200, 218, 219, 298, 358, 362
고양(elevatio) 84, 279, 296, 377, 462
고유성(proprietas, idiomata-그) 62, 380
공동선(bonum commune) 460, 461, 470~472, 482, 484
공로(meritum) 72, 95, 100, 106, 108, 111, 114, 115, 117, 252, 274, 276, 277, 303, 305, 308, 310, 311, 313, 314, 316, 318, 321, 324, 325, 327, 332, 340~342, 346, 350, 351, 365, 389
　예측되는 공로들 이전(ante praevisa merita) 114, 319
　예측되는 공로들 이후(post praevisa merita) 115, 319
공의회, 시노드 23, 31, 32, 38, 73, 95, 105~112, 163, 186, 251, 266, 271, 272, 274,~277, 308, 315, 317~319, 328, 348~353, 379~381, 425, 452, 458~461, 463, 464, 470
　밀레비 공의회 73
　아를르 시노드 275
　제2차 바티칸 공의회 23, 31, 32, 38, 425, 452, 458~464, 470, 471
　제2차 오랑쥐 공의회(시노드) 271, 272, 274~276, 308

카르타고 공의회(시노드) 73
트렌토 공의회 95, 105~113, 163, 186, 251, 256, 271, 275~277, 315, 317~319, 328, 348~353, 379~381
관계(relatio, pros ti-그) 29, 33, 35, 42~52, 57, 58, 62, 63, 67, 69, 81, 85, 87, 88, 97, 104, 109, 110, 146, 151, 154, 159, 164, 168, 171, 173, 175, 178, 179, 183, 196, 209, 218, 219, 225, 236, 237, 242, 257, 259, 266, 267, 271, 288, 289, 296, 311, 319, 327, 329, 335, 337, 340, 342, 343, 345, 355, 358, 362, 372, 377, 386, 389, 392~394, 405, 406, 409, 411, 416, 417, 423, 426, 428, 429, 433, 444, 454, 461~464, 467, 469~471, 479
유비적 관계(relatio analogica) 214
관능(sensualitas) 230
관상(contemplatio) 39, 66, 67, 71, 91, 183, 460
공동체(comunitas) 76, 145, 147, 219, 221, 283, 289, 364, 412, 421, 449, 452, 455, 460, 462, 467, 470, 471, 484
교도권(magisterium) 116, 188, 190, 218, 271, 274, 275, 277, 286, 362, 469, 470, 480
교만(superbia) 72, 89, 147, 199, 217, 225~228, 248, 261, 271, 387, 429
교의적 방법(敎義的 方法) 185
교회(ecclesia) 31, 36, 41, 57, 61, 65, 73, 95~97, 99, 105, 106, 109~111, 115~118, 121, 122, 138, 140, 153, 162, 180, 187, 191, 201, 219, 229, 251, 254, 259, 266, 271, 303, 308, 315, 317, 320, 321, 323, 325, 339, 341, 351~353, 366, 378, 388, 389, 404, 420, 425, 442, 449~453, 455, 457, 458, 462~465, 469~471, 480
개별 교회(ecclesia particularis) 464
보편 교회(ecclesia universa) 335, 464
지역 교회 464
개선 교회(ecclesia gloriae) 452
단련 받는 교회(ecclesia patiens) 452
순례하는 교회(ecclesia viatorum) 452
교회 전승(교회 전통, taditio ecclesia) 218, 295, 340
구원(redemptio, salvatio) 21, 28, 31, 37, 47~50, 52~54, 58, 59, 61, 64~68, 71, 72, 94~96, 99, 100, 102~104, 107, 108, 110, 111, 114, 119~121, 127, 146, 161, 170, 172, 186, 196, 197, 238, 242, 248, 250, 252, 254, 258, 259, 265~267, 272~274, 282,

295~299, 302~307, 311, 316, 322, 324, 325, 337, 339, 340, 342, 352~355, 364, 375, 379, 380, 387, 393, 407, 412, 417, 419, 420, 437, 440, 446, 452, 454, 457, 462, 467, 469, 470, 475~479

구원 역사(historia salvifica) 21~23, 25, 29, 33, 36, 39, 41, 42, 47~49, 51, 62~64, 78, 89, 122, 146, 172, 174, 177, 183, 244, 289, 290, 421, 428, 432, 440

그리스도인(christias) 19, 20, 24, 25, 39, 43, 57, 64, 97, 98, 101, 102, 105, 135, 136, 140, 149, 150, 162, 173, 198, 220, 254, 334, 337, 339, 340, 351, 357, 364, 365, 386, 387, 395, 400, 404~406, 415, 416, 422, 423, 430, 435, 436, 444, 445, 449, 450~451, 464~473, 475, 479, 480, 482, 484

그리스 교부 63, 68, 69, 302, 348, 364

근본주의 신학(根本主義 神學) 137, 142, 433, 436, 437

근본 선택(optio fundamentalis) 284~286, 289

금일화(今日化, aggiornamento) 287, 382

기관(facultas) 78, 80, 84, 85, 93, 104, 208, 263, 402

사고하는 기관(facultas cogitiva) 208

욕구하는 기관(facultas volitiva) 208

기쁨(gaudium) 183, 344, 357, 390, 400, 401, 416, 420, 437~446

길(via) 20, 53, 66, 71, 72, 83, 91, 100, 130, 139, 143, 156, 163, 180, 208, 238, 295, 305, 327, 333, 407, 412, 413, 417, 418, 421, 429, 434, 442, 446, 463

십자가의 길(via crucis) 327

일치의 길(via unitiva) 91

정화의 길(via purgativa) 91

조명의 길(via illuminativa) 91

꿈꾸는 무죄함(dreaming innocence) 281

낙관주의 162, 420, 444

내적 기관들(intrinsecarum potentiae) 88

내적 스승(magister interior) 74

능력(potentia, dynamis-그) 25, 28, 52, 56, 57, 62, 78, 79, 81~84, 88, 91~94, 101, 104, 112, 116, 117, 129, 131, 138, 141, 152~155, 158, 160, 163, 176~179, 181, 196, 199, 203, 204, 206, 208, 210, 211, 214, 226, 230, 232, 234, 248, 251, 252, 260, 261, 263, 264, 266, 268, 270, 276, 278, 282, 284, 303, 307, 309, 310, 312, 318, 324, 328, 329, 334, 343~345,

351, 371, 376, 379, 389, 393, 394,
399, 400, 403, 407, 412, 449, 452,
456, 460, 461, 464, 474, 475
절대적 능력(potentia absoluta) 93, 208
질서 지워진 능력(potentia ordinata)
93

단죄(damnatio) 75, 200, 272, 298, 308,
309, 316
단죄된 무리(massa damnata) 253
대면자(對面者, Gegenüber) 168
덕(virtus) 22, 43, 71, 72, 79, 84, 91,
101, 107, 108, 198, 205, 210, 211,
234, 235, 241, 248, 265, 296, 313,
376, 383, 394, 395, 399~406, 408,
409, 422~424, 435, 436, 445, 450,
453, 456, 457, 460, 468
  대신덕(향주덕, virtutes theologiae) 43,
  265, 296, 376, 399, 404, 405, 424
  신덕(믿음, fides) 71, 84, 85, 96, 98~
  103, 105, 107, 108, 149, 150,
  214, 238, 241, 245, 265, 267,
  271, 272, 276, 305, 330, 331,
  338, 344, 347, 348, 351, 358,
  361, 363, 366~368, 376, 380,
  383, 387, 406, 409, 450
    명시적 신앙(fides explicita) 419,
    421

    익명의 믿음(fides anonima) 417,
    421
    신뢰하는 믿음(fides fiducialis) 95
    암묵적인 신앙(fides implicita)
    419, 421
    행실 없는 믿음(fides sine operibus)
    315
  망덕(희망, spes) 71, 84, 85, 107,
  265, 376, 390, 394, 400, 401,
  404, 405, 422~430, 432, 433,
  445, 446, 450, 453
    그리스도교적 희망 422, 423,
    425~430
    세속적 희망 425~430
  애덕(사랑, caritas) 59, 60, 70, 71,
  84, 85, 107, 213, 245, 265, 376,
  383, 394, 395, 400, 401, 404,
  405, 423, 431~436, 445, 446,
  450, 453, 456~458, 466, 467
    이웃에 대한 사랑 59, 60, 85,
    395, 433, 434, 445
    하느님에 대한 사랑 59, 60, 85,
    433, 434
  디아노에티케(지성적 덕, dianoetiche)
  402, 403
  에티케(윤리적 덕, 실천적 덕, etiche)
  402, 403
  주입덕(virtus infusa) 107

사추덕(virtutes cardinales)　403, 403
초본성적 덕(virtus supernaturalis)
　　84, 198, 394, 399~401, 445
도나투스주의(donatismus)　365
도움(auxilium)　112, 238, 239, 252, 270, 319, 320, 341, 366~368, 372~376, 407, 425
　하느님의 도움(신적 도움, auxilium divinus)　252, 270, 319, 320, 341, 366, 374~376, 425
　도움들에 대한 논쟁(은총 논쟁, de auxiliis)　112, 319
동일 본질(consubstantia)　67
두 가지 층　163, 384

루터주의(Luteranismus)　113, 116, 324
리비도(libidus)　437

마니교(manichaeismus)　36, 73, 109, 222, 307, 324
마르크스주의(마르크스 철학, marxismus)　121, 382
마음(kardía)　56
마지막 대단원(apocatastasi)　323
말씀(logos)　24, 28, 54, 61, 67, 71, 124, 180, 198, 446, 449, 451, 465
모방(imitatio)　333~335
모상(imago)　22, 23, 26, 29, 31, 54, 65, 67, 72, 83, 86, 88, 90, 135, 153~155, 179, 180, 199, 201, 204~206, 212~215, 226, 227, 249, 265, 284, 301, 314, 354, 363, 371, 383, 393, 399, 445, 449, 480
　하느님의 모상(imago Dei)　22, 23, 26, 31, 54, 72, 83, 86, 88, 90, 135, 153~155, 199, 201, 204~206, 212~215, 226, 227, 249, 265, 284, 314, 354, 363, 371, 383, 393, 399, 445, 449, 480
　하느님의 모상과 유사함(imago et similitudo Dei)　314, 445
　하느님의 본성적 모상(imago naturalis Dei)　153
목적(finis)　21, 54, 56, 62, 65, 67, 71, 79~82, 90, 91, 119, 148, 149, 162~166, 171, 178, 185, 209, 210, 212, 219, 227, 229~231, 260, 265, 298, 301, 309, 310, 313, 342, 343, 347, 374, 378, 385, 392, 394, 401, 402, 409, 426, 428~430, 432, 435, 451, 461, 472, 480, 482
　최종 목적(ultimus finis)　21, 71, 81, 82, 90, 148, 164, 165, 209, 219, 229~231, 265, 309, 378, 385, 402, 430, 435
몰리니즘(molinismus)　114~116

몸(살, 육체, caro, sarx-그) 51, 52, 55,
　　56
무(無, nihil) 228, 343
무상성(無償性, gratuitas) 28, 72, 127,
　　164, 299, 307, 308, 381
무신론(atheismus) 121, 122, 463
무지(ignorantia) 152, 368, 369, 461
문화 인류학(anthropologia culturae) 19,
　　40~42, 121, 143, 144, 174, 460
미학적 태도 183

바네시아니즘(bañesianismus) 115
바람(desiderium) 171, 227, 344, 378, 392,
　　424
　　자연적 바람(desiderium naturale) 171,
　　　　378, 392
반종교 개혁 95
배척(reprobatio) 298, 309, 321, 322, 326
벌(영벌, 형벌, poena) 82, 113, 131,
　　207, 219, 227, 230, 231, 234, 243,
　　247, 255, 262~264, 273, 298, 305,
　　306, 309, 374, 466
범죄 불능성(impeccantia) 73, 365
변모(transformatio) 29, 335, 357, 379,
　　401
　　내적인 변모(transformatio interiora)
　　　　335
본성(natura, physis-그) 19, 21, 30, 37,

62, 69, 80~82, 84~87, 89, 93, 94,
99, 104~106, 109, 112, 119, 127,
131, 134, 135, 138, 145, 153, 154,
159, 163~166, 168, 172, 173, 175~
181, 204, 208, 211, 213, 217, 220,
222, 228, 229, 234, 235, 249, 255,
256, 258, 261, 262, 264, 265, 271,
275, 276, 278, 285, 288~290, 297,
303, 311~313, 317, 321, 322, 338,
348, 350, 361, 365, 367, 369~376,
379, 380, 384~387, 393~395, 402,
408, 412, 425, 429, 470
　　본성적 빛(lumen naturale) 38
　　본성적(naturalis) 134
　　최고 본성(summa natura) 371
본질(essentia, ousia-그) 32, 61, 62, 67,
　　84, 87, 96, 104, 129, 130, 134, 145,
　　155, 180, 207, 209, 210, 217, 230,
　　240, 243, 266, 281, 284, 333, 334,
　　344, 373, 375, 376, 380, 393, 399,
　　406, 409, 423, 435, 471
불안(angor) 27, 129~131, 144, 162, 236,
　　237, 241~243, 248, 281, 282, 324,
　　333, 353, 416, 417, 420, 439, 473
불사불멸(불멸, 불멸성, immortalitas) 52,
　　74, 211, 212, 476
비례(proportio) 87, 214
뿌리(radix) 103, 146, 178, 217, 220, 221,

225~228, 240, 259, 310

사랑(amor, eros, agape) 71, 88, 102, 116, 117, 320, 389, 431,
  세속적 사랑(eros) 389
  천상적 사랑(amor caelestis, agape) 117, 389
  현세적 사랑(amor temporalis) 116
  자기 자신에 대한 사랑(amor sui) 116, 320
  하느님에 대한 사랑(amor Dei) 88, 102, 116, 320
사랑의 영감(inspiratio amoris) 367, 368
사신 신학(死神 神學) 430~432, 436, 438
사제직(munus sacerdotale) 450~452, 454, 455, 459, 479
사색적인 힘(vis speculativa) 386
삼위일체(Trinitas) 23, 41, 87~89, 161, 200, 201, 214, 219, 411, 417, 418, 445, 446, 452, 467
  성부(Pater) 62, 67, 68, 179, 180, 200, 201, 336, 350, 363, 392, 411, 431, 436, 441, 446, 454, 467
  성자(Filius) 43, 62, 65, 67, 68, 83, 96, 171, 179, 180, 187, 201, 317, 329, 337, 369, 392, 411, 418, 446, 462, 467
  성령(Spiritus Sanctus) 55, 56, 58~60, 62, 65, 68, 83, 107, 112, 187, 201, 220, 221, 257, 350, 357, 364, 367, 369, 372, 373, 380, 387, 392, 400, 410, 411, 418, 436, 438, 442, 446, 452, 455, 467, 477

상태(status) 37, 57, 59, 60, 65, 66, 78~83, 85, 102, 117, 119, 129, 144, 152, 163, 168, 172, 201, 209~212, 221, 227, 228, 246, 247, 252, 254, 259, 262~265, 268, 270, 271, 273, 279, 281, 282, 284, 285, 287~290, 296, 297, 299, 300, 305, 312, 318, 327, 328, 331, 332, 335, 341~343, 345, 346, 350, 353, 354, 356, 357, 361, 367, 370, 377, 379, 383, 387, 390~394, 406, 417, 436, 439, 442, 449, 452
  의로움의 상태(status justitiae) 343, 354, 357
  처음 상태(primi status) 79
  치유된 본성 상태(status naturae risanatae) 83
  타락한 본성 상태(status naturae corruptae) 80, 117
새 법(lex nova) 83
생명(zoè-그) 20, 52, 56, 59, 85, 86, 91, 98, 107, 117, 120, 156, 180, 198, 201, 217, 219, 235, 250, 252, 255,

256, 263, 277, 298~301, 303, 306, 308~310, 314, 316, 318, 320~322, 324, 326, 335, 337, 338, 343, 347, 350, 363, 364, 367, 373, 379~381, 384, 386, 408, 413, 420, 423, 425, 443, 450, 454, 457, 467, 470, 474, 476, 478
생태학(ecologia) 473
선(bonum) 54, 64, 70~72, 78~81, 84, 99, 100, 112, 114, 117, 135, 137, 150, 169, 181, 182, 199, 205, 212, 219~225, 227, 229, 231, 234, 235, 248, 255, 256, 260, 261, 264, 268~270, 274, 289, 301, 309, 310, 320, 367, 369, 371, 372, 375, 376, 389, 399, 401, 402, 405, 414, 423~426, 433, 437, 470~472, 480, 483
  영원한 선(bonum aeternum) 84, 223, 256, 343, 376
  일시적 선(잠세적 선, bonum temporalis) 223, 260
  최고선(summum bonum) 222~224, 229, 231, 367, 369, 371, 424, 425
선물(donum) 22, 43, 52, 54, 56, 64, 65, 68, 74, 79, 80, 84, 107, 109, 113~115, 123, 165, 178, 198, 210, 211, 217, 220, 234, 238, 245, 254, 280, 295, 301, 318, 321, 322, 325, 326, 331, 334, 338~340, 350~352, 356, 363~365, 367~369, 374~376, 379~381, 385, 405, 407, 409, 420, 438, 442, 445, 467
  상존적 선물(donum habitualis) 374
  하느님의 선물(donum Dei) 56, 220, 238, 295, 301, 318, 325, 365, 367, 407
선재(先在, praeexistentia) 309, 310
선정(先定, praedeterminatio) 113, 114
  물리적 선정(praedeterminatio physica) 113
선택(electio) 24, 122, 127, 141, 198, 208, 268, 284, 298, 299, 312, 319, 323, 341, 387, 402, 470, 484
섭리(providentia) 64, 113, 176, 298, 308, 309, 311, 314, 341, 419, 457
성사 22, 57, 58, 91, 96, 110, 252, 267, 276, 303, 350, 363, 364, 378, 389, 395, 452~455, 459
  세례성사 276, 350, 363, 364, 389, 452
  성체성사 57, 91, 364, 389, 395, 452
  견진성사 452~455
  참회성사(고해성사) 252, 452
  병자성사 452
  혼인성사 453

성직자(clericus) 471
성질(질, qualitas, poiotes-그) 62, 83, 84, 90, 93, 259, 372, 394
   존재론적 성질(qualitas ontologica) 394
성찬례(Eucharistia) 24, 452
성화(sanctificatio) 298, 299, 327, 348, 364, 372, 392, 458, 467
세미 펠라지오주의(semi-pelagianismus) 73, 117, 272, 307, 308, 324, 342
세속화(saecularizatio) 95, 118, 120, 126, 138, 139, 141, 143, 433
수덕(ascetica) 69
수도자(frater, monachus) 149, 458
수용 능력(수용성, capacitas) 27, 179, 371
   무한에 대한 수용 능력(capax infiniti) 27
   하느님에 대한 수용 능력(capax Dei) 371
순명(순종, oboedientia) 80, 81, 183, 210, 254, 260, 270, 411,
   불순명(불순종, inoboedientia) 81, 98, 240~242, 247, 248, 252, 261, 289
   순명 능력(순종 능력, potentia oboedientialis) 163, 179, 197
스콜라 신학(theologia scholastica) 40, 79, 92, 99, 103, 229, 316, 435
스토아학파(stoicismus) 54, 437
슬픔(고통, angor) 218, 417, 439, 477

습성(habitus) 67, 80, 84, 93, 214, 260, 313, 372, 383, 390, 393, 401, 402, 405
   사랑의 습성(habitus caritatis) 93
   존재적 습성(habitus entitativus) 393
시작(initium) 107, 119, 126, 157, 179, 217, 226, 232, 262, 308, 310, 338, 342, 380, 432, 435
   신앙의 시작(initium fidei) 308, 310
   죄의 시작(initium peccati) 217, 226
신마르크스 철학(neomarxismus) 126
신비(mysterium, mysterion-그) 19~31, 35, 41, 42, 48, 55, 62~64, 68, 75, 78, 85, 91, 92, 108, 115, 122, 123, 126, 139, 144, 147, 162, 165, 173, 181, 185, 186, 191, 195, 214, 218, 280, 296, 297, 300, 303, 305, 306, 308, 314, 315, 317, 322~327, 342, 346, 362, 365, 372, 381, 384, 385, 388, 408, 409, 417, 418, 443, 444, 449, 454, 467, 472, 473, 477, 479
   감춰진 신비(mysterium absconditum) 55
신비체(corpus mysticum) 157, 378, 449, 451
신성(神性, natura divina) 302, 369, 392
신앙의 시녀(ancilla fidei) 35
신인동형론적(神人同形論的, antropomorfico) 203

신적 이콘성(icon divina) 54, 209, 371
신적 형상(teomorfo) 400
신플라톤 철학(neoplatonismus) 36, 64, 373
신학대전(Summa Theologiae) 36, 78, 79~85, 113, 209, 212, 229~231, 233~235, 314, 315, 346, 373, 377, 402, 409
신학적 미학(estetica teologica) 182
신화(神化, deificatio) 124, 220, 298, 314, 327, 337, 338, 348, 361, 364, 369, 370, 378, 392, 406
  인간의 신화(theosis tou anthropou-그) 337, 364, 369, 370, 378, 406
실존(existentia, hyprarxis-그) 52, 62, 124, 128, 148~151, 179, 385, 386
  초본성적 실존(esistenziale soprannaturale) 385, 386
실존주의 철학(existentialismus) 37, 126, 280
실천 신학(theologia practica) 125, 354, 438
실체(실체성, substantia) 62, 69, 77, 78, 222, 223, 244, 253, 263, 317, 372, 389, 390, 393, 399, 422
십자가 신학(theologia crucis) 438

아름다움(美, pulchritudo) 177, 181, 182, 224, 246, 374, 401, 403
악(malum) 54, 72, 80, 99, 169, 199, 220~224, 226, 231, 253, 255, 267~269, 272, 274, 282, 289, 296, 339, 375, 389, 426, 432, 444, 451, 462, 478
  물리적인 악(malum physicum) 224
  윤리적인 악(malum morale) 224
얀센주의(Jansenismus) 324
언어 분석학 32, 121, 382
에피쿠로스주의(에피쿠로스학파, epicurocismus) 36, 437
엘레오스(eleos) 362
열정(passio) 21, 59, 73, 184, 197, 209, 218, 227, 239, 251, 262, 263, 295, 297, 306, 342, 395, 402, 403, 408, 410, 412, 423, 438, 439
  성적 열정(passio sexualis) 227
영(spiritus, pneuma-그) 25, 37, 52, 54~58, 69, 70, 72, 78, 107, 154, 157, 160, 161, 165, 182, 195, 237, 241, 242, 263, 269, 270, 342~344, 351, 408, 434, 478
영광(gloria, Herrlichkeit-독) 24, 57, 64, 101, 182, 183, 226, 298, 300, 301, 310, 311, 314, 318, 322, 330, 343, 350, 363, 431, 441, 442, 445, 452~454, 456, 478~480
영지(gnosi) 66, 67

영지주의(gnosticismus) 64, 66, 324
영혼(anima, psyché-그) 51, 52, 54, 55, 58, 69, 70, 77~80, 84, 85, 88, 93, 97, 102, 104, 119, 137, 195, 203, 211, 214, 223, 225~228, 234, 258, 260~263, 266, 271, 273, 288, 335, 338, 342~345, 367, 368, 373, 374, 376, 379, 380, 383, 393, 394, 400, 402~404, 406, 409, 410, 416, 417, 437, 438, 456, 469, 482
영혼 전이설(靈魂 轉移說, traducianismus) 258
영혼의 본질(essentia animae) 84, 376
영혼의 형상(forma animae) 373
예언직(munus propheticum) 450~453, 456, 459, 479
예수 그리스도(Jesus Christus) 20, 21, 26, 30, 31, 41, 43, 47, 51, 55~61, 64~68, 71, 72, 78, 83, 85, 89, 91, 100, 101, 105~108, 110, 112, 117, 132~137, 146~148, 150, 157, 171, 177, 179~181, 187, 197, 198, 200, 201, 219~221, 242, 243, 250, 252~254, 256, 257~259, 275, 276, 282, 295, 296, 300~303, 314, 315, 318, 321~323, 325, 326, 330~338, 340, 346, 349~357, 362~365, 369, 377, 378, 380, 386, 387, 389, 392, 393, 395, 400, 405~410, 412, 415, 417~419, 421, 423, 425, 427, 428, 430~432, 436, 438~440, 441, 443~446, 449~459, 461, 462, 464, 466, 467, 470, 472, 476~478, 480

강생(incarnatio) 23, 24, 67, 122, 124, 148, 171, 178, 180, 220, 337, 417, 418, 462, 472, 473
그리스도의 은총(gratia Christi) 106, 198, 254, 275, 318, 364, 378, 400, 454, 457
구세주(구원자, 메시아, redemptor) 67, 68, 71, 74, 200, 201, 221, 276, 282, 335, 350, 380, 417, 419, 436, 452, 458,
부활(resurrectio) 24, 26, 52, 54, 100, 122, 148, 180, 295, 333, 343, 353, 363, 441, 472, 473, 476~478
수난(passio) 100, 201, 254, 255, 295, 296, 302, 326, 380, 417, 418
십자가(crux) 20, 24, 59, 96, 105, 147, 148, 259, 295, 296, 300, 302, 303, 322, 326, 327, 329, 335, 350, 357, 410, 451, 456, 472, 473, 476, 477
중개자(mediator) 71, 258, 275, 336, 355, 419, 454

최고 사제(summus sacerdos) 454
예정(praedestinatio) 23, 26, 43, 63, 108, 111, 113~115, 198, 274, 296~299, 301~304, 306~311, 313~328, 333, 339~342, 361, 363, 365, 367, 372, 373, 377, 381, 445
  영원한 생명을 향한 예정(praedestinatio ad vitam aeternam) 306, 324
  영원한 파멸을 향한 예정(praedestinatio ad sempiternum interitum) 306
  예정의 결과(effectus praedestinationis) 311
  예정의 대상(objectum praedestinationis) 301
  예정의 목적(finis praedestinationis) 301
  예정의 원인(causa praedestinationis) 311
    예정의 능동인(causa efficiens praedestinationis) 302, 325
    예정의 도구적 능동인(causa efficiens instrumentalis praedestinationis) 325
    예정의 주 능동인(causa efficiens principalis praedestinationis) 325
    예정의 모형인(causa exemplaris praedestinationis) 315, 323
    예정의 목적인(causa finalis praedestinationis) 302
  예정하다(proorizein-그) 299
  이중 예정(praedestinatio gemina) 316, 321, 322
예지(praescientia) 113, 298, 302, 304, 315
  선택적 예지(praescientia electivus) 302
  일반적 예지(praescientia generalis) 302
오메가 포인트 157
오직 그리스도만으로(solus Christus) 387
오직 믿음만으로(sola fides, ex sola fide) 102, 105, 107, 276, 387
오직 성경만으로(sola scriptura) 185
오직 은총만으로(sola gratia) 131
왕직(munus regale) 450~453, 456, 459, 479
욕구(appetitus) 230, 232, 233, 263, 403, 424
  감각적 욕구(appetitus sensibilis) 230, 233, 263, 403
  분노적 욕구(appetitus irascibilis) 232, 403, 424
  탐욕적 욕구(appetitus concupiscibilis) 232, 403, 424
우유(偶有, accidens) 372, 390
움직임(운동, motus) 84, 129, 157, 167~169, 175, 230, 232, 344, 345, 354, 374, 375, 391, 409, 424, 425
  내적 움직임(motus interioris) 374
원계획(proto-designatio) 31, 199, 354, 355

원의(boulé) 21, 163, 166, 171, 261, 262, 291, 300, 341, 344, 350, 367, 384, 395, 409
원인(causa, aitia-그) 62, 79, 87, 105, 106, 114, 116, 134, 162, 211, 229~233, 252, 259, 261, 290, 311, 312, 314, 316, 327, 333, 335, 343, 345, 350, 365, 386, 420
  공로인(causa meriteria) 311, 350, 378
  능동인(causa efficiens) 106, 302, 315, 323, 325, 335, 350, 392
  도구적 능동인(causa efficiens instrumentalis) 325, 392
  주 능동인(causa efficiens principalis) 325
  모형인(causa exemplaris) 315, 323, 325
  목적인(causa finalis) 302, 311, 350
원조(primogenitor) 258, 262~264, 328, 389
원형(prototipo) 43, 89, 146, 205, 213, 400, 421, 445
유명론(nominalismus) 103
유비(analogia) 133, 177~181, 214
  비례의 유비(analogia proportionis) 214
  신앙의 유비(analogia fidei) 133, 177, 178
  신학적 유비(analogia theologiae) 178, 179
  존재의 유비(analogia entis) 177, 178, 180, 181
유사함(similitudo) 65, 84, 87, 88, 154, 199, 203, 205, 207, 214, 314, 425, 445
유아 세례(baptismus parvulorum) 253, 254, 275
육체(육, corpus, soma-그) 24, 51, 54~56, 59, 67, 69~72, 77~79, 104, 119, 137, 195, 209, 211, 225, 226, 237, 241, 254, 261~263, 266, 273, 342, 343, 357, 394, 402, 403, 418, 442, 456, 466, 469, 479
율법(lex) 53, 58, 59, 65, 68, 83, 99~103, 107. 219, 224, 251, 252, 276, 300, 330~332, 338, 340, 349, 357, 363, 367, 381, 432
은총(gratia) 20, 22~24, 26, 28, 31, 37, 43, 47, 48, 52, 59, 63, 65, 70, 72~74, 79, 82~85, 91, 93, 94, 98, 99, 101~103, 106~115, 117, 119~121, 131, 132, 134, 135, 139, 161~164, 166, 172, 175, 178~180, 184, 186, 189, 198, 201, 208, 210~213, 217, 242, 251, 252, 254, 255, 257, 267, 268, 270, 272~275, 277, 285, 288, 296, 298, 300, 301, 304, 307, 308, 310~313, 318~321, 323, 324, 326,

328~330, 334, 335, 337, 338, 340, 341, 343, 345, 347~351, 354, 356, 358, 361~365, 367~395, 399, 400, 406, 409, 410, 417, 418, 420, 429, 435, 445, 446, 454, 457, 462, 466
은총의 결과(effectus gratiae) 376
은총의 능력(potentia gratiae) 379
은총의 소유(possessio gratiae) 377
은총의 원천(fons gratiae) 373, 378, 395, 417, 446
은총의 종류(species gratiae) 377
   내재적 은총(gratia inhaerens) 111
   무상 은총(gratia gratis data) 377
   상존 은총(gratia habitualis) 375, 377, 379
   성화 은총(gratia sanctificans, gratia gratum faciens) 83, 377, 380, 399, 400, 406, 445
   유래 은총(gratia proveniens) 377
   자력 은총(gratia operans) 377
   창조되지 않은 은총(gratia increata) 161
   충족 은총(gratia sufficiens) 115, 319
   치유 은총(gratia sanans) 380
   현행 은총(gratia actualis) 377, 379, 380
   협력 은총(gratia cooperans) 377
   효능 은총(gratia efficax) 114, 117, 319~321
   후행 은총(gratia sequens) 377
은총의 주체(subjectum gratiae) 376, 395
은총의 최종 목적(ultimus finis gratiae) 378
은총의 필요성(necessitas gratiae) 272, 373
의견(consilium, prothesis-그) 373
의지(voluntas) 56, 58, 71, 78, 80, 81, 84, 86, 88, 91, 93, 99, 104, 114, 165, 168, 209, 214, 224, 225, 230, 232~234, 252, 255, 258, 260~263, 266~270, 280, 298, 301, 307, 309, 310, 312, 313, 316, 317, 319, 329, 336, 341, 342, 344, 346, 365, 366, 368, 369, 374, 376, 399, 400, 402~405, 411, 414, 415, 419, 421, 437, 454, 478
   무질서한 의지(disordinata voluntas) 262, 266
   의지의 연약함(infirmitas voluntatis) 368, 369
의화(justificatio) 23, 26, 43, 63, 72, 95~99, 103~111, 121, 132, 134, 186, 198, 267, 268, 275, 277, 295, 297~299, 302, 303, 327~335, 337~340, 342~358, 361, 363~365, 372, 373,

375~377, 379~381, 387, 388, 409
법정적 의화(justificatio forensis) 345, 355
의화의 능동인(causa efficiens justificationis) 106, 335, 350
믿음을 통한 의화(justificatio ex fide) 134, 387
이성(ratio) 20, 21, 24, 27, 30, 35, 38, 70, 71, 79, 81, 82, 92, 94, 104, 119, 131, 142, 147, 149, 159, 165, 176, 178, 197, 210, 211, 214, 225, 230, 232~234, 238, 263, 278, 308, 312, 353, 403, 404, 412, 426, 429, 437, 483
상위 이성(ratio superior) 70
하위 이성(ratio inferior) 70
이야기 신학(teologia narrativa) 49
이원론(dualismus) 54, 70, 77, 165, 385
익명의 그리스도교(christianismus anonimus) 419
인간(homo) 19~22, 25~39, 41~43, 47~52, 54~60, 63~73, 77~91, 93~96, 98, 99, 101, 102, 104, 106~112, 114~131, 133~147, 150~155, 157~173, 175~182, 185~187, 190, 191, 195~214, 217~221, 223~228, 230~238, 240, 242~252, 255, 257~271, 273, 274, 276~285, 288~291, 295~301, 303, 305, 307~329, 331~333, 335, 337, 338, 340~348, 351~358, 361, 363~381, 383~394, 399~419, 421, 423~425, 428, 429, 431, 436, 437, 444~446, 449, 450, 452, 454, 460~462, 466~468, 472~475, 478~480, 482~484

경제적 인간(homo oeconomicus) 144
대화적 인간(homo dialogicus) 145
도구적 인간(homo faber) 145
사고하는 인간(homo sapiens) 483
사회적 인간(homo sociologicus) 145
욕구하는 인간(homo volens) 145
인간 계획(progetto-uomo) 28, 29, 34
인간신화주의(antropoteismus) 146
인간적 현상(phénomène humain) 151, 155
인간의 능력(potentia hominis) 141, 196, 203, 214, 232, 270, 351, 371, 407
감탄 능력(potentia admirationis) 399
의지 능력(potentia voluntatis) 399
인식 능력(potentia cognitionis) 214, 399
평가 능력(potentia aestimativa) 399
인간 중심주의(anthropocentrismus) 118, 122~124, 325
인간학(anthropologia)
교부들의 인간학 61, 69, 348
랍비 인간학 53

성서적 인간학 201, 202
　구약 성경 인간학 202
　스콜라 시대의 인간학 75
　신학적 인간학 19~22, 25~31, 34,
　　37, 42, 45, 47, 48, 50, 55, 60, 63,
　　69, 72, 73, 75, 77, 86, 92, 95, 98,
　　103~105, 110, 120, 121, 124, 126,
　　163, 173, 176, 177, 179, 184~186,
　　189, 190, 218, 319, 349
　　신학적 인간학의 근본 원리 22
　　　건축적 원리 22, 25~27, 30,
　　　　103, 184
　　　해석학적 원리 22, 24~26, 31,
　　　　103, 181, 185, 382, 437
　　신학적 인간학의 정의 19
　　신학적 인간학의 목적 20, 21
　　신학적 인간학의 방법론 31
　　신학적 인간학의 출발점 27, 29~
　　　31, 186
　　철학적 인간학 19~21, 26, 37, 40,
　　　63, 77, 104, 118, 120, 144, 176,
　　　186, 190, 191, 212
　　인간학적 전환 95, 119, 120, 122,
　　　123, 125, 126
인격(persona, hypostasis-그) 39, 42, 57,
　59, 62, 77, 78, 81, 89, 108, 111, 116,
　244, 246, 247, 255, 271, 344~346,
　362, 389, 393, 395, 399, 401, 405,
　427, 453, 460, 464, 479, 482
인격적 결단(terminatio personalis) 58
인격주의 철학(philosophia personalis) 37,
　126, 382
인성(natura humana) 72, 262, 392, 412,
　440

자기 결정성(autodeterminatio) 58, 206
자기 계시(autorevelatio) 160, 423
자기 구원(autosalvatio) 297, 353
자기 비허(kenosis) 337, 431
자기 의화(autojustificatio) 348, 353
자기 초월(자기 초월성, autotranscenden-
　tia) 155, 166~169, 171, 289, 391
자기 통교(autocomunicatio) 161, 162,
　386
자기 현시(automanifestatio) 123, 386
자녀됨(filiatio) 124
자유(libertas) 21, 23, 48, 54, 58~60, 70~
　72, 78, 82, 93, 111~117, 120, 128,
　129, 134, 147, 154, 155, 160, 164,
　177~179, 184, 186, 195, 199, 204~
　209, 232, 237, 238, 245~247, 267,
　268, 273, 274, 277, 281, 300, 311~
　314, 318~320, 327, 352, 356, 367,
　381, 389, 437, 453, 457, 460~462,
　471, 472
　그리스도의 자유(libertas Christi) 112

무한한 자유(libertas infinita) 93, 206,
	207
유한한 자유(libertas finita) 206, 207,
	281
창조되지 않은 자유(libertas increata)
	207
자유 의지(liberum arbitrium, ekousios-그)
	58, 70, 72, 104, 112, 113, 115, 232,
	252, 258, 259, 267~270, 272, 273,
	276, 303, 306, 307, 315~319, 324,
	327, 340~342, 344, 345, 349, 365~
	367, 369, 370, 376, 379, 409
노예인 자유 의지(servum arbitrium)
	104
자유주의적 개신교 사상 126, 127,
	175
자율성(autonomia) 118, 132, 143, 178,
	179, 205, 208, 259, 266, 460, 461
전승(traditio) 19, 33, 34, 41, 62, 185,
	187, 218, 254, 277
절망(desperatio) 104, 130, 142, 218, 236,
	238~241, 243, 248, 296, 420, 439
정신의 무지 368
정의(의로움, justitia) 39, 60, 65, 80, 96,
	98, 100~103, 108~110, 112, 146,
	179, 181, 209, 211, 212, 234, 246,
	247, 256, 257, 259, 260, 262, 264,
	271, 275, 280, 303, 305, 330, 332~
	334, 338, 343, 344, 347, 350, 354,
	356~358, 368, 379, 380, 402~404,
	444, 456, 457, 468~470, 472
관련 없는 정의(justitia aliena) 109
그리스도의 정의(justitia Christi) 101,
	108
내재적 정의(justitia inhaerens) 108
법정적 정의(법정적 의로움, justitia
	forensis) 347, 379
본원적 정의(justitia originalis) 65, 209,
	211, 234, 259, 260, 262, 264
수동적 정의(수동적 의로움, justitia
	passiva) 98, 347
우리 밖에서의 정의(justitia extra nos)
	108
우리 밖에 있는 낯선 정의(justitia alie-
	na extra nos habitans) 110
윤리적 의로움 347
하느님의 의로움 96, 330, 344, 347
정치(politica) 43, 96, 118, 149, 150, 248,
	249, 391, 426, 427, 438, 461, 464,
	465, 469~473, 482
정치 신학(theologia politica) 354, 438,
	469
존재(존재성, esse, einai, on-그) 20, 21,
	26~28, 33, 37, 42, 43, 49, 51, 52, 54,
	56~59, 62, 70, 71, 73, 77, 78, 82, 83,
	85, 87, 88~90, 98, 117, 119, 123,

128~131, 133~137, 139~145, 147~151, 157, 159~161, 164~173, 176~182, 195, 197, 199, 200, 203~206, 208, 218, 219, 222~226, 228, 231, 236, 237, 240, 245~247, 253, 255, 256, 270, 271, 274, 276, 281~285, 288, 290, 291, 297, 307, 309, 310, 312, 318, 322, 327, 342, 344, 347, 351, 352, 355~357, 361, 369~371, 374, 381, 383, 385~387, 389~391, 393, 394, 400, 401, 405~408, 410, 412, 420, 431, 445, 449, 450, 454, 462, 466~468, 471, 484

규정된 존재성(esse determinatum) 283

영적 존재성(esse spirituale) 394

자립하는 존재 자체(esse ipsum subsistens) 312

절대적 존재(esse absolutum) 160, 228

정착된 존재성(esse positum) 283

존재의 선취(Vorgriff des Seins-독) 159, 160

존재 행위(actus essendi) 77, 78

존재론적 사전 경향성(praedispositio ontologica) 161

종(종류, 형상, species) 41, 103, 135, 199, 210, 222, 223, 231, 233, 288, 323, 345, 377, 413, 424, 431, 474, 481

종교 개혁 60, 94~96, 111, 349, 381

죄(peccatum) 23, 37, 43, 57~60, 65, 66, 72, 73, 78~83, 85, 91, 93, 98, 99, 101, 102, 105~109, 112, 116, 117, 119, 120, 121, 130, 134, 147, 153, 154, 162, 172, 179, 186, 199, 201, 207, 210~212, 217~237, 239~267, 270~291, 295~298, 300, 303, 305, 309, 317, 318, 320~322, 326, 327~337, 342~344, 347, 349~351, 353~357, 363, 365, 370, 374, 375, 377, 379, 380, 386, 387, 389, 407, 417, 420, 429, 444, 445, 452, 453, 457, 462, 465, 466, 476, 480

경죄(peccatum veniale) 231

대죄(peccatum mortale) 230, 231

원죄(peccatum originale) 72, 78, 80, 81, 99, 105, 106, 112, 218, 222, 249~251, 253~256, 258~262, 265~267, 270~272, 274~291, 303, 317, 333, 334, 337, 349, 365, 370, 379

죄로 이끄는 유도인(fomes peccati) 271

죄의 결과(effectus peccati) 58, 224, 231, 233, 243, 248, 249, 274, 283, 290, 331

죄의 본성(natura peccati) 220, 222, 229, 256

죄의 원인(causa peccati) 231~233

죄의 중함(gravitas peccati) 235
죄과(culpa) 230
죄책(reatus) 256
준비(praeparatio) 100, 181, 327, 328, 345, 350, 374, 376, 380, 392, 435
주의주의(主意主義, voluntarismus) 94
주체(subjectum, hypokeimenon-그) 20, 55, 56, 62, 73, 121, 132, 230, 231, 235, 236, 266, 281, 321, 335, 336, 351, 368, 369, 376, 395, 457, 462, 468
지복(至福, beatitudo) 71, 83, 163, 165, 205, 209, 298, 321, 324, 371, 378, 384, 385, 392, 418, 423, 424
  본성적 지복(beatitudo naturalis) 165, 384
지복직관(visio beatifica) 54, 165, 166, 201, 310, 367, 383, 384
  하느님을 직접 대면해서 보는 것(visio Dei) 385
지성(intellectus, intelligentia, nous-그) 25, 32, 56, 61, 66, 71, 78, 84, 86, 88, 90~93, 115, 164, 199, 205, 209, 210, 213, 214, 238, 239, 319, 344, 403, 405, 406, 411, 414
  순수 지성(純粹知性, intelligentia pura) 115
지식(scientia) 20, 40, 56, 114, 115, 319, 320, 368, 402, 427

중간지(中間知, scientia media) 114, 115, 319
순수 지성의 지식(scientia purae intelligentiae) 115
단순 지성의 지식(scientia simplicis intelligentiae) 319
직관지(直觀知, scientia visionis) 114, 319
하느님의 지식(神的 知識, scientia divina) 114, 319
진리(veritas) 20, 22~24, 29, 31, 35, 36, 38, 49, 50, 66, 67, 69, 71, 75~77, 81, 90, 98, 111, 120, 137, 152, 155, 156, 171, 176, 181, 182, 184~187, 189, 190, 199, 201, 224, 225, 242, 246, 259, 265, 286, 291, 305, 308, 309, 324, 361, 369, 373, 384, 388, 401, 404, 405, 411~414, 419, 423, 425~427, 444, 456, 457, 461, 465, 466, 478
구원 진리(veritas salutaris) 49, 50
질료(materia, hyle-그) 62, 104, 156, 265, 311, 343, 345

참여(분여, participatio, metexis-그) 62, 128, 129, 176, 302, 312, 338, 376, 394, 469, 470, 472, 478
창조(creatio) 31, 43, 55, 57, 58, 64, 79,

89, 90, 109, 122, 160, 179, 205, 210, 281, 282, 300, 309, 335, 343, 357, 389, 406, 441, 467, 476, 477
첨가된 모순(contradictio in adiecto) 281
초본성(supernatura) 86, 93, 131, 137, 163, 164, 177~179, 384
　초본성 인간학(anthropologia supernaturalis) 60, 108, 183
　초본성적 삶(vita supernaturalis) 37, 390, 435
　초본성적 실재(realitas supernaturalis) 151, 381
　초본성적 은총 선물(supernaturale donum gratiae) 79, 210
초월성(transcendentia) 93, 127, 155, 159, 162, 172, 177, 181, 182, 203
초월 철학적 방법 185
최고의 형상(summa species) 223
최종적인 것(ultimus) 131~134
　마지막에서 두 번째 것(penultimus) 131~134
카리스(charis) 362
칼뱅주의(calvinismus) 116, 324
케리그마(kerygma) 123
탈중심성(脫中心性, Exzentrizität-독) 172
타자(他者, alius) 125, 128, 146, 182, 309
탐욕(바람, concupiscentia) 72, 80, 99, 106, 225, 227, 236, 249, 253~256, 260, 261, 263, 270, 271, 370, 387, 456
　죄책과 함께하는 탐욕(concupiscentia cum reatu) 256
　칭찬할 만한 바람(concupiscentia laudabilis) 227
탑 체험, 루터의 96, 267, 346
토착화(土着化, inculturatio) 61, 63, 286, 287

펠라지오주의(pelagianismus) 73, 94, 113, 116, 276, 324, 333, 342, 365
평신도(laicus) 149, 278, 457~460, 471
플라톤 철학(platonismus) 53, 69, 125, 189

하느님(Deus) 20~23, 26~31, 33~43, 47~50, 52~60, 63~68, 70~72, 74, 78~91, 93~112, 114~118, 120, 123, 124, 126~128, 130, 131, 133~139, 145~148, 150, 152~155, 157, 159~166, 168~172, 174~183, 186, 187, 189, 190, 196~215, 217~228, 230~252, 254, 256~258, 260~267, 269~274, 276, 279~282, 284, 285, 287~291, 295~333, 335~358, 361~371, 373~381, 383~395, 399~401, 404~421, 423~425, 428, 430~437, 440~446,

449~456, 458, 462, 464~467, 470, 475, 480, 483
하느님 나라(Regnum Dei, civitas Dei) 43, 120, 201, 252, 297, 357, 362, 365, 430, 441, 451, 452, 458, 464
하느님으로부터 멀어짐(aversio a Deo) 79, 218, 220, 245, 407
하느님의 계획(consilium Dei) 21, 22, 26, 28, 29, 34~36, 39, 42, 43, 47, 48, 50, 64, 186, 187, 190, 200, 217, 242, 245~247, 249, 291, 295, 300, 301, 305, 322, 324, 328, 384, 389, 399, 409~411, 421, 445, 479
하느님의 놀라운 업적들(mirabilia Dei) 456
하느님의 내주(inhabitatio Dei) 124
하느님의 말씀 27, 29~31, 33~36, 40, 48, 50, 91, 123, 126, 146, 159, 174, 177, 180, 186, 242, 262, 395, 412, 413, 457, 458, 475
하느님의 보편 구원 의지(voluntas salvifica universalis Dei) 419
하느님의 부재(absentia Dei) 433, 442
하느님의 사랑(amor Dei, caritas Dei) 84, 109, 123, 182, 186, 219, 301, 309, 332, 338, 358, 369, 381, 416, 431, 444
하느님의 이콘(하느님의 이콘성, icon Dei) 22, 63, 89, 201~205, 207, 208, 217, 244, 246, 249, 295, 356
하느님의 자기 비허적 사랑(kenotische Liebe-독) 182
하느님의 자기 현시(automanifestatio) 123, 386
하느님의 자녀(filius Dei) 26, 60, 171, 172, 200, 201, 244, 252, 300, 301, 350, 366, 370, 371, 386, 393, 400, 455
하느님 중심주의(신 중심주의, Deocentrismus) 124, 127, 325
하느님의 결정(decretum divinum) 93, 324
학문(logos) 473
해방 신학 354, 438, 469
해석학(解釋學, hermeneutica) 32, 34, 41, 42, 121, 189, 279
행위(actio, energheia-그) 25, 62, 73, 77~79, 81, 82, 85, 88, 99, 100, 106, 107, 110~112, 117, 136, 157, 160, 162, 164, 169, 177, 188, 204, 220, 221, 229~236, 240, 241, 243, 252, 261, 264, 267~270, 276, 277, 283, 287,

296, 298, 303, 307, 309~311, 316,
319, 320, 326, 327, 329~332, 335~
338, 341, 343, 344, 346, 347, 351,
355, 356, 361, 365, 366, 368, 373,
376, 387, 388, 390, 393~395, 401,
402, 404, 409~411, 414, 420, 421,
423, 435, 454, 455, 458, 461, 462,
467, 470
영원한 행위(actio aeterna) 326
죄의 행위(actio peccati) 232
허영(인색, avaritia) 72, 226, 227, 261
헤셋(hesed) 362
현상학(phaenomenologia) 19, 20, 32, 41, 121, 189, 195, 198, 382
현실태(행위, actus) 77, 372
현존재(現存在, Dasein-독) 385
협력(cooperatio) 95, 111, 117, 324, 350, 351, 461
형이상학(metaphisica) 41, 76, 77, 92, 103, 104, 138, 139, 149, 181, 185, 190, 191
형상(양태, forma, morphé-그) 28, 29, 61, 62, 83, 84, 104, 129, 182, 205, 261, 295, 311~313, 343, 345, 355, 372, 373, 375, 376, 390, 400, 435, 478
혼(psyché-그) 55, 56
환경 문제 473, 475, 479, 480~482
회심(회개, conversio) 28, 29, 43, 85, 96, 108, 166, 186, 222, 297, 344,~346, 351, 353, 406, 407, 409, 410, 454, 463
하느님을 향한 회심(conversio ad Deum) 85, 344
휴머니즘(humanismus) 146, 483
흔적(vestigium) 87, 88, 157, 389, 479
희망의 신학(Theologie von der Hoffnung-독) 142, 148, 354, 423, 438

역자 후기

 "신학은 인간학이다."라는 화두가 유럽 신학계에 태동해 뿌리를 내린 지도 근 한 세기가 다 되어 간다. 20세기 초반 인격주의 철학, 철학적 인간학이 대두하면서 그 영향을 받은 신학 역시 인간을 바탕으로 신학적 체계를 재구성하려는 움직임이 일어났고, 이는 현대 신학이 구원 역사의 수취인인 오늘을 살아가는 인간, 그리고 그 인간이 몸담고 있는 이 세계와 소통할 수 있는 새로운 피를 수혈하는 데 결정적인 역할을 했다. 하지만 현대 신학의 방향타와도 같은 역할을 했던 신학의 '인간학적 대전환'이 여전히 한국 교회에는 거의 알려지지 않은 생소한 사건으로 남아 있으며, 종종 이 키워드를 곡해하는 경우도 있어 왔다. 신학적 인간학을 전공한 신학도로서 안타까움과 동시에 책임을 통감하지 않을 수 없었다. 하여, 역자는 이미 지난 2004년 『신학적 인간학』(가톨릭대학교 출판부)이란 제하에 그 분야에 대한 기본적 내용을 담은 책을 소개한 바 있다. 그 책은 테레시아눔 대학의 카를로 라우다치(Carlo Laudazi) 신부님의 강의 텍스트로서, '하느님의 계획 안에서의 인간 존재'와 '인간적인 형상 안에 드러나는 하느님의 은총으로서의 인간 존재'라는 두 주제를 중심으로 인간을 신학적인 전망에서 심도 있게 다뤘다. 그러나 역자는 거기서 다루지 않은 또 다른 주요 주제들을 보완함과 동시에 신학적 인간학 분야를 전체적으로 조망함으로써 신학도들이 이 분야를 폭넓게 이해할 수 있도록 도와주는 교과서와 같은 책이 있기를 바라마지 않았다. 하여, 성서적인 접근뿐만 아니라 교부 시대로부터 현대의 여러 신학자들에 이르기까지 신학적 인간학에 대한 역사를 더욱 구체적으로 다루는 가운데 신학 안에서 바라보는 인간에 대한 이해를 객관적이면서도 통시적(通時的)으로 소개하는 이 책에 대한 번역 작업을 라우다치 신부님의 책 번역 탈고와 동시에 시작하게 됐다. 그러던 중 역자는 2003년부터 약 3년 반 동안 스페인 북부의 부르고스 가르멜 수도원에서 스페인어를 공부하며 공동체를 체험할 기회를 가졌고, 그곳에서 일련의 신학 교과서 시리즈에 대한 출간을 염두에 두며 주요 교의신학 서적들에 대한 번역을 비롯해 특히 본서에 대한 번역에 박차를 가하게 됐다. 그러나 2004년 초 번역을 끝낸 후 기회를 얻지 못해 원고는 지금까지 7년 동안 고스란히 묻혀 있을 수밖에 없었다. 그러다 올해 초 문화총서 복간과 더불어 세상의 빛을 보게 됨으로써 역자의 네 번째 아이로 탄생하게 됐다. 하느님께 진심으로 감사드린다. 신학의 각 분야에는 그 분야의 기본을 소개하는 다양한 교과서들이 있고, 교과서마다 학자들이 주제에 접근하는 신학적 관점에 따라 그것을 소개하는 방식에 다양한 차이를 보인다. 이는 독자들이 그 주제를 더욱 깊고 풍요롭게 이해할 수 있도록 상호 보완적인 역할을 한다. 그러한 면에서 바티스타 몬딘 신부님의 이 책은 라우다치 신부님의 책과는 또 다른 차원에서 인간에 대한 더욱 풍요로운 신학적 이해를 도모하게 한다.

주지하다시피 바티스타 몬딘(Battista Mondin) 신부님은 이탈리아

교회의 대표적인 석학 가운데 한 분이다. 그분의 이름 자체가 전해 주는 무게처럼, 여기서 '인간'(人間)이란 주제를 다루는 그분의 필치 또한 대가답게 간결하면서도 핵심을 찌른다. 고전적인 신학 주제들을 소개하면서도 전혀 고전적이지 않고 오늘을 살아가는 우리가 깊이 공감하고 고민할 수 있는 주제로 되살려서 호소력 있게 전해 주는 그분의 전망이 이 책을 읽으면서 감탄하지 않을 수 없는 매력 중의 하나가 아닐까 싶다.

저자가 이미 서문에서 밝혔듯이, 사실 '신학적 인간학'은 과거 교의신학 가운데 '은총론', '의화론', '원죄론' 등에 해당하는 부분이다. 다만 이 교의신학적 주제들을 '인간'이라는 시각에서 새롭게 접근하고 해석함으로써 '신학함'의 주체인 인간 자신에게 더욱 깊은 의미로 다가올 수 있도록 '새로운 신학함'을 시도하는 학문이 다름 아닌 '신학적 인간학'이라고 할 수 있다. 이러한 맥락에서 저자는 이 책을 통해 은총과 의화만이 아니라 인간을 향한 하느님의 구원 역사의 바탕이 되는 중요한 신학적 주제들을 거시적인 틀에서 종합해 냈다. 즉, 인류를 향한 하느님의 원계획(原計劃)에서부터 이 계획에 대한 인간의 거부로서 원죄(原罪)와 죄(罪)에 대해, 그리고 이러한 인간의 거부를 넘어 당신의 계획을 완성으로 이끌어 주는 예정(豫定)과 의화(義化)와 그 이면에 면면히 흐르는 하느님의 은총(恩寵)을 인간을 중심으로 하나의 줄거리로 엮어 냈다. 이러한 전망에서 저자는 그러한 하느님 계획의 '수취인'이자 '공동 창조자'(co-creator)로 불린 인간이 이 여정에서 협력해야 할 구체적인 길로서 하느님에게서 받은 대신덕(對神德)을 심화하도록 제시했다. 이렇듯 저자는 교의신학의 전반적인 주제들을 '인간 중심적 신학'으로 재통합하는 가운데 이를 현대적인 감각으로 되살려 냈다. 이러한 면에서 역자는 저자가 신학적 인간학의 역사 전체를 소개하되, 특히 오늘의 맥락에서 인간에 대한 신학적 이해와 고민을 담아내는 현대 신학자들의 전망에 상당 부분을 할애한 것과 하느님 계획의 구체적인 실현 과정에서 대신덕뿐 아니라 '기쁨'이라는 새로운 덕목을 추가한 점, 그리고 이 책의 마지막에서 오늘을 살아가는 그리스도인이 수행해야 할 과제로서 개인적인 차원을 넘어 우리가 몸담고 사는 인류 공동체적 전망에서 가져야 할 영적, 문화적, 정치적, 생태학적 책임을 설득력 있게 전해 주는 데에 독자들이 관심을 갖고 읽도록 초대하고자 한다. 신학이 단지 신학도들만의 개념적인 유희로 끝난다면 올바른 신학이라 할 수 없듯, 저자 역시 이 점을 깊이 유념하면서 우리로 하여금 하느님의 원대한 구원 계획에 대한 이해와 더불어 이 여정에 적극 동참하고 동시에 오늘을 살아가는 우리의 삶의 자리에서 이를 구체적으로 표현하도록 초대했다. 이러한 면에서 볼 때, 아직은 걸음마 단계에 있는 이 '인간 중심적 신학함', 즉 '신학적 인간학'이 한국 신학계에 올바로 뿌리내릴 수 있기 바란다.

본서에서는 심도 깊은 신학적 주제들이 다뤄지는 만큼 교의신학의 주요 학술 용어들이 많이 소개된다. 그 가운데는 아직 학계에 정착되지 않은 전문 용어들도 적지 않게 나온다. 하여, 역자는 독자들의 이해를 돕고 신학의 토착화에 조금이나마 기여하기를 바라는 마음으로 본래 어휘가 지닌 내용에 부합하는 한국어를 선별해서 조어(造語)를 시도해 보았다. 물론 상당수의 용어들은 이미 학계에서 통용되는 용어 가운데 이미 정착됐거나 빈도수가 많고 더욱 적합한 개념이라 여겨지는 것을 선택했다. 또한 더욱 정확한 개념을 제공하기 위해 본문에서 이탈리아어로 표현된 용어들을 교회의 오랜 공식 신학 용어였던 라틴어로 바꿔 괄호 안에 표기했을 뿐 아니라 원본에는 없지만 이를 체계적인 색인으로 만들어 보았다. 독자들은 더욱 정확한 본서의 강독과 신학적인 심화를 위해 책 뒤편에 수록한 인명 색인과 용어 색인을 활용하기 바란다.

마지막으로, 본서가 '가톨릭문화총서'의 한 권으로 출간될 수 있도록 허락해 주신 기획위원 신부님들께 이 기회를 빌려 진심으로 감사드린다. 그리고 산파 역할을 해 주신 가톨릭출판사 사장 신부님 이하 여러 형제자매님들께 그간의 수고에 감사드린다. 무엇보다도 여러 가지 어려움으로 인해 그간 중단됐던 '가톨릭문화총서'가 복간되어 이 책을 출발로 주옥같은 책들이 다시 나올 수 있게 됨에 하느님께 감사드린다. 유학을 마치고 돌아와 학문 활동을 하는 신학자들이 책을 내고 싶어도 돌파구가 없는 척박한 한국 신학계에서 오아시스를 만난 것 같은 기쁨이 아닐 수 없다. 번역 과정에서 난해한 용어들이 있을 때마다 번거로움을 마다하지 않고 정성껏 도와주신 분들이 있었다. 스페인 가르멜 수도회 부르고스 수도원의 토마스 알바레즈 신부님, 씨로 가르시아 신부님 그리고 당시 관구장이셨고 지금은 로마 테레시아눔 대학의 학장이신 아니아노 알바레즈 신부님, 그리고 당시 수도원 원장으로서 아버지와 같은 사랑과 배려를 베풀어 주시며 타향살이에 큰 힘이 되어 주신 베드로 오르테가 신부님께 진심으로 감사드린다. 또한 이 출판의 기쁨을 아빌라 신비신학 대학원의 동료 교수 신부님, 학생 신부님, 수녀님들과 함께 나누고 싶다. 무엇보다 가르멜 수도회가 내게 주신 소중한 도반(道伴)인 한국 가르멜회의 신부님, 수사님, 가르멜 수녀님, 전교 가르멜 수녀님, 재속회원 모두에게 이 책을 드리고 싶다. 그리고 큰 아들을 수도사제로 봉헌하고 평생을 함께 십자가를 지고 가시는 부모님과 동생 내외, 그리고 삶의 여정에 늘 함께 하며 힘이 되어 준 여러 지인들에게 감사드리며, 인류에게 참 인간의 길을 보여 주신 예수 그리스도께 그리고 그분을 우리에게 전해 주신 성모님께 이 책을 바친다. 아울러 전 세계 모든 맨발 가르멜 회원들의 마음의 고향인 이곳 아빌라의 신비신학 대학원에서 학문 활동을 통해 교회와 맨발 가르멜 수도회를 위해 봉사할 수 있도록 나를 섭리적으로 이끌어 주시는 사모(師母) 성녀 데레사와 사부(師父) 십자가의 성 요한께 이 책을 봉헌한다. 부디 이 책이 한국 교회의 신학도들을 신학적 인간학 분야에 대한 더욱 폭넓은 이해로 인도해 주는 좋은 길잡이가 되길 진심으로 바란다. 한국 신학계가 진일보하는 데 조금이나마 일조할 수 있다면, 그간의 수고와 출간되지 못해 마음 졸이며 기다렸던 지난 7년의 시간을 모두 잊을 수 있으리라.

2011년 6월 1일
성 유스티노 축일에
아빌라 신비신학 대학원에서
윤주현 베네딕도 신부, O.C.D.

가톨릭문화총서
Catholic Culture Library

CCL 001 『신학자 토마스 아퀴나스』 (토미즘 1)
Thomas Aquinas Theologian
T. 오미어러 지음 / 이재룡 옮김 / 2002.8.8. / 528쪽
성 토마스 신학 세계의 구조와 발전 과정을 포괄적으로 그려 보이며 현대적 의미를 추적하는 책.

CCL 002 『하느님의 다스림과 하느님 나라』 (조직신학 1)
Gottes Herrschaft und Reich
R. 슈나켄부르그 지음 / 조규만·조규홍 옮김 / 2002.10.28. / 540쪽
구약에서 신약의 요한 묵시록에 이르기까지 성경에 제시된 하느님 나라에 관한 개념을 풀이한 책.

CCL 003 『예수 이후: 초대교회의 직무』 (역사신학 1)
Après Jésus: Le ministère chez les premiers chrétiens
Ch. 페로 지음 / 백운철 옮김 / 2002.12.24. / 368쪽
예수 이후, 초대교회가 어떠한 조직으로 다양한 직무를 수행했는지 주석학적으로 성찰한 책.

CCL 004 『전환기의 새로운 문화 모색』 (문화 1)
Una nuova cultura per una nuova società
B. 몬딘 지음 / 이재룡 옮김 / 2002.12.26. / 416쪽
현대 문화가 겪고 있는 심각한 위기를 정밀 분석하고 "새로운 문화" 건설의 방향을 제시하는 책.

CCL 005 『교리교육 신학: 새복음화에 대하여』 (실천신학 1)
Théologie Catéchuménale: A propos de la Nouvelle Évangélisation
H. 부르주아 지음 / 김웅태 옮김 / 2002.12.27. / 416쪽
신자 양성을 위한 교회의 교리교육적 과제와 새복음화의 여정을 조명한 책.

CCL 006 『토마스 아퀴나스의 형이상학』 (토미즘 2)
Die Metaphysik des Thomas von Aquin
레오 엘더스 지음 / 박승찬 옮김 / 2003.10.15. / 648쪽
토마스 아퀴나스의 형이상학에서 사용된 주요 개념들을 역사적 관점에서 상세하게 분석한 기본 연구서.

CCL 007 『스콜라철학에서의 개체화』 (토미즘 3)
Individuation in Scholasticism
J. 그라시아 엮음 / 이재룡·이재경 옮김 / 2003.12.30. / 1,028쪽
중세 전성기에서 근대 초기에 이르기까지 중요한 철학적 화두였던 개체화 이론을 집중적으로 추적하는 책.

CCL 008 『나는 성령을 믿나이다 1』 (조직신학 2)
Je Crois en l'Esprit Saint
Y. 콩가르 지음 / 백운철 옮김 / 2004.12.29. / 308쪽
성경과 그리스도 역사가 증언하는 영의 체험을 파노라마처럼 보여주는 책.

CCL 009 『리더십 다이내믹』 (문화 2)
Leadership Dynamics
E. 홀랜더 지음 / 원종철 옮김 / 2004.12.30. / 348쪽
리더십을 거래, 상황, 대인 관계의 사회 교환 관점에서 제시한 책.

CCL 010 『가톨릭교회 교리서 해설』 (실천신학 2)
Commentary on the Catechism of the Catholic Church
마이클 J. 월쉬 엮음 / 김웅태 옮김 / 2004.12.31. / 952쪽
『가톨릭교회 교리서』를 세계 유명 가톨릭 대학교 교수들이 비판적 안목으로 심도 있게 해설한 책.

CCL 011 『교회 쇄신과 매스컴』 (문화 3)
Pastoral Planning for Social Communication
빅터 순더라쥐 엮음 / 김민수 옮김 / 2005.1.3. / 248쪽
매스컴 시대에 교회의 선교와 사목이 커뮤니케이션과 밀접하게 통합되어야 함을 강조하고 방법을 제시하는 책.

CCL 012 『은총과 자유』 (토미즘 4)
Grace and Freedom
버나드 로너간 지음 / 김율 옮김 / 2005.9.3. / 276쪽
성 토마스 아퀴나스의 은총 이론이 어떤 정신사적 배경에서 성립하여 어떻게 발전해 갔는지를 철저한 문헌적 연구와 풍부한 역사적 안목에 기초하여 상세히 밝힌 책.

CCL 013 『개항기 한국 사회와 천주교회』 (역사신학 2)
장동하 지음 / 2005.12.30. / 484쪽
병인박해와 한불조약 이후 개항기 사회의 변동 속에서 한국 천주교회가 재건, 정착되는 모습을 새롭게 조명한 책.

CCL 014 『묵시문학적 상상력-유다 묵시문학 입문』 (역사신학 3)
The Apocalyptic Imagination
존 J. 콜린스 지음 / 박요한 영식 옮김 / 2006.2.24. / 664쪽
묵시록과 묵시문학적 종말론, 묵시주의 등 묵시문학 유형의 개념을 정의하고 묵시문학 작품들을 상세히 분석한 묵시문학 입문서.

CCL 015 『의료 윤리』 (조직신학 3)
Medical Ethics
베른하르트 헤링 지음 / 이동익 옮김 / 2006.5.23. / 388쪽
의료 문제에 학문적인 관점과 함께 시사적인 관점으로 접근하여 오늘날 의료 윤리의 주요 주제들을 다루는 책.

CCL 016 『한국 근대사와 천주교회』 (역사신학 4)
장동하 지음 / 2006.8.25. / 480쪽
한국 교회의 역사인 동시에 한국 역사이며 세계 역사의 마당이라 할 수 있는 한국 천주교회사의 구체적인 모습과 성격을 소개한 책.

CCL 017 『보편 공의회 문헌집 제3권』 (교회 문헌 1)
Conciliorum Oecumenicorum Decreta III
주세페 알베리고 외 엮음 / 김영국·손희송·이경상 옮김 / 2006.9.20./ 340쪽
오늘날 교회의 삶과 틀에 여전히 큰 영향력을 미치고 있는 트렌토 공의회(1545-1563)와 제1차 바티칸공의회(1869-1870)의 문헌들을 완역한 책.

CCL 018 『삶의 목적인 행복』 (토미즘 5)
Glück als Lebensziel
헤르만 클레버 지음 / 박경숙 옮김 / 2006.9.30./ 572쪽
성 토마스 아퀴나스의 대표적인 작품들에 나타나는 행복에 관한 사상을 이야기하면서, 우리 시대가 왜 성 토마스 아퀴나스의 이론에 관심을 가져야 하는지를 밝히는 책.

CCL 019 『철학적 인간학』 (인간학 1)
Philosophische Anthropologie
한스 에두아르트 헹스텐베르크 지음 / 허재윤 옮김 / 2007.7.18./ 684쪽
인간에 관한 현상학적 연구를 통해 인간에 대해 철학적으로 궁극적이고 체계적인 해석을 제시하는 책.

CCL 020 『영성신학』 (실천신학 4)
Teologia Spirituale
샤를 앙드레 베르나르 지음 / 정제천·박일 옮김 / 2007.8.28./ 764쪽
그리스도인의 영적 체험을 바탕으로 한 체계적인 영성신학 연구로 독자들이 영적 진보의 완성에 이르도록 이론적 바탕과 실천적 지침을 제시하는 책.

CCL 021 『신약성경신학 제1권』 (조직신학 4)
Theologie des Neuen Testaments I
칼 헤르만 쉘클레 지음 / 조규만·조규홍 옮김 / 2007.10.24./ 296쪽
성경이 지닌 고유하고 다양한 메시지들을 뽑아 주제별로 다루면서 세상과 역사에 대한 깊이 있는 성찰을 통해 인간 실존의 본질과 그 의미를 밝히는 책.

CCL 022 『인식의 근본 문제』 (토미즘 6)
Grundfragen der Erkenntnis
요셉 드 프리스 지음 / 신창석 옮김 / 2007.12.20./ 396쪽
인식론의 역사에서 동의를 통한 인식이라는 틀을 전개하며 논리의 형식적 결론을 인정하는 한편 회의주의적 결과를 극복할 수 있는 길을 보여주는 책.

CCL 023 『고대 유대이즘과 그리스도교의 기원』 (역사신학 5)
Ancient Judaism and Christian Origins
조지 W. E. 니켈스버그 지음 / 박요한 영식 옮김 / 2008.3.5./ 432쪽
사해 문헌들을 중심으로 유대이즘과 그리스도교의 차이점과 유사점을 규명하고, 두 집단 간의 분열 원인 이해와 상호 대화 가능성을 제시하는 책.

CCL 024 『철학 여행』 (토미즘 7)
Retracing Reality: A Philosophical Itinerary
M. -D. 필립 지음 / 이재룡 옮김 / 2008.5.15./ 368쪽
아리스토텔레스와 성 토마스의 사상에 입각하여 일과 우정 등 친숙한 경험에서 출발해서 절대자를 향해 추적해 가도록 안내하는 실재주의적 철학 입문서.

CCL 025 『교회론』 (조직신학 5)
La Iglesia de Cristo
호세 안토니오 사에스 지음 / 윤주현 옮김 / 2008.7.25. / 704쪽
교회에 대한 단편적인 이해들을 교회 전승과 교도권 그리고 현대 신학자들의 다양하고 심도 깊은 견해들을 바탕으로 체계적으로 종합, 정리한 책.

CCL 026 『고대 교회사 개론』 (역사신학 6)
Lehrbuch der Geschichte der Alten Kirche
카를 수소 프랑크 지음 / 하성수 옮김 / 2008.9.5. / 980쪽
교회가 창설된 때부터 고대 말기까지 7세기에 걸친 교회 역사의 주요 내용을 연대기적으로 전개하면서 객관적이고 폭넓은 정보를 제공하는 책.

CCL 027 『이스라엘의 하느님과 민족들』 (역사신학 7)
Der Gott Israels und die Völker
노르베르트 로핑크·에리히 쨍어 지음 / 박요한 영식 옮김 / 2008.9.25. / 376쪽
유대이즘에 대한 신학적 재평가에 따라 이사야서와 시편을 중심으로 성경을 학문적으로 분석하여 유대인들과 그리스도인들 사이의 관계를 새롭게 조명한 책.

CCL 028 『하느님과 그분의 모상』 (역사신학 8)
Dieu et son Image
도미니크 바르텔르미 지음 / 박요한 영식 옮김 / 2008.10.21. / 336쪽
성경에서 나타나는 하느님의 여러 말씀들을 비교하여 그 안에 들어 있는 하느님의 진실한 뜻을 알게 하는 방법들과 그 말씀들을 알려주는 책.

CCL 029 『복음화와 커뮤니케이션』 (문화 4)
Evangelization and Social Communication
마리오 디아스 외 지음 / 김민수·홍태화 옮김 / 2009.1.15. / 282쪽
오늘날의 선교학의 다양하고 중요한 차원들을 소개하고, 복음화를 위해 사회커뮤니케이션과 매스미디어를 활용할 수 있는 점들을 제시하는 책.